BARRON'S

AP*

SPANISH LANGUAGE AND CULTURE

8TH EDITION

Alice G. Springer, Ph.D.
Professor of Spanish
Montgomery Bell Academy
Nashville, Tennessee

Daniel Paolicchi, M.A.
Spanish Instructor
Montgomery Bell Academy
Nashville, Tennessee

BARRON'S

*AP is a registered trademark of the College Board, which was not involved
in the production of, and does not endorse, this product.

Acknowledgments

Special thanks go to my husband, John, without whom this work would not have been possible, to Daniel Paolicchi for his suggestions, and to his students at Montgomery Bell Academy for testing the material, to Cristina Tarazona Marín for her help, and to Kristen Girardi for her forbearance.

All inquiries should be addressed to:
Barron's Educational Series, Inc.
250 Wireless Boulevard
Hauppauge, New York 11788
www.barronseduc.com

ISBN (book & audio CD package): 978-1-4380-7391-0

ISBN (book, audio CD, and CD-ROM package): 978-1-4380-7392-7

Library of Congress Control No. 2013957512

PRINTED IN THE UNITED STATES OF AMERICA
9 8 7

10%
POST-CONSUMER
WASTE
Paper contains a minimum
of 10% post-consumer
waste (PCW). Paper used
in this book was derived
from certified, sustainable
forestlands.

CONTENTS

PART SIX: MODEL EXAMS

PART SEVEN: APPENDICES

PART ONE
Introduction

Preparing for the AP Spanish Language and Culture Exam

1

GENERAL CONSIDERATIONS

The AP Spanish Language and Culture Exam is a rigorous test of your ability to interpret and communicate in Spanish. It challenges you in a holistic way to demonstrate a high level of proficiency in your listening, reading, writing, and speaking abilities. The exam is designed around six interrelated themes that will test your capacity to analyze and talk about a variety of issues, including practices, products, and perspectives of Spanish-speaking communities and how these compare to those of your own culture, as well as about topics that relate to other disciplines, such as science, business, art, technology, social issues, and so on.

An AP course is designed to be the equivalent of a third-year college course. At that level you should be able to understand a native speaker who speaks at a normal speed, to comprehend and analyze print materials intended for native speakers, and to be able to communicate with ease, both orally and in writing, on a variety of topics. You should be able to recognize appropriate social customs reflected in the language, in areas such as register, and also be able to notice references to traditions, customs, and values particular to Spanish-speaking societies.

Overall, the exam calls for much more sophisticated control of the language and of culture than previous exams, so it is best to prepare thoroughly. Success on the exam lies not in how much you know *about* the language, but rather in your ability to *use* the language to effectively interpret written and oral texts and to communicate at a high level on a number of different topics. This book is designed to do just that. It will prepare you for the exam by helping you develop strategies to build both your communicative and interpretive abilities. Plenty of practice exercises are included so you can gauge your readiness and prepare accordingly. The materials selected for this book include the types of selections you are likely to find on the exam, but they are, by no means, a definitive listing. You need to learn as much as you can about Spanish-speaking history, art, literature, business practices, music, humor, customs, traditions, folklore, and other social and cultural topics, and you will need to incorporate that knowledge into your responses on all parts of the exam.

DESCRIPTION OF THE EXAM

Structure

The exam is divided into the following two sections: Interpretive Communication (Multiple-Choice) and Free Response.

STRUCTURE OF THE EXAM			
Section	Number of questions	Percentage of total exam	Allotted time
Section I: Interpretive Communication (Multiple Choice)			Approx. 95 mins.
Part A — Reading comprehension	30 questions	50%	Approx. 40 mins.
Part B — Print and audio texts (combined) / Listening comprehension	35 questions		Approx. 55 mins.
Section II: Free Response			Approx. 85 mins.
Part A1: Interpersonal Writing	1 prompt	50% (12.5% each)	15 mins.
Part A2: Presentational Writing	1 prompt		Appx. 55 mins.
Part B1: Interpersonal Speaking	5 prompts		20 seconds for each response
Part B2: Presentational Speaking	1 prompt		2 minutes to respond

Section I—Interpretive Communication

Section I, Interpretive Communication, is worth 50 percent of the total score on the exam. All questions in this section are multiple choice, with both questions and answer choices printed in the text booklet. At the beginning of each printed and audio source, you will be given information about that source that gives you a contextual base before you begin your task.

The first part of this section consists of 30 multiple-choice questions based on a series of texts taken from a wide variety of sources, including newspapers, magazines, literature, web pages, and other layouts. The questions may deal with identifying main ideas or specific details, inferring meaning, identifying the target audience, and making predictions. You can expect to be presented with four print texts in this section.

Section I also includes interpretive communication of audio and audio paired with print texts. The audio is taken from a variety of sources, but mostly you will find broadcast media such as radio, television, and Internet. There are approximately 35 questions in this section, and all answer choices are printed in the text booklet. You will be given time to read the multiple-choice questions before the audio begins. The audio will be played twice. You can expect to be presented with two combined print and audio texts and three listening comprehension activities.

Section I of the exam is machine-scored, so be sure to bring several sharpened No. 2 pencils to fill out your answer sheet.

Section II—Free Response

Section II is also worth 50 percent of the total exam, with each of the four portions worth 12.5 percent. Here you will find the free-response sections for writing and speaking, consisting of Interpersonal and Presentational modes of communication. As in Section I, you will be provided with additional information to give you an idea of the context before you are presented with each task. In this portion of the exam, accuracy of content and development of ideas are equally as important as language use. For the written samples, a test booklet will be provided. You must write your responses in blue or black pen. For the speaking portion, you will be asked to submit your recordings in a digital or analog audio file format.

Part A of Section II is the writing section, which is comprised of Interpersonal and Presentational Writing. The Interpersonal Writing (A1) part focuses on the type of writing you would typically use in a formal e-mail correspondence. You will be given a description of a situation accompanied by an e-mail, and you will have 15 minutes to read and respond to the e-mail message. You are also expected to expand upon and/or inquire about one or more of the details mentioned in the original e-mail. Your response should be a minimum of 125 words.

Part A2 of Section II, the Presentational Writing sample, requires you to write a persuasive essay in which you respond to a very general question about a topic. Before you write, you will have to read two print sources and listen to an audio file. Using information from each of the three sources, your task will be to organize an essay that responds appropriately to the question. Your essay should be a minimum of 250 words.

Part B of Section II is the speaking portion. The first part, Interpersonal Speaking, is a simulated conversation in which you are to initiate, maintain, and appropriately close a conversation. The Presentational Speaking part consists of a two-minute oral presentation in which you will be asked to compare a cultural practice and perspective from the Spanish-speaking world with one from your own culture. Unlike the Presentational Writing sample, you will not be given any print or audio material to use in your oral presentation.

Content of the Exam

The exam is designed around six themes, with recommended contexts for each theme. The themes and contexts are as follows:

Los desafíos mundiales (*Global Challenges*)

- Los temas económicos – *(Economic Issues)*
- Los temas del medio ambiente – *(Environmental Issues)*
- El pensamiento filosófico y la religión – *(Philosophical Thought and Religion)*
- La población y la demografía – *(Population and Demographics)*
- El bienestar social – *(Social Well-being)*
- La conciencia social – *(Social Conscience)*

La ciencia y la tecnología (*Science &Technology*)

- El acceso a la tecnología – *(Access to Technology)*
- Los efectos de la tecnología – *(Effects of Technology)*
- El cuidado de la salud y la medicina – *(Health Care and Medicine)*
- Las innovaciones tecnológicas – *(Technological Innovations)*
- Los fenómenos naturales – *(Natural Phenomena)*
- La ciencia y la ética – *(Science and Ethics)*

La vida contemporánea (*Contemporary life*)

- La educación y las carreras profesionales – *(Education & Professional Careers)*
- En entretenimiento y la diversión – *(Entertainment)*
- Los viajes y el ocio – *(Travel & Leisure Activities)*
- Los estilos de vida – *(Lifestyles)*
- Las relaciones personales – *(Relationships)*
- Las tradiciones y los valores sociales – *(Traditions & Social Values)*
- El trabajo voluntario – *(Voluntary Work)*

Las identidades personales y públicas (*Public & Personal Identities*)

- La enajenación y la asimilación – *(Alienation & Assimilation)*
- Los héroes y los personajes históricos – *(Heroes & Historical Figures)*
- La identidad nacional y la identidad étnica – *(National & Ethnic Identities)*
- Las creencias personales – *(Personal Beliefs)*
- Los intereses personales – *(Personal Interests)*
- La autoestima – *(Self-Image)*

Las familias y comunidades (*Families & Communities*)

- Las tradiciones y los valores – *(Traditions & Values)*
- Las comunidades educativas – *(Educational Communities)*
- La estructura de la familia – *(Family Structure)*
- La ciudadanía global – *(Global Citizenship)*
- La geografía humana – *(Human Geography)*
- Las redes sociales – *(Social Networking)*

La belleza y la estética (*Beauty & Aesthetics*) .

- La arquitectura – *(Architecture)*
- Definiciones de la belleza – *(Definitions of Beauty)*
- Definiciones de la creatividad – *(Definitions of Creativity)*
- La moda y el diseño – *(Fashion & Design)*
- El lenguaje y la literatura – *(Language & Literature)*
- Las artes visuales y escénicas – *(Visual & Performing Arts)*

All exercises in the exam will relate in one way or another to these themes. They are broad by design, allowing for multiple issues and topics to be discussed within each theme. Before beginning a task, you will be given the overarching theme as a frame of reference. For example, a reading activity that falls under *Las familias y comunidades* may deal with family celebrations, family structure, education, tradition and values, and so on. Although there are many topics that can fall under each overarching theme, they will all relate to the culture of Spanish-speaking communities.

When preparing for the exam, it is important to also remember that the overarching themes are interconnected. You should use all readings and listening exercises as springboards to further research, to analyze, and to develop your ability to understand and to better express your own knowledge and ideas on a multitude of topics and issues relating to these themes. For example, an article about a project in Bogotá, Colombia, that shows urban families how to grow their own vegetables in small spaces, such as an apartment terrace, can help answer any one of the following questions in different overarching themes:

- **GLOBAL CHALLENGES**—How do we solve some of the challenges that face world societies?
- **SCIENCE AND TECHNOLOGY**—How do technological advancements affect our lives and the way we live?
- **CONTEMPORARY LIFE**—How do people in urban environments define quality of life? How is urban life influenced by the perspectives, products, and practices of a particular culture?

Throughout the process of exploring your ability to talk about different issues, you will also inherently learn new vocabulary and reinforce your ability to use various grammatical structures. This is a crucial step toward refining your spoken and written proficiency. For every reading and listening activity, you will encounter vocabulary words that you will need to internalize and use to help you not only discuss your understanding of the content and ideas presented in that particular exercise, but also to help your overall ability to talk about other issues that relate to the same theme and to other themes. For example, an article on innovative cooking techniques in modern Spanish *haute cuisine* may present vocabulary that you can use to talk about 1) food and cooking, 2) aesthetics, 3) national identity, and can include a variety of grammatical structures such as the present, past, future, subjunctive, and conditional. Therefore, the exam tests your ability not only to interpret material relating to the themes, but also your ability to articulate your findings and the accuracy of the language you use when communicating your ideas in your writing and speaking samples.

CULTURE, COMPARISONS, AND CONTENT ACROSS DISCIPLINES

General Considerations

A major focus of the exam is to promote a deeper understanding of culture, the interconnectedness of language and culture, and how Hispanic cultures compare to and differ from your own community. When thinking of culture, you should be thinking of the products, practices, and perspectives of that particular culture (these concepts are explained in more detail in the *Culture* section below). Learning the culture of a community also means learning more about matters that generally relate to other disciplines, such as history, geography, gastronomy, literature, music, religion, science, and so on. Language is also affected by culture, as attested by the variances in the language from country to country or even from region to region in any one country, and language is how cultural practices and perspectives are communicated. In order to effectively be able to talk about culture, you must have the knowledge of these subject matters and the necessary vocabulary to appropriately articulate your ideas.

CULTURE

A common misconception is that all communities in the Spanish-speaking world are alike. Although many share common traits, such as the general language structure and religion, there are many differences within each culture that make each one unique. For example, in Spain it is common to have a three-course meal for lunch, whereas in Costa Rica you would probably be served a one-plate meal called *casado*, which includes rice, beans, a small slice of meat (chicken, beef, pork), some fresh vegetables, and a plantain. Likewise, dinner in Spain is generally a smaller meal eaten around 9 P.M., whereas in Costa Rica it would be a normal-sized meal served between 6 P.M. and 8 P.M. There are also regional differences in any given country. You might be surprised to learn that in Bogotá, Colombia, in addition to traditional Colombian fare such as *arepas* and *papa criolla*, they have a thriving Pub scene, akin to those you would find in England, as well as a number of restaurants serving gourmet hamburgers. This is quite different than in the coastal regions of Colombia, where seafood and coconut rice are still staples, and the food tends to be spicier than that of the Andean region of the country.

One of the biggest differences in the Spanish-speaking world is the use of vocabulary. Let's take, for example, the word "cake." In most Spanish-speaking countries, the word used is "*pastel*," but in Spain it is also called "*tarta*." However, in the Dominican Republic and Puerto Rico it is "*bizcocho*," in Costa Rica it is "*queque*," and in Argentina, Chile, Venezuela, and Colombia it is "*torta*," a word which in Mexico means "sandwich." This is not unlike some of the regional differences in the United States, where a "submarine sandwich" (a sandwich typically made with French-style bread) is also called a "hero," "hoagie," "grinder," or "po-boy" depending on what part of the country you are in. You can find other differences between English in the United States and in England, where the rear compartment of a car is either a "trunk" (USA) or a "boot" (UK). Therefore, it is important to recognize that each country, and areas within a particular country, will have its differences. One must avoid making stereotypes and should learn about each culture as its own entity, identifying how it is similar and different to other cultures, and also appreciating what makes it unique.

Products, Practices, and Perspectives

When thinking about culture and the concept of culture in general, there are three main components to consider. They are called products, practices, and perspectives.

- **PRODUCTS**—the creations of the target culture. They can be tangible (toys, food, crafts, and so on) or intangible (dances, literature, music);
- **PRACTICES**—behaviors and interactions that are common in the target culture. These include the meals eaten during the day, at what time these meals are eaten, and the types of food and quantity eaten at those times; what people do on their free time; what time they wake up and go to bed; socially expected behaviors when it comes to dating, table manners; how to dress and act at certain events; holiday celebrations, and so on;
- **PERSPECTIVES**—beliefs that are valued within a culture. Examples can be the importance of family, importance of quality over quantity, youth over old age, sports and education, and so on.

To truly understand a culture, you should think about the relationship between each of these three components. The perspectives of a culture affect its practices, and the products are created to facilitate these practices. For example, in many Hispanic communities, a common perspective is that it is important to eat a meal as a family, for it is when they have the opportunity to talk as a family, share stories, and enjoy each other's company. It is also a perspective that the food served should be fresh, made from scratch, and typically prepared by the mother, for it is a way for her to show her love for her family. Therefore, a common practice is for the mother to prepare the food and the family to help with other preparations, such as setting the table and prep work. The products are the ingredients used to make the dishes that will be served at the meal. These ingredients are usually not canned or prepared. They are fresh from the garden or local market. In addition, many recipes are passed from generation to generation, so it is also a common practice for a mother to use a recipe that her mother used, and pass it along to her daughter.

You can build your knowledge of culture principally through reading and listening to authentic sources, as well as through television, movies, and art, such as paintings and murals. The more you expose yourself to the Spanish-speaking world, the better you will understand its products, practices, and perspectives. In addition, take advantage of every opportunity to interact with Spanish-speakers, for this will give you the ability to learn more about their culture and will help you clarify any doubts or questions you may have. Finally, in order to have the most complete understanding of Hispanic culture, it is important to expose yourself to as many different communities in the Spanish-speaking world as you can.

CULTURAL COMPARISON

As you further develop your knowledge of Hispanic cultures, it is only natural to think about how they compare to and differ from your own culture. Making cultural comparisons is basically asking you to do just that. Remember that to truly understand culture means to understand the relationship between its products, practices, and perspectives. When comparing cultures, you should think not only about *what* is similar or different, but also *why* it is similar or different. For example, both in the United States and in Spain, young people use the Internet to socialize. In Spain, however, although Facebook is still one of the most popular sites, many young people prefer to use Tuenti instead. Tuenti is a Spanish program that is very similar to Facebook, but offers a higher degree of privacy. There are no banners or advertisements, and you can become a member by invitation only. When comparing the use of social media in Spain and in the United States, you could say that although the youth in both countries like to socialize via Internet (*practices*), young Spaniards feel that privacy is an important consideration when using social media (*perspective*), and, therefore, some prefer Tuenti (*product* – Spain) over Facebook (*product* – USA).

CONTENT ACROSS DISCIPLINES

The exam is structured around six overarching themes that deal with issues from a wide variety of disciplines. In order to demonstrate a high level of overall proficiency in the language, you must be able to interpret and communicate about matters pertaining to a number of different topics, such as those relating to science, geography, history, art, politics, technology, economics, and so on. In order to effectively do so, you must have a general knowledge and understanding about those topics, and you must be able to recognize and use vocabulary that is associated with each topic. The best way to become familiar with as many different topics as possible is through reading, listening, and watching videos (movies, news reports, and so on). Reading texts and listening to audio pertaining to such disciplines as science and history will give you exposure to the vocabulary and language structures that are commonly used when talking about that particular subject matter.

Testing Culture, Comparisons, and Content Across Disciplines on the Exam

Throughout the exam there will be a number of questions that deal with culture and content across disciplines. In the reading and listening portions of the exam, you will most likely be given questions that ask you to demonstrate your understanding of a particular vocabulary word or expression. In both writing sections and the Interpersonal Speaking portions of the exam, you will have to demonstrate your understanding of culture through the content of your submissions. This includes your use of vocabulary and idiomatic expressions, but also your ability to recognize the correct tone to use (formal/informal) and any references you make about the features of the target community. The Presentational Speaking portion of the exam is the most comprehensive test of your knowledge of culture and content across disciplines. Here you will be asked to give a two-minute presentation on a particular topic in which you are to compare the practices, perspectives, and products of your own culture to that of one or more communities of the Spanish-speaking world. On this section of the exam, you will not be given any external aid. Your ability to answer the question and elaborate must come from the knowledge you have gained throughout your studies.

SCORING THE EXAM

To keep the material fresh and maintain continuity and consistency, new material appears on the exam from year to year. No matter how the material changes, however, the rubrics for evaluating your work on the exam stay the same. Each sample is evaluated on the merits of the language you use, the development of your topic, and the accuracy of your content as a whole.

The scoring of each writing and speech sample is holistic. This means that the language is considered a single entity, and its elements are not analyzed separately. Points are not deducted for errors. Individual samples are not compared with other samples, nor are the faculty consultants (the people who evaluate the speaking and writing samples) aware of your scores on other parts of the exam. You do not have to be a native speaker of Spanish to receive a top score on the exam.

All of the free-response writing and speaking samples are scored on a scale from 0 (unacceptable) to 5 (strong). The rubrics (criteria for evaluating) of each sample apply to the level of language used in each response. For all of the samples, you will be scored on task completion, topic development, and comprehensibility, as well as language use and use of register. As you can see, there is more involved than simply using good grammar. Your score depends on your ability to understand the task, think critically, and articulate your thoughts clearly in Spanish. The tools you need for articulating your ideas are the vocabulary and grammar you know and your ability to read and listen to the source material in order to incorporate information from them into your e-mail response and essay.

The sequence of tasks is deliberate. Throughout Section I, you refresh your memory of vocabulary and grammar. In Section II, you begin with interpersonal writing to help you get into the mode of writing Spanish. The formal writing sample requires that you develop a longer sample with more planning and writing skill. While writing, you have time to think about what you want to say. When you get to the speaking tasks, you will have had time to think in Spanish as much as possible. The interpersonal conversation will go by quickly and requires a quick response. It is good preparation for the two-minute oral presentation that will follow.

Below are the general descriptions of the rubrics with the characteristics of samples that fall into each range. In all levels, your score depends on the degree to which you respond to the question or the prompt. The more completely you respond to the instructions of the task, the higher your score will be. For all of the samples, organization is key. For the formal writing and oral presentation tasks, you should always begin with an introduction and end with a real conclusion. Remember that fluency does not refer to how fast you speak. It means that you speak smoothly, without long pauses that would indicate that you are translating from English to Spanish as you go along. Correct yourself if you realize that you have made a mistake.

Every sample is rated in terms of its type, completeness of the treatment of the task required, development of the topic, and proficiency in Spanish-language usage. The tasks are those items listed for you to include in your response. For task development, the response is rated according to completeness and cohesiveness. The topic is evaluated in terms of whether the response is thoroughly addressed or not, the accuracy of social and cultural references, and how well the source material is incorporated into the response. Language is evaluated in terms of vocabulary, use of linguistic structures, orthography, use of paragraphs, punctuation, and use of register. Included in orthography is the correct use of tildes, accent marks, dieresis, and spelling. The linguistic structures refer to word order in sentences, as well as your overall knowledge of grammar.

Below are more specific descriptions of the characteristics of each response according to the type of sample that you submit on the exam. You will notice that at times the difference between ranges is a single word: *very*, *appropriately*, *fully*, *highly*, or *generally*. The term *cohesive* means that there is a logical progression of thoughts or ideas in both the written and spoken responses you make. Another term, *conventions of the written language*, refers to orthography, linguistic structures, paragraphing, and punctuation.

Scoring Guidelines

5 (HIGH) STRONG

Interpersonal Writing

- Task is thoroughly addressed in a well-organized and cohesive sample appropriate for a formal correspondence in which student provides all requested information and often elaborates;
- Use of register is highly appropriate;
- Sample is fully comprehensible; errors are few, do not reveal a pattern of mistakes, and do not hinder communication;
- Evidence of excellent control of a variety of vocabulary, idioms, transitions, language structures, and conventions of the written language;
- Varied use of simple and compound sentences; some use of complex sentences.

Presentational Writing

- Task is thoroughly completed in a well-organized and very cohesive essay in which student demonstrates very good comprehension of all source materials and incorporates information into the essay;
- Writer argues own viewpoint clearly, using appropriate details;
- Use of register is highly appropriate;
- Fully comprehensible; errors are few, do not reveal a pattern of mistakes, and do not hinder communication;
- Excellent control of a variety of vocabulary, idioms, transitions, language structures, and conventions of the written language;
- Varied use of simple and compound sentences; some use of complex sentences.

Interpersonal Speaking

- Task is fully addressed in the conversation, the speaker completely responds to all, or almost all, of the parts or prompts, provides all requested information and often elaborates;
- Use of social and/or cultural references is accurate;
- Fully comprehensible; errors are few, do not reveal a pattern of mistakes, and do not hinder communication; student self-corrects or clarifies when needed.
- Varied use of language, with large vocabulary and demonstrated control of complex structures;
- High level of fluency and pronunciation, with highly appropriate use of register.

Presentational Speaking

- Task of comparing student's own community with that of the target culture is fully addressed and speaker presents ideas clearly and supports them with details and examples;
- Speaker demonstrates very good understanding of the target culture, with very few inaccuracies;
- Presentation is very well organized, with accurate use of connectors;
- Fully comprehensible; errors are few, do not reveal a pattern of mistakes, and do not hinder communication; student self-corrects or clarifies when needed.
- Varied use of language, with large vocabulary and demonstrated control of complex structures;
- High level of fluency and pronunciation, with highly appropriate use of register.

4 (MID-HIGH) GOOD

Interpersonal Writing

- Task is addressed in an organized and cohesive sample appropriate for a formal correspondence in which writer provides requested information and sometimes elaborates;
- Use of register is generally appropriate;
- Fully comprehensible; errors do not hinder communication;
- Good control of a variety of vocabulary, idioms, transitions, language structures, and conventions of the written language;
- Mostly uses simple and compound sentences, and a few complex sentences.

Presentational Writing

- Task is completed in an organized and generally cohesive essay in which writer demonstrates good overall comprehension of all source materials but may have limited incorporation of information into the essay;
- Writer argues own viewpoint coherently, using appropriate details;
- Use of register is generally appropriate;
- Fully comprehensible; errors do not hinder communication;
- Good control of a variety of vocabulary, idioms, transitions, language structures, and conventions of the written language;
- Mostly uses simple and compound sentences, and a few complex sentences.

Interpersonal Speaking

- Task is addressed in the conversation in which speaker responds to all, or almost all, of the parts or prompts, provides requested information and sometimes elaborates;
- Use of social and/or cultural references is generally accurate;
- Fully comprehensible; errors do not hinder communication; student self-corrects or clarifies when needed.
- Good use of language, with appropriate vocabulary and general control of language structures;
- Good fluency and pronunciation, with generally appropriate use of register.

Presentational Speaking

- Task of comparing student's own community with that of the target culture is addressed and speaker presents ideas and supports them with some details and examples;
- Good general understanding of the target culture, with few inaccuracies;
- Presentation is organized, with generally good use of connectors;
- Fully comprehensible; errors do not hinder communication; student self-corrects or clarifies when needed.
- Good use of language, with appropriate vocabulary and general control of language structures;
- Good fluency and pronunciation, with generally appropriate use of register.

3 (MID) FAIR
Interpersonal Writing

- Task is addressed in a basic sample that is generally appropriate for a formal correspondence in which writer provides requested information but may not elaborate;
- Use of register may be somewhat inappropriate;
- Generally comprehensible; errors may hinder communication;
- Basic control of vocabulary, idioms, transitions, language structures, and conventions of the written language;
- Primarily uses simple and some compound sentences.

Presentational Writing

- Basic elements of the task are completed in which writer demonstrates average comprehension of source materials with some inaccuracies.
- Writer argues own viewpoint that is somewhat coherent, using summary from one or more sources to support argument;
- Use of register may be inappropriate;
- Generally comprehensible; errors may hinder communication;
- Basic control of vocabulary, idioms, transitions, language structures, and conventions of the written language;
- Primarily uses simple and some compound sentences.

Interpersonal Speaking

- Task is adequately addressed in the conversation in which speaker appropriately responds to most of the parts or prompts and provides requested information;
- Use of social and/or cultural references may be inaccurate;
- Generally comprehensible; errors may hinder communication; student may self-correct or clarify when appropriate;
- Adequate vocabulary and some control of language structures;
- Generally good fluency and pronunciation, but may have inappropriate use of register.

Presentational Speaking

- Task of comparing student's own community with that of the target culture is adequately addressed, speaker presents ideas and supports them with few details and examples;
- Presentation somewhat organized, with limited use of connectors;
- Basic understanding of the target culture, with some inaccuracies;
- Generally comprehensible; errors may hinder communication; student may self-correct or clarify when appropriate;
- Adequate vocabulary and some control of language structures;
- Generally good fluency and pronunciation, but may have inappropriate use of register.

2 (MID-LOW) WEAK
Interpersonal Writing

- Task is partially addressed in a sample that is minimally appropriate for a formal correspondence and writer provides some of the requested information;
- Use of register is generally inappropriate;
- Somewhat comprehensible; errors hinder communication;
- Limited control of vocabulary, idioms, transitions, language structures, and conventions of the written language;
- Primarily uses simple sentences.

Presentational Writing

- Task is partially addressed in a poorly organized and incomplete essay in which writer demonstrates limited comprehension of source materials with many inaccuracies.
- Writer's own viewpoint is somewhat incoherent, using summary from one or more sources that may not support the argument;
- Use of register is generally inappropriate;
- Somewhat comprehensible; errors hinder communication;
- Limited control of vocabulary, idioms, transitions, language structures, and conventions of the written language;
- Primarily uses simple sentences.

Interpersonal Speaking

- Task is minimally addressed in the conversation, speaker responds inappropriately to some parts or prompts but may provide some requested information;
- Use of social and/or cultural references are inaccurate;
- Speech sample is partially comprehensible; errors hinder communication; student is unsuccessful in self-correcting or clarifying;
- Limited vocabulary and use of language structures;
- Little fluency, poor pronunciation that impedes comprehension; little to no attention to register.

Presentational Speaking

- Task of comparing student's own community with that of the target culture is inadequately addressed and speaker may not compare cultures and/or presents ideas with no support;
- Understanding of the target culture may be limited, with inaccuracies;
- Presentation may be disorganized, with incorrect use of connectors;
- Speech sample is partially comprehensible; errors hinder communication; student is somewhat successful in self-correcting or clarifying meaning;
- Limited vocabulary and use of language structures;
- Little fluency, poor pronunciation that impedes comprehension; little to no attention to register.

1 (LOW) POOR

Interpersonal Writing

- Task is not completed and/or sample is inappropriate for a formal correspondence in which writer provides little to no requested information;
- Use of register is inappropriate;
- Mostly incomprehensible; errors severely hinder communication;
- Little control of vocabulary, idioms, transitions, language structures, and conventions of the written language;
- Uses simple sentences or fragments.

Presentational Writing

- Task is not appropriately addressed; essay is not organized and writer demonstrates minimal comprehension of source materials with major inaccuracies.
- Writer's own viewpoint is incoherent, may not include evidence from sources, or evidence may be simply copied from the source and irrelevant;
- Use of register is inappropriate;
- Mostly incomprehensible; errors severely hinder communication;
- Little control of vocabulary, idioms, transitions, language structures, and conventions of the written language;
- Uses simple sentences or fragments.

Interpersonal Speaking

- Does not successfully answer to the flow of the conversation and speaker responds inappropriately to most parts or prompts, providing little to no requested information;
- Use of social and/or cultural references are inaccurate;
- Speech sample largely incomprehensible; errors hinder communication; student is unable to self-correct or clarify meaning;
- Little control of vocabulary and language structures;
- Little to no fluency, poor pronunciation that impedes comprehension; little to no attention to register.

Presentational Speaking

- Does not complete the task of comparing student's own community with that of the target culture;
- Does not compare cultures, may provide no support or examples; and demonstrates little understanding of the target culture, with many inaccuracies;
- Presentation is disorganized, with incorrect or no use of connectors;
- Speech sample largely incomprehensible; errors hinder communication; student is unable to self-correct or clarify meaning;
- Little control of vocabulary and language structures;
- Little to no fluency, poor pronunciation that impedes comprehension; little to no attention to register.

THE AP SPANISH LANGUAGE AND CULTURE STUDENT

This book is intended for English-speaking students who are preparing for the AP Spanish Language and Culture exam, although native Spanish speakers will also benefit from the description of the exam structure and the discussions of how the evaluation scales are applied. For most Spanish-speaking students, the vocabulary is not a major consideration in preparation, but it is for English-speaking students learning Spanish. Also, most Spanish-speaking students will have little difficulty with the listening comprehension and interpersonal speaking portions of the exam. However, the preparation for the reading, writing, and presentational speaking sections of the exam should be helpful to both English- and Spanish-speaking students.

Because there are so many regional differences among Spanish-speaking people, there are many ways of communicating in the Spanish language. In spite of the wide variation in expression in Spanish, however, there are some aspects that are more or less universal. The objective on this exam is for you to express yourself as clearly, accurately, articulately, and as fluently as possible in Spanish. The level of proficiency should be sophisticated enough for you to carry on any nontechnical conversation. There is a basic in the appendix section of this book to help you correct any persistent errors you might be making. Since the AP course is intended to be college-level work taught at the high school level, both the vocabulary and grammatical aspects in this book are intended to represent an advanced level of communication. The course is designed to be a demanding and intensive program of language study. In order to succeed, you must demonstrate a commitment to learning as much Spanish as possible.

The AP course is designed to prepare you to study Spanish in college at an intermediate to advanced level. The precise point at which you would enter depends on the score that you receive on the exam and the credit that will be given by the college or university. Up-to-date information about how much credit is given by colleges and universities is available from the College Board. *The College Handbook* is a publication listing over 3,000 two- and four-year institutions and the credit that each gives for AP scores. Information about credit given for the AP courses by various colleges and universities is provided by the College Board on their website: *http://collegesearch.collegeboard.com/apcreditpolicy/index.jsp*. (Basic information about the exam can be found at *www.apcentral.collegeboard.com*.)

PREPARATION FOR THE EXAM

The best preparation for taking the AP Spanish Language and Culture exam is one that stresses integration of all proficiency skills. You should use Spanish as much as possible in all four skill areas (speaking, listening, writing, and reading) and build your vocabulary and your ability to use different grammatical structures. You will find that the language in this guide reflects the wide range of expression found among Spanish-speaking people, from peninsular Spanish to Latin American, and you should make note whenever you encounter a word or expression that is common to one particular country or region, so you will have the ability to use it if the opportunity arises. This will help you demonstrate a higher awareness of the Spanish-speaking cultures and language that, if used correctly and appropriately, can only help you on the exam.

USING THIS BOOK

In the absence of a formal AP Spanish Language and Culture class, you can prepare for the exam by becoming familiar with the test format and studying all the available materials. This guide to the exam is designed to help you understand the structure of the exam and its grading. It also contains strategies for preparing for each of the skill areas, practice exercises in each, answer keys so that answers can be checked, and commentaries to help you understand why some answers are better than others. The practice exam and the answers will provide additional preparation for the actual exam.

The following pages are designed to help you prepare for the exam by:

1. presenting material (vocabulary, grammatical structures, and topics) that is likely to be covered on the exam,
2. providing exercises for you to practice and master language in the different skill areas, and
3. providing two complete practice exams to simulate the actual testing experience.

This book is divided into the four skill areas addressed on the exam: reading, listening, writing, and speaking. Each chapter is devoted to one single skill area but also contains information that will be useful in other skill areas. The reading strategies are especially useful in all parts of the exam, because no one skill area is tested in isolation. All four skills are integrated as much as possible, especially in the free-response section. Strategies are included before each skill to help you improve your vocabulary and proficiency, and in the appendixes there is additional practice for thematic vocabulary and grammar review.

VOCABULARY

There is no list of words to learn in order to do well on the exam, but the better your vocabulary is, the better you will express yourself and the higher your score will be. The best way to build your vocabulary is through reading and listening. Print and audio texts that pertain to a particular theme or topic will contain vocabulary that you will need to use to help you talk about that topic later. Rather than learn vocabulary lists, practice creating your own list of vocabulary and grouping the words into themes.

In the writing portions of this book, there are words and phrases included that will help to make your essay flow more logically and smoothly. You should use vocabulary found in the sources, if it is used creatively in your synthesis of information. You should also know how to derive other forms of a word from a single word (adjective form, noun form, adverb, and so on). For example: *asustar* (verb), *susto* (noun), *asustadizo* (adjective – easily scared), *asustado* (adjective – state of being scared).

For the simulated conversation, you will be given some suggestions regarding vocabulary that you can use in the conversations, so that you can take the full 20 seconds allotted to record your part. You will sound more authentic if you interject some expressions that would be natural to use in a normal conversation. In addition, there will be some vocabulary associated with the situations you are likely to encounter on the exam.

In the oral presentation it is especially important for you to know the vocabulary needed to compare and contrast various topics. You will find some vocabulary that should be particularly useful in a wide variety of situations, so that you can anticipate vocabulary you are likely to see and use on the exam.

You may notice a tendency to use peninsular Spanish in this book. Although the Spanish spoken in any one country is not inherently better or worse than another, the *Real Academia Española* in Spain is the authoritative source for meanings and usage for this study guide because it is generally recognized by all countries. It also points out what terms are used more in particular countries in Spanish America.

STUDY STRATEGIES

Language comprehension and production is a complex process that uses a variety of skills simultaneously. There is usually a very strong correlation between different skill areas, such as speaking and writing abilities, and the reading and listening abilities on the exam. Improvement in any one area usually affects and enhances ability in other skill areas.

Suggestions for Studying for the Exam

- Find a comfortable place to study.
- Make sure you have everything you need, including access to a dictionary. The best online dictionary is at the website for the *Real Academia Española*, but there are others. Addresses for two are:

    www.rae.es
    www.wordreference.com/es/

- Set aside sufficient time.
- Take a regular break every hour or half hour of study.
- Work through your study materials in a logical manner.

- Take notes about what you have difficulty with and spend time on things you need to review and not on things you already know.
- Begin each session with a review of your problem areas.
- Take a practice test first, so you can pinpoint your weaknesses. You also need to know how to prepare mentally for concentrating, in Spanish, over a span of three hours. Taking the exam is very mentally tiring.
- After your get through about half of your study materials, take another practice test to see how much progress you have made.
- Record your voice and play it back so that you are comfortable with the sound of it. You can use a portable analog or digital recorder, or use a voice-recording program, such as *Audacity* (*http://audacity.sourceforge.net/*), to record your sample.
- Make a note of pronunciation problems you may have, including incorrect pauses or use of incorrect expressions.
- Make sure to time yourself for 20 seconds in the simulated conversation. You need to know how much you can say in 20 seconds. You do not want to leave too many blank spaces in your recording. Native speakers begin immediately, whereas second-language speakers usually take more time to begin speaking. Practice ways to begin speaking immediately.
- When practicing the simulated conversation, imagine that you are role-playing for a skit. It is a good idea to find a friend with whom to role-play rather than practicing only one half of the conversation.
- Time your two-minute presentation. To pace your presentation correctly, you need to get a feel for how long two minutes are. You do not have much time on the actual exam to prepare anything except what you will say about the topic of comparison or contrast.
- Set aside time to read Spanish. You can find great online sources at many websites. Below is a list of some well-known sources of material for practice.

---

www.bbc.uk/hi/spanishnews/ (general information)

www.lanic.utexas.edu/la/region (links to a long list of magazines in Spanish on a large variety of topics)

www.consumer.es (general information and human interest stories from Spain)

elpais.com (newspaper from Spain)

www.mexicodesconocido.mx (travel sites in Mexico)

www.semana.com (from Colombia)

lanacion.com.ar (from Buenos Aires, Argentina)

cambio16.info/ (from Colombia)

www.laguia2000.com (online magazine with an enormous variety of subjects from Spain)

www.muyinteresante.es (short, general-interest articles from Spain)

www.etcetera.com.mx (general-interest stories from Mexico)

www.clarion.com (general-interest magazine with extended articles)

www.nates.edu/lrc/spanish (links to a variety of radio, television, streaming video, newspaper, and periodical sources)

- Practice listening to Spanish wherever you can. Listen to Spanish radio, watch Spanish television channels, or listen and watch online. There are numerous online websites where you can listen and watch Spanish programs. One great advantage to listening and watching Spanish online is that you can replay selections in order to understand parts that may be difficult to catch by listening to them once. For some of them, you have to select the Spanish language on your browser. A few that you may want to use are listed below.

> *www.un.org/radio/es/*
> *www.bbc.co.uk/radio/*
> *www.rtve.es* (Spanish online TV channel with a great selection of stories, plus links to other sources)
> *www.cnn.com/espanol*
> *www.radio.udg.mx* (radio station from Universidad de Guadalajara)
> *http://www.rnw.nl/espanol* (great site from the Netherlands for all kinds of stories in Spanish)

- Practice speaking Spanish as much as possible. Speak with other students, with people in your community, or join a tutoring program in your community to tutor native speakers of Spanish. Often, volunteering to teach English puts one in contact with Spanish speakers.
- When speaking Spanish, do not be afraid to make mistakes. Look at your mistakes as opportunities to improve. After making a mistake, repeat the correct structure a few times and then again later. A lot of the mistakes we make are due to having internalized the language incorrectly, and the only way to reverse this, is by practicing and repeating the correct structure.
- Learn to use circumlocutions or to rephrase what you want to say. You can avoid pauses and improve fluency that way.
- Learn as much as you can about customs, history, and folklore of various Spanish-speaking countries. Culture is not a separate category on the exam, but you will be evaluated on your awareness of social and cultural references as revealed in your answers on the free-response section of the exam. When you see references in this book with which you are not familiar, look them up. For example, if you encounter something about *Las Fallas* in Valencia, Spain or *los Reyes Magos,* or read about *Popol Vuh, Cien años de soledad,* Chichen Itza, Simón Bolívar, Jorge Luis Borges, the story of *La Llorona,* or find any other such references, look them up.
- Make sure you know how to express yourself in ways that are grammatically correct. This book includes writing exercises that will help.

These recommendations are intended to help you feel confident about taking the exam. The more confident and comfortable you are using Spanish, the better your chances are of doing well.

PART TWO
Reading Comprehension

Reading Comprehension

2

GENERAL CONSIDERATIONS

Reading comprehension is one of the more important skills that you should develop over the course of your preparation for the exam. It is the one proficiency skill that is integrated throughout all sections of the exam. You will only be tested on your ability to comprehend print texts in Section I, Part A and in the comprehension of audio and print texts (combined) portion of Section I, Part B, but you will also need to demonstrate good reading comprehension abilities to successfully complete Section II, Part A (E-mail Reply) and Section II, Part B (Persuasive Essay).

There are different types of reading passages and print materials that you can expect to see on the exam. All passages will come from authentic sources and can include literary texts, articles, pamphlets, promotional materials, letters, e-mails, maps, advertisements, and tables. In the section devoted to reading comprehension, you can expect to see one or more of these types of texts. Usually if a table or map is included, it will be accompanied by an article, whereas a fragment from a literary text will stand alone. In Section II, Part A, you will always be presented with an e-mail, and in Section II, Part B, you will probably be given an article or blog post along with a table. Here is a summary of the types of passages you can expect to see in each portion of the exam in which reading is a component of the overall assessment:

- **SECTION I, PART A (READING COMPREHENSION).** Articles, fragments of literary texts, pamphlets, tables, maps, and advertisements.
- **SECTION I, PART B (COMPREHENSION OF PRINT AND AUDIO TEXTS COMBINED).** Articles, blog posts, tables, maps, and advertisements.
- **SECTION II, PART A (INTERPERSONAL WRITING).** E-mail.
- **SECTION II, PART B (PRESENTATIONAL WRITING).** Articles and tables.

Reading comprehension is more than simply understanding a text. You must also be able to think critically about the selection, identify information that relates to everyday Hispanic culture, and strengthen your knowledge of information that pertains to other disciplines. Your success on this portion of the exam, therefore, will largely be based on how well you are able to do the following:

- **UNDERSTAND CONTENT.** Identify the main idea, details, and infer meaning;
- **THINK CRITICALLY ABOUT THE TEXT.** Its purpose, the target audience, the point of view of its author, the tone or attitude, and be able to separate fact from opinion;

- **UNDERSTAND VOCABULARY.** Comprehend a wide variety of vocabulary, idioms, and cultural expressions, and use context clues to help you work with unfamiliar words;
- **UNDERSTAND CULTURE AND CONTENT ACROSS DISCIPLINES.** Identify practices, products and perspectives of Hispanic cultures and demonstrate your ability to understand information that pertains to other disciplines, such as science, geography, history, and so on.

These skills are analyzed in more detail in the next chapter.

There are several things to keep in mind about the construction of multiple-choice tests. First, the cues for the correct answers are given in the passage or in the sentence, whether they appear in the vocabulary, grammar, or reading comprehension questions. Second, the distractors, or incorrect choices, are sometimes based on words that are false cognates, or words that are based on common misconceptions or errors that teachers know students make. The distractors are not the complete opposite of the correct answer, nor are they nonsensical or ungrammatical. They may be only partly incorrect or correct, and they all are plausible. By the same token, the correct answer does not stand out because it is different in length, complexity, or vocabulary, or has any other distinguishing feature.

With regard to reading comprehension questions, there are some additional points to consider. The question clearly states whether it is about what is stated in the text, indicated by phrases like *Según el autor,* or *Según el pasaje,* or whether you are being asked to make some inference. Inferences are indicated by phrases such as *Se puede decir* or *El autor implica que...,* meaning that you should make a determination about what you think the passage says. Remember that the correct answer and the distractor paraphrase what the text says. Any time that a line seems to be copied directly from the text, be careful, because it is almost always a wrong choice. Choices are arranged in a logical order, so use logic when you sort through them.

In Section I, you can expect four reading passages in Part A, with a total of 30 multiple-choice questions. The formats of the reading passages will be advertisements, literary texts, articles, and letters. Some of these passages will also include a chart or image. Each question will have four answer choices to choose from. You will not be penalized for incorrect answers, so if you don't know the answer, always make an educated guess. In terms of the content of the questions, usually there is a question about the general idea or purpose of the passage. One question will deal with secondary information or some detail of the passage. One question may ask about when and where the event takes place in the passage. Sometimes an expression, a line, or a sentence is selected as the basis of the question. A question may also ask about some aspect that requires analysis of the text. Finally, a question may be asked that requires you to make some sort of prediction based on the information in the text. The questions may deal with your impressions about the tone of the passage, the style, or perhaps the author's intent as you understand it from the cues given in the text.

The next few chapters include strategies and practice exercises to help make you a more efficient and effective reader.

READING STRATEGIES

The following section contains suggestions for how to read quickly and efficiently. First is a list of strategies that you should apply when reading. This is followed by several discussions on how to handle certain difficulties you may encounter on the exam, including:

1. understanding content,
2. thinking critically,
3. understanding vocabulary, and
4. understanding culture and content across disciplines.

These discussions contain sample passages and describe how to approach each task. After each sample, there is a discussion of which answers are correct or incorrect. The logic of the answer is also explained. Pay close attention to the logic, so you can understand your errors if you chose incorrectly.

Suggestions for Reading

Below are strategies to help you read more efficiently. You should pick a few at a time to practice, and apply them any time you read for comprehension.

Before Reading the Text

- **READ THE PREVIEW AND TITLE.** All reading selections will have a preview that will give the title of the text and contextual information about the text. This information will start you thinking about what information might be presented.
- **SCAN THE WHOLE PASSAGE.** Scanning will help you get a general idea of the topic. Many articles are divided into sub-sections, and scanning beforehand will allow you to predict what information might be presented in each section.
- **SCAN THE QUESTIONS.** Get an idea of what information you need to find in the passage.
- **USE VISUALS.** If the passage contains a graphic, make a note of its relation to the printed words. Determine the purpose of the visual insert.

While Reading the Text

- **THINK IN SPANISH.** Do not be tempted to translate as you read because you will waste a lot of time and may miss implied meaning.
- **VISUALIZE AS YOU READ.** Imagining in your mind's eye what the words mean will help you focus on what you are reading and reduce the tendency to translate.
- **USE YOUR BACKGROUND KNOWLEDGE.** In addition to reading comprehension, the exam tests your overall knowledge on themes that relate to different subjects, such as science, art, history, health, social studies, geography, and so on. Your overall knowledge of these topics and the vocabulary that is commonly used when discussing them will help you to better understand thematic reading selections. Think briefly about what you know about the topic before you begin reading. If you find that you are limited in your ability to talk about topics pertaining to a particular discipline, then you should practice reading more texts relating to those subjects.

- **UNDERLINE KEY WORDS AND IDEAS.** This will allow you to quickly retrieve information from the text.
- **IDENTIFY THE KIND OF WRITING.** You find different kinds of topics and information in different kinds of writing. Determine if what you are reading is literature, an article, personal correspondence, or a memoir.
- **IDENTIFY THE MAIN IDEA.** Look for repetition of words or phrases, or look for words that are topically related.
- **IDENTIFY SETTING, ACTION, AND MAIN CHARACTERS.** You can create a graphic organizer to help you keep track of these elements. When determining the setting, note the time frame as well as the place of action. If there is any action, get a general idea of what happens. For more factual texts, such as a report, note when, where, how, and why it happened. If a character has no name, identify him or her by some other characteristic, such as hair color, personality, or clothing.
- **IDENTIFY ELEMENTS RELATING TO HISPANIC CULTURE.** Remember that the exam tests both language *and* culture. It is important to identify and understand any products (food, clothing, art, and so on), practices (customs and traditions), and perspectives (attitudes, values, and ideas) of Hispanic culture and be able to recognize how they differ from those of your own culture.
- **NOTE VOCABULARY.** The chosen vocabulary provides a wealth of information about characters, the writer, the intended reader, and many other aspects of a selection that are important in inferring meaning.
- **FOCUS ON WORDS YOU RECOGNIZE AND USE CONTEXT CLUES TO AID YOUR UNDERSTANDING OF UNFAMILIAR WORDS.** Unknown words are often restated with other words you do know, especially if they are important to understanding the passage. There are also a number of strategies that can help you infer meaning from unfamiliar vocabulary. These are discussed more in depth in the following section.

After Reading the Text

- **REFLECT ON THE READING.** Think of the reading as a whole, synthesize the information, and think about how it relates to the overarching themes.
- **REVIEW YOUR ANSWERS AND MAKE AN EDUCATED GUESS.** Use the process of elimination to help answer any questions that you may have left unanswered.

Understanding Content

Understanding content encompasses one's ability to A) identify the main idea of a passage, B) identify the details relating to the passage, and C) infer the meaning of the passage.

Identify the Main Idea

The main idea of a text is what the author wants the reader to understand is the main purpose of the text. This is different than simply identifying what the text is about. To identify the main idea, you should scan the passage, make a mental note of the words that are important, and think about what the words have in common. Pay particular attention to nouns and verbs. Do not worry about words you don't recognize. Later you can determine which of the words you don't know are important to understanding the passage. Ignore words that are not needed for the overall understanding of the text.

PRÁCTICA #1

Read the passage and select the best answer to the question that follows.

> Al sol, ya se sabe, hay que acercarse con las espaldas bien cubiertas. Ninguna imprudencia nos está permitida, pues este astro, que posee una memoria de elefante, puede pasarnos factura cuando menos lo esperamos. Sirve que nosotros
>
> *Línea* lo tengamos en cuenta al comprar un bronceador. Vale que busquemos uno que
>
> (5) nos ofrezca seguridad total de los efectos de rayos ultravioleta. Ahora protegernos del sol veraniego traspasa cuestiones estéticas.

1. ¿Cuál es la idea principal de esta selección?
   (A) Lo bueno de broncearse durante el verano.
   (B) Los efectos que el sol pueden tener a la piel.
   (C) La importancia de seleccionar bien una crema protectora.
   (D) Lo que hay que hacer en caso de que uno reciba una quemadura.

Respuesta: C

This selection informs the reader about the importance of protecting oneself from the sun. The main recommendation is to select a good sun-block. It highlighs that protection is more important than aesthetics. The words that have a common connection that support the main idea are "*cubiertas*," "*bronceador*," "*seguridad total*," and "*protegernos*."

PRÁCTICA #2

Read the passage and select the best answer to the question that follows.

> En el trayecto que se me había encomendado recorrer, hay un puente, en el que a intervalo de un minuto, debían circular por una vía única dos trenes: el que yo manejaba y un tren de mercancías. Sabiendo el peligro de estos cruces, se me
>
> *Línea* habían hecho mil recomendaciones, inútiles, por otra parte, pues es de suponer
>
> (5) la atención que pondría yo en las señales luminosas.
>
> Al acercarnos al puente en cuestión, divisé claramente la luz verde, que me daba libre paso, y respirando aliviado, aumenté un poco la velocidad de nuestra marcha, no mucho sin embargo, dado que había que cruzar un puente y podría resultar peligroso.
>
> (10) Segundos después se sintió una sacudida intensísima y se oyó un ruido horrible: los dos trenes chocaron, se incendiaron y se desmenuzaron. Hubo cientos de muertos y miles de heridos. Por una rara casualidad yo quedé ileso. ¡Ojalá hubiera muerto!
>
> Nunca podré olvidar un espectáculo tan espantoso. Como siempre sucede en
>
> (15) las catástrofes, la sensación de espanto no es simultánea con el choque; sólo al cabo de algunos minutos, cuando vi las llamas de los coches que ardían, cuando distinguí las dos locomotoras semi-erguidas como dos hombres que luchan por derribarse, cuando oí los lamentos de los heridos y vi las ambulancias que acudían a levantar las víctimas, sólo entonces me di cuenta de lo que acababa de
>
> (20) suceder.

1. ¿Qué se narra en este trozo?
   (A) Un encuentro entre amigos
   (B) Un desastre natural
   (C) Una colisión
   (D) La circulación de trenes

Respuesta: C

This selection narrates the event of a collision between two trains. The words that have a common connection are "*sacudida intentísima*," "*ruido horrible*," "*chocaron*," "*muertos*," "*heridos*," "*espantoso*," and "*catástrofe*."

Understand Details

After the main idea of the passage has been identified, there will be a variety of questions that ask about specific information contained in the text. These details can relate to setting or origin (where), time (when), character, definition, or identification (who or what), purpose and reason (why), or manner (how). Many times these questions can be easily recognized by focusing on a particular word or phrase, but the answer will most often be a rephrasing of a word or string of words in the text.

PRÁCTICA

Read the passage and select the best answer for each question that follows.

> Sin apenas tiempo para disfrutar de su viaje de novios, Carlos Sainz ha vuelto a tomar el volante de su Toyota Celica GT4 para afrontar una nueva prueba del Campeonato del Mundo de Rallys.
>
> *Línea*
> (5) En efecto, en la mañana del 12 de mayo Sainz y su mujer empezaron su viaje a las islas Bermudas, que duró muy poco. Después de una semana de descanso, ya estaba el piloto madrileño en Grecia junto con su copiloto Luis Moya, realizando el recorrido de entrenamiento de la 34 edición del Acrópolis, una carrera que se destaca entre las más duras del campeonato, pero que para Carlos Sainz tiene un significado muy especial, ya que allí consiguió su primera victoria en una prueba
> (10) del Mundial, concretamente hace ahora dos años.

1. ¿Quién dirigirá el equipo en la competencia?
   (A) La señora Sainz
   (B) Luis Moya
   (C) Carlos Sainz
   (D) Un entrenador griego

2. ¿Qué tipo de competencia es?
   (A) Una carrera de caballos
   (B) Una carrera aérea
   (C) Una carrera de coches deportivos
   (D) Un partido de campeonato de la Copa Mundial

3.   ¿Por qué estuvo Carlos Sainz en las islas Bermudas?
     (A) Para celebrar su primera victoria.
     (B) Es donde decidió pasar su luna de miel.
     (C) Para entrenarse para la próxima competencia.
     (D) Para recuperarse mental y físicamente.

RESPUESTAS

Pregunta #1: C

Carlos, as the subject of the phrase "*ha vuelto a tomar el volante*," is identified as the driver, or *piloto*, about which the passage speaks. Luis Moya and la señora Zainz are secondary figures, and there is no Greek trainer.

Pregunta #2: C

Toyota Celica GT4 and *Rally* both refer to car racing, to which Sainz has returned. Choices A, B, and D are based on distracting factors. *Piloto* is the subject of the verb in "*estaba el piloto madrileño en Grecia*," but nowhere in the passage is any association made with anything other than cars. The word *Mundial* is also a distractor in choice D, since there is a possible confusion with the World Cup in soccer competition. However, the word *Copa* never appears, nor are there any references to soccer.

Pregunta #3: B

This is a classic example of rephrasing of words or a series of words in the text. "*Luna de miel*" and "*viaje de novios*" are synonyms, and they both mean "honeymoon."

Infer Meaning

Inference is a fancy word for "conclusion." Inferences are made based on information that is given to the reader and the reader's own background knowledge. For example, if you walk into class and your favorite teacher, who is normally very energetic and engaged, hands the class worksheets and goes to his desk and sits quietly staring out the window, you may infer that he is probably worried or upset about something. In print texts, authors will often not give you all the information they want you to know, and, therefore, readers must use inference to put together the pieces or read between the lines. Inferences can help readers make judgments and predictions, understand underlying themes, and comprehend unfamiliar words and idioms. The successful readers are those who are engaged in the reading process from the very beginning, and who are making predictions and coming to conclusions throughout the reading process. However, one should be careful not to read too much into what a passage says, but of relevance is the reader's response to what he thinks about what the author has said.

PRÁCTICA

Read the passage and select the best answer for each question that follows.

> -¡Diles que no me maten, Justino! Anda, vete a decirles eso. Que por caridad. Así diles. Diles que lo hagan por caridad.
> -No puedo. Hay allí un sargento que no quiere oír hablar nada de ti.
>
> *Línea*
> (5)
> -Haz que te oiga. Date tus mañas y dile que para sustos ya ha estado bueno. Dile que lo haga por caridad de Dios.
> -No se trata de sustos. Parece que te van a matar de a de veras. Y yo ya no quiero volver allá.
> -Anda otra vez. Solamente otra vez, a ver qué consigues.
> -No. No tengo ganas de eso, yo soy tu hijo. Y si voy mucho con ellos, acabarán
> (10) por saber quién soy y les dará por afusilarme a mí también. Es mejor dejar las cosas de este tamaño.

1. ¿Cuál es la actitud del padre de Justino?
   (A) Resignado
   (B) Impávido
   (C) Desesperado
   (D) Asustado

2. ¿Cómo caracterizaría el tipo de hijo que parece ser Justino?
   (A) Egoísta
   (B) Cruel
   (C) Cariñoso
   (D) Temeroso

RESPUESTAS

Pregunta #1: C

The lines by Justino and his father alternate between commands and refusals. The father's every line is a command for his son to go ask, tell, or beg for his life. Justino's every line communicates his desire to not become involved. Through the repetition of the command "*Diles,*" the father communicates his desperation, not resignation, fear, or intrepid behavior.

Pregunta #2: D

Justino's fear for his own life overwhelms any familial love that he may have felt for his father. His constant denial and proffered "reason" are not convincing; they sound like excuses, except that there is a grain of truth to the gravity of the situation as he sees it. At the end, Justino confesses that he does not want to press too much because the sergeant apparently does not realize that Justino is the man's son, and Justino does not want the sergeant to know. Although Justino may be self-centered and cruel, his primary reaction is fear. This is indicated by the constant repetition of his denial, and after each denial, an explanation of his position in the matter.

Think Critically

In addition to understanding the passage, you must also be able to think critically about the information presented in the reading selection. The types of questions on the exam that deal with critical thinking may ask you to consider the purpose and reason of the selection, determine the tone and attitude of the author, identify the intended reader, separate fact from opinion, and make assumptions. The following steps will help you become a better critical reader:

- **READ AND SUMMARIZE.** Read the selection first so that you understand the content. Next, try to summarize the information you just read. The summary should be the main message or central idea of the passage.
- **ANALYZE.** Look at the evidence presented, draw inferences where you can, and identify the tone.
- **SYNTHESIZE.** Connect the information you read to your own prior knowledge about the theme and any personal experiences you may have on the topic. Remember that all readings somehow relate to one of the six over-arching themes.
- **EVALUATE.** Assess the overall work. This is where you can determine the intended audience, the tone of the author, the validity of the argument, what evidence may be missing, and other predictions and assumptions that go beyond the text.

These steps should be implemented in order, and you should develop the habit of thinking critically with all your readings.

Questions About Purpose and Reason

There are two types of questions you are most likely going to see on the exam that deal with purpose and reason: 1) one that asks about the overall purpose of the reading selection, and 2) one that asks about the purpose, the reason, and/or the motivation of a particular event that takes place within the text. Take a look at the following samples.

PRÁCTICA #1

Read the passage and answer the questions that follow.

> Para los viajes en todas las rutas TACA se permite una pieza de mano con un peso máximo de 22 libras (10 kilos) cuyas dimensiones exteriores (alto + largo + ancho) no exceda de 115 centímetros (45 pulgadas). En los módulos de los aeropuertos están los medidores de equipaje, allí puedes verificar las dimensiones de tu equipaje de mano con las normas vigentes.
>
> *Línea (5)*
>
> Nuestros Socios LifeMiles Élite (Gold y Diamond), tienen derecho a 2 piezas de mano con un peso máximo de 22 libras (10 kilos) cada una, cuyas dimensiones exteriores (alto + largo + ancho) no exceda de 115 centímetros (45 pulgadas).*
>
> *(10)*
>
> Los Pasajeros Gold Star Alliance en clase ejecutiva tienen derecho a 2 piezas de mano con un peso máximo de 22 libras (10 kilos) cada una, cuyas dimensiones exteriores (alto + largo + ancho) no exceda de 115 centímetros (45 pulgadas).*
>
> *Excluye vuelos desde/hacia Estados Unidos; las regulaciones pueden variar por país y pueden ser modificadas por las autoridades de cada país en cualquier momento y sin previo aviso.
>
> —*http://www.taca.com/esp/syi/bag/bagbagpol.asp?id=14*

1. ¿Cuál parece ser la función de este trozo?
   - (A) Informarle a la gente de los diferentes tamaños de equipaje.
   - (B) Presentar la política de equipaje de mano de una compañía aérea.
   - (C) Mostrar los beneficios de ser socio de un club.
   - (D) Explicar las diferencias en regulaciones por distintos países.

2. ¿Qué función tienen los *medidores de equipaje* (línea 4)?
   - (A) Para medir las dimensiones de las piezas de equipaje.
   - (B) Para averiguar cuánto puede caber en las maletas.
   - (C) Para encontrar el peso del equipaje.
   - (D) Para asegurar que sea una pieza de mano reglamentaria.

RESPUESTAS

Pregunta #1: B

This piece informs the general public about what type of carry-on luggage is permissible. It only presents one size—the maximum weight and dimensions allowed, thus eliminating A. Choice D really has nothing to do with the selection, and, although the passage does include information about different membership groups, it never makes an attempt to persuade someone to try to become a member, thus eliminating C as an option.

Pregunta #2: D

Be careful not to be tricked by the repetition of a form of the word "*medir*" in the question and in the first option. The *medidor* does not measure luggage, nor does it weigh the bag. It is used to verify that the piece of luggage is small enough to be considered a carry-on according to the established "*reglamento*," or regulations.

PRÁCTICA #2

Read the passage and answer the questions that follow.

> Y las manifestaciones callejeras se suceden. Pueden hacerse para la defensa del medio ambiente o contra un alcalde superviviente de la dictadura, a favor de
> *Línea* los obreros panaderos o del Polisario, pero a juzgar por las fotografías o teledia-
> (5) rios, lo más importante para los participantes es estar allí, ser vistos y oídos. Cada vez que una cámara de cine o fotografía les enfoca miran fijos, sonríen, levantan los brazos; en las fotos de periódicos, los de adelante aparecen satisfechos y orgullosos; los de detrás, se asoman por entre las cabezas entre los afortunados para "estar" a su vez común en esas fotografías de grupos infantiles.

1. Según el autor, ¿por qué participa la gente en las manifestaciones callejeras?
   - (A) Para ser vista y reconocida.
   - (B) Para celebrar sus nuevas libertades.
   - (C) Protesta la censura del gobierno.
   - (D) Quiere efectuar algún cambio social.

2. ¿Cómo reaccionan esas personas al ver una cámara?
   - (A) Tratan de ocultar los rostros.
   - (B) Se enorgullecen de su supuesta importancia.
   - (C) Tienen miedo de ser reconocidos.
   - (D) Se enfadan porque sacan fotografías de ellos.

RESPUESTAS

Pregunta #1: A

Don't be tricked by the reason the protests take place. The question asks you why the people choose to participate. According to the text, the author believes the people solely want to be seen and heard. No indication is given as to whether they actually support the protest itself.

Pregunta #2: B

This answer is quite straightforward. The other three all convey a similar idea—that of not wanting to be seen.

Determining Tone and Attitude

One of the more difficult aspects of reading is determining the tone of the passage. The tone or attitude of the passage refers to the author's relationship to his or her material or to the readers, or both. By changing voice or manner, a writer can create a particular tone in a work. Sometimes the attitude of the writer is revealed in the usage figures of speech, such as hyperbole (exaggeration), various types of images (simile, metaphor, or metonym), humor (puns), or other devices, such as personification. In the following passages, notice the choice of words and how they are used to create a particular tone. This tone or attitude, at times, can indicate what type of writing the passage presents.

PRÁCTICA

Read the passage and answer the question that follows.

El primordial objeto de la vida, para muchos millones de norteamericanos, está en "divertirse" o "troncharse de risa." "Divertirse" no es ningún asunto complicado. El cine constituye la mayor de las diversiones. Bailar, jugar a los naipes, patinar, o
Línea besar y abrazar en un coche a una muchacha en cualquier momento es divertirse.
(5) Mirar los grabados en una revista y beber jugo de naranja es también una gran diversión. A los norteamericanos les satisface todo y gozan de todo. Encontrarse en la calle a Peter Lorre es un gran entretenimiento; platicar con una hórrida jamona en un fonducho de mala muerte es magnífico; presenciar un buen accidente automovilístico en la calle es demasiado maravilloso para describirlo con palabras.

---

1. Ante el espectáculo de los norteamericanos tratando de divertirse en todo momento, ¿cuál de las siguientes emociones muestra el tono del narrador?
   - (A) Aburrido
   - (B) Entretenido
   - (C) No afectado
   - (D) Asombrado

RESPUESTA

Pregunta #1: B

The narrator shows a certain detached amusement for the phenomenon he is describing, as is shown in the words he chooses to name his topic: *"El primordial objeto de la vida…"* Among the basic human drives, entertainment does not usually rank alongside self-preservation. The overstatement indicates that this narrator is somewhat detached. He is not commenting on what entertainment means to him, but what it means to the people he is observing. He then enumerates things that he thinks North Americans find entertaining, a list that culminates with the sight of an automobile accident. Any spectacle is entertaining. Choice C is a possible answer, but not the best answer. One does not get the impression from this passage that the writer is entirely indifferent to the subject matter; if he found it entertaining enough to write about, he is not totally indifferent.

Determining the Intended Reader

The reading passages that appear on the AP Spanish Language and Culture exam represent a wide variety of sources. Most often the intended reader of a passage can be determined by the content of the reading itself. The intended reader is anyone who is interested enough to pick up the literature to read it. In some cases, the writer addresses the reader directly, and from context provided within the passage, the reader can identify himself. In other cases, the passage may be an essay that tries to convince a particular kind of reader to take a certain position. Read the following passage and think about the type of reader to whom it is directed.

Línea

Quien desee comer una manzana y tenga ante si un manzano de su propiedad, cargado de manzanas maduras al alcance de la mano, no tiene problema alguno para hacerse con ellas. Coge una manzana y, con ello, ha conseguido lo que pretendía. Los problemas comienzan cuando las manzanas cuelgan tan altas que

(5) resulta difícil alcanzarlas. El objetivo, cogerlas, no cabe lograrlo sin dificultades. Se tropieza con un óbice en el logro de nuestro objetivo. ¿Cómo se podrá comportar uno ante esta nueva situación?

Se puede renunciar a las manzanas, si la necesidad de comerlas no es muy acuciante o si se sabe por experiencia que no se halla preparado para tal situación,

(10) es decir, si no se siente uno con fuerzas suficientes para coger una manzana de un árbol elevado.

Pero también cabe la posibilidad de que comience uno a intentar conseguir su objetivo, o dicho de otro modo, de que trate de buscar, sin plan previo alguno, los medios y métodos apropiados para lograrlo. Intenta uno sacudir violentamente

(15) al árbol de un lado para otro y se da cuenta de que su tronco resulta demasiado grueso para poderlo mover. Arroja piedras a las manzanas y comprueba que para esto le falta la práctica requerida. Echa mano de un palo y trata de alcanzar con él las manzanas, pero el palo resulta demasiado corto.

Muchos intentos, muchos fracasos. Tal vez—tras largo esfuerzo—un éxito

(20) fortuito.

Pero también se puede proceder de la siguiente manera: se sienta uno y reflexiona sobre la situación.

---

1. ¿A quién parece estar dirigido este pasaje?
    (A) A un campesino hambriento
    (B) A un chico pequeño
    (C) A una persona perezosa
    (D) A una persona pragmática

RESPUESTA

Pregunta #1: D

The correct answer is choice D because the purpose of this passage is to interest the reader in learning how to solve everyday problems. This writer appeals to the reader's reason by presenting a concrete example of a problem, and then offering a variety of solutions, none of which is the most efficient manner of solving the problem. This writer is addressing a reader who wants to learn how to think logically when confronted by problems and not act impulsively. A pragmatic person is one who will analyze the situation, and then take the most appropriate action, which in this case is to sit and contemplate the situation.

Making Predictions

Making predictions is a skill that should be applied throughout the reading process. You can make predictions of the content of a reading selection simply by reading its title. You should continue to make predictions while you are reading as to what will happen next. Predictions are always based on prior knowledge, and, therefore, tend to be more accurate as knowledge increases. On the exam, the questions asking you to make predictions will generally present a hypothetical scenario, and then ask you to make a prediction of the most probable outcome of the scenario. For example, a question might ask you to determine what the title of a book would be that you would check out if you wanted to further your understanding of the topic addressed in the reading source, or what would be an appropriate title for an essay that is based on the reading. In each case, there is nothing in the reading itself that will answer these questions, and you must rely on your overall understanding of the text. These types of questions will generally come at the end of the question series for any given text, and as they are presenting a hypothetical situation, the conditional mood will probably be used ("*¿Cuál de las siguientes preguntas sería…?*", "*¿Qué libro buscarías…*", *etc.*). You can expect no more than one question of this type per reading selection.

PRÁCTICA

Read the passage and answer the question that follows.

INGREDIENTES (para 4 personas)

1½ litro de leche.

75 gramos de arroz.

Línea 2 sobres de café soluble (o descafeinado soluble).

(5) 50 gramos de azúcar.

La piel de medio limón.

1 palo de canela.

Canela en polvo.

En una cazuela mezclamos un litro de leche, la piel de limón, el palo de canela

(10) y el arroz. Removemos todo con una espátula de madera y lo cocemos a fuego
suave durante 45 minutos.

A media cocción, añadimos poco a poco el resto de la leche con el café soluble
y el azúcar disueltos, y dejamos que siga cociendo hasta que quede cremosa la
mezcla. Lo servimos en boles individuales espolvoreado con canela en polvo.

(15) El arroz con leche es un postre muy popular y fácil de elaborar. La leche aporta
al postre proteínas y diferentes minerales como el calcio, mientras que el arroz
es buen fuente de hidratos de carbono complejos. En esta receta se presenta una
variante de este postre, ya que se añade un poco de café soluble, que va a dar al
plato un toque de color y sabor diferente.

---

1. Si quisieras investigar más información a base del tema de esta lectura, ¿cuál de las
   siguientes publicaciones te sería más útil?
   (A) *Postres típicos del mundo hispano*
   (B) *Recetas sencillas, deliciosas, y saludables*
   (C) *Sea el perfecto anfitrión*
   (D) *Por qué estudiar una carrera de gastronómica*

RESPUESTA

Pregunta #1: A

The text obviously refers to cooking, and the reader should be able to identify that the dish
being described is some sort of dessert. Not only does the word *postre* appear in the reading
itself, but so do many ingredients associated with desserts (*azúcar, piel de limón, canela*). The
theme of this particular reading is a dessert, making A the best answer. Both B and D deal
with cooking, but you can eliminate B because of *saludable*, as most of the ingredients in this
dish would not make it necessarily healthy, and choice D refers more to a study program, to
which this text does not refer. Choice C is easily eliminated because it deals more with host-
ing a party or event, but does not necessarily have anything to do with cooking.

Understand Vocabulary

As much as a test of how much vocabulary you already know, the exam tests your ability to deduce the meaning of words and idioms from the context in which they appear. The best way to prepare for the vocabulary you will see on the exam is to read as much as you can. Increasing your vocabulary will help you on all parts of the exam, not just on the Reading Comprehension section.

Dealing with Unfamiliar Vocabulary in Reading Comprehension

Reading is probably the best way to build and reinforce vocabulary, and it is not uncommon for even the most advanced Spanish-speaker to encounter unfamiliar words while reading. For most native speakers, however, unfamiliar vocabulary generally does not present a problem because they are able to extract plenty of information from the context to effectively understand the passage and, in most cases, they are likely capable of giving you a probable meaning of the words they do not know. On the other hand, Spanish-students too often tend to get hung up on vocabulary they do not recognize, and some feel they cannot continue reading without knowing the meaning of the unfamiliar word. In such cases, the first reaction often is to turn to a bilingual dictionary to help learn its meaning. The use of dictionaries, however, is not permitted on the exam, and, therefore, it is important to learn other strategies that you can use to help you work with unfamiliar vocabulary when reading.

Before we begin, it is important to remember that you do not have to understand all words in a reading passage to be an effective reader. In many cases you won't need to worry about the words you do not recognize in order to extract all the information you will need from a text. However, there are times when unfamiliar words may play a pivotal role in your understanding of a particular sentence, and in these cases, you should use the following strategies to help you make an educated guess to their meaning:

1. **READ THE ENTIRE SENTENCE OR PARAGRAPH.** You have to have a frame of reference to understand unfamiliar vocabulary.
2. **IDENTIFY THE PART OF SPEECH OF THE WORD.** Is it a noun, adjective, verb, adverb, etc.?
3. **USE CONTEXT CLUES.** To what other words does the unfamiliar word relate? If the word is an adjective, what noun is it modifying? If the word is a verb, who is the subject?
4. **USE WORDS OF THE SAME FAMILY.** Often a word that may be unfamiliar is of the same family of a word you already know. For example, "*una docena*" (a dozen) includes the number "*doce*" (twelve). Break up prefixes and suffixes to help you as well. You can learn more about word families in the *Vocabulary Study* section of this book.
5. **IDENTIFY COGNATES AND PRONOUNCE WORDS.** For example, the Spanish verb "*facilitar*" is a cognate of the English "*to facilitate.*" Sometimes pronouncing a word can help identify its meaning.

Understanding vocabulary through context is a skill that requires patience and practice, and the more you apply these strategies to your daily reading, the more comfortable you will become in your ability to read. Remember, it is not important to know the exact definition of the words, simply approximating the meaning is enough in most cases.

PRÁCTICA #1

Read the following passages and predict the meaning of the underlined words.

> Desperté, cubierto de sudor. Del piso de ladrillos rojos, recién regado, subía un vapor caliente.

RESPUESTA

"*ladrillos*"   First identify that this word is a noun. You should also recognize that by the use of the preposition "*de*," this particular noun is modifying the noun "*piso*" (floor). The adjective "*rojos*" is another clue, and, at this point, you can safely assume that the word "*ladrillos*" is probably a type of material, and that the floors are made with it. If you were able to get this far, then, in most cases, that would be good enough. The word "*ladrillo*" means "brick," as in those used for construction. However, you did not have to know exactly what type of material it is in order to understand the text.

PRÁCTICA #2

> Salté de la hamaca y descalzo atravesé el cuarto, cuidando de no pisar algún alacrán salido de su escondrijo a tomar el fresco.

RESPUESTA

descalzo   First identify that this word is an adjective. It is not a verb because it precedes one, and cannot be the subject because the verb is conjugated in the first person singular. Therefore, it is an adjective describing some noun, and the only one present in this clause is the narrator. You should also note it includes the prefix "*des-*," which is a negation. Breaking up the prefix, you find the word "*calzo*" that should remind you of "calzado" (footwear) or "*calcetines*" (socks). When you put it all together, you can see that the word means "without socks" or "bare feet." Put this in context with the action of *atraversar* and *no pisar* in the following clause and the fact that the narrator just woke up and is probably not wearing socks, it makes sense. However, you probably still have enough information from the rest of the text to understand the main action and would realize that this word is not vital to overall comprehension.

alacrán	First identify that it is a noun and the narrator is careful not to step on this particular object. You can safely assume that it is something that presents some degree of danger. Further contextual clues indicate that this object is animate. You can tell by the use of the adjective "*salido*" (past participle of "*salir*") that it came out of something to enjoy the cool weather. At this point you probably have deduced that it is some sort of animal, most likely a small one or some sort of insect because the narrator does not want to step on it with bare feet. It is really not vital to know exactly what type of animal it is as long as you were able to identify that it was an animal, and probably one that is poisonous or that could cause bodily harm. In case you really want to know, *alacrán* means "scorpion."
escondrijo	By now you have identified that this word is a noun, and that it belongs to the *alacrán*. You know the *alacrán* left this place to get some cool air, so it must be some sort of interior space (probably its home). If you dig a little deeper and use family of words, you would probably be reminded of the verb *esconder* (to hide). Putting it all together, you could easily assume that the word means "lair" or "hiding place," and you would be correct.

PRÁCTICA #3

Me acerqué al ventanillo y aspiré el aire del campo. Se oía la respiración de la noche, enorme, femenina.

RESPUESTA

aspiré	First identify that this is a form of the verb "*aspirar.*" The subject is the narrator "*yo*" who is doing this action to the direct object "*el aire.*" This, along with the fact that the narrator is doing this action while standing by the "*ventanillo,*" probably should be enough to get you to think that the narrator is "breathing" or "inhaling" the air. If you guessed this, then you are correct. If you look at the next sentence, you can see the word "*respiración,*" which is a word in the same family, the first meaning "to breathe in" while the second means "to breathe out."

CULTURE AND CONTENT ACROSS DISCIPLINES

Culture

When talking about culture, one has to consider the products, practices, and perspectives (for more detailed information, refer to the section on culture in Chapter 1). Sometimes the questions regarding culture will pertain to a certain attitude that is presented within the text, or it may ask you about a particular expression that is used and why.

PRÁCTICA

Read the passage and answer the questions that follow. As you read, try to identify some of the practices and perspectives that are demonstrated.

> A las cuatro merendamos juntos, pan y pasas, sentados en el sofá, y cuando nos levantamos, no sé por qué, mi padre no quiso que limpiara el espaldar que el albañilito había manchado de blanco con su chaqueta; me detuvo la mano y lo limpió después sin que lo viéramos…
>
> Línea
>
> (5) —¿Sabes, hijo mío, por qué no quise que limpiara el sofá? Porque limpiarle mientras tu compañero lo veía era casi hacerle una reconvención por haberlo ensuciado. Y esto no estaba bien: en primer lugar, porque no lo había hecho de intento, y en segundo lugar, porque le había manchado con ropa de su padre, que se la había enyesado trabajando; y lo que se mancha trabajando no ensucia;
>
> (10) es polvo, cal, barniz, todo lo que quieras, pero no suciedad. El trabajo no ensucia. No digas nunca de un obrero que sale de su trabajo: "Va sucio." Debes decir: "Tiene en su ropa las señales, las huellas del trabajo." Recuérdalo. Quiero mucho al albañilito: primero, porque es compañero tuyo, y además, porque es hijo de un obrero. –*Tu padre*.

1. ¿De qué se trata esta selección?
   - (A) De la conducta apropiada de un anfitrión
   - (B) De los modos de mantenerse limpio en casa.
   - (C) De la conducta apropiada de un huésped.
   - (D) De los modos de disciplinar a un hijo.

2. ¿Por qué no quería el papá que su hijo limpiara el sofá de inmediato?
   - (A) No quería que el albañilito viera a su hijo trabajando.
   - (B) Quería que la madre lo hiciera.
   - (C) Quería que el albañilito viera lo que había hecho.
   - (D) No quería parecer descortés al invitado.

3. En las línea 9, ¿qué quiere decir "…lo que se mancha trabajando no ensucia"?
   - (A) Indica que no puede ensuciarse trabajando.
   - (B) Significa que el padre no vio que la chaqueta estaba sucia.
   - (C) Significa que trabajar no es una desgracia.
   - (D) Quiere decir que el padre se sentía superior a los obreros.

RESPUESTAS

Pregunta #1: A

The predominant cultural perspective that stands out is the importance of being a good host. The narrator is obviously young and is still in the process of learning the importance of hospitality. This perspective is highlighted not only by what the father tells his son, but also by certain actions he takes, such as not cleaning the chalk stain left on the sofa.

Pregunta #2: D

As in the question prior, the action is not taken because the father does not want his guest to feel uncomfortable. This is indeed a cultural practice—not doing a particular action that may make someone feel uncomfortable.

Pregunta #3: C

This question asks you to reflect on the use of language in order to understand a particular cultural perspective. In this case, you must go beyond what the words are literally saying and focus on the general idea within the context. The father is teaching his son why it is important to respect those who work, regardless of the work they do. The saying also conveys a cultural perspective.

Content Across Discipline

You can expect that the reading selections on the AP Spanish exam will deal with a number of topics pertaining to different disciplines. As you prepare for the exam, it is important to diversify your readings as much as possible in order to expose yourself to the vocabulary and ideas that pertain to different topics. Do not panic if you find yourself in front of a selection on a topic about which you know very little. Look at this as an opportunity to grow your knowledge of that particular subject.

PRÁCTICA

Read the passage and answer the questions that follow. As you read, try to identify 1) the subject matter to which the passage pertains, and 2) identify key vocabulary words that are common when talking about the subject.

En verano se ven menos horas de televisión, según los estudios de audiencia. Los días son más largos. Los espectadores encuentran elementos sustituidores de ocio fuera de su hogar habitual. La publicidad floja y disminuye la presión com-

Línea petitiva. Este año, sin embargo, y a excepción de Antena 3, que apenas modificará
(5) su programación, la lucha por ganar más cuota de pantalla no baja la guardia. La más agresiva es Telecinco, que prepara las maletas para situarse en las playas. En la de Marbella ya ha contratado a su alcalde para que haga de presentador.

Para los jóvenes, Telecinco ha preparado una versión reducida de *La quinta marcha*, que se emitirá al mediodía desde distintos emplazamientos turísticos y
(10) playeros. En esta misma línea de seguimiento a la audiencia consumidora de discos y refrescos, se mueve *Hablando se entiende la basca*, una versión del programa de Coll que se realizará en el mismo escenario de *Hablando se entiende la gente*, el teatro de la ONCE de Madrid. Chavales entre 10 y 17 años ofrecerán diariamente su espectáculo conducido por unos de los presentadores de *La quinta marcha*.

---

1. ¿Qué tendencias se han notado entre los televidentes españoles?
    (A) Durante el invierno miran menos porque están tan ocupados.
    (B) Durante el verano miran menos porque prefieren disfrutar del tiempo fuera de casa.
    (C) No hay diferencia entre el número de horas que miran en verano y en invierno.
    (D) Depende más de la edad del televidente cuánto miran en el verano.

2. ¿De dónde procede este trozo?
    (A) Es un folleto del Consejo de Turismo sobre la televisión.
    (B) Es un guión para los televidentes.
    (C) Es de una revista que investiga las novedades en la televisión.
    (D) Es de una obra literaria mostrando la vida moderna.

RESPUESTAS

Pregunta #1: B

The correct answer can be found in the first three sentences of the passage, where the main idea is basically restated verbatim.

Pregunta #2: C

The information presented in the passage is simply stating the facts as they appear. There is no reference to any other programming besides the three that are mentioned in the article (eliminating choice B), and it is too specific to be choice A or D.

SUBJECT MATTER AND VOCABULARY

In addition to reading comprehension, you should have identified that this article was about television and programming. There is a lot of vocabulary that can be extracted from this article that you can use when talking about television in general. These words include: *audiencia, espectadores, ocio, publicidad, programación, cuota de pantalla, presentador, emitir, programa, escenario, teatro,* and *espectáculo,* as well as the name of two television stations, Antena 3 and Telecinco. This information can be helpful to demonstrate your knowledge of Spanish culture. Looking at the questions, you could have also picked up on the word *televidente.* As you are making a list of vocabulary on any particular topic, remember to identify its function (verb, noun, adjective), and think about possible words in the same family (*espectáculo, espectacular, espectador, presentador, presentar, presentación,* and so on).

Finally, be sure to use the text to your advantage. Too often students make mistakes by not noticing the small details that can help them in their overall communication. For example, you should have noted that the word *programa* is masculine (line 11 – "…versión del programa"), whereas the word *programación* is feminine. Although in this article there is no way to tell the gender of *programación,* later in the passage you will find the word "versión" preceded by *una,* which should be enough to tell you that *programación* is also a feminine noun, since both words end in "-ión." Also, you should have identified that Antena 3 and Telecinco are television stations in Spain by the mention of two Spanish cities, Marbella (line 6), and Spain's capital, Madrid (line 12).

READING GRAPHS, TABLES, AND IMAGES

Several reading selections will also include graphs, tables, and other images that will relate thematically to the article that precedes it. These require a slightly different approach than reading texts. In most cases, they make complex information easier to understand, but they can cause confusion if you don't study them carefully. Below are some strategies you can use when reading graphs, tables, and images.

Before You Read
- Read the introduction and title of the graph, table, or image.
- Read the labels on the graph or table, if applicable.
- Pay attention to the pattern printed on each section of a graph and use the key to help you understand what each pattern means.

As You Read
- Make notes of key elements found in the chart or table. This will help you keep organized when answering questions.

After You Read
- Analyze the information gathered from the graph, table, or image. Ask yourself what conclusions you can make from these and how they relate to the article seen beforehand.

Bar Graphs

Bar graphs show relationship between groups or different categories. When reading a bar graph make sure to:

- Read the introduction,
- Read the labels on each axis,
- Determine the value that each bar represents, and
- Analyze the relationship between each bar in the graph and how they compare or contrast with each other.

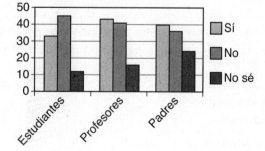

¿Cree que la tarea ayuda a mejorar el rendimiento académico?

Pie Charts

Pie charts show how different elements relate to a whole. Generally, the information presented in pie charts is measured with percentages, with the sum of the parts equal to 100 percent. A pie chart will be divided in sections with different colors and/or patterns represeniting each section. When reading a pie chart, make sure to:

- Read the introduction,
- Read the labels of each part of the pie,
- Understand what each part represents and how they relate to each other, and
- Analyze each part in relation to the whole.

Porcentaje de padres que piensan que la tarea ayuda a mejorar el rendimiento académico

Tables

Unlike graphs and pie charts, tables list data about a specific subject. The data is lined up in columns and rows, with headings identifying each of the categories. When reading a table, you should:

- Read the introduction,
- Read the title of the table and the row and column headings,
- Determine the value of each of the numbers in the table (percentages, in tens, thousands, and so on),
- Read down from the left and then across to the right, and
- Analyze the data in the table and how the information relates and differs from each other.

Opinión de estudiantes, padres, y profesores, en porcentaje, que piensan que la tarea ayuda a mejorar el rendimiento académico			
	Estudiantes	Profesores	Padres
Ayuda a mejorar el rendimiento	33	43	40
No ayuda a mejorar el rendimiento	45	41	36
No sabe	12	16	24

Section I, Part A

To briefly review the steps for reading:

1. Understand the format of the print text.
2. Read the introduction and scan the passage to get the general idea of the passage. Predict what the selection may be about.
3. Reread more carefully to

   a. identify key vocabulary words (underline them),
   b. identify characters,
   c. identify the setting, and
   d. understand what is happening.

4. a. Use background knowledge: What do you already know about the topic?
   b. Use context clues to work through unfamiliar vocabulary and your knowledge of English and Spanish to help you with cognates. Identify word families and prefixes and suffixes.

5. Evaluate the information you have gotten from the piece to

   a. determine the tone and mood of the piece,
   b. determine the intended reader, and
   c. draw conclusions about the piece.

6. Read the chart from the left column and then across.
7. Read the multiple-choice alternatives and select the best answer choice.

Following some of the reading selections in this book, you will be given additional activities. These activities will not be included on the AP exam, but they are included here to give you additional practice in the skills that will help you become successful on the AP exam and in your learning of Spanish in general.

ANSWER SHEET
Reading Comprehension

Selección #1:

1. Ⓐ Ⓑ Ⓒ Ⓓ
2. Ⓐ Ⓑ Ⓒ Ⓓ
3. Ⓐ Ⓑ Ⓒ Ⓓ
4. Ⓐ Ⓑ Ⓒ Ⓓ
5. Ⓐ Ⓑ Ⓒ Ⓓ
6. Ⓐ Ⓑ Ⓒ Ⓓ
7. Ⓐ Ⓑ Ⓒ Ⓓ

Selección #2:

1. Ⓐ Ⓑ Ⓒ Ⓓ
2. Ⓐ Ⓑ Ⓒ Ⓓ
3. Ⓐ Ⓑ Ⓒ Ⓓ
4. Ⓐ Ⓑ Ⓒ Ⓓ
5. Ⓐ Ⓑ Ⓒ Ⓓ
6. Ⓐ Ⓑ Ⓒ Ⓓ
7. Ⓐ Ⓑ Ⓒ Ⓓ
8. Ⓐ Ⓑ Ⓒ Ⓓ
9. Ⓐ Ⓑ Ⓒ Ⓓ
10. Ⓐ Ⓑ Ⓒ Ⓓ
11. Ⓐ Ⓑ Ⓒ Ⓓ

Selección #3:

1. Ⓐ Ⓑ Ⓒ Ⓓ
2. Ⓐ Ⓑ Ⓒ Ⓓ
3. Ⓐ Ⓑ Ⓒ Ⓓ
4. Ⓐ Ⓑ Ⓒ Ⓓ
5. Ⓐ Ⓑ Ⓒ Ⓓ

Selección #4:

1. Ⓐ Ⓑ Ⓒ Ⓓ
2. Ⓐ Ⓑ Ⓒ Ⓓ
3. Ⓐ Ⓑ Ⓒ Ⓓ
4. Ⓐ Ⓑ Ⓒ Ⓓ
5. Ⓐ Ⓑ Ⓒ Ⓓ
6. Ⓐ Ⓑ Ⓒ Ⓓ
7. Ⓐ Ⓑ Ⓒ Ⓓ

Selección #5:

1. Ⓐ Ⓑ Ⓒ Ⓓ
2. Ⓐ Ⓑ Ⓒ Ⓓ
3. Ⓐ Ⓑ Ⓒ Ⓓ
4. Ⓐ Ⓑ Ⓒ Ⓓ
5. Ⓐ Ⓑ Ⓒ Ⓓ
6. Ⓐ Ⓑ Ⓒ Ⓓ
7. Ⓐ Ⓑ Ⓒ Ⓓ

Selección #6:

1. Ⓐ Ⓑ Ⓒ Ⓓ
2. Ⓐ Ⓑ Ⓒ Ⓓ
3. Ⓐ Ⓑ Ⓒ Ⓓ
4. Ⓐ Ⓑ Ⓒ Ⓓ
5. Ⓐ Ⓑ Ⓒ Ⓓ
6. Ⓐ Ⓑ Ⓒ Ⓓ
7. Ⓐ Ⓑ Ⓒ Ⓓ

Selección #7:

1. Ⓐ Ⓑ Ⓒ Ⓓ
2. Ⓐ Ⓑ Ⓒ Ⓓ
3. Ⓐ Ⓑ Ⓒ Ⓓ
4. Ⓐ Ⓑ Ⓒ Ⓓ
5. Ⓐ Ⓑ Ⓒ Ⓓ
6. Ⓐ Ⓑ Ⓒ Ⓓ
7. Ⓐ Ⓑ Ⓒ Ⓓ
8. Ⓐ Ⓑ Ⓒ Ⓓ
9. Ⓐ Ⓑ Ⓒ Ⓓ
10. Ⓐ Ⓑ Ⓒ Ⓓ
11. Ⓐ Ⓑ Ⓒ Ⓓ

Selección #8:

1. Ⓐ Ⓑ Ⓒ Ⓓ
2. Ⓐ Ⓑ Ⓒ Ⓓ
3. Ⓐ Ⓑ Ⓒ Ⓓ
4. Ⓐ Ⓑ Ⓒ Ⓓ
5. Ⓐ Ⓑ Ⓒ Ⓓ
6. Ⓐ Ⓑ Ⓒ Ⓓ
7. Ⓐ Ⓑ Ⓒ Ⓓ

Selección #9:

1. Ⓐ Ⓑ Ⓒ Ⓓ
2. Ⓐ Ⓑ Ⓒ Ⓓ
3. Ⓐ Ⓑ Ⓒ Ⓓ
4. Ⓐ Ⓑ Ⓒ Ⓓ
5. Ⓐ Ⓑ Ⓒ Ⓓ
6. Ⓐ Ⓑ Ⓒ Ⓓ
7. Ⓐ Ⓑ Ⓒ Ⓓ

Selección #10:

1. Ⓐ Ⓑ Ⓒ Ⓓ
2. Ⓐ Ⓑ Ⓒ Ⓓ
3. Ⓐ Ⓑ Ⓒ Ⓓ
4. Ⓐ Ⓑ Ⓒ Ⓓ
5. Ⓐ Ⓑ Ⓒ Ⓓ

Selección #11:

1. Ⓐ Ⓑ Ⓒ Ⓓ
2. Ⓐ Ⓑ Ⓒ Ⓓ
3. Ⓐ Ⓑ Ⓒ Ⓓ
4. Ⓐ Ⓑ Ⓒ Ⓓ
5. Ⓐ Ⓑ Ⓒ Ⓓ

Selección #12:

1. Ⓐ Ⓑ Ⓒ Ⓓ
2. Ⓐ Ⓑ Ⓒ Ⓓ
3. Ⓐ Ⓑ Ⓒ Ⓓ
4. Ⓐ Ⓑ Ⓒ Ⓓ
5. Ⓐ Ⓑ Ⓒ Ⓓ
6. Ⓐ Ⓑ Ⓒ Ⓓ
7. Ⓐ Ⓑ Ⓒ Ⓓ

Selección #13:

1. Ⓐ Ⓑ Ⓒ Ⓓ
2. Ⓐ Ⓑ Ⓒ Ⓓ
3. Ⓐ Ⓑ Ⓒ Ⓓ
4. Ⓐ Ⓑ Ⓒ Ⓓ
5. Ⓐ Ⓑ Ⓒ Ⓓ

Selección #14:

1. Ⓐ Ⓑ Ⓒ Ⓓ
2. Ⓐ Ⓑ Ⓒ Ⓓ
3. Ⓐ Ⓑ Ⓒ Ⓓ
4. Ⓐ Ⓑ Ⓒ Ⓓ
5. Ⓐ Ⓑ Ⓒ Ⓓ
6. Ⓐ Ⓑ Ⓒ Ⓓ
7. Ⓐ Ⓑ Ⓒ Ⓓ

Selección #15:

1. Ⓐ Ⓑ Ⓒ Ⓓ
2. Ⓐ Ⓑ Ⓒ Ⓓ
3. Ⓐ Ⓑ Ⓒ Ⓓ
4. Ⓐ Ⓑ Ⓒ Ⓓ
5. Ⓐ Ⓑ Ⓒ Ⓓ
6. Ⓐ Ⓑ Ⓒ Ⓓ
7. Ⓐ Ⓑ Ⓒ Ⓓ

Selección #16:

1. Ⓐ Ⓑ Ⓒ Ⓓ
2. Ⓐ Ⓑ Ⓒ Ⓓ
3. Ⓐ Ⓑ Ⓒ Ⓓ
4. Ⓐ Ⓑ Ⓒ Ⓓ
5. Ⓐ Ⓑ Ⓒ Ⓓ
6. Ⓐ Ⓑ Ⓒ Ⓓ
7. Ⓐ Ⓑ Ⓒ Ⓓ
8. Ⓐ Ⓑ Ⓒ Ⓓ
9. Ⓐ Ⓑ Ⓒ Ⓓ
10. Ⓐ Ⓑ Ⓒ Ⓓ
11. Ⓐ Ⓑ Ⓒ Ⓓ

Selección #17:

1. Ⓐ Ⓑ Ⓒ Ⓓ
2. Ⓐ Ⓑ Ⓒ Ⓓ
3. Ⓐ Ⓑ Ⓒ Ⓓ
4. Ⓐ Ⓑ Ⓒ Ⓓ
5. Ⓐ Ⓑ Ⓒ Ⓓ
6. Ⓐ Ⓑ Ⓒ Ⓓ
7. Ⓐ Ⓑ Ⓒ Ⓓ

Selección #18:

1. Ⓐ Ⓑ Ⓒ Ⓓ
2. Ⓐ Ⓑ Ⓒ Ⓓ
3. Ⓐ Ⓑ Ⓒ Ⓓ
4. Ⓐ Ⓑ Ⓒ Ⓓ
5. Ⓐ Ⓑ Ⓒ Ⓓ

Selección #19:

1. Ⓐ Ⓑ Ⓒ Ⓓ
2. Ⓐ Ⓑ Ⓒ Ⓓ
3. Ⓐ Ⓑ Ⓒ Ⓓ
4. Ⓐ Ⓑ Ⓒ Ⓓ
5. Ⓐ Ⓑ Ⓒ Ⓓ
6. Ⓐ Ⓑ Ⓒ Ⓓ
7. Ⓐ Ⓑ Ⓒ Ⓓ

Selección #20:

1. Ⓐ Ⓑ Ⓒ Ⓓ
2. Ⓐ Ⓑ Ⓒ Ⓓ
3. Ⓐ Ⓑ Ⓒ Ⓓ
4. Ⓐ Ⓑ Ⓒ Ⓓ
5. Ⓐ Ⓑ Ⓒ Ⓓ
6. Ⓐ Ⓑ Ⓒ Ⓓ
7. Ⓐ Ⓑ Ⓒ Ⓓ

Selección #21:

1. Ⓐ Ⓑ Ⓒ Ⓓ
2. Ⓐ Ⓑ Ⓒ Ⓓ
3. Ⓐ Ⓑ Ⓒ Ⓓ
4. Ⓐ Ⓑ Ⓒ Ⓓ
5. Ⓐ Ⓑ Ⓒ Ⓓ
6. Ⓐ Ⓑ Ⓒ Ⓓ
7. Ⓐ Ⓑ Ⓒ Ⓓ
8. Ⓐ Ⓑ Ⓒ Ⓓ
9. Ⓐ Ⓑ Ⓒ Ⓓ
10. Ⓐ Ⓑ Ⓒ Ⓓ
11. Ⓐ Ⓑ Ⓒ Ⓓ

Selección #22:

1. Ⓐ Ⓑ Ⓒ Ⓓ
2. Ⓐ Ⓑ Ⓒ Ⓓ
3. Ⓐ Ⓑ Ⓒ Ⓓ
4. Ⓐ Ⓑ Ⓒ Ⓓ
5. Ⓐ Ⓑ Ⓒ Ⓓ
6. Ⓐ Ⓑ Ⓒ Ⓓ
7. Ⓐ Ⓑ Ⓒ Ⓓ

Selección #23:

1. Ⓐ Ⓑ Ⓒ Ⓓ
2. Ⓐ Ⓑ Ⓒ Ⓓ
3. Ⓐ Ⓑ Ⓒ Ⓓ
4. Ⓐ Ⓑ Ⓒ Ⓓ
5. Ⓐ Ⓑ Ⓒ Ⓓ
6. Ⓐ Ⓑ Ⓒ Ⓓ
7. Ⓐ Ⓑ Ⓒ Ⓓ
8. Ⓐ Ⓑ Ⓒ Ⓓ

Selección #24:

1. Ⓐ Ⓑ Ⓒ Ⓓ
2. Ⓐ Ⓑ Ⓒ Ⓓ
3. Ⓐ Ⓑ Ⓒ Ⓓ
4. Ⓐ Ⓑ Ⓒ Ⓓ
5. Ⓐ Ⓑ Ⓒ Ⓓ
6. Ⓐ Ⓑ Ⓒ Ⓓ
7. Ⓐ Ⓑ Ⓒ Ⓓ

SELECCIÓN #1

Tema curricular: Los desafíos mundiales; *temas económicos*

La siguiente redacción presenta la opinión de un español ante la situación actual en su país. Fue publicado en la página Web *LaRazon.es* en 2012.

OPINIÓN: Pagar en «B»

Por Idoia Arbillaga

En cierta ocasión, mientras comía en un exquisito restaurante con un bullicioso grupo de amigos, yo escuchaba –como solemos hacer los escritores aun sin darnos cuenta- las conversaciones de los comensales de otras mesas. Entre varios
Línea noruegos, un español, al parecer casado con una señora también noruega, afirm-
(5) aba que lo que más le había sorprendido de su vida en el país del norte es que, siendo él asesor, nadie le admitía que regateara al Estado en el pago de impuestos ni en ninguna declaración. «No, no; debo pagar lo que me toca». Ese civismo responsable no existe en España, aquí reina el trapicheo, la falta de responsabilidad económica y social, aquí prevalece el «mientras yo me ahorre un euro…».
(10) Y el Estado somos todos, vieja frase, pero parece ser que nunca llegó a calar en nuestra conciencia como ciudadanos. Vas al taller mecánico y cuando sacas la tarjeta, te dicen, «¡Ah, ¿vas a querer factura? Es que entonces debo cobrarte más!». El viejo truco. Hasta para pagar 100 euros de un lavado de tapicerías de coche, en un centro comercial, me dijeron: «No, no, en metálico». ¿Tenemos todos la
(15) obligación de llevar siempre 100 euros encima? El propio tejido económico que hemos construido se sustenta en el dinero negro, en el pago en B, en el fraude. Esta es la economía española, y esto es ajeno al sistema político de turno, aquí maquillamos contabilidades todos, trapicheamos todos y le escamoteamos al Estado todo lo que podemos. Así no, así España no alcanzará ninguna clase de
(20) prosperidad nunca, ninguna equidad económica ni legal con el resto de Europa. El saneo de la economía es trabajo arduo, de lustros, de concienciación social; los países nórdicos quedan muy lejos, geográfica… y moralmente.

http://www.larazon.es/detalle_hemeroteca/noticias/LA_RAZON_447644/
2166-opinion-pagar-en-b

---

1. ¿Qué evento le impulsó al autor escribir este comentario?
   (A) Una conversación que tuvo con unos amigos.
   (B) Una discusión que oyó entre varios desconocidos.
   (C) El estado actual de la economía de España.
   (D) La prosperidad de los países nórdicos.

2. ¿Qué le sorprendió al marido español de su estancia en Noruega?
   (A) Que nadie pagara sus impuestos.
   (B) Que nadie fuera honesto.
   (C) Que todos engañaran el Estado.
   (D) Que todos pagaran lo que debían.

3. ¿Qué diferencia señala el autor entre los noruegos y los españoles?
   (A) Los españoles suelen elaborar los estados financieros.
   (B) A los españoles no les gusta pagar impuestos.
   (C) Los noruegos suelen tener que pagar más impuestos.
   (D) Los noruegos tienen una menor conciencia social.

4. Según lo que se puede inferir del texto, ¿por qué prefieren los comerciantes españoles efectuar pagos con efectivo en vez de tarjeta de crédito?
   (A) Porque habrá un recibo del pago.
   (B) Porque no tienen que pagarle un porcentaje a una institución bancaria.
   (C) Porque es más fácil ocultar la venta y evitar pagar menos impuestos luego.
   (D) Porque no todos tienen la capacidad de aceptar tarjetas de crédito.

5. ¿Cuál de las siguientes frases comunica la misma idea que la frase "mientras yo me ahorre un euro…" (línea 9)?
   (A) Siempre y cuando me favorezca.
   (B) Tan pronto como gane más dinero.
   (C) En tanto que haya economizado suficientemente.
   (D) Hasta que me paguen.

6. ¿A qué se refiere el autor cuando dice "¿Tenemos todos la obligación de llevar 100 euros encima?" (líneas 14–15)?
   (A) A que muchos no tienen suficiente dinero para hacer las compras.
   (B) A lo ridículo de llevar tanto efectivo para que otros eviten los impuestos.
   (C) A que muchas tiendas no tienen la capacidad de aceptar tarjetas de crédito.
   (D) A que los dueños de las tiendas no aceptan billetes menos de 100 euros.

7. ¿Cuál de los siguientes adjetivos mejor describe el tono del autor?
   (A) Desilusionado
   (B) Fascinado
   (C) Engañado
   (D) Deseoso

Lectura 1—Más práctica

Vocabulario en contexto—Use the context of the text to figure out the most probable meaning of the following words. Write a synonym or explain the word in Spanish in the blanks that follow. The numbers in parentheses indicate the line where the word is found.

Definición / Sinónimo

1. bullicioso (1) _____

2. comensal (3) _____

3. trapicheo (8) _____

4. escamoteamos (18) _____

Ampliando tu vocabulario—Usa el vocabulario y frases del texto para llenar las columnas según el tema. ¿Puedes pensar en un tema adicional?

Palabras / frases relacionadas con...

...el fraude	...la economía	...el civismo	_____
maquillar contabilidades	*asesor*	*responsabilidad social*	

Tema curricular: Los desafíos mundiales; *el medio ambiente*

Fuente #1: El siguiente artículo presenta información de cómo mantener una dieta con una mayor conciencia ecológica. El artículo fue publicado en *Eroski Consumer* en 2010

Cómo seguir una dieta baja en carbono
Por Alex Fernández Muerza

Los alimentos son responsables de al menos el 20% de los gases de efecto invernadero (GEI) producidos en EE.UU., uno de los principales países causantes de este tipo de contaminación. El porcentaje podría ser incluso mayor si se tuvi-
Línea eran en cuenta las fuentes de emisión indirectas, según diversos estudios.

(5) Ahora bien, los alimentos individuales varían en sus huellas de carbono, y por ello, las decisiones de los consumidores y del sistema alimentario pueden contribuir en gran medida a reducir los GEI. Es la reflexión de Thomas Tomich, director del Instituto de Agricultura Sostenible de la Universidad de California, en EE.UU. Su equipo trabaja en el proyecto "Dieta baja en carbono", que mide las emisiones
(10) de GEI en el ciclo de vida de los alimentos, desde que se elaboran, se transportan, hasta que llegan a la mesa.

El equipo de los investigadores californianos se suma a un movimiento creciente que propugna un tipo de alimentación que tiene en cuenta su impacto en el calentamiento global. Los defensores de la dieta baja en carbono valoran
(15) la cantidad de GEI emitidos durante la producción, embalaje, procesamiento, transporte, preparación y transformación en residuo de los alimentos.

Según este criterio, los ciudadanos que quieran reducir su impacto en el cambio climático deberían aumentar el consumo de productos locales. Este tipo de alimentos, como defienden los localtarianos, evitan el transporte desde puntos
(20) lejanos, el uso de energía y la liberación de gases contaminantes.

Nathan Pelletier, investigador de la Escuela Universitaria Dalhousie para Estudios Medioambientales, en Halifax (Canadá), asegura que para seguir este tipo de dieta no sólo hay que fijarse en dónde se han producido los alimentos, sino también cómo. Pelletier señala que la principal contribución de la produc-
(25) ción alimentaria al cambio climático proviene de la ganadería. El 60% de los GEI asociados con carne de vacuno se relacionan con la emisión de metano o de nitrógeno procedentes del tratamiento del estiércol. Según un estudio de dicho investigador, para que un pez aumente de peso un kilo se necesita de uno a dos kilos de alimento; en el caso de una vaca la cantidad oscila entre 10 y 30 kilos.

(30) Los defensores de esta dieta recomiendan también reducir en lo posible el consumo de productos agropecuarios procedentes de explotaciones industriales. En estas instalaciones, la producción de verduras, frutas, lácteos, carne, etc., se lleva a cabo un uso intensivo de la energía y los recursos naturales, y se emplean productos químicos que contribuyen al calentamiento global. Como alternativa
(35) recomiendan el consumo de alimentos ecológicos, e incluso se alienta al auto consumo de alimentos procedentes de pequeños huertos urbanos.

Los productos frescos, de temporada, no envasados ni procesados, son otro de los alimentos estrella de una dieta baja en carbono. El empaquetado de productos requiere el uso de plástico y energía; de forma similar, la transformación (40) o congelación de un alimento para conservarlo y transportarlo conlleva el uso de energía y diversos procesos industriales que lanzan a la atmósfera diversos GEI. El agua mineral embotellada es una de las peores compras por la gran cantidad de recursos utilizados.

http://www.consumer.es/web/es/medio_ambiente/urbano/2010/04/05/192126.php

Fuente #2: El siguiente gráfico presenta la huella de carbono que se asocia con diferentes alimentos.

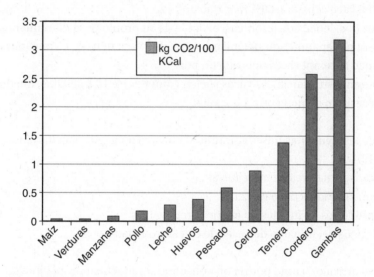

1. Según el artículo, ¿dónde queda Estados Unidos en la lista de países que producen gases invernaderos?
   (A) Es uno de los líderes en emisiones de gases invernaderos.
   (B) Es responsable por un quinto de las emisiones globales.
   (C) Es uno de los países con menor emisión global.
   (D) El artículo no presenta ninguna información acerca de este tema.

2. ¿Cómo se mide la huella de carbono de diversos alimentos?
   (A) Se basa en la energía usada para la crianza de ganado o el cultivo de plantas.
   (B) Se calcula la cantidad de residuos producidos por cada alimento.
   (C) Es basada en la preparación de los alimentos para ser consumidos.
   (D) Se incluyen todas fases de producción, desde el campo a la mesa.

3. ¿Qué debe considerar una persona que quiere seguir una dieta bajo en carbono?
   (A) La calidad de los alimentos y su frescura.
   (B) La procedencia de los alimentos y su elaboración.
   (C) El tipo de alimento y la cantidad que se debería consumir.
   (D) El empaquetado y su valor nutritivo.

4. ¿Por qué suele la ganadería tener una huella de carbono más alto que otros alimentos?
   (A) Porque hay más fincas de ganado que de cultivo de otros alimentos.
   (B) Porque hay más consumidores de ganado que de verduras.
   (C) Porque es más difícil transportarlos que otros alimentos.
   (D) Porque se requiere más energía para criar el ganado y hay más residuos.

5. ¿Qué dice el artículo en cuanto a la huella de carbono de un pez y una vaca?
   (A) Una vaca consume 60% más que un pez.
   (B) Los dos deben consumir casi el doble de su propio peso diariamente.
   (C) Para poder aumentar del mismo peso, una vaca tiene que consumir entre cinco a treinta veces más que un pez.
   (D) Durante su crianza, las vacas suelen comer entre 10 a 30 kilos, mientras los peces sólo comen entre 1 a 2 kilos.

6. ¿Cuál de las siguientes frases comunica la misma idea que "localtarianos" (línea 19)?
   (A) Transportadores de mercancías
   (B) Consumidores de lo cercano
   (C) Partidarios de fuentes de energías renovables
   (D) Críticos del impacto de gases de efecto invernadero

7. Según el artículo, ¿cómo podría un consumidor reducir su propia huella de carbono?
   (A) Evitar el consumo de productos de grandes granjas locales.
   (B) Basar su dieta en los productos regionales y de temporada.
   (C) Consumir más productos de lugares exóticos.
   (D) Reducir la cantidad de consumo en general.

8. ¿Qué tipo de información presenta el gráfico?
   (A) Las razones por las cuales hay que consumir un tipo de alimento en vez de otro.
   (B) La cantidad de dióxido de carbono que se asocia con diferentes alimentos.
   (C) Los alimentos que son más saludables a los consumidores.
   (D) La cantidad de calorías que cada alimento contiene.

9. Según el gráfico, ¿cuál de las siguientes afirmaciones es correcta?

   (A) La ganadería tiene un impacto ambiental más alto que el cultivo de frutas y verduras.

   (B) La producción de carne de ave perjudica más al ambiente que la de otras carnes.

   (C) El cultivo de manzanas impacta el ambiente tanto como el de verduras y maíz.

   (D) El maíz impacta menos al ambiente porque se ha reducido el consumo.

10. Basándote en la información de las dos fuentes, ¿cuál de las siguientes ideas sería una explicación por la cual gambas tienen la huella de carbono más alta en el gráfico?

    (A) Las gambas requieren mucha comida para que aumenten de peso.

    (B) Las gambas suelen ser congeladas para conservarlas y transportarlas.

    (C) La gente prefiere comer gambas a otros mariscos.

    (D) Hay que consumir una gran cantidad de gambas para satisfacer el hambre.

11. Si quisieras empezar un proyecto para promover una dieta baja en carbono en tu comunidad, ¿cuál de las siguientes publicaciones sería más apropiado para ayudarte?

    (A) *El granjero urbano: cómo crear tu propia huerta en tu ciudad.*

    (B) *El impacto ambiental de la importación de alimentos.*

    (C) *Ser vegetariano en 5 pasos.*

    (D) *GEI y su impacto a nuestro planeta.*

SELECCIÓN #3

Tema curricular: La vida contemporánea; *La educación y las carreras profesionales*

El siguiente anuncio es para un seminario en Montevideo. Fue publicado en 2011.

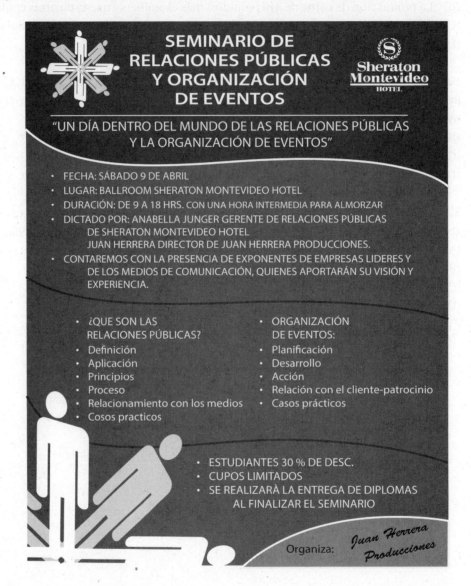

1. ¿A quiénes se dirige principalmente este anuncio?

   (A) A profesionales

   (B) A estudiantes

   (C) A estudiantes y a profesionales

   (D) A jefes de compañías multinacionales

2. ¿Cuánto tiempo dedica el seminario al aprendizaje?

   (A) Ocho horas

   (B) Nueve horas

   (C) Diez horas

   (D) Dieciocho horas

3. ¿A qué se refiere el anuncio al decir que contarán "con la presencia de exponentes de empresas líderes y de los medios de comunicación"?
    (A) A que varias empresas darán presentaciones multimedia.
    (B) A que las compañías más exitosas son las que manejan bien varias formas de comunicación.
    (C) A que habrá representantes experimentados de varias industrias que ayudarán con las presentaciones.
    (D) A que este seminario es dirigido principalmente a empleados de grandes compañías y de la prensa.

4. ¿Cómo parece ser dividida la información del seminario?
    (A) Presentan elementos teóricos antes de dar ejemplos útiles.
    (B) Dan ejemplos útiles para introducir la teoría.
    (C) Ofrecerán una gran variedad de ejemplos útiles y prácticos con poca atención a lo teórico.
    (D) Es mayormente teórico con poca atención al uso funcional.

5. ¿Qué reciben los participantes al completar el seminario?
    (A) Un descuento a seminarios futuros
    (B) Un documento mostrando que han cumplido el curso
    (C) El orgullo de haber formado parte de un grupo limitado
    (D) Una firma del organizador Juan Herrera de Juan Herrera Producciones

Lectura 3—Más práctica

Familia de palabras—Complete the following table using word families from the reading.

Verbo	Adjetivo	Sustantivo
dictar		
		exponente
		definición
	limitado	

SELECCIÓN #4

Tema curricular: Las familias y las comunidades; *Las tradiciones y los valores*

En la siguiente carta, Pablo le escribe a su amigo de una fiesta que experimentó cuando estuvo en México.

Querido Javier,

Espero que todo te vaya bien. Acabo de pasar unas semanas en México para celebrar el día de los Reyes Magos con mis tíos y quería contarte de cómo me fue.
Línea Me divertí un montón, especialmente disfrutando de la rosca de Reyes. No sé si
(5) lo has probado, pero es absolutamente delicioso.

La rosca de Reyes es un bizcocho fino de forma alveolar que contiene en promedio tres figuras de plástico en forma de niño y que simbolizan al hijo de Dios. Según me contó mi tía, es una tradición que vino de España en los primeros años del Virreinato y formó parte de las festividades de año nuevo para recordar la
(10) llegada a Jerusalén de los Reyes Magos. Desde entonces la rosca de Reyes es el centro de atención de la fiesta de cada seis de enero por ser una de las tradiciones más antiguas de la iglesia católica que recuerda este evento. Esto es muy distinto de lo que hacemos en Estados Unidos, donde la celebración es típicamente el veinticinco de diciembre.

(15) Según la religión católica, quién encuentre la figura deberá vestir y presentar al niño Dios en la iglesia durante la fiesta del Día de la Candelaria el 2 de febrero para celebrar los 40 días de su nacimiento. Mi hermano es lo que la encontró, pero se lo dio a nuestro primo para que él lo entregara, dado que ya habríamos vuelto a casa. Mi tío nos dijo que desde la Edad Media las familias españolas
(20) acostumbraban servir una merienda en la cual se partía la rosca de Reyes y que unos historiadores aseguran de que se trata de una costumbre romana que tomó la iglesia católica y la unió a la Navidad.

Los comerciantes aprovechan esta ocasión para incrementar sus ganancias mediante la venta de roscas de todos tamaños, pero mi tía nos la preparó y te
(25) aseguro que la de mi tía es la mejor rosca que hayas comido jamás. Ella la elaboró cuidadosamente con harina, azúcar, mantequilla y huevos hasta tener una pasta fina y después se le agregó a un molde y la adornó con trozos de fruta seca y azúcar glacé. Te aseguro que no has comido mejor bizcocho en tu vida.

Aunque tuvimos que volver a casa, la festividad continúa hasta el Día de la
(30) Candelaria, cuando las familias se reúnen nuevamente para celebrar la presentación del niño Dios en la iglesia. En ese momento es tradicional preparar y comer tamales verdes, rojos y de dulce acompañado con atole de maíz. ¡Cuánto me encantaría estar de nuevo allí para gozar de ellos! Pero mi tía me dijo que esta tradición ha perdurado generaciones y que seguramente podré disfrutar de ella
(35) en el futuro.

Bueno, me despido de ti. Lo he pasado súper bien con mis tíos, y espero que un día tengas también la oportunidad de experimentar esta fiesta tan bonita. Cuídate y nos veremos en la escuela.

Un abrazo,
(40) Pablo

1. ¿Qué es una rosca de Reyes?
   (A) Es una figura pequeña que se presenta a la iglesia el 6 de enero.
   (B) Es un tipo de postre con pequeñas figuras escondidas adentro.
   (C) Es un tipo de regalo traído por los Reyes Magos.
   (D) Es una fiesta que tiene la familia durante el mes de enero.

2. ¿Cuándo se celebra esta tradición?
   (A) El veinticinco de diciembre
   (B) El seis de enero
   (C) El dos de febrero
   (D) Cuarenta días después del dos de febrero

3. ¿En qué consiste la costumbre?
   (A) Los miembros de la familia se visten en trajes romanos para ir a la iglesia.
   (B) Todos compran regalos para presentar al niño Jesús el Día de la Candelaria.
   (C) Todos compran o preparan una rosca para la fiesta en casa.
   (D) Se celebra el Día de los Reyes Magos visitando la iglesia con comida especial.

4. ¿Qué tiene que hacer el que encuentra la figura del niño?
   (A) Tiene que vestirse en traje romano para ir a la iglesia.
   (B) Tiene que preparar la fiesta para el Día de la Candelaria.
   (C) Tiene que llevarla a Jerusalén.
   (D) Tiene que presentarse a la iglesia con la figura.

5. ¿De dónde procede la tradición de la rosca?
   (A) Tiene raíces durante la época colonial de México.
   (B) Empezó con el Nacimiento.
   (C) Tiene raíces en las costumbres de la iglesia católica medieval.
   (D) Los romanos empezaron la costumbre con una fiesta pagana.

6. ¿Qué permite esta costumbre?
   (A) Que toda la familia se reúna para ayudar a los comerciantes.
   (B) Que los comerciantes disfruten de un descanso de su negocio.
   (C) Que la iglesia estreche las relaciones con la comunidad comercial.
   (D) Que los niños se sientan parte de la comunidad religiosa.

7. ¿Por qué se molesta Pablo al fin de la carta?
   (A) Quiere poder entregar el niño en la iglesia.
   (B) No quiere perderse otra cena maravillosa.
   (C) No se va a repetir esta celebración por unos años.
   (D) No quiere volver a las clases.

Comparación cultural:

¿Hay una costumbre navideña parecida a la rosca de Reyes en tu comunidad? ¿Qué es? ¿Cómo se celebra?

¿Cómo se compara esta tradición con la del *King Cake* en Nueva Orleans?

SELECCIÓN #5

Tema curricular: La vida contemporánea; *Las relaciones personales*
El siguiente fragmento del libro *Corazón: Diario de un niño*, de Edmundo de Amacis, relata un evento que experimentó el narrador con un joven obrero.

A las cuatro merendamos juntos, pan y pasas, sentados en el sofá, y cuando nos levantamos, no sé por qué, mi padre no quiso que limpiara el espaldar que el albañilito había manchado de blanco con su chaqueta; me detuvo la mano y
Línea lo limpió después sin que lo viéramos. Jugando, al albañilito se le cayó un botón
(5) de la cazadora, y mi madre se le cosió; él se puso encarnado, y la veía coser; muy admirado y confuso, no atreviéndose ni a respirar. Después le enseñé el álbum de caricaturas, y él, sin darse cuenta, imitaba los gestos de aquellas caras, tan bien, que hasta mi padre se reía. Estaba tan contento cuando se fue, que se olvidó de ponerse al andrajoso sombrero, y al llegar a la puerta de la escalera, para manife-
(10) starme su gratitud, me hacía otra vez la gracia de poner el *hocico de liebre*.

—¿Sabes, hijo mío, por qué no quise que limpiara el sofá? Porque limpiarle mientras tu compañero lo veía era casi hacerle una reconvención por haberlo ensuciado. Y esto no estaba bien: en primer lugar, porque no lo había hecho de intento, y en segundo lugar, porque le había manchado con ropa de su padre,
(15) que se la había enyesado trabajando; y lo que se mancha trabajando no ensucia; es polvo, cal, barniz, todo lo que quieras, pero no suciedad. El trabajo no ensu-cia. No digas nunca de un obrero que sale de su trabajo: "Va sucio." Debes decir: "Tiene en su ropa las señales, las huellas del trabajo." Recuérdalo. Quiero mucho al albañilito: primero, porque es compañero tuyo, y además, porque es hijo de un
(20) obrero. —*Tu padre.*

1. ¿De qué trata esta selección?
   (A) De la conducta apropiada de un anfitrión.
   (B) De los modos de mantenerse limpio en casa.
   (C) De la conducta apropiada de un huésped.
   (D) De los modos de disciplinar a un hijo.

2. Al levantarse del sofá, ¿qué le molestaba al hijo?
   (A) Que la ropa del visitante estaba sucia.
   (B) Que se vieron algunas huellas del trabajo en el sofá.
   (C) Que en la chaqueta del albañilito faltaba un botón.
   (D) Que la chaqueta mostraba señales del trabajo.

3. ¿Cómo se sentía el albañilito cuando observó a la mamá reparando la ropa?
   (A) Estaba muy triste.
   (B) Se avergonzó.
   (C) Se enojó.
   (D) Se arrepintió.

4. ¿En la línea 15, qué quiere decir, *lo que se mancha trabajando no ensucia*?
   (A) Indica que no puede ensuciarse trabajando.
   (B) Significa que el padre no vio que la chaqueta estaba sucia.
   (C) Significa que trabajar no es una desgracia.
   (D) Quiere decir que el padre se sentía superior a los obreros.

5. ¿Por qué no quería el papá que su hijo limpiara el sofá de inmediato?
   (A) No quería que el albañilito viera a su hijo trabajando.
   (B) Quería que la madre lo hiciera.
   (C) Quería que el albañilito viera lo que había hecho.
   (D) No quería parecer descortés al invitado.

6. ¿Qué determina la diferencia entre el hijo y el albañilito?
   (A) Los aspectos socio-económicos de los dos.
   (B) El nivel de formación educativa de los dos.
   (C) Las características personales de los dos.
   (D) La edad de los dos.

7. ¿Cómo es la relación entre el papá y el hijo?
   (A) Parece que el padre es muy exigente.
   (B) Parece que los dos gozan de relaciones muy estrechas.
   (C) Parece que el chico no le hace mucho caso al padre.
   (D) El chico parece ser muy mimado por su padre.

SELECCIÓN #6

Tema curricular: La vida contemporánea: *La educación y las carreras profesionales*
La siguiente correspondencia es una respuesta a una solicitud de recibir más información de una región de un país de habla hispana.

Muy señor nuestro:

En relación a su carta enviada el 2 de febrero donde se expresa su interés en recibir información de la Región de Castilla y León, les comunico que el Gobierno de la Región presta su total apoyo y colaboración para que se efectúen inversiones en la Comunidad Autónoma de Castilla y León.

Línea
(5)

Para que puedan llegar a tener un primer conocimiento de nuestra región les envío un folleto informativo, así como indicaciones sobre las posibles líneas de ayuda de las que se puedan beneficiar.

Al margen de estas medidas de apoyo, le informo que se dan en nuestra Región

(10)
circunstancias muy favorables para la adquisición de suelo industrial, disponible en Polígonos Industriales ya equipados. La mayoría de éstos se pueden obtener con ventajas adicionales en función de la demanda de la empresa. Por otro lado, hemos de informarle del hecho de que muchos ayuntamientos ceden parte de sus terrenos industriales a título gratuito o por un precio simbólico para la instalación

(15)
de nuevas industrias en los mismos.

También estimamos de gran interés para los posibles inversores en la Región de Castilla y León la existencia de una amplia gama de incentivos que premian la creación de empleo, así como la existencia de una sociedad de capital-riesgo cuyo objeto es la promoción o fomento de sociedades no financieras mediante la par-

(20)
ticipación temporal en su capital y la prestación a las sociedades participadas de servicios de asesoramiento, asistencia técnica y otros complementarios, teniendo como recurso propios iniciales, 6,85 millones de euros.

Estamos a su entera disposición para cualquier ampliación de información que aquí se cita, así como sería un placer para nosotros que se desplazaran a

(25)
conocer personalmente esta Región y sus instituciones.

Atentamente,
El Director General de Economía

1. ¿De quién es esta carta?
   (A) Del contador de una empresa grande.
   (B) De un representante gubernamental.
   (C) De un agente de bienes raíces.
   (D) De un banco que está solicitando clientes.

2. ¿Cuál es el propósito de la carta?
   (A) Solicitar préstamos y dinero para el desarrollo regional.
   (B) Atraer industrias a la región.
   (C) Ofrecer ayuda financiera para los naturales de la región.
   (D) Crear sociedades en la región para apoyar el desarrollo económico.

3. ¿Qué se ofrece hacer en la carta?
   (A) Negociar con los ayuntamientos locales
   (B) Invertir el dinero de los extranjeros que vienen a la región
   (C) Enviar solicitudes a los posibles clientes de empresas en la región
   (D) Establecer sociedades para ayudar y apoyar las industrias

4. ¿Qué le provee el autor con la carta?
   (A) El nombre de quién contactar para recibir más información
   (B) Un panfleto con información adicional
   (C) Apoyo financiero
   (D) Incentivos para la inversión que haga

5. Parece que esta región…
   (A) goza de muchas condiciones favorables para la industria.
   (B) tiene mucho territorio subdesarrollado.
   (C) tiene mucha experiencia en invertir dinero.
   (D) se encuentra bien desarrollada económicamente.

6. ¿Dónde se encuentra esta región?
   (A) En México.
   (B) En Argentina.
   (C) En España.
   (D) En Colombia.

7. ¿Cómo concluye el escritor su correspondencia?
   (A) Le informa cuánto dinero tiene que invertir el receptor.
   (B) Le invita al receptor visitar esta región.
   (C) Se despide bruscamente.
   (D) Le avisa cómo puede conseguir más información.

Lectura 6—Más práctica:

Identifica las siguientes partes de la correspondencia:

- El saludo
- La introducción
- El cuerpo
- El cierre
- La despedida

¿Qué tono usa el escritor? ¿Por qué?

SELECCIÓN #7

Tema curricular: Las familias y las comunidades: *Las redes sociales*

Fuente #1: El siguiente artículo se trata del uso de diferentes redes sociales en España. Fue publicado en *www.red.es* en 2013.

Primer estudio sobre tendencias de las redes sociales en España

El Observatorio Nacional de las Telecomunicaciones y de la Sociedad de la Información (ONTSI) ha publicado el I Estudio sobre el conocimiento y uso de las Redes Sociales en España, un informe sobre el desarrollo del Social Media en

Línea nuestro país. Este texto, por primera vez en España, propone una panorámica del

(5) fenómeno de las Redes Sociales, su situación actual y las principales tendencias que se esperan para el futuro inmediato. Además, entre las redes sociales analizadas, propone dos webs que nacieron en nuestro país y que suponen una dura competencia para las mayoritarias en todo el mundo: Tuenti y Menéame.

El informe se divide en tres partes: en la primera, se propone una definición de

(10) red social. Las redes sociales pueden dividirse en dos categorías bien delimitadas: las directas, donde los usuarios crean perfiles personales y todos los miembros que pertenecen a un mismo grupo interactúan entre sí, y las indirectas, en las que hay un usuario destacado que propone un tema y el resto de usuarios comenta sobre ese tema. Entre éstas se encuentran los foros y blogs. Aquellos son Face-

(15) book, Twitter, etc.

La segunda parte del informe se centra en las redes sociales y su relación con la empresa, revelando que más del 80% de los responsables de recursos humanos españoles las utilizan para publicar ofertas de trabajo y contactar con candidatos a esos puestos. Además, se habla de las redes sociales como generadoras de nue-

(20) vas profesiones.

La tercera parte del informe se dedica a analizar Menéame y Tuenti a través de la nunca antes aplicada en España teoría de Grafos, que permite estudiar el universo completo de la red social. Los resultados indican que la media de amigos en Tuenti es de 126 y que Menéame es más utilizado en las zonas urbanas de Madrid,

(25) Barcelona, Mallorca y Lisboa.

Las tendencias para el futuro en las opiniones de veinte expertos entrevistados, irán encaminadas a que "las personas suban a la nube de las redes sociales una visión colectiva del mundo". Las redes sociales también impulsarán el uso de los ciudadanos de la Administración electrónica y harán que las empresas se

(30) interesen por los usuarios influyentes. El informe completo puede descargarse de la Web del Observatorio: Ontsi.com

Fuente #2: La siguiente tabla, basada en información del Instituto Nacional de Tecnologías de la Comunicación, presenta el porcentaje de usos en España de las redes sociales.

Usos de las redes sociales, en % sobre el total de usuarios españoles (2009)		
Usos	**2° trimestre**	**3° trimestre**
Enviar mensajes privados	53,5	56,2
Compartir fotos	51,6	52,9
Publicar mensajes públicos	41,3	45,7
Hacer comentarios y etiquetar fotos	38,2	39,9
Opinar y buscar nuevos amigos	33,8	31,8
Consultar opiniones y recomendaciones	26,1	26,6
Descargar juegos y aplicaciones	14,3	13,8
Búsqueda de empleo	14,2	12,8
Otros	2,7	3,1
Ninguno	2,2	2,6

1. ¿Cuál es el propósito de este artículo?
   (A) Avisar a los lectores de las razones por el incremento en el uso de redes sociales en la Red.
   (B) Demostrar las diferentes redes sociales que se usan en España y exponer las razones por las cuales se usan.
   (C) Informar que se ha acabado una investigación sobre el uso de redes sociales en España.
   (D) Analizar cómo se diferencian las tendencias de uso de las redes sociales entre las empresas y la gente común.

2. ¿Qué son Tuenti y Menéame?
   (A) Son las empresas responsables por la publicación del informe.
   (B) Son redes sociales que se formaron en España.
   (C) Son páginas Web donde se puede conseguir información sobre cómo se diferencian las redes sociales del mundo.
   (D) Son herramientas en Internet que permiten mejor conocer el universo.

3. ¿Qué sugiere el artículo que va a pasar con Tuenti y Menéame?
   (A) No podrán sobrevivir con la gran competencia que ya existe.
   (B) Serán distintos de otros servicios.
   (C) Van ser competitivos.
   (D) Sólo se encontrarán en España.

4. De acuerdo a la definición que propone el artículo de las dos categorías de redes sociales, ¿dónde se categorizan Facebook y Twitter?
   (A) Son redes sociales directas.
   (B) Son redes sociales indirectas.
   (C) No se pueden considerar ni redes sociales directas ni indirectas.
   (D) Se pueden considerar tanto redes sociales directas como indirectas.

5. Según el artículo, ¿qué impacto han tenido las redes sociales en el mundo de trabajo?
   (A) Ha incrementado la productividad de un 80%.
   (B) Ha facilitado la manera en que alguien pueda conseguir un trabajo.
   (C) Ha simplificado la forma en que los empleados se comunican entre si.
   (D) Ha sido una herramienta para anunciar puestos disponibles y crear nuevos trabajos.

6. ¿Cómo se diferencian Tuenti y Menéame?
   (A) Tuenti tiene menos usuarios que Menéame.
   (B) En la capital de España, se utiliza Menéame más.
   (C) Tuenti no permite más de 126 usuarios a la vez.
   (D) Menéame fue creado antes que Tuenti.

7. ¿Qué comunica el artículo cuando dice que las redes sociales "…harán que las empresas se interesen por los usuarios influyentes" (líneas 29–30)?
   (A) Que las empresas buscarán candidatos que se destacan por su capacidad de usar redes sociales.
   (B) Que las compañías están interesados en aumentar el uso de las redes sociales en su día laboral.
   (C) Que las empresas quieren tener una presencia más influyente en las redes sociales.
   (D) Que las compañías se verán más influidas por los gustos y preferencias de los usuarios de redes sociales.

8. ¿Qué otra predicción hace el artículo en cuanto al uso de redes sociales?
   (A) Que van a hacer que la gente sea más sociable.
   (B) Que los usuarios van a comprender mejor el mundo.
   (C) Que van a ser usadas más en el ámbito laboral.
   (D) Que se usarán para efectuar entrevistas de trabajo.

9. ¿Qué tipo de información presenta la tabla?
   (A) El incremento constante de uso de las redes sociales.
   (B) Las razones por cambios de preferencia de uso de redes sociales.
   (C) La variación entre los usos de redes sociales a través de un período determinado.
   (D) El promedio de los usos de redes sociales en el año 2009.

10. Según la tabla, ¿qué cambio se nota entre los usos de las redes sociales?
    (A) Hubo un incremento en uso por razones sociales, y una reducción de uso relativo al trabajo.
    (B) Hubo una reducción total de la cantidad de usuarios de redes sociales.
    (C) Hubo un incremento en el uso de redes sociales tanto para diversión como en búsqueda de consejos.
    (D) Hubo menos ofertas de trabajo durante el tercer trimestre.

11. Si fueras de continuar tu investigación del tema presentado en el artículo y en la tabla, ¿cuál de las siguientes publicaciones contendría la información que buscas?
    (A) La conquista global de Facebook.
    (B) La evolución de las comunidades virtuales en la península ibérica.
    (C) Redes sociales: cómo usarlas para impulsar tu negocio.
    (D) Siete motivos para usar redes sociales en tu vida.

SELECCIÓN #8

Tema curricular: Las identidades personales: *La identidad nacional y la identidad étnica.*
El siguiente fragmento, del libro *Tiempo Mexicano* por Carlos Fuentes publicado en 1973, relata el cambio social que ocurrió en México en el siglo XX.

Entre los jóvenes de clase media, y a veces de clase obrera que con grandes sacrificios llegan a los estudios superiores, tiene lugar, por otra parte, la trans-formación cultural más interesante de la década. Quizás la historia cultural del
Línea México independiente pueda dividirse en tres etapas. La primera, hasta finales
(5) de la dictadura de Díaz, muestra una marcada tendencia—que las grandes excepciones, de Fernández de Lizardi a Posadas, no alcanzan a suprimir—a los que Antonio Caso llamó "la imitación extralógica": una cultura importada, como las mansardas que en las casas de la Colonia Juárez esperaban inútilmente la ven-tisca invernal. Pero a fines del Porfiriato, las novelas de Rabasa y Frías, la poesía
(10) de Othón, los grabados de Posada anunciaban un descubrimiento: el de México por sí mismo. La Revolución, en esencia un paso del no ser, o del ser enajenado, al ser para sí, fue el acto mismo de ese descubrimiento—los actos coinciden con las palabras y la apariencia con el rostro: la máscara cae y todos los colores, voces y cuerpos de México brillan con su existencia real. Un país dividido en compar-
(15) timientos estancos entra en contacto con sí mismo. Las formidables cabalgatas de la División del Norte y del Cuerpo del Noroeste por todo el territorio de la república son un abrazo y un reconocimiento: los mexicanos saben por primera vez cómo hablan, cómo cantan, cómo ríen, cómo aman, cómo beben, cómo comen, cómo injurian y cómo mueren los mexicanos.
(20) Del choque revolucionario surgió una doble tendencia cultural, positive en cuanto permitió a los mexicanos descubrirse a sí mismos, y negativa en cuanto llegó a un extremo chauvinista, tipificado popularmente en la frase "Como México no hay dos" que sólo acentúa nuestra forzosa relación bilateral con los Estados Unidos. Curiosa y suicida coincidencia de cierta izquierda y de la derecha cierta: la
(25) xenofobia, la afirmación de la singularidad mexicana, la invención estimágtica de "ideas exóticas" para denigrar, sencillamente, las ideas que no se comprenden o se juzgan peligrosas para la ortodoxia de los unos o las ganancias de los otros.

1. ¿Cómo se diferencian los jóvenes modernos de los de la época del Porfiriato?
   (A) Creen que saben más.
   (B) No tienen identidad auténtica.
   (C) Son más artísticos.
   (D) Disfrutan de más oportunidades.

2. ¿Qué pasó en la primera etapa de la gran transformación mexicana?
   (A) Estalló la rebelión contra la dictadura de Porfirio Díaz.
   (B) Los mexicanos imitaron a las modas ajenas.
   (C) El pueblo se escondió tras máscaras regionales.
   (D) El país se dividió en varios departamentos.

3. ¿Cómo empezaron algunos a mostrar su independencia?
   (A) Unos artistas iniciaron unas nuevas tendencias artísticas.
   (B) La División del Norte se encontró con el Cuerpo del Noroeste.
   (C) Mexicanos de todas partes se juntaron en contra de Porfirio Díaz.
   (D) Unos mexicanos empezaron a pensar de una manera no muy lógica.

4. ¿Qué es lo que se veía al caer la máscara?
   (A) Se veía muchos colores brillantes.
   (B) Descubrieron que eran xenofóbicos.
   (C) Reconocieron sus diferencias regionales.
   (D) Se enteraron de cómo eran sus compatriotas.

5. ¿Qué aspecto positivo tiene la doble tendencia cultural mexicana?
   (A) Los mexicanos reconocieron sus semejanzas.
   (B) Supieron que tenían que juntarse para luchar contra los Estados Unidos.
   (C) Descubrieron el valor de la cultura autóctona.
   (D) Descubrieron que a todos les gustaron los colores vivos.

6. ¿En las líneas 22–23, ¿qué quiere decir la frase *Como México no hay dos*?
   (A) Hay sólo una raza mexicana.
   (B) No se puede permitir influencias extranjeras en México.
   (C) No hay diferencias políticas entre los mexicanos.
   (D) Todas las regiones de México gozan de oportunidades iguales.

7. Últimamente ¿en qué consiste la transformación discutida en esta selección?
   (A) El fomento de revolución artística.
   (B) La creación de regiones únicas.
   (C) Un proceso de autoidentificación mexicana.
   (D) El reconocimiento de la superioridad cultural mexicana.

Tema curricular: La ciencia y la tecnología; *Los efectos de la tecnología en el individuo y en la sociedad.*

El siguiente artículo se trata de cómo Internet afecta la reputación de individuos. El artículo fue publicado en *LaNacion.com* en 2010.

El desafío de mantener una reputación en Internet

El prestigio siempre ha sido algo de lo que preocuparse. Construir una identidad era tarea de una vida, incluso de varias. En tiempos medievales bastaba echar una ojeada al escudo de armas, que garantizaba el buen nombre del portador.

Línea
(5) Yelmos y flores de lis fueron sustituidos por los contactos, gente importante que respaldaba la propia fama.

Hoy, Internet se ha apropiado de las herramientas para labrarse una buena reputación. Ni cartas de recomendación ni blasones familiares. El linaje ha sido sustituido por el historial de Google.

La notoriedad nunca fue tan democrática como ahora. Cualquiera puede
(10) acceder a la Red y defenderse en ella sin dinero ni intermediarios. Sólo méritos y un público casi ilimitado. Pero al igual que en la Edad Media, bullen los rumores que se extienden como la pólvora y que, también de manera democrática, salpican las reputaciones.

"Antes, si crecías en un pueblo, sabías quién era hijo de quién y, si te metías
(15) en líos, todos se enteraban. Ahora, ese pueblo es Facebook o Twitter. Si cometes un error, todos lo saben". Andy Beal es uno de los mayores expertos mundiales en reputación online y ha asesorado, entre otros, a Microsoft y Motorola. Asegura que los jefes consultan Google y Facebook para saber más sobre sus empleados: "Al menos una vez al año, supervisarán tu actividad online para encontrar algo
(20) que pueda hacerte prescindible. Muchos gerentes se hacen amigos tuyos en las redes sociales para vigilarte".

Medir la reputación y mejorarla es tarea de profesionales. En España, despuntan las primeras consultoras especializadas. Estudian la presencia en Internet de la empresa, institución o particular que les contrata y generan contenido positivo
(25) sobre ellas (texto, fotos y vídeos sobre lo que hacen y dicen, cuanto más, mejor). Si el daño ya está hecho, solicitan a blogs, foros y webs que retiren los comentarios injuriosos sobre sus clientes.

La mayoría de los expertos minimizan los riesgos y se sienten molestos por la distorsión mediática: "El miedo vende", dice Neus Arqués, de la consultora Man-
(30) fatta. "Antes, para llegar a grandes audiencias, hacía falta dinero para pagar a un responsable de comunicación. Ahora, cualquiera, incluso un autónomo, puede llegar más allá de su barrio".

No todos los rumores son infundados. "Hay gente que merece su mala fama", afirma Victor Puig, de Overalia. Pero incluso estos, señala Oriol Gifra, de Cus-
(35) tomer Hunt, tienen derecho a limpiar su reputación: "Esto es como si van a un abogado: yo les defenderé, sean inocentes o no".

¿Cómo hacer para no perder el buen nombre en el lodazal de insultos anónimos que puede ser la Red? Jeremiah Owyang se presenta como «estratega web» y es columnista de Forbes: «Debes apropiarte de tu nombre en Internet
(40) antes de que otro lo haga». Blindarse ante posibles ataques, tal y como hace la Casa del Rey, que ha ido comprando y cerrando los dominios web con el nombre de los hijos del Príncipe y las Infantas a medida que estos nacían.

En el medievo, bastaba una mala salida al campo de batalla para perder la vida. Si el caballero no había dejado descendencia, desaparecía su nombre. Hoy,
(45) quien deja huella en Internet lo hace para siempre. Borrarse de las redes sociales no garantiza nada, la información sigue ahí.

1. Según el artículo, ¿cómo se podía distinguir la reputación de alguien en la época medieval?
   (A) La gente importante solía llevar flores.
   (B) Se llevaban insignias para confirmar su prestigio.
   (C) Los de buena reputación portaban armas.
   (D) Había cartas que comprobaban la reputación de una persona.

2. ¿A qué se refiere el artículo cuando dice que para realizar una identidad en la antigüedad "…era tarea de una vida, incluso de varias" (línea 2)?
   (A) A que muchos participaban en la creación de una identidad.
   (B) A que para tener una buena reputación se debía quitarles la vida a otros.
   (C) A que la notoriedad era algo que sólo se podía alcanzar después de la muerte.
   (D) A que alcanzar notoriedad tardaba mucho, incluso varias generaciones.

3. ¿Qué dificultad se encuentra al mantener una buena reputación tanto con el uso actual de Internet como en la antigüedad?
   (A) Alcanzar fama todavía requiere que el individuo tenga un linaje particular.
   (B) La reputación de un individuo puede ser dañada por el chisme.
   (C) Encontrar suficiente público para poder respaldar los méritos de alguien.
   (D) Se carece de unas herramientas vitales para crear una buena reputación.

4. De acuerdo al artículo, ¿por qué acuden unos directivos a redes sociales?
   (A) Para evaluar conducta de sus empleados afuera del ámbito laboral.
   (B) Para poder estar al tanto de las comunidades virtuales.
   (C) Para hacerse amigos de los trabajadores.
   (D) Para encontrar a más aspirantes para un puesto particular.

5. ¿Qué puede hacer una empresa para poder mejorar su reputación?
   (A) Contratar a un abogado que la defienda aunque merezca su mala reputación.
   (B) Participar más en foros y blogs y escribir comentarios positivos de sus clientes.
   (C) Pedir ayuda a compañías concentradas en la formación y restauración de reputaciones en la Red.
   (D) Apoderarse de todo contenido en Internet que tenga que ver con la empresa.

6. ¿Qué comunica el artículo en el último párrafo (líneas 43–46)?
   (A) Que en la actualidad es más fácil recibir una buena o mala reputación.
   (B) Que en la antigüedad era más fácil recibir o perder una buena reputación.
   (C) Que en la antigüedad la muerte del cabeza de familia significaba la desaparición de la identidad y reputación familiar.
   (D) Que en la actualidad la identidad y reputación de alguien perdura mucho más que antes.

7. Imagina que quieres informarte más en cómo crear y mantener una buena reputación en Internet. ¿Cuál de los siguientes artículos te serviría más?
   (A) *Reputación online: prevenir es mejor que curar*
   (B) *La privacidad personal en la era de Internet*
   (C) *Diez recomendaciones para la gestión de redes sociales*
   (D) *Guía para identificar a los trolls en tu blog*

Lectura 9—Más práctica

Vocabulario en contexto—Use the context of the text to figure out the most probable meaning of the following words. Write a synonym or explain the word in Spanish in the blanks that follow. The numbers in parentheses indicate the line where the word is found.

Definición / Sinónimo

1. echar una ojeada (2–3) _____

2. labrarse (6) _____

3. meterse en líos (14–15) _____

4. blindarse (40) _____

Tema curricular: La belleza y la estética; *las artes visuales y escénicas.*

Este anuncio es para un concurso patrocinado por un instituto de educación secundaria en España.

IES Antonio Machado
Alcalá de Henares

Navidad 2011

Bases y entrega de trabajos

1° Podrán participar todos los alumnos matriculados durante el presente curso en la ESO.

2° El tamaño de las tarjetas será A5 (la mitad de un A4 210x297 mm) para darles el tradicional formato de tarjeta.

3° El nombre, apellidos y curso deberá figurar en el reverso de la tarjeta.

4° El tema de las tarjetas será cualquier imagen o composición que sugiera, evoque o suscite el concepto de la Navidad en España.

5° Los trabajos no podrán ser copia íntegra ni parcial de otras tarjetas.

6° El plazo de entrega será hasta el 28 de noviembre de 2011.

7° La entrega se hará en la Jefatura de Estudios del centro.

Tarjeta ganadora el curso 2010-2011

Premios

Primer Premio

30 €

Segundo Premio

20 €

Fallo del Jurado

1° El Jurado estará compuesto por tres profesores del centro, un administrativo y un representante del Equipo Directivo.

2° Cualquier trabajo podrá ser impreso para tarjeta de felicitación institucional del centro.

3° La presentación a concursado implica la concesión del permiso para ser impreso.

4° Una selección de las obras podrá ser expuesta en el instituto.

5° El fallo del jurado y el lugar y fecha de la entrega de premios se harán públicos el la página Web del centro el día 15 de diciembre.

6° La presentación a concurso implica la aceptación de estas bases.

1. ¿Qué promociona este anuncio?
   (A) Los trabajos de unos estudiantes
   (B) Una competición escolar
   (C) Una representación de una fiesta de Navidad
   (D) Una muestra de arte estudiantil

2. ¿Quiénes calificarán los trabajos?
   (A) Maestros y representantes del cuerpo estudiantil
   (B) Unos profesores y el director de la escuela
   (C) Personal docente y administrativo
   (D) Varios miembros de la junta directiva y unos profesores

3. ¿Cuál de las siguientes es una norma que se acepta al entregar las tarjetas?
   (A) Que pueden ser publicadas y mandadas a la comunidad escolar
   (B) Que cualquier trabajo podrá ser expuesto en la página Web de la escuela
   (C) Que las tarjetas serán exhibidas en una zona pública de la escuela
   (D) Que se otorgarán los premios el 15 de diciembre

4. ¿Qué otra información incluye el folleto?
   (A) Un ejemplar de una tarjeta típica
   (B) La fecha de comienzo del evento
   (C) El lugar de la entrega de premios
   (D) La tarjeta vencedora del año anterior

5. Si fueras un estudiante en esta escuela y quisieras participar en este evento según las normas establecidas, ¿cuál de los siguientes temas escogerías?
   (A) Belén, cuna de Jesús
   (B) Nochebuena madrileña
   (C) Crisol de celebraciones navideñas del mundo
   (D) Recorrido histórico de los tres Reyes Magos de Oriente

Tema curricular: Las familias y las comunidades; *Las tradiciones y los valores*
Este anuncio promueve una tradición típica de Venezuela. Fue publicado en
Venezuelatuya.com.

La hallaca

Uno de los platos más reconocidos y elaborados que se presenta en la gastronomía venezolana es sin lugar a dudas la hallaca. Esta obra maestra de nuestra culinaria es el más tradicional de los platos que engalanan las festividades navideñas en nuestra Venezuela.

Línea

(5)   La hallaca es el resultado del proceso histórico que ha vivido nuestra sociedad.

Desde su cubierta de hojas de plátano hasta los detalles que adornan y componen su guiso, pasando por su ingrediente primordial, la masa de maíz coloreada con onoto, la hallaca es la expresión más visible del mestizaje del venezolano. Cada ingrediente tiene sus raíces: la hoja de plátano, usada tanto por el negro africano como por el indio americano, es el maravilloso envoltorio que la cobija; al descubrirla, traemos al presente nuestro pasado indígena, pues la masa de maíz coloreada con onoto es la que nos recibe con su esplendoroso color amarillo; luego, en su interior se deja apreciar la llegada de los españoles a estas tierras, carnes de gallina, cerdo y res, aceitunas, alcaparras, pasas... todo picado finamente, guisados y maravillosamente distribuidos se hacen parte de un manjar exquisito. Sus ingredientes, todos partes de diferentes raíces se complementan armoniosamente en la hallaca, expresión del mestizaje y colorido del que es parte nuestro pueblo.

(10)

(15)

La palabra "Hallaca" proviene del guaraní y deriva de la palabra "ayúa" ó "ayuar" que significa mezclar o revolver, de estas palabras se presume que "ayuaca" sea una cosa mezclada, que por deformación lingüística paso a llamarse "ayaca". Otra versión presume que la palabra procede de alguna lengua aborigen del occidente del país, cuyo significado es "envoltorio" o "bojote".

(20)

Sea cual sea el origen de esta palabra, sabemos que "la hallaca" es completamente venezolana, tanto por su nombre como por su confección y es orgullo de nuestra cocina, pues ella sin distinciones sociales se presenta espléndida en la mesa navideña de todos los venezolanos, aportando un toque de maravilloso gusto y sabor a nuestra navidad.

(25)

En el mes de diciembre cuando las fiestas navideñas desbordan la alegría del venezolano, la hallaca es parte importante de la celebración, se intercambian, se regalan, se venden...en fin, en las fiestas de navidad para el venezolano no puede faltar la tan reconocida hallaca.

(30)

Para su preparación existen diversas recetas, pues en cada región del país hay recetas tradicionales, además como en la mayoría de los platos venezolanos cada familia le aporta su sazón y varía su confección.

(35)

1. ¿Qué simboliza la *hallaca*?
   (A) La integración intercultural del país
   (B) La cultura de los indígenas en Venezuela
   (C) La llegada de los españoles a tierra venezolana
   (D) La variedad de ingredientes autóctonos del país

2. Según el artículo, ¿cuál es el ingrediente principal de la *hallaca*?
   (A) Las hojas de plátano
   (B) La masa de maíz
   (C) La carne
   (D) El guisado

3. ¿A qué se refiere el autor cuando escribe "...se deja apreciar la llegada de los españoles" (línea 12)?
   (A) A que los españoles tuvieron el mayor impacto en la creación de la *hallaca*
   (B) A que los españoles trajeron nuevas técnicas culinarias
   (C) A que los españoles contribuyeron ingredientes no endémicos
   (D) A que los españoles disfrutaron de las tierras venezolanas

4. ¿Cuántas culturas son representadas en la preparación de la *hallaca*?
   (A) Dos
   (B) Tres
   (C) Cuatro
   (D) Más de cuatro

5. ¿Qué significa la frase "ella sin distinciones sociales se presenta espléndida en la mesa" (líneas 26–27)?
   (A) Que las cocina venezolana es magnífica pero modesta
   (B) Que las cenas navideñas suelen ser muy ricas
   (C) Que toda clase de gente goza de este plato
   (D) Que la *hallaca* es la más bella de todas las comidas venezolanas

Lectura 11—Más práctica

Comparación cultural:

¿Puedes pensar en algo similar a la *hallaca* en tu comunidad? ¿Qué es? ¿Cuándo se suele preparar? ¿De qué consta? ¿Cómo se compara y diferencia de la *hallaca* venezolana?

Tema curricular: Las identidades personales y públicas; *La enajenación y la asimilación*

Este fragmento de la novela *Rosaura a las diez*, del escritor argentino Marcos Denevi, relata las primeras impresiones que tienen unas chicas al conocer otra persona por primera vez.

Entonces comenzaron entre ellas una de esas conversaciones en que a mí, aunque esté presente, no me dan intervención, porque van a decir cosas que saben que yo no he de admitirles, y hablando entre ellas y diciéndolo todo ellas

Línea   ligerito, quieren convencerme antes de que yo les ataje la palabra en la boca.

(5)   —Y no parece que tenga veintiséis años.

—No ha hablado en ningún momento.

—¡Nos miraba, y en qué forma!

—Parecía asustada.

—No, asustada no. Sorprendida, maravillada, estupefacta.

(10)   —Y mucha desenvoltura no aparenta tener.

—Les digo que es una santita que nunca salió de su casa. Por eso ahora anda así.

—Y se vino vestida bien modestamente.

—Tenía una media corrida.

(15)   —Y los zapatos llenos de polvo.

—El collar es una fantasía de dos por cinco.

—Oigan, ¿no será sorda? ¿No será que no oye lo que se le dice y por eso nos miraba así?

—Pero no, si cuando yo le pregunté…

(20)   —Pues algo raro hay en ella. Todavía no sé lo que es, pero ya lo sabré. Déjenme estudiarla.

Y yo me acordé de aquellas manchas rojas en el antebrazo de Rosaura, ¡y sentí una indignación!

—¡Vean qué tres serpientes he traído yo al mundo! —exclamé, mirándolas

(25)   con furia—. La señorita Eufrasia, al lado de ustedes, es Santa Eufrasia. No quería decirles nada, pero veo que es necesario. La pelea de Rosaura con el padre fue como para llamar a la policía. Tiene los brazos llenos de cardenales.

Me miraron, horrorizadas.

1. ¿Quién narra lo que pasa en este trozo?
    (A) La señorita Eufrasia
    (B) Una de las chicas
    (C) La mamá de las chicas
    (D) Una chica huérfana

2. ¿De qué hablan?
    (A) De una joven que está visitando a la familia.
    (B) De una chica que es compañera de clase en la escuela.
    (C) De una santa que visitaba la casa.
    (D) De una joven pobre que visitaron en su casa.

3. ¿Con qué intenciones hablan las tres chicas?
    (A) Para conocer mejor a la chica.
    (B) Para adivinar la identidad de la chica.
    (C) Están chismeando.
    (D) Les interesa ayudarle.

4. En la línea 25, ¿qué quiere decir la frase "La señorita Eufrasia, al lado de ustedes, es Santa Eufrasia"?
    (A) Que las chicas son tan buenas como si fueran santas.
    (B) Que a la narradora le parece que las tres chicas son muy crueles.
    (C) Que la narradora cree que una persona cualquiera puede ser santa.
    (D) Que la narradora no cree que la señorita Eufrasia sea santa.

5. ¿Qué quiere la narradora que hagan las tres chicas?
    (A) Que ellas se callen.
    (B) Que ellas sean más piadosas.
    (C) Que las chicas la conozcan mejor.
    (D) Que las tres le muestren más respeto.

6. ¿Por qué se quedan horrorizadas las tres chicas?
    (A) No pueden creer que les hable la narradora con tanta franqueza.
    (B) Les ofende que haya intervenido la narradora en sus conversaciones.
    (C) Dudan que la narradora les haya dicho la verdad.
    (D) Les escandalizan los hechos del caso que acaba de decirles la narradora.

7. ¿Qué puede ser el pensamiento central de este trozo?
    (A) A las mujeres les gusta chismear todo el tiempo.
    (B) Los pobres no tienen ningunos derechos.
    (C) No se debe juzgar sin saber todos los datos del caso.
    (D) La intolerancia tiene raíces en la falta de comunicación.

SELECCIÓN #13

Tema curricular: La vida contemporánea; *Los viajes y el ocio*

Este trozo proviene de la compañía *LACSA* y detalla una de sus políticas.

Emitido por: AERONAVES NACIONALES:

Boleto de pasaje y del talón de equipaje
Aviso sobre limitaciones de responsabilidades sobre equipajes:

Las limitaciones de responsabilidad del transportista sobre el equipaje facturado, serán de aproximadamente (U.S.) $9.07 por libra y sobre el equipaje no facturado serán de (U.S.) $400.00 por pasajero.

Línea
(5)

Noticia importante
BIENVENIDOS A BORDO

Estimado Pasajero:

Para mayor comodidad y seguridad, si Ud. interrumpe su viaje por más de 48 horas le solicitamos que reconfirme su intención de usar la continuidad o el retorno de su viaje. Para tal efecto le rogamos que informe a nuestras oficinas en el lugar donde Ud. intenta reanudar su viaje con 48 horas de anticipación a la hora de salida de su vuelo. La noreconfirmación de su salida podría traer como consecuencia la cancelación de su reserva. Esperamos su colaboración para seguir brindándole nuestro tradicional servicio.

(10)

(15)

CUPÓN DE REEMBOLSO

El reembolso solo se hará al pasajero, a menos que se indique otra persona en la parte inferior de esta casilla, caso en el cual, solo podrá hacerse a la persona designada y no al pasajero, siempre y cuando entregue este cupón, los cupones que no hayan sido usados y el talón de exceso de equipaje. El presente reembolso está sujeto a las tarifas, normas y regulaciones del transportador, así como a las leyes y demás disposiciones gubernamentales.

(20)

1. Este trozo parece ser
   (A) De un folleto de una línea aérea.
   (B) De un contrato entre un pasajero y una línea aérea.
   (C) El documento de embarque que se le entrega para poder embarcar.
   (D) De un anuncio para Aeronaves Nacionales.

2. Si Ud. tiene reservas para un vuelo de vuelta el doce de diciembre, a las catorce horas ¿para cuándo tendrá Ud. que reconfirmar su vuelo?
   (A) El 9 de diciembre, a las siete de la mañana.
   (B) El 10 de diciembre, a las dos de la tarde.
   (C) El 11 de diciembre, a las cuatro de la tarde.
   (D) El 12 de diciembre, a la una de la tarde.

3. Se necesita un *talón de equipaje* para
   (A) probar responsibilidad financiera de la línea aérea.
   (B) poder llevar el equipaje de mano en la cabina.
   (C) declarar el valor y peso del equipaje.
   (D) reclamar el equipaje al aduanero.

4. ¿Qué propósito tiene el cupón de reembolso?
   (A) Para que otra persona pueda usar el boleto que no se ha usado.
   (B) Para que la línea aérea pague al pasajero por usar los servicios de ésta.
   (C) Para que el gobierno le pague la parte que no se ha usado.
   (D) Para que la línea aérea pague la parte que no se ha usado.

5. Las palabras *nuestro tradicional servicio* indica
   (A) Que la línea esta muy orgullosa de su servicio.
   (B) Que es una vieja línea tradicional.
   (C) Que es una línea establecida y reconocida.
   (D) Que su servicio es igual al de cualquier otra línea.

SELECCIÓN #14

Tema curricular: La belleza y la estética; *Definiciones de la belleza*

En esta carta, Javier le escribe a su amigo sobre una experiencia que tuvo la noche anterior.

Querido Pablo,

¿Cómo estás? Te quería escribirte anoche, pero estaba demasiado metido en mis propios pensamientos. Fui al cine con Sebastián y unos amigos suyos de la

Línea

(5) secundaria. Ya sabes cuánto me gusta ver películas, pero la verdad es que esta vez no disfruté la experiencia. Para empezar, nosotros llegamos tarde y las butacas estaban casi llenas. Afortunadamente pudimos encontrar suficiente asientos, pero tuvimos que separarnos y me quedé con dos jóvenes muy parlanchines: no dejaron de platicar durante toda la película…¡qué horror! Además, la película fue una tontería: demasiado énfasis en la acción y efectos especiales y ninguna con-

(10) sideración en desarrollar la trama. Y para colmo, al juntarse de nuevo el grupo, todos la alababan como si fuera la mejor del año. Yo me quedé quieto durante el camino a casa porque no quería ser aguafiestas.

Al llegar a casa empecé a pensar en cómo los gustos de cada uno son tan distintos. Para mí, ir al cine es una experiencia íntima que empieza el momento

(15) en que entro la sala. No entiendo cómo a alguien no le molestaría llegar tarde y perderse los tráilers. Además, no soporto cuando la gente habla durante la película. Me encanta poder discutir las películas, pero se debería hacer después de que haya terminado. Esta reflexión me hizo pensar en qué opinan otros de su experiencia en el cine. Pensé en que seguramente para los dos jóvenes a mi lado,

(20) el compañerismo era una parte de su diversión, y que ver una película en el cine es un evento que compartes con los que te rodean. Por eso no se molestaron por el hecho de que la película ya había empezado y disfrutaron de ella, aunque me pareció pésima.

A causa de esta reflexión, me di cuenta de que posiblemente mi experiencia

(25) podría haber sido diferente si hubiera cambiado mi actitud. Al contemplar la película de nuevo, pude ver elementos graciosos en ella, y me pregunté si no disfruté de la película por ser mala, o simplemente porque estaba tan frustrado de antemano que no iba a gozarla de todas formas. Creo que lo que he aprendido es que la diversión es distinta para cada persona, y cuando un grupo decide hacer

(30) algo juntos es imposible complacer a todos, y el fraternizar es una parte intrínseca de la experiencia así que hay que abandonar las expectativas personales y no frustrarse tanto si algo sale diferente de lo que uno quiere. ¿Qué piensas tú? Lo siento por escribirte una carta tan filosófica, pero me ayuda poder vocalizar mis pensamientos y compartirlos.

(35) Bueno, me despido de ti y espero tu respuesta. Salúdale a toda tu familia y espero que nos veamos pronto.

¡Un abrazo!
Javier

1. Según la carta, ¿qué se puede afirmar sobre la relación entre Javier y las personas con quienes fue al cine?
   (A) El vínculo de amistad es bastante fuerte.
   (B) Son todos amigos de la escuela.
   (C) Los demás no se llevan bien con Javier.
   (D) Javier se siente un poco apartado del grupo.

2. ¿Qué hicieron los dos jóvenes durante la película?
   (A) Conversaron.
   (B) Lucharon.
   (C) Se durmieron.
   (D) Se enfermaron.

3. ¿Por qué no participó Javier en la discusión después de la película?
   (A) Porque estaba demasiado enojado.
   (B) Porque no quería ser pesimista.
   (C) Porque estaba cansado.
   (D) Porque no le caía bien el grupo.

4. Según la reflexión personal de Javier, ¿cuál de las siguientes afirmaciones mejor refleja su opinión de la experiencia de ir al cine?
   (A) Es más divertido ir con un grupo.
   (B) Es algo profundo y personal.
   (C) Es una experiencia que hay que hacer con otras personas.
   (D) Es un evento que se disfruta más solo.

5. ¿Por qué cree Javier que los otros gozaron más la experiencia que él?
   (A) Porque les gustan las películas de acción.
   (B) Porque la película tuvo buenos efectos especiales.
   (C) Porque la compartieron con sus amigos.
   (D) Porque son más optimistas que él.

6. En la carta, ¿cuál es el significado de la frase "todos la alababan" (línea 11)?
   (A) Todos debatían la película.
   (B) Todos celebraban la película.
   (C) Todos criticaban la película.
   (D) Todos maldecían la película.

7. A base de su reflexión, ¿qué cambio se nota en Javier?
   (A) Llega a ser más comprensivo.
   (B) Aumenta su frustración.
   (C) Se deprime un poco.
   (D) Siente vergüenza por su actitud.

Tema curricular: Las identidades personales y públicas; *La identidad nacional y la identidad étnica*

En el siguiente fragmento, el narrador habla de su experiencia en Guatemala.

Patrocinado por el Instituto de Cultura e invitado por el Instituto

Guatemalteco, vengo a pasar un mes en Guatemala. A mi regreso, todos, amigos, parientes, colegas y hasta simples conocidos, me han asediado con su curiosidad por este país, del que por desgracia tan poco se conoce en Europa. Un mes, por modo cierto, es muy poco tiempo para llegar al conocimiento de cualquier cosa importante y desde luego mucho menos para captar las esencias tan complejas y los matices tan variopintos de un país como Guatemala.

En todos los medios sociales en los que me he desenvuelto, la cortesía natural y algo más importante y sincero, como es la cordialidad, son la regla. En cada momento de mi vida allí, he tenido la sensación entrañable de encontrarme en mi propio país y también de que "el solo hecho de ser español" ya era algo importante en Guatemala. Esto no implica, ni mucho menos, en el nativo o residente, servilismo ni ausencia de un lógico y acertado orgullo nacional, sino que si los "peninsulares" nos colocamos en la natural posición de hermanos, ellos como hermanos nos acogen.

Lo que no aceptan, y hacen muy bien, es la actitud más o menos veladamente "paternalista" y protectora, que el desconocimiento de la realidad hace adoptar a muchos de los que intentan "españolear" en América. Creo sinceramente que la única razón de los alientos que los guatemaltecos han prodigado a mis modestas actuaciones públicas se ha debido a mi sentir, sinceramente expresado, de que tanto más tenía yo que aprender de ellos, como ellos de mí.

El intelectual guatemalteco es curioso de todos los saberes, hábil conversador, que sabe escuchar y decir—cada cosa a su tiempo—y de una cultura extensa e intensa, sin el mal de la pedantería. Como uno de los más gratos recuerdos de esta mi entrañable Guatemala, tengo el del "redescubrimiento" del apacible coloquio—hoy casi olvidado entre nosotros—con el designio más de aprender que de enseñar, el sentido de la mutua comprensión y la tolerancia liberal que preside toda mente selecta.

Línea
(5)
(10)
(15)
(20)
(25)

1. ¿Quién es el autor de este trozo?
   (A) Es guatemalteco que actualmente vive en España.
   (B) Es turista casual en Guatemala.
   (C) Es embajador cultural español en Guatemala.
   (D) Es un peninsular invitado por una organización guatemalteca.

2. ¿Qué actitud mostraba este autor?
   (A) Se sentía muy superior por ser español entre guatemaltecos.
   (B) Se sentía bien acogido.
   (C) Se sentía muy humillado porque los guatemaltecos eran tan inteligentes.
   (D) Se sentía muy dispuesto a regresar a su país cuanto antes.

3. ¿Qué característica de los guatemaltecos le impresionó más?
   (A) La envidia que le tenían porque era europeo.
   (B) Lo pedante que eran los guatemaltecos intelectuales.
   (C) Su gran curiosidad intelectual en cuanto a todo el mundo.
   (D) Su soberbia que no les permitió admitir la superioridad española.

4. ¿Qué crítica implícita hay en lo que dice este autor?
   (A) Critica a sus propios compatriotas.
   (B) Critica a los europeos con negocios en Guatemala.
   (C) Critica a los guatemaltecos por ser tan serviles.
   (D) Critica la pereza guatemalteca.

5. ¿Qué revela la actitud de los guatemaltecos en cuanto a las relaciones con los españoles?
   (A) Los guatemaltecos siempre han entendido mejor a los españoles que al revés.
   (B) Los guatemaltecos siempre han entendido peor a los españoles que al revés.
   (C) Las dos nacionalidades siempre se han tratado como iguales.
   (D) Nunca se han entendido bien.

6. ¿Qué sugiere que se aprenda de los guatemaltecos?
   (A) Sugiere que se aprenda a apreciar el arte de no hacer nada.
   (B) Sugiere que todo el mundo imite la sinceridad de los guatemaltecos.
   (C) Sugiere que todos viajen a Guatemala para experimentar esta cultura.
   (D) Sugiere que todos los intelectuales sean más pedantes, tal como los guatemaltecos.

7. ¿Cómo sería posible caracterizar a este escritor?
   (A) Es un hombre muy sincero pero ingenuo.
   (B) Es un hombre muy intelectual.
   (C) Es un hombre intenso.
   (D) Es un hombre discreto.

Tema curricular: La familias y las comunidades; *Las comunidades educativas*

Fuente #1: El siguiente texto trata del papel que deben jugar los padres en la educación de sus hijos. Fue publicado en 2011 en la página web *www.planetamama.com.ar.*

La importancia de los padres en la educación

La importancia de las funciones paternales, reside en que no se trata sólo de nutrir y cuidar a los hijos, sino también de brindarles la protección y la educación necesaria para que se desarrollen como personas sanas, buenas y solidarias. Pero,

Línea
(5) una pregunta que se hacen últimamente los investigadores es: ¿acaso, tener un hijo convierte automáticamente a una persona en padre o madre? Para la ley, ser padre o madre es una condición que se asigna por el derecho que da la consanguinidad o la adopción; la misma supone el cuidado responsable y la satisfacción de las necesidades de los hijos; sin embargo, no todos los niño/as reciben de sus padres este tipo de atención en cantidad y calidad suficientes.

(10) El buen trato implica también, que los padres faciliten al niño el desarrollo de sus capacidades de aprendizaje y obtención de conocimientos mediante estimulación adecuada, experimentación y refuerzos positivos. Debe ser estimulado y ayudado a desarrollar su percepción, sus sentidos, su memoria, su atención, su lenguaje, su pensamiento lógico y sobre todo, su capacidad de pensar y reflexionar para

(15) que acepte el desafío de crecer y aprender. También es indispensable que el niño pueda experimentar y descubrir bajo control el mundo que lo rodea, para aprender a relacionarse con su medio, adquirir libertad y seguridad. Los niños se animan a explorar su entorno y a tener nuevas experiencias a partir de la seguridad que les brinda la presencia de sus padres u otros adultos significativos que lo protegen.

(20) Los niños necesitan aprender a modular sus emociones, deseos, pulsiones y comportamientos y a manejar sus frustraciones, así como también, a cumplir con deberes y obligaciones para consigo mismos y para con los demás.

Las normas y reglas de conducta son bien tratables cuando se basan en el derecho a la vida y a la integridad, en la igualdad de derechos para todos y en la

(25) aceptación de las diferencias, fomentan el desarrollo de la autonomía, la responsabilidad y el buen desempeño. Pero, para que los niños las puedan respetar e incorporar, los padres deben facilitar a sus hijos las conversaciones que les adjudiquen sentido.

Finalmente, los niños/as necesitan aceptar las normas que son legitimadas por

(30) los valores de su cultura. Interiorizar normas y reglas mediante los valores positivos de buen trato, como la justicia, la tolerancia, la solidaridad, la ayuda mutua, etc., a fin de permitir que se sientan dignos, seguros y confiados en su comunidad.

Dice Jorge Bradury: "Tratar bien a un niño es también darle los utensilios para que desarrolle su capacidad de amar, de hacer el bien y de apreciar lo que es

(35) bueno y placentero. Para ello debemos ofrecerles la posibilidad de vivir en contextos no violentos, donde los buenos tratos, la verdad y la coherencia sean los pilares de la educación".

Fuente #2: El siguiente gráfico representa el porcentaje de adolescentes que opinan quiénes o qué les transmiten valores.

Valores	Padres	Profesores	Otros medios
Respeto a los mayores	78,1	42,1	7,3
Solidaridad	77,2	40,3	10,9
Esfuerzo	75	46,8	9,7
Paciencia	72,8	35,7	4,8
Fuerza ante dificultades	72,1	36,5	9,3
Lealtad	69,3	39,2	11,3
Sinceridad	65,8	41	11,6

1. ¿Cuál es el propósito del artículo?
   (A) Examinar distintos problemas relacionados con la crianza de niños.
   (B) Exponer las causas de las dificultades que enfrenta la gente joven.
   (C) Describir el valor de la enseñaza paternal y todo que esto conlleva.
   (D) Criticar la falta de atención que reciben algunos niños.

2. ¿Qué técnica usa el autor para comunicar sus ideas?
   (A) Defiende su argumento central con datos específicos.
   (B) Incorpora las opiniones de una variedad de expertos.
   (C) Presenta sucesos de su propia experiencia.
   (D) Explica las destrezas necesarias y los beneficios de ellas.

3. Según el artículo, ¿cuáles son los deberes de los padres a sus hijos?
   (A) Educar a los niños de la importancia de la buena conducta.
   (B) Proveerles protección y oportunidades educativas.
   (C) Alimentarles y asegurar que estén bien cuidados.
   (D) Crear un ambiente de solidaridad y de respeto.

4. ¿Qué les proveen los padres a sus hijos cuando les dan nuevas experiencias?
   (A) Les brindan un sentimiento de seguridad.
   (B) Un aumento en el deseo de aprender.
   (C) Desarrollo de su capacidad cognitiva
   (D) Más autoestima cuando crecen

5. Según el artículo, ¿cuál es un factor que ayuda a animar a los niños que exploren más el ambiente que los rodea?
   (A) Su propia búsqueda de estimulación cognitiva
   (B) El deseo de ser independiente
   (C) La protección que proveen los padres
   (D) El nivel de estímulo que hay en el entorno

6. ¿Cómo pueden los niños mejor entender las normas y concepto de buena conducta?
   (A) Tras el diálogo con los padres
   (B) A través de las experiencias en la vida
   (C) Al ser más autónomos
   (D) Cuando son más maduros

7. ¿Qué aspecto de la formación del niño *no* es incluido en este artículo?
   (A) La buena conducta
   (B) El respeto hacia los demás
   (C) El éxito escolar
   (D) El estímulo cognitivo

8. Según el artículo, ¿cuál de las siguientes frases sería el mejor ejemplo de "buen trato" (línea 31)?
   (A) Crear un ambiente libre de violencia y maltrato.
   (B) Proveer seguridad y estimulación cognitiva.
   (C) Demostrar un profundo sentimiento de respeto y valoración hacía la dignidad y necesidad de otros.
   (D) Saber manejar sus propias emociones e impulsos.

9. ¿Qué tipo de información presenta la tabla?
   (A) Los valores de más prestigio según la sociedad
   (B) La fuente de aprendizaje de los valores de los jóvenes
   (C) La responsabilidad que tienen distintos grupos en la educación de los jóvenes
   (D) El promedio de la importancia que se asocia a cada valor

10. Según la tabla, ¿dónde tienen los profesores más impacto?
    (A) En instalar la importancia de trabajo duro
    (B) En su capacidad de crear compañerismo
    (C) En su habilidad de comunicar la importancia de honestidad
    (D) En mantener la calma en situaciones frustrantes

11. ¿Cuál de las siguientes afirmaciones se comprueba a base del artículo y la tabla?
    (A) Ha habido un decremento en el papel de los padres a la transmisión de valores a sus hijos.
    (B) Los profesores y otros medios son más eficaces a transmitir ciertos valores.
    (C) Los padres son los más importantes para transmitir los valores a los jóvenes.
    (D) Ciertos valores son mejor transmitidos por unos medios que por otros.

SELECCIÓN #17

Tema curricular: La vida contemporánea; *Las relaciones personales*

En el siguiente fragmento, del libro *Y Van Dos...* de Marcelo Menasche, el narrador narra las experiencias que tuvo después de tomar una decisión importante.

> Cuando vi a Dora por tercera vez en brazos de un amigo diferente no esperé más. Y tomé una decisión: no la volvería a ver en mi vida.
>
> Dicen que el mejor remedio para estas cosas es viajar; hasta tal punto debe ser
> *Línea* cierto que tuve una vez una novia que, después de haberme hecho sufrir como
> *(5)* inocente en el infierno me recomendó ella misma el cambio de lugar. Cosa que me inspiró el doble temor de que esa mujer me estaba tomando por imbécil y tenía comisión por envío de clientes a un balneario.
>
> Como estábamos en pleno febrero bien podía elegir Mar del Plata, "la aristocrática playa." La vida agitada y tonta del balneario me haría olvidar.
> *(10)* Reuní unos pesos, unas camisas y saqué un boleto "fin de semana." Subí al vagón, no sin pensar un poco, involuntariamente, en la posible aventura de viaje.
>
> Es realmente asombroso, pero es el caso que los "magazines" ilustrados y las escritoras americanas tienen una pasión morbosa por ese tema: Irremediable-mente, sube al tren "momentos antes de la salida" (¡qué gracia! bueno fuera
> *(15)* "momentos después de la salida"), el joven escritor, elegante, atlético y famoso. La casualidad quiere que la bella y misteriosa viajera lea en ese mismo instante su última novela. (Un detalle siempre es "su última novela"; podría suceder, tratándose de un escritor prolífico y famoso, que la hermosa joven leyese la penúltima o la antepenúltima. Pero según parece hay un consorcio de escritores
> *(20)* de esta categoría y nadie puede introducir innovaciones al estilo de la sociedad que es intangible). Una conversación se entabla pronto, sobre todo cuando los dos interlocutores son jóvenes.

1. ¿Por qué decidió visitar Mar del Plata?
   (A) Porque todos los aristócratas iban allí en el invierno.
   (B) Porque habría mucha actividad vacía para pasar el tiempo.
   (C) Porque todos los escritores estarían allí.
   (D) Porque podría leer muchos libros.

2. ¿Qué desea olvidar este narrador?
   (A) Una novela que leyó.
   (B) Un negocio fracasado.
   (C) Una relación amorosa.
   (D) Una joven que leyó su novela.

3. ¿En qué tema tienen las escritoras americanas *una pasión morbosa*?
   (A) Los amores fracasados.
   (B) La posibilidad de aventuras inesperadas.
   (C) Conversaciones casuales en trenes.
   (D) Viajes ferrocarrileros con autores famosos.

4. ¿Qué hizo al subir al vagón?
   (A) Entabló una conversación con un escritor.
   (B) Observó el encuentro de dos otros pasajeros.
   (C) Empezó a leer una novela a una joven.
   (D) Imaginó una aventura entre dos personas.

5. ¿Qué parece opinar el narrador del joven escritor?
   (A) Admira su atleticismo.
   (B) Envidia su popularidad.
   (C) Se enoja que tenga tanto éxito.
   (D) Lo odia porque es famoso.

6. En las líneas 18–19, ¿cuál es el tono de las palabras *que la hermosa joven leyese la penúltima o la antepenúltima*?
   (A) Sarcástico.
   (B) Irónico.
   (C) Trágico.
   (D) Chismoso.

7. ¿Cuál es la actitud del narrador en este trozo?
   (A) Está deprimido.
   (B) Parece muy desilusionado.
   (C) Está muy enamorado.
   (D) Tiene buen sentido de humor.

SELECCIÓN #18

Tema Curricular: Las familias y las comunidades; *La estructura de la familia.*

El siguiente texto se trata de un evento académico promovido por las instituciones educativas de la Asociación para la Enseñanza en Cali, Colombia, en 2010.

 ¡Familia, Sé Lo Que Eres!

JUSTIFICACIÓN:

La familia, cómo dudarlo, ocupa un merecido y privilegiado lugar en la historia de los hombres y, en nuestra época, no podría ser de otra manera. Los más pequeños llegan a ella como una tela
Línea en blanco, tal y como llegaban y sequirán haciendo su arribo a la existencia los niños de ayer, los
(5) de hoy y los de mañana. Y depende de unas condiciones óptimas-desarrolladas al interior de hogares sanos con relaciones funcionales estables, enmarcadas en principios y valores que, claramente sabemos no pueden ser negociables ni convertirse en relativos ni ponerse de moda o ser desechables o subjectivos- que los retoños se asomen a la sociedad para cumplir con el fin grandioso de ser, cada uno, persona humana.

(10) **OBJETIVOS GENERALES:**

1. Reflexionar alrededor de las funciones indelegables e intransferibles de la familia en el proceso formativo de la persona humana.
2. Analizar a profundidad el significado de ser y hacer familia en una sociedad, para generar acciones en pro de su promoción, defensa y educación.
(15) 3. Promover una nueva cultura empresarial de atención y relación complementaria entre la vida familiar y la vida laboral de las personas.

TEMÁTICAS:

Claves para fundar, cuidar y desarrollar una familia sólida.

"Todos queremos ser amados y amar sólidamente y no líquida o frágilmente".
(20) ▪ Criterios y orientaciones fundamentales para fundar, cuidar y desarrollar una familia sustent able en el tiempo con unidad y armonía.
▪ Reflexiones acerca del gran desafio de cuidar el vínculo con la persona que hemos elegido para compartir la vida.

PERMANENCIA Y CAMBIO EN LA FAMILIA DEL SIGLO XXI.

(25) ▪ La familia es una entidad, viva y dinámica que no responde a necesidades fisiológicas de protección o reproducción, visión simplista de la sociología biologista, ni es un mero constructor teológico implementado para subyugar ideológicamente la libertad como lo pretende el relativismo liberal. Por lo tanto, la familia es una nueva realidad que trasciende la realidad de los contrayentes, hombre y mujer quienes desde su diversidad permiten crear ese
(30) mundo tan rico del amor familiar.

NUEVA CULTURA EMPRESARIAL: LA INTEGRACIÓN FAMILIA—TRABAJO.

▪ Las políticas familiares en general y las polítcas empresariales como medios de integración familia-trabajo para la salud personal, familiar y social.

1. ¿Cuál es el propósito de este evento?
    (A) Explorar la función de los padres en el ámbito familiar y exponer cómo hay que criar a los hijos.
    (B) Definir y promover los valores inherentes de la familia, su impacto en el ser humano, y su importancia social.
    (C) Justificar las razones por las cuales hay que explorar la vida familiar más a fondo.
    (D) Promocionar cambios sociales y laborales para darle más apoyo a las familias.

2. ¿A quiénes parece ser dirigido este folleto?
    (A) A miembros del gobierno
    (B) A matrimonios, novios y educadores
    (C) A empleados y jefes de compañías locales
    (D) A funcionarios de la iglesia

3. ¿A qué se refiere la frase "como una tela en blanco" (líneas 3–4)?
    (A) A la inocencia de los niños
    (B) Al color de la tez de los niños
    (C) A cómo deben vestirse los pequeños
    (D) Al tamaño de los bebés cuando nacen

4. ¿Cómo define el folleto a una familia?
    (A) Es algo que va más allá del pensamiento preestablecido.
    (B) Es una unión necesaria biológica.
    (C) Es vital para balancear la vida con el mundo laboral.
    (D) Es un pilar importante de los mandatos religiosos.

5. Imagina que necesitas más información del seminario y que le mandas un mensaje por correo electrónico a la Asociación para la Enseñanza. ¿Cuál de las siguientes preguntas sería más apropiada?
    (A) Buenos días, ¿me podría quitar de la lista de correos electrónicos para estos tipos de eventos?
    (B) ¿Me podría decir cuáles van a ser los temas en que se va a enfocar este seminario?
    (C) ¿Qué hay? Mi esposa y yo estaremos allí. Nos vemos entonces.
    (D) A mi novia y a mí nos gustaría asistir. ¿Acaso hay un costo?

SELECCIÓN #19

Tema curricular: Los desafíos mundiales: *La consciencia social*

La siguiente carta es de una estudiante a su profesor en que habla de un artículo que leyó que le llamó la atención.

Profesor Sánchez,

Ante todo quiero agradecerle por ser un profesor tan inspirador. Verdaderamente disfruté mucho su clase y estoy interesado más que nunca en el servicio social y buscar oportunidades en que yo pueda ayudar a los menos afortunados.

Línea

(5) Por eso quisiera comentarle de un proyecto que descubrí que me ha dejado muy entusiasmada y me gustaría poder compartirlo con usted.

El otro día estaba leyendo el periódico y leí un artículo de una organización que se llama "Payasos sin Fronteras". ¿Los conoces? Estuve muy conmovida por los logros de este grupo y el impacto que ha tenido durante los últimos veinte años. El

(10) grupo toma la iniciativa de darles apoyo emocional a las poblaciones refugiadas de todo el mundo mediante la risa. Hasta ahora ha hecho más de diez mil actuaciones en casi cien países, haciéndoles reír a más de tres millones de niños y niñas.

Después de leer el artículo, decidí investigarlos más. Descubrí que empezaron en 1993, cuando un grupo de estudiantes de una escuela en Barcelona le invitaron

(15) a un payaso que les acompañara a un campo de refugiados en Croacia, durante la guerra de los Balcanes. Desde aquel día, este grupo ha crecido hasta contar con secciones en varios países europeos, Estados Unidos, Canadá y Sudáfrica. Los miembros son típicamente artistas profesionales que han llevado un largo recorrido en los circos, teatros, u otras disciplinas y que trabajan como voluntarios en

(20) los proyectos internacionales y aunque la organización les paga todos los gastos para llevar a cabo la labor, no reciben ninguna compensación ni salario.

El artículo me dejó muy emocionada, y me pregunté si se pudiera llevar a cabo un proyecto parecido o formar una sección en nuestra comunidad. Sé que muchos están sufriendo ahora por la crisis económica, y un proyecto como éste

(25) podría por lo menos brindarles a los niños más impactados unos momentos de alivio. ¿Conoce usted a alguien que pueda ayudarme con esta iniciativa? ¿Tiene unos consejos para ayudarme? También, sería un gran honor si usted pudiera participar de alguna forma, aunque sea de forma mínima. Su curso y su pasión por los desafortunados me han dado la motivación de buscar estas oportuni-

(30) dades, y nada me haría más feliz que poder trabajar a su lado.

Le agradezco por todo lo que ha hecho por mí y espero que considere mi invitación y que me pueda ayudar de cualquier forma posible.

Atentamente,
Luisa Ramírez

1. ¿Con qué propósito le escribe Luisa a su profesor?
   (A) Para agradecerle su ayuda
   (B) Para informarle de algo que descubrió
   (C) Para pedirle ayuda
   (D) Para informarle de algo y pedirle ayuda

2. ¿Cuál es la función primaria Payasos sin Fronteras?
   (A) Llamar la atención a los problemas mundiales.
   (B) Recaudar fondos para ayudar a los refugiados.
   (C) Hacerles reír a todos los niños del mundo.
   (D) Traer humor y felicidad a los que están sufriendo.

3. ¿Qué les provee la organización a los payasos que deciden participar?
   (A) Reembolso de los gastos personales y de viaje
   (B) Pagamento de producción y de transporte
   (C) Apoyo emocional y moral
   (D) Entrenamiento profesional

4. ¿Quiénes suelen ser los voluntarios de esta organización?
   (A) Artistas de todos tipos de disciplinas
   (B) Gente experimentada en diferentes espectáculos para niños
   (C) Estudiantes universitarios con ganas de viajar
   (D) Personas interesadas en desarrollar proyectos internacionales

5. ¿Cómo se puede describir la relación entre Luisa y el profesor?
   (A) Es una relación bastante fría.
   (B) Se conocen personalmente.
   (C) Son amigos.
   (D) Ella ha sido estudiante de él.

6. Si Luisa quisiera investigar más los impactos de esta organización que menciona en su carta, ¿cuál de las siguientes publicaciones le ayudaría más?
   (A) *La solidaridad caminando de la mano de la risa*
   (B) *Desplazamiento y conflictos globales*
   (C) *El que ríe vive mejor*
   (D) *Los retos de ser payaso*

7. Según la carta, ¿cuál de los siguientes adjetivos mejor describe el estado emocional de Luisa?
   (A) Inspirada
   (B) Desilusionada
   (C) Preocupada
   (D) Frustrada

Lectura 19—Más práctica

Comparación cultural:

¿Puedes pensar en un grupo o programa en tu comunidad que haya tenido o que tenga un impacto parecido a lo de Payasos sin Fronteras? ¿Cómo se llama? ¿Qué hace? ¿Cómo se compara o diferencia de Payasos sin Fronteras?

Tema curricular: La belleza y la estética; *Las artes visuales y escénicas*

El siguiente artículo trata de un baile tradicional. Fue publicado en la página Web de la Alcaldía de Ibagué en Colombia.

El Sanjuanero

El Sanjuanero tolimense, más que una danza es un lenguaje representativo de la idiosincrasia del departamento. Su nombre original es el *Contrabandista*, melodía oficializada en 1988 como la danza insignia del departamento. Fue com-

Línea puesto por el maestro *Cantalicio Rojas*.

(5) La coreografía del *Sanjuanero Tolimense* es el resultado de la investigación de Inés Rojas Luna (QEPD), quien recogió diferentes representaciones folclóricas de todo el Tolima. Rojas Luna logró mezclar los rajaleñas que se bailan en el sur del departamento con los bambucos característicos del norte, en municipios como Líbano, Fresno y Villahermosa. Esta danza representa las estrategias de

(10) conquista y el idilio que vivían los campesinos tolimenses en las épocas de antaño.

Empieza con el coqueteo, pasa por el enamoramiento y termina con el símbolo del matrimonio. Es una coreografía mestiza, en la que se combinan pasos indígenas (movimientos suaves sobre la tierra) con la influencia española (pasos

(15) fuertes, donde se levantan los cuerpos).

En otros tiempos, los hombres utilizaban este baile para estar cerca de la mujer a la que amaban y para formalizar el noviazgo en medio de la fiesta.

Historia

Nadie sabe con exactitud dónde, cuándo, ni cómo se inició la antiquísima

(20) celebración sanjuanera que nos llama a los tolimenses en el mes de junio. Todos conocemos la historia moderna de la festividad a partir de 1959 cuando el patriarca conservador Adriano Tribín Piedrahita, decidió crear el Festival Folclórico, casi como una extensión de la Alianza por la Paz, iniciativa que propuso como elemento catalizador para alcanzar la convivencia y reconciliación de las convul-

(25) sionadas regiones del país.

Pero para llegar a ese punto de la historia moderna del *San Juan* muchos acontecimientos históricos, económicos, políticos y sociales debieron sucederse; no exactamente en Ibagué, sino en el llano tolimense, en las encomiendas, haciendas y caseríos tornados en poblaciones, localizadas estas a orillas del río

(30) Grande de la Magdalena. Lo cierto es que el *San Juan* como celebración llega a estas tierras con el influjo español, se entremezcla con las tradiciones aborígenes, amalgamado por la evangelización de las misiones católicas, con el propósito de convertir a los pueblos nativos considerados paganos. La relación estrecha surgida entre conquistadores y conquistados, luego entre encomenderos y enco-

(35) mendados, y posteriormente entre señores y jornaleros, hizo que el *San Juan* iniciara su camino hacia la modernidad y la festividad que hoy observamos.

---

1. Según el artículo, ¿qué representa el *Sanjuanero Tolimense*?
   (A) Las diversas lenguas que se hablan en esta región
   (B) Las investigaciones hechas por una antropóloga famosa
   (C) Los rasgos y el carácter de la provincia
   (D) La historia de la conquista de esta parte del país

2. ¿Qué escenifica el baile?
   (A) Las tradiciones de la gente indígena y los españoles
   (B) Un cortejo típico del pasado
   (C) Unos cuentos folклóricos
   (D) Los bailes característicos del norte y del sur de Colombia

3. ¿Qué es "bambuco" (línea 8)?
   (A) Es un tipo de música.
   (B) Es un departamento del país.
   (C) Es una representación teatral.
   (D) Es un conjunto de pueblos.

4. Según el artículo, ¿cuál fue el propósito original del Festival Folclórico?
   (A) Servir de evento unificador para diversas facciones en conflicto.
   (B) Darle homenaje a la cultura del departamento.
   (C) Llamar la atención a diversos asuntos políticos y económicos.
   (D) Representar la llegada de los españoles en el siglo XVII.

5. ¿A qué se refiere la palabra "tornados" (línea 29) en el texto?
   (A) A los tumultos que existían en aquel entonces.
   (B) A la ubicación de diversos pueblos.
   (C) A la peculiaridad de la tierra colombiana.
   (D) Al crecimiento de habitantes en una parte de la provincia.

6. ¿Qué adjetivo mejor describe la fiesta de *San Juan*?
   (A) Religiosa
   (B) Moderna
   (C) Heterogénea
   (D) Pagana

7. Al escribir un ensayo sobre el tema del artículo, quisieras buscar más información. ¿Cuál de las siguientes publicaciones te serviría más?
   (A) *Ferias y fiestas del Tolima*
   (B) *Bailes folclóricos españoles*
   (C) *Una historia concisa de América Latina*
   (D) *Guía práctico del altiplano colombiano*

SELECCIÓN #21

Tema curricular: La vida contemporánea; *Los estilos de vida*

Fuente #1: El siguiente artículo trata del tema de ser vegetariano. Fue publicado en *www.laopinion.com.*

Hasta qué punto conviene ser vegetariano. La Opinión Digital
(*www.laopinion.com/salud/salud_nutrition.html*)

Realmente, la carne, como cualquier otro alimento excepto la leche materna para su descendiente en el primer período de la vida de los mamíferos, no es indispensable para la nutrición del hombre, pero es un valioso componente de

Línea gran riqueza nutritive en las dietas de muchas personas que gozan de buena salud
(5) y no ejerce en los sujetos normales los efectos nocivos que el vegetarianismo le atribuye. Existe la creencia popular de que la alimentación vegetariana es más saludable que una que incluya carne u otros productos derivados de animales.

Lo cierto es que todo tipo de alimentación cuenta con beneficios nutritivos y puede también presentar aspectos problemáticos.

(10) La selección de alimentos que escoge la persona es el factor que determina si una alimentación es saludable o no. Si se elige una alimentación vegetariana, es importante asegurarse de ingerir cantidades suficientes de vitamina B_{12} y calcio, especialmente durante la adolescencia.

Una alimentación vegetariana bien planeada tiende a incluir niveles menores
(15) de grasa saturada y colesterol, así como niveles más altos de fibra y elementos nutrientes derivados de las plantas que una alimentación no vegetariana.

Especialistas en nutrición del programa de Extensión Cooperativa de la Universidad de California citan diversas investigaciones que indican que una alimentación con tales características puede reducir el riesgo de desarrollar diabetes,
(20) presión arterial alta, problemas del corazón y obesidad.

Sin embargo, los beneficios mencionados pueden obtenerse también con una alimentación que incluya productos animales. Con una planificación cuidadosa y el consumo de carnes magras y productos animales con poca grasa, así como frutas y verduras, se puede llevar una alimentación con poca grasa saturada y
(25) colesterol y rica en fibra y nutrientes derivados de plantas.

Además, el consumo de productos animales facilita obtener las cantidades recomendables de calcio, zinc, hierro y vitamina B_{12}.

Fuente #2: La siguiente tabla presenta una guía para una dieta vegetariana. Fue publicado en la página Web www.macroestetica.com en 2009.

Grupo de alimentos	Raciones diarias sugeridas	Tamaños de la ración
Panes, cereales, arroz y pasta	6 o más	1 rebanada de pan, ½ bollo, ½ taza de cereal cocido, arroz o pasta, 30g de cereal seco
Vegetales	4 o más	½ taza cocidos o 1 taza crudos, ½ taza jugo de verduras
Frutas	3 o más	1 pieza de fruta, ½ taza de jugo de fruta, ½ taza de fruta enlatada o cocida
Leguminosas y otros sustitutos de carne	2 a 3	½ de leguminosas cocidas, 120g de tofú, 240 ml de leche de soja, 45g de queso de soja, 2 cucharadas de crema de cacahuate, 90g de hamburguesa de tofú
Productos lácteos (opcional)	No más de 3	1 taza de leche o yogur, 45g de queso natural, 60 g de queso procesado
Huevos (opcional)	3 a 4 a la semana	1 huevo o 2 claras, ½ taza de sustituto de huevo
Grasas, dulces y alcohol	Pocas cantidades	Aceite, margarina y mayonesa, aderezos para ensalada, gaseosas, dulces, cerveza, vino y bebidas destiladas

1. ¿Cuál es el propósito del artículo?
   (A) Persuadir a que los lectores sigan una dieta vegetariana.
   (B) Analizar cómo una dieta vegetariana puede reducir el riesgo de contraer unas enfermedades.
   (C) Criticar la creencia de que seguir una dieta vegetariana es más saludable que otras dietas.
   (D) Presentar información de lo que uno debe tener en cuenta al pensar en ser vegetariano.

2. ¿Qué técnica usa el autor del artículo para apoyar una de sus ideas?
   (A) Cita varias anécdotas de su propia experiencia.
   (B) Incluye resultados de unos estudios.
   (C) Hace referencia a unas estadísticas.
   (D) Incorpora varios dichos y proverbios.

3. ¿Cuál de las siguientes afirmaciones mejor resume la opinión presentada en el artículo en cuanto al consumo de carne?
   (A) Perjudica tanto como acusa el pensamiento vegetariano.
   (B) Es esencial para obtener ciertas vitaminas y minerales.
   (C) Aunque provee algún beneficio, causa muchos más problemas a la salud.
   (D) Forma parte de una dieta saludable, siempre que sea baja en grasa.

4. Según el artículo, ¿qué alimento es absolutamente necesario para el ser humano?
    (A) Comidas ricas en fibra durante la edad adulta
    (B) Alimentos que contienen mucho calcio durante la juventud
    (C) La leche materna durante la primera parte de la vida
    (D) Frutas y verduras en la vejez

5. ¿A qué se refiere "la selección de alimentos" (línea 10) en cuanto a su impacto a llevar una dieta saludable?
    (A) A elegir una determinada cantidad de comida.
    (B) A seleccionar solo comidas de alta calidad.
    (C) A escoger diversas comidas con una variedad de valores nutritivos.
    (D) A evitar las comidas con grasa.

6. Según el artículo, ¿qué beneficio aporta el consumo de carne?
    (A) Provee la grasa necesaria en una dieta.
    (B) Aprovisiona ciertas vitaminas y minerales.
    (C) Reduce el riesgo de algunas enfermedades.
    (D) Suministra fibra y otros nutrientes que se encuentran también en plantas.

7. ¿Qué información presenta la tabla?
    (A) Un menú diario típico de una persona vegetariana
    (B) Los tipos y cantidades de comidas que forman una saludable dieta vegetariana
    (C) El valor nutritivo de ciertos alimentos en relación a otros
    (D) Los alimentos más saludables para llevar una dieta balanceada

8. Si fueras de seguir la tabla al pie de la letra, ¿cuál es la cantidad mínima de pan, cereales, pasta y arroz que deberías consumir en un día?
    (A) Dos bollos y una taza de pasta
    (B) Una rebanada de pan, un bollo y una taza de cereal cocido
    (C) Dos rebanadas de pan y una taza de arroz
    (D) Dos tazas de arroz y una rebanada de pan

9. Según la tabla, ¿cuál de los siguientes alimentos no se debería consumir diariamente?
    (A) Una naranja
    (B) Huevo duro
    (C) Queso fresco
    (D) Un sándwich de crema de cacahuete

10. ¿Cuál de las siguientes afirmaciones del artículo se puede verificar en la tabla?
    (A) Que el consumo de carne en poca cantidades es beneficioso para la salud.
    (B) Que no es indispensable el consumo de carne para la nutrición.
    (C) Que hay que consumir una variedad de alimentos vegetarianos.
    (D) Que la alimentación vegetariana es más saludable que una que incluye carne.

11. Al preparar una presentación para tu clase sobre el mismo tema del artículo y la tabla, quisieras buscar más información. ¿Cuál de las siguientes publicaciones te ayudaría más en tu preparación?

(A) *Los beneficios ecológicos de ser vegetariano*

(B) *10 efectos nocivos del consumo de carne y otros productos animales*

(C) *La ética de matar por comida*

(D) *La dieta vegetariana: una opción posible, sana y científica*

SELECCIÓN #22

Tema curricular: La ciencia y la tecnología; *La ciencia y la ética*

En la siguiente carta, un estudiante le escribe a su profesor acerca de un artículo que leyó.

Estimado Profesor Morales,

Le escribo para agradecerle por haberme recibido ayer en su oficina y comentarle que disfruté mucho la charla que tuvimos sobre la ética de modificar células.

Línea
(5) Al volver a casa investigué más el asunto y encontré un artículo que me hizo pensar más en el tema y quería compartir mis pensamientos con usted.

El autor relata la historia de una niña de cuatro años que padece leucemia y sus padres decidieron traer al mundo otra hija para ser la donante de células madre provenientes de su cordón umbilical. La pregunta esencial es que si se pudiera salvar a un hijo al manipular células, ¿lo haría?

(10) Entiendo que el modificar células presenta muchos problemas. Por un lado, la Iglesia Católica está completamente en contra de la idea porque cada persona es un don de Dios, y al modificar las células una persona pierde su dignidad inherente. Por otro lado, esta modificación le puede salvarle la vida a la niña, y podría curar otras enfermedades.

(15) Otra idea que surgió es el hecho de cómo se sentiría la otra niña, la que nació para salvarle a su hermana. ¿Cómo le van a justificar los padres la razón por la cual vino al mundo? ¿Fue porque querían otra hija o porque fue por el ansia del bienestar de la otra?

Temo que no haya una respuesta correcta o fácil a este asunto. Algunos cientí-
(20) ficos ven una distinción entre una persona y un conjunto de células. Argumentan que aunque el embrión tiene la potencialidad de transformarse en persona, no lo es, y esto es diferente de cuando es feto que sí ya tiene vida. Creo que todos compartimos la misma opinión de que crear un feto para hacer uso de sus órganos y después descartar el individuo es una idea espantosa. La cuestión es que si hay
(25) que poner un conjunto de células en la misma categoría.

Personalmente tengo más preguntas que respuestas. Por un lado entiendo el argumento de los científicos y la razón de los padres, pero también comprendo el peligro y el dilema ético que el desarrollo de estas prácticas puede llevar. ¿Dónde ponemos el límite? ¿Tenemos el derecho de usar la ciencia para cambiar nuestro
(30) destino? ¿Quién decide si es permisible o no?

Este tema es algo que seguramente me va a seguir rondando en la cabeza y no veo la hora de poder discutirlo más a fondo con usted. Otra vez, agradezco el tiempo que tuvo para mí.

Atentamente,
(35) Julio Benavides

1. ¿Por qué le escribe el estudiante al profesor?
    (A) Para informarle de un acontecimiento en el mundo de la medicina.
    (B) Para presentarle los resultados de una investigación.
    (C) Para continuar una conversación que tuvieron.
    (D) Para debatir un asunto que le causó molestia.

2. ¿Qué historia le relata el estudiante al profesor?
    (A) De los avances científicos en la modificación de células.
    (B) De la decisión que tomó una familia.
    (C) De la polémica que existe entorno a la modificación de células.
    (D) De las complicaciones médicas que tuvo una pequeña niña.

3. ¿A qué se refiere el autor de la carta cuando dice que para la Iglesia Católica cada persona es un "don de Dios" (línea 12)?
    (A) A que cada persona es tal y como debería ser.
    (B) A que las personas son muy religiosas.
    (C) A que los científicos deben tener más fe.
    (D) A que también las personas enfermas son gente digna.

4. ¿Qué dilema presenta el autor de la carta que posiblemente van a enfrentar los padres mencionados?
    (A) Decidir si quieren tomar medidas para salvarle la vida a su hija.
    (B) Proveer para dos hijas, una de la cual es enferma.
    (C) Explicarle a una hija el motivo de traerla al mundo.
    (D) Determinar si la modificación de células es una práctica ética.

5. ¿Qué debate presenta el autor de la carta en cuanto al uso de células?
    (A) Si las células que se usan efectivamente ya tienen vida.
    (B) Si el embrión se puede convertir en persona.
    (C) Si hay que crear un feto para usar los órganos.
    (D) Si las personas son formadas de un grupo de células.

6. ¿Qué quiere comunicar el autor de la carta cuando dice que el tema le "va a seguir rondando" (línea 31)?
    (A) Que este tema le está causando dolor de cabeza.
    (B) Que no puede dejar de pensar en él.
    (C) Que no tiene la capacidad de pensar más.
    (D) Que el tema es demasiado complejo para él.

7. ¿Cuál de las siguientes afirmaciones describe mejor al autor de la carta?
    (A) A pesar de que acaba de enterarse de este tema, tiene las ideas bien claras.
    (B) Es un experto del tema, aunque no tiene opiniones muy fuertes.
    (C) Le fascina el asunto y quiere aclarar sus propias ideas.
    (D) Le interesa el tema, pero necesita ayuda para poder explicarse mejor.

SELECCIÓN #23

Tema curricular: La ciencia y la tecnología; *Las innovaciones tecnológicas*

El siguiente artículo trata sobre los acuarios. El artículo original fue publicado en Eroski Consumer en 2010.

	Los acuarios proliferaron en plena fiebre científica de comienzos del siglo veinte en las ciudades costeras. Cien años más tarde se llaman oceanarios y su misión de acercar el mundo marino, exhibiendo una recreación natural de su
Línea	fauna y su flora, se ha afianzado. Cumplen además la triple function de conservar,
(5)	investigar y concienciar de la necesidad de proteger el planeta. Con el convencimiento de que se salvaguarda mejor lo que se conoce, el espectador de estos escaparates acuáticos contempla el resultado de un trabajo preciso de biólogos y profesionales que velan por el funcionamiento perfecto unas instalaciones complejas y una organización eficaz. Todo para lograr acercar la biodiversidad de
(10)	los mares y mostrar el ecosistema, el patrimonio universal que se esconde debajo del agua.

A primera hora de la mañana comienza la actividad en el complejo laberinto de zonas privadas y espacio público. La parte franca, la que disfrutan los visitantes, la conforman salas de cristal recorridas por pasillos. Antes de que estos accedan,

(15) se inspeccionan los acrílicos y el metacrilato, se observa el agua y se comprueba que reine la armonía dentro de ella. En el otro lado del cristal la actividad se multiplica. Se toman pruebas de agua, se controlan los filtros, los sensores, los vasos, las tuberías y los comprensores, las tomas de mar y las bombas que permiten el intercambio del agua. Pese a que todo el sistema está informatizado, la inspec-

(20) ción visual es constante.

Los miles de animales y plantas que pueblan las aguas llegan del mar o son criados en cautividad, pero sea cual sea su procedencia, antes de pasar a convivir en la reproducción oceánica del oceanario salvan una cuarentena. A pesar de que la imitación es perfecta y flora y fauna viven en un habitat idéntico, las

(25) nuevas incorporaciones pueden suponer un peligro de alteración de los ácidos y microorganismos. Para evitarlo, todas las especies, grandes o pequeñas, viven sus primeros días en el acuario en pequeños tanques esperando el momento de pasar a las aguas definitivas. La cuarentena es un proceso complicado pero de vital importancia porque es donde se consigue que los peces se aclimaten, se

(30) acostumbren al alimento que recibirán, y también donde se les desparasita y se les cura las heridas. Cuando el pez está en óptimas condiciones puede pasar a la exposición.

En el acuario no hay corrientes que limpien las aguas, ni los animals pueden huir de un foco intoxicado. La limpieza es clave. Todos los días se sifona la suc-

(35) iedad del fondo, ya sean excrementos, algas o restos de comida. Se realiza de manera mecánica con herramientas específicas para cada espacio, pero cuando el tamaño del vaso impide la manipulación de mangueras son los buzos quienes se encargan de mantener la higiene de paredes, suelo y decorados.

(40) Visitar un acuario es tener la oportunidad de imaginar un viaje en el submarine del capitán Nemo, el protagonista de 20.000 leguas de viaje submarino. Tras los cristales reina la vida inalcanzable del fondo de los océanos. Pero un acuario no es solo la suma de recipientes con millones de metros cúbicos de agua en los que se expone el ciclo de animales y plantas, en los que se pueden ver peces tropicales, corales, atunes, medusas, tortugas. También son centros científicos (45) que realizan labores de investigación y conservación de la fauna y la flora marina. Se desarrollan proyectos medioambientales ahora más necesarios que nunca, porque vivimos un tiempo en que la salud de algunos mares, deteriorada por la actividad humana, pone en riesgo la salud de todo el planeta.

(revista.consumer.es/web/es/20100501/actualidad/informe1/75560.php)

1. ¿Cuál será el propósito de un acuario?
   (A) Crear la ilusión de la vida submarina en la superficie del mar.
   (B) Rescatar a animales marítimos heridos por pescadores deportivos.
   (C) Enseñar al público de su responsabilidad para cuidar del ecosistema oceánico.
   (D) Atraer al público para enriquecer la ciudad donde está el patrimonio universal.

2. ¿Qué es la cuarentena?
   (A) Un tipo de vaso en el que se guardan animales para observarlos.
   (B) Un tipo de tratamiento que recibe un animal enfermo para curarlo.
   (C) El tiempo necesario para preparar el acuario para recibir el animal.
   (D) Un modo mediante el cual se acierta que se adapte el animal al medio ambiente nuevo.

3. ¿Cómo se limpia el vaso grande del acuario?
   (A) Hay peces que comen materias dañosas en el acuario.
   (B) Hay buceadores encargados de mantener la limpieza.
   (C) Hay herramientas mecánicas que se utilizan para limpiarlo.
   (D) Hacen correr chorros de agua para intercambiar las aguas.

4. ¿Cómo se mantiene todo un sistema tan complejo en el acuario?
   (A) Con mucha tubería.
   (B) Por inspección visual.
   (C) Por ciencia de ordenador.
   (D) Con bombas y mangueras.

5. ¿Por qué le gusta tanto al público visitar el acuario?
   (A) Lo inaccesible y secreto siempre le fascinan al público.
   (B) Le gusta visitar al Capitán Nemo cuando visitan el acuario.
   (C) Al público le encanta la idea de ser animal acuático.
   (D) Le atrae la oportunidad de aprender del alimento procedente del mar.

6. ¿Qué importancia tiene el acuario?

   (A) Es la única manera de salvar las especies en peligro de desaparecer.

   (B) No hay otro lugar donde se puede observar la vida inútil del mar.

   (C) Las indagaciones científicas logradas allí son imprescindibles.

   (D) Al visitar el acuario los niños se entusiasman por hacerse científicos.

7. Según el artículo, ¿a qué se atribuye el deterioro del mar?

   (A) El descuido del ser humano.

   (B) El calentamiento global de las aguas.

   (C) El maltrato del océano por los marineros.

   (D) La sobreproducción de la industria pescadera.

8. ¿Cuál de las siguientes frases sería el mejor título para este artículo?

   (A) *Guía básica para montar un acuario*

   (B) *Cómo cuidar a tus peces*

   (C) *El mar entre cuatro paredes*

   (D) *Ventajas y desventajas de un acuario*

SELECCIÓN #24

Tema curricular: Las familias y las comunidades

Introducción: La siguiente selección trata de un festival en Valencia, España.

El origen de la fiesta de las Fallas se sitúa en los últimos años del siglo XV, cuando los carpinteros de la ciudad, en vísperas de la fiesta de su patrón San José, quemaban frente a sus talleres, en las calles y plazas públicas, los trastos inser-

Línea vibles junto con los artilugios de madera que empleaban para elevar los candiles

(5) que les iluminaban mientras trabajaban en los meses de invierno.

En la actualidad, son más de 350 las fallas que se queman en la ciudad de Valencia la noche del 19 de marzo, durante la tradicional cremà. Estos impresionantes monumentos de cartón piedra que invaden las calles tras la plantà, el 15 de Marzo, compiten en ingenio y belleza, desde unas estructuras piramidales

(10) que garantizan una perfecta caída y posterior conversion en cenizas, satirizando sobre los últimos acontecimientos de la vida política, social y cultural.

Las fallas van tomando poco a poco la ciudad transformándola en un auténtico espectáculo que cobra más fuerza a medida que se acerca su fin. Quien visite Valencia durante los días previos a la llamada final se verá irremediablemente

(15) envuelto por la fiesta. Tendrá ocasión de pasearse entre las fallas que se instalan en cada esquina mientras escucha la música de las bandas o come chocolate con buñuelos; sentir que los cimientos retumban todos los días a las 14,00 horas, con la mascletà que se dispara desde la plaza del Ayuntamiento; ver una corrida de toros; asistir a la ofrenda a la Virgende los Desamparados, el 17 y el 18 de marzo,

(20) que convierte la fachada de la Basílica en un auténtico tapiz de flores y la plaza de la Virgen en un jardín; o disfrutar de la magia de los castillos de fuegos artificiales que llegan a su punto culminante la noche del 18 de marzo, nit del foc.

(www.pueblos-espana.org/comunidad+valenciana/valencia/valencia/)

1. ¿A quién(es) es dirigido este informe?
   (A) A gente que busca participar en un festival tranquilo.
   (B) A los que sufren de piromanía.
   (C) A turistas que quieren experimentar un evento local.
   (D) A jóvenes aficionados de los fantoches.

2. ¿Cuál fue el origen de las fallas?
   (A) La gente quería honrar al alcalde de la ciudad de Valencia.
   (B) Tuvo origen en la dedicación de candiles en la Basílica durante la cremá.
   (C) Unos carpinteros quemaron sus desperdicios y otros objetos en público.
   (D) Alguna gente hizo fuegos en las calles para iluminar la ciudad de noche.

3. Actualmente, ¿cómo se hacen las fallas?
   (A) Los artesanos las hacen de cartón.
   (B) Los carpinteros las hacen de madera.
   (C) Los valencianos las producen con piedras.
   (D) La gente las construyen de artilugios.

4. ¿Dónde se sitúan las fallas?
   (A) En la plaza del Ayuntamiento
   (B) En los jardines
   (C) En la Basílica
   (D) En las esquinas

5. ¿Con qué motivo se construyen las fallas?
   (A) Para mostrar la dedicación religiosa.
   (B) Para conmemorar figuras sacadas de la historia.
   (C) Para burlarse cómicamente de personas actuales.
   (D) Para satírizar las grandes figuras religiosas de hoy y del pasado.

6. ¿Qué es la mascletà?
   (A) Fuegos artificiales diurnos.
   (B) Una corrida de toros.
   (C) Fuegos artificiales nocturnos.
   (D) Un desfile de carrozas.

7. ¿Qué pasa durante la última noche?
   (A) Toda la gente se reúne en la plaza de la Basílica y del Ayuntamiento.
   (B) Todo el mundo se divierte admirando las fallas por toda la ciudad.
   (C) La Virgen aparece vestida de flores delante de la Basílica.
   (D) Hay obras de magia en los castillos de fuegos artificiales.

Answer Key

READING COMPREHENSION

Selección #1:

1. **B**	3. **A**	5. **A**	7. **A**
2. **D**	4. **C**	6. **B**	

Selección #2:

1. **A**	4. **D**	7. **B**	10. **B**
2. **D**	5. **C**	8. **B**	11. **A**
3. **B**	6. **B**	9. **A**	

Selección #3:

1. **C**	3. **C**	5. **B**
2. **A**	4. **A**	

Selección #4:

1. **B**	3. **D**	5. **C**	7. **B**
2. **B**	4. **D**	6. **D**	

Selección #5:

1. **A**	3. **B**	5. **D**	7. **B**
2. **B**	4. **C**	6. **A**	

Selección #6

1. **B**	3. **D**	5. **A**	7. **B**
2. **B**	4. **B**	6. **C**	

Selección #7:

1. **C**	4. **A**	7. **A**	10. **A**
2. **B**	5. **D**	8. **C**	11. **B**
3. **C**	6. **B**	9. **C**	

Selección #8:

1. **D**	3. **A**	5. **C**	7. **C**
2. **A**	4. **D**	6. **B**	

Selección #9:

1. **B**	3. **B**	5. **C**	7. **A**
2. **D**	4. **A**	6. **D**	

Selección #10:

1. **B**	3. **A**	5. **B**
2. **C**	4. **D**	

Selección #11:

1. **A**	3. **C**	5. **C**
2. **B**	4. **B**	

Selección #12:

1. **C**	4. **B**	7. **C**
2. **A**	5. **B**	
3. **C**	6. **D**	

Selección #13:

1. **B**   3. **A**   5. **A**
2. **B**   4. **D**

Selección #14:

1. **D**   3. **B**   5. **C**   7. **B**
2. **A**   4. **B**   6. **B**

Selección #15:

1. **D**   3. **C**   5. **A**   7. **D**
2. **B**   4. **A**   6. **B**

Selección #16:

1. **C**   4. **C**   7. **C**   10. **A**
2. **D**   5. **C**   8. **C**   11. **C**
3. **B**   6. **A**   9. **B**

Selección #17:

1. **B**   3. **B**   5. **B**   7. **B**
2. **C**   4. **D**   6. **A**

Selección #18:

1. **B**   3. **A**   5. **D**
2. **B**   4. **A**

Selección #19:

1. **D**   3. **B**   5. **D**   7. **A**
2. **A**   4. **B**   6. **A**

Selección #20:

1. **C**   3. **A**   5. **D**   7. **A**
2. **B**   4. **A**   6. **C**

Selección #21:

1. **D**   4. **C**   7. **B**   10. **B**
2. **B**   5. **C**   8. **A**   11. **D**
3. **D**   6. **B**   9. **B**

Selección #22:

1. **C**   3. **A**   5. **A**   7. **C**
2. **B**   4. **C**   6. **B**

Selección #23:

1. **C**   3. **B**   5. **A**   7. **A**
2. **D**   4. **B**   6. **C**   8. **C**

Selección #24:

1. **C**   3. **A**   5. **C**   7. **B**
2. **C**   4. **D**   6. **A**

Reading Passages for Section II

3

PRESENTATIONAL WRITING

On the Presentational Writing portion of the exam, you will be required to write a persuasive essay. You will be given a question along with two print texts and an audio text that will help you formulate your answer. Your focus should be on understanding the point of view presented in each source and extracting ideas to incorporate into your essay to defend your argument. For these passages, you do not need to worry too much about specific information, but you do need to make sure that the ideas you extract can be supported by evidence presented in the texts. Below are some strategies for dealing with printed and audio material for your Presentational Writing response.

- Read the question that you have to answer.
- Read the information that precedes each print and audio text to help put these sources in context.
- Read the title of each source.
- Look for ideas to use or phrases to paraphrase that you can include in your answer.
- Avoid vocabulary that you do not understand. Look for ideas that you do understand.
- Practice summarizing the ideas presented in the passage, and then use evidence from the text to support these ideas.
- Relate the ideas or information presented in one source to those presented in the other two sources.
- Always cite the sources appropriately. You may cite the reference by saying, *Según el autor…, Según fuente número…, En la fuente número…, En la fuente auditiva…,* or by the name of the author or title of the source.
- Do not devote one paragraph to each source in your essay.

Below are three examples of the kinds of information you will need to read for the free response essay. Many times these sources will deal with cultural topics, but you can expect any topic relating to the overarching themes. The more you know about the topic, the better able you will be to incorporate the material into your essay or presentation.

Most questions will deal with a general topic, such as the environment or technology. Some may be more philosophical, such as a question about the importance of having a good sense of humor. Any type of question you can formulate that relates to the topic is a possibility for a question on either the writing or speaking free response section.

EJEMPLO #1

Tema curricular: Las familias y las comunidades
Tema del ensayo: ¿Hay una forma correcta de educar a los hijos?

Fuente #1
El siguiente texto trata de unos problemas que encuentran unos padres con sus hijos. El artículo original fue publicado el 29 de agosto de 2007 en España por Azucena García.

---

*El 40% de los padres asegura sentirse desbordado
por los problemas de sus hijos e hijas.*

	Les resulta difícil educarles y, en algunos casos, el miedo a repetir el modelo
Línea	autoritario en el que ellos fueron criados deriva en un exceso de permisividad.
(5)	Como consecuencia, durante la adolescencia son frecuentes los problemas de
	disciplina, pero no es fácil comenzar a imponer reglas a esta edad tan difícil.
	Los niños deben tener unos límites o pautas que les marquen el camino que
	deben seguir, sin ahogarles en un mundo de imposiciones, tal como aseguran los
	psicólogos y educadores. Para ello, los padres y madres deben establecer estas
(10)	normas de manera razonada, adaptarlas a cada edad y ser firmes en sus decisio-
	nes. Si no se tiene un proyecto claro, es más fácil claudicar. "Padres permisivos
	¿dónde está el límite?" por Azucena García 09/02/2007

(*http://www.consumer.es/web/es/educacion/infantil/2007*).

Taking Ideas from the Text

You may define family any way you wish, and although this selection does not directly deal
with a definition of what constitutes a typical family, there are plenty of ideas that you may
want to pick out. If you were to summarize the main ideas in this passage, they would be
along the following lines:

Close to half of parents in Spain say they have difficulties controlling their children.
According to the study, most of the poor behavior of their children is due to the permis-
siveness of the parents themselves. To control bad behavior, it is important that parents
set limits and rules and enforce them accordingly.

There are a few more ideas that you can extract from this passage, such that it is difficult
for parents to begin setting limits when their children are adolescents, and, therefore, you
could argue the importance of setting rules early on. In addition, you can extract the idea that
most parents are permissive because they are afraid to follow the authoritarian rule under
which they were raised, and, therefore, they go to the opposite extreme. This can then lead
to arguing that the solution may be found somewhere in between being authoritative and
permissive. By summarizing and paraphrasing, your focus is on extracting the main ideas
from the text, which will help you to argue your main idea and to avoid summary of the texts
themselves.

Fuente #2

Introducción: Los siguientes gráficos muestran cómo afectan ciertas actitudes de los padres a sus hijos. Los gráficos fueron publicados en julio de 2010 por Wikisaber.es.

Los padres autoritarios

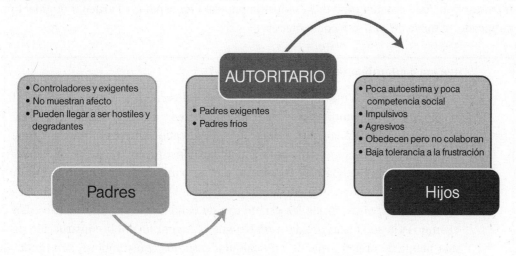

Los padres responsables

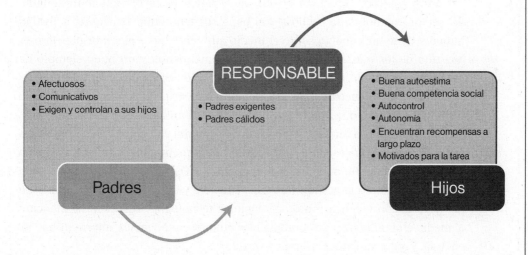

Taking Ideas from the Text

This source shows how certain attitudes displayed by parents affect their children. The first box indicates the characteristic that is being displayed, the second box indicates the type of parent they are considered to be based on their parenting style, and the third box shows the behaviors that children who grow up in this environment tend to display. One way to summarize ideas from these graphics is to categorize the behaviors into those that are positive and those that are negative. For example, according to the source, parents who are overly authoritative tend to have children who display negative behavior, whereas parents who are loving but also firm and fair tend to have children who grow up with more desirable characteristics. You can then use evidence, such as individual words from the graphics, to help support these ideas.

EJEMPLO #2

Tema curricular: Los desafíos mundiales

Tema del ensayo: ¿Cuáles son los beneficios de reciclar?

Fuente #1

Introducción: Este artículo trata de la industria papelera en España. El artículo original fue publicado en mayo de 2007 por consumer.es

---

¿Es tan contaminante la industria papelera?

El sector asegura que se trata de una de las industrias más respetuosas con el medio ambiente, aunque los ecologistas no lo creen así. Los representantes de la industria papelera consideran que se ha mitificado su imagen de sector muy
Línea contaminante, y aseguran que en la actualidad constituyen una de las industrias
(5) más avanzadas medioambientalmente. Sin embargo, los ecologistas explican que estas instalaciones siguen siendo un peligro para el entorno natural, especialmente en países donde los estándares de calidad no son tan estrictos. Un ejemplo es la polémica surgida entre Uruguay y Argentina por la construcción de una planta de origen español. En cualquier caso, los consumidores son funda-
(10) mentales a la hora de reducir el impacto ambiental de este sector, colaborando por ejemplo en el reciclaje del papel.

Carlos Reinoso, Director General de Aspapel, la asociación representante del sector español de la celulosa y el papel, defiende que "cualquier actividad humana tiene un impacto sobre el medio ambiente; pero el sector papelero es
(15) hoy uno de los más avanzados medioambientalmente, y un buen ejemplo de desarrollo sostenible, con productos que son naturales y reciclables."

Gracias a la producción papelera, se mantienen 400.000 hectáreas de arbolado de pino y eucalipto que absorben y fijan al año 7,5 millones de toneladas de CO_2. Su materia prima, la madera, es renovable. Se planta y se cultiva en plantaciones
(20) específicamente para este fin, contribuyendo a aumentar los bosques y a la lucha contra el cambio climático, ya que devoran el CO_2. El sector está activamente implicado tanto en la gestión forestal sostenible y en su certificación, como en la investigación y aplicación de las mejores tecnologías, con especial atención al medio ambiente (uso de combustibles limpios y renovables, ahorro de agua y
(25) energía, y reducción de emisiones y vertidos).

Alex Fernández Muerza Mayo de 2007
Fundación Eroski
(*www.consumer.es*)

The main idea of the source shows that the paper industry thinks it is doing a good job in preserving the environment. This source provides examples of some of the benefits of recycling, because you can point out that the paper industry is using a renewable resource, it is replanting forests to reduce the quantity of CO_2, and it is reducing the amount of paper in the waste stream in Spain. (You know it is Spain from the .es in the URL of the article.) You also know that paper constitutes a large part of the waste material in landfills.

Fuente #2

Introducción: El siguiente gráfico muestra los beneficios de reciclar. El gráfico fue publicado por *www.unblogverde.com.*

The print text includes clear examples of the benefits of recycling, all of which have a positive impact on our environment. When synthesizing the information presented on this text, the two ideas that should stand out are that recycling benefits the environment by reducing waste and contaminants and saves energy. Additionally, this graphic presents the added benefit of recycling paper, an example that you can add to the information extracted in the first print text.

EJEMPLO #3

Tema curricular: Los desafíos mundiales

Tema del ensayo: En muchos países latinos, el tráfico y los embotellamientos son un problema diario, especialmente en las zonas urbanas. A veces se puede tardar más de una hora y media en camino al trabajo, o viceversa. ¿Cómo se podría aliviar este problema?

Fuente #1

Introducción: El siguiente artículo se trata de los trenes AVE en España. Es una adaptación del artículo publicado en *www.renfe.es/ave*.

Renfe AVE, tren de alta velocidad

Los trenes AVE han conjugado los últimos avances técnicos y diseño con una amplia oferta de servicios para dar respuesta a todas y cada una de las necesidades de los clientes. Todo ello unido al compromiso de puntualidad, variedad de horarios y precios, hacen del AVE la mejor opción a la hora de desplazarse a cualquier destino principal de España.

Entre los servicios actuales, Renfe apunta la nueva vía que reducirá a dos horas y media el trayecto entre Madrid y Barcelona (son 880 kilómetros), en comparación a las seis horas y media que dura en la actualidad. A la vez que puede comprar lo billetes directamente en la estación, puede también acudir a agencias de viaje que exhiban el logotipo azul y amarillo de RENFE. Los trenes AVE son trenes de alta velocidad, o sea unos 250 km por hora.

Los servicios corresponden a las tres clases, Turista, Preferente, y Club. Para todos son los del entretenimiento, con video y cuatro canales de música. Además de los básicos, para los pasajeros de clase Club y Preferente hay prensa diaria y Revista, acceso a las Salas de Club AVE, la venta de artículos a bordo, y servicios de bar en el asiento en algunas rutas. Para todas las clases los minusválidos pueden contar con facilidades.

Las vías de la alta velocidad se ha ramificado para cubrir destinos distintos de los cuatro puntos cardinales de la rosa náutica. Destaca Renfe el confort de su equipo, la rapidez de los viajes, y la puntualidad que observa, ratificada por una indemnización por el retraso. En caso de producirse un retraso imputable a Renfe AVE, le reintegrarán al pasajero el porcentaje correspondiente al precio del billete en función de 50 por ciento si tarda entre 16 y 30 minutos, y un reemplazo de cien por cien si demora más de 30 minutos.

Línea (5) ... *(10)* ... *(15)* ... *(20)*

(Adaptado de *http://www.renfe.es/ave/*)

This article is informational. It is designed to point out the advantages of rapid transit: comfort, modern equipment, convenience, and confidence in the service. It would be useful to know that Renfe is the national railway company of Spain, so that you can comment on the commitment of the Spanish government to facilitate travel between the various parts of Spain. Renfe maintains many trains of various types to service the country, from the Cercanía, or local trains, to the long distance, high velocity trains like the AVE.

You will need to deduce why all of the mentioned qualities of the Renfe AVE would be important to a traveler. The AVE will get you from one place to another quickly, meaning that there is nothing between terminal points that you would want to investigate. This traveler would not be a casual tourist wanting to stop at random places to absorb the atmosphere. A train moving at 200 kilometers an hour does not give the passenger much time to savor what goes past the window. You could also make some assumptions about the type of traveler. Someone on business or with an urgent family situation would want to make a quick trip. Rapid train transportation is designed to facilitate travel from one part of Spain to another, without the necessity of a car.

Fuente #2

El siguiente gráfico presenta la diferencia entre varios medios de transporte en cuanto a la capacidad de pasajeros que se puede transportar y la distancia entre estaciones. El gráfico fue publicado el mayo de 2012 en la página Web *http://www.esan.edu.pe*.

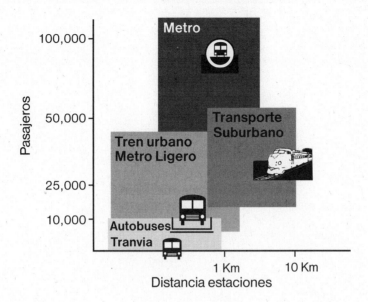

This graphic shows how different forms of transportation can serve the population. The vertical column indicates the number of passengers each mode of transportation typically serves, while the horizontal column shows the typical distance between stations for each type of transportation. When synthesizing this information, you can tell that the most versatile form of transport is the metro, for it services the most number of people and is accessible. The streetcar and busses are most accessible, with frequent stations or stops, but do not serve as many passengers, whereas the suburban trains can serve a large number of passengers, but do not have as many frequent stops. When formulating your central argument, you probably will want to indicate that no one form of transportation can solve the issue of alleviating traffic, and that a combination of several forms of public transportation is necessary for different needs.

PART THREE
Listening Comprehension

General Considerations

4

The listening comprehension part of the exam consists of two parts. The first is audio combined with print texts, and the second is only audio texts. The questions for all listening comprehension sections will be printed in your test booklet. Before each audio selection is played, you will be given time to read information about the source of the audio selection, which will help put what you are about to hear in context. Each audio source will be played twice.

There will be room in your text booklet for you to take notes on what you hear. You will have time to read the questions before listening to the selections, so you can focus on the information you need to extract from what you hear. The selections may be an interview taken from broadcast media, news reports, a lecture, or it may simulate an everyday conversation. The topics will be taken from any topic related to the Spanish-speaking world and the six overarching themes. The questions will ask you to identify and summarize main points, understand some detailed information, and draw conclusions about what you hear based on what you know about Spanish culture and customs. Other questions may ask for an interpretation of a specific phrase or an interpretation of a specific idiomatic phrase, the meaning of which can be inferred from the context in which you hear it.

The following exercises are designed to help you focus on learning to listen for first the main idea, and then for details that relate to time, place, and activity. If some parts are difficult to understand, the exercises will help you learn how to work around unfamiliar phrases. On the exam, it won't be unusual to hear some words you do not recognize. In such cases you should not focus on what you do not know, but rather focus on what you do know. Practicing with difficult passages will help you learn to listen carefully, and good concentration will help every time. The secret is not to get frustrated when you do not understand an individual word. Focus on listening to phrases and extracting ideas. Remember that you will hear each audio file twice.

STRATEGIES FOR LISTENING COMPREHENSION

Try some of the following strategies to see if you can improve your listening comprehension.

- **READ THE INTRODUCTION TO EACH SAMPLE.** You will always be given a context for the listening selection. Use this to bring in any prior knowledge you may have on the subject and make predictions.
- **READ THE QUESTIONS FIRST.** You will have time to read the questions before listening to the selection. Use this time to gather as much information about the selection as possible.

- **CONCENTRATE.** The hardest part is concentrating while the audio is playing. The strategies below will help you to learn how to focus while you listen.

- **EVALUATE THE INFORMATION BEING PRESENTED.** Is the speaker trying to persuade the listener? Is the speaker stating facts or opinions? What evidence, if any, does the speaker present?

- **LISTEN FOR REPEATED WORDS.** The repetition of a word often indicates important information or ideas.

- **PAY ATTENTION TO STRUCTURE.** You can expect to hear certain kinds of information in certain parts of a selection. For example, usually at the beginning of a selection, you will hear things related to the setting for a scene and the introduction of ideas, people, and things. Next, you will hear changes to or affirmation of the original information. In a conclusion, expect to hear something summarizing the event, or a return to the original premise.

- **FOLLOW THE THREAD.** Every conversation or narrative has a thread, or a direction in which it is going. Ideas often take off from some detail, so pay attention to details, especially ones that may indicate a shift in topic.

- **LISTEN FOR COGNATES.** Picture what the cognate means instead of translating it.

- **FOCUS ON WHAT YOU DO KNOW AND NOT ON WHAT YOU DON'T KNOW.** Often students get hung up on single words they do not understand. Focus on what it is you do understand and use contextual clues to help you figure out those words or ideas that may be confusing to you. Remember, this test is designed to evaluate your ability to understand ideas, not individual words.

- **KNOW NUMBERS WELL.** Numbers beyond single digits often slow you down if you try to translate the quantity associated with the number you hear.

- **ANTICIPATE.** Once you know the topic, imagine where the narrative or dialogue will go. If you know what the topic is, you will understand more.

- **MAKE MENTAL NOTES.** File information in your mind or on paper by grouping it in categories, especially the details. You remember things longer, if you associate things in a group.

- **VISUALIZE.** Nothing makes the selection more understandable than visualizing what you hear.

- **IMAGINE.** If the topic deals with unfamiliar subject matter, try to imagine what it would be like to be in that situation or to experience the setting or event that is discussed.

- **TAKE NOTES.** If it is helpful, take notes. If nothing else, writing something down helps you concentrate while you listen. Avoid writing complete sentences, as it will take up too much time. Try to write individual words or short phrases that will help you remember ideas.

Remember that you will be able to listen to each selection twice. During the first listen, focus on main ideas, and during the playback, listen for facts and details.

STRATEGIES FOR IMPROVING LISTENING COMPREHENSION

Choose a few strategies at a time to practice and see which ones make a difference in your listening comprehension.

- **CONCENTRATE WHILE YOU LISTEN.** To keep your mind from wandering while you listen, try jotting down notes, drawing pictures or doodles, noting key words about what you hear, or making an outline of what is said.

- **VISUALIZE.** If you can picture what the words say, you are more likely to remember them.

- **ORGANIZE AND CATEGORIZE.** Group information into categories. For example, if you hear the sound of a bell or a public address system announcement, file that sound under the "school" so that other details relating to the topic will all be grouped together. By doing this, you will be likely to remember more details.

- **TAKE NOTES.** If you can write and listen at the same time, take notes. If you have difficulty doing both things at the same time, write down key words instead of taking more extensive notes. Practice both ways, so you know which works best for you.

- **MAKE EDUCATED GUESSES.** When you hear a word or expression you do not know, rely on the context to interpret its meaning.

- **LISTEN FOR IDEAS.** Instead of translating what you hear into English, try to assimilate the information in Spanish. Translation slows down the thought process, and you will miss other things that are said.

- **RECOGNIZE COGNATES.** Make sure that cognates do not sidetrack your thoughts into English. Instead of translating the cognate, visualize what it means.

- **PAY ATTENTION TO PARTS OF SPEECH.** Pay particular attention to the ends of words because they often convey very important information. For example, *enfermarse* is a verb, *enfermera* is a nurse, and *enfermedad* is a sickness. *La enfermera enfermiza de la enfermería se enfermó con una enfermedad* would be incomprehensible unless you paid attention to which words were nouns, subjects or objects of the verb, adjectives, or which one was the verb itself.

- **FOCUS ON IDEAS.** When you focus on ideas, you are less likely to translate what you hear.

- **LISTEN TO LOTS OF SPANISH.** Nothing improves comprehension more than a lot of practice, so listen to as much Spanish as you can. Online sources are very good because the visual images will help you understand words.

Section I, Part B—Listening Comprehension: Print and Audio Texts (Combined)

5

The first section of the test includes both print and audio texts. You will be given the theme of the activity and a brief introduction to each source. The print source will be either an article or some sort of image, table, or graph to study before listening to the audio source. You will be given four minutes to read the article or one minute to look over any graphs or tables before the audio begins. While reading, you should implement all of the reading strategies that are highlighted in the Reading Comprehension portion of this book. The audio source will either be a dialogue, narrative, or some other type of speech sample. Before listening to the audio file the first time, you will have an additional minute to read a preview of the selection and look over the questions that you will be asked. After listening to the audio selection, you will have an additional minute to begin answering the questions. After the selection has played the second time, you will have 15 seconds per question to finish answering them. You may take notes during the audio section, but they will not be scored.

STRATEGIES FOR READING

- Understand the format of the print text.
- Read the introduction and scan the passage to get the general idea. Predict what the selection may be about.
- Reread more carefully to
  - identify key vocabulary words (underline them),
  - identify characters,
  - identify the setting, and
  - understand what is happening.
- Use background knowledge.
- Evaluate the information you have gleaned from the piece to
  - determine the tone and mood of the piece,
  - determine the intended reader, and
  - draw conclusions about the piece.
- Read the chart from the left column and then across.

STRATEGIES FOR LISTENING

- Read the introduction and questions to each sample.
- Concentrate while you listen.
- Evaluate the information being presented.
- Follow the thread of the conversation.
- Visualize, if you can.
- Take note of key words that lead to ideas.
- Focus on what you understand and don't get hung up on what you don't understand. Use contextual clues to help you understand unfamiliar words or phrases.
- Remember that you will hear the audio twice. Listen the first time for overall theme and general ideas, and use the second listening to take notes on specific details.

ANSWER SHEET
Print and Audio Texts

Selección #1:

1. Ⓐ Ⓑ Ⓒ Ⓓ
2. Ⓐ Ⓑ Ⓒ Ⓓ
3. Ⓐ Ⓑ Ⓒ Ⓓ
4. Ⓐ Ⓑ Ⓒ Ⓓ
5. Ⓐ Ⓑ Ⓒ Ⓓ
6. Ⓐ Ⓑ Ⓒ Ⓓ
7. Ⓐ Ⓑ Ⓒ Ⓓ
8. Ⓐ Ⓑ Ⓒ Ⓓ
9. Ⓐ Ⓑ Ⓒ Ⓓ
10. Ⓐ Ⓑ Ⓒ Ⓓ

Selección #2:

1. Ⓐ Ⓑ Ⓒ Ⓓ
2. Ⓐ Ⓑ Ⓒ Ⓓ
3. Ⓐ Ⓑ Ⓒ Ⓓ
4. Ⓐ Ⓑ Ⓒ Ⓓ
5. Ⓐ Ⓑ Ⓒ Ⓓ
6. Ⓐ Ⓑ Ⓒ Ⓓ
7. Ⓐ Ⓑ Ⓒ Ⓓ
8. Ⓐ Ⓑ Ⓒ Ⓓ
9. Ⓐ Ⓑ Ⓒ Ⓓ
10. Ⓐ Ⓑ Ⓒ Ⓓ

Selección #3:

1. Ⓐ Ⓑ Ⓒ Ⓓ
2. Ⓐ Ⓑ Ⓒ Ⓓ
3. Ⓐ Ⓑ Ⓒ Ⓓ
4. Ⓐ Ⓑ Ⓒ Ⓓ
5. Ⓐ Ⓑ Ⓒ Ⓓ
6. Ⓐ Ⓑ Ⓒ Ⓓ
7. Ⓐ Ⓑ Ⓒ Ⓓ

Selección #4:

1. Ⓐ Ⓑ Ⓒ Ⓓ
2. Ⓐ Ⓑ Ⓒ Ⓓ
3. Ⓐ Ⓑ Ⓒ Ⓓ
4. Ⓐ Ⓑ Ⓒ Ⓓ
5. Ⓐ Ⓑ Ⓒ Ⓓ
6. Ⓐ Ⓑ Ⓒ Ⓓ
7. Ⓐ Ⓑ Ⓒ Ⓓ
8. Ⓐ Ⓑ Ⓒ Ⓓ
9. Ⓐ Ⓑ Ⓒ Ⓓ
10. Ⓐ Ⓑ Ⓒ Ⓓ

Selección #5:

1. Ⓐ Ⓑ Ⓒ Ⓓ
2. Ⓐ Ⓑ Ⓒ Ⓓ
3. Ⓐ Ⓑ Ⓒ Ⓓ
4. Ⓐ Ⓑ Ⓒ Ⓓ
5. Ⓐ Ⓑ Ⓒ Ⓓ
6. Ⓐ Ⓑ Ⓒ Ⓓ
7. Ⓐ Ⓑ Ⓒ Ⓓ

Selección #6:

1. Ⓐ Ⓑ Ⓒ Ⓓ
2. Ⓐ Ⓑ Ⓒ Ⓓ
3. Ⓐ Ⓑ Ⓒ Ⓓ
4. Ⓐ Ⓑ Ⓒ Ⓓ
5. Ⓐ Ⓑ Ⓒ Ⓓ
6. Ⓐ Ⓑ Ⓒ Ⓓ
7. Ⓐ Ⓑ Ⓒ Ⓓ

Selección #7:

1. Ⓐ Ⓑ Ⓒ Ⓓ
2. Ⓐ Ⓑ Ⓒ Ⓓ
3. Ⓐ Ⓑ Ⓒ Ⓓ
4. Ⓐ Ⓑ Ⓒ Ⓓ
5. Ⓐ Ⓑ Ⓒ Ⓓ
6. Ⓐ Ⓑ Ⓒ Ⓓ
7. Ⓐ Ⓑ Ⓒ Ⓓ

Selección #8:

1. Ⓐ Ⓑ Ⓒ Ⓓ
2. Ⓐ Ⓑ Ⓒ Ⓓ
3. Ⓐ Ⓑ Ⓒ Ⓓ
4. Ⓐ Ⓑ Ⓒ Ⓓ
5. Ⓐ Ⓑ Ⓒ Ⓓ
6. Ⓐ Ⓑ Ⓒ Ⓓ
7. Ⓐ Ⓑ Ⓒ Ⓓ
8. Ⓐ Ⓑ Ⓒ Ⓓ
9. Ⓐ Ⓑ Ⓒ Ⓓ
10. Ⓐ Ⓑ Ⓒ Ⓓ

Selección #9:

1. Ⓐ Ⓑ Ⓒ Ⓓ
2. Ⓐ Ⓑ Ⓒ Ⓓ
3. Ⓐ Ⓑ Ⓒ Ⓓ
4. Ⓐ Ⓑ Ⓒ Ⓓ
5. Ⓐ Ⓑ Ⓒ Ⓓ
6. Ⓐ Ⓑ Ⓒ Ⓓ
7. Ⓐ Ⓑ Ⓒ Ⓓ

Selección #10:

1. Ⓐ Ⓑ Ⓒ Ⓓ
2. Ⓐ Ⓑ Ⓒ Ⓓ
3. Ⓐ Ⓑ Ⓒ Ⓓ
4. Ⓐ Ⓑ Ⓒ Ⓓ
5. Ⓐ Ⓑ Ⓒ Ⓓ
6. Ⓐ Ⓑ Ⓒ Ⓓ
7. Ⓐ Ⓑ Ⓒ Ⓓ
8. Ⓐ Ⓑ Ⓒ Ⓓ
9. Ⓐ Ⓑ Ⓒ Ⓓ
10. Ⓐ Ⓑ Ⓒ Ⓓ

SELECCIÓN #1

Tema curricular: Las identidades personales; *Los héroes y personajes históricos*

Primero tienes 4 minutos para leer la fuente número 1

Fuente #1: El siguiente artículo trata de la poeta Sor Juana Inés de la Cruz.

Sor Juana Inés de la Cruz. Mujer Moderna en el Siglo XVIII

De niña gozó de todo un mundo de letras, debido a su estancia con su abuelo materno, quien le abrió las puertas de la literatura. A la edad de nueve años, la joven Juana de Asbaje y Ramírez de Santillana, su nombre completo, ya había aprendido el latín, a causa de toda la literatura a su alcance. Su nombre recorrió todo la región, hasta llegar a oídos del Virrey de Nueva España. La invitó a la corte, y allí permaneció como dama de honor para la Virreina la Marquesa. Parece que pasó varios años disfrutando de una vida que correspondía al nivel social al que se había levantado. Pero por ser hija natural, la oportunidad de casarse le resultó remota.

(10) Después de dos años, la joven tan encantadora y lista renunció los placeres de la corte y se dedicó a la iglesia, entrando en el convento de San Jerónimo donde cumplió el término de sus años en este mundo. Una vez internada en el convento, se dedicó a las letras, amontonando una impresionante biblioteca de unos 4.000 libros, una cantidad asombrosa en aquel entonces. Floreció intelectualmente y *(15)* concentró los esfuerzos en estudiar todo un rango de asuntos, de la teología, la pintura, la ciencia, y, sobre todo, las letras. A medida que pasaban los años, su renombre aumentaba a la vez, hasta que se dio con un padre celoso de su potencia e influencia. La buena monja se empeñaba en reclamar su fidelidad a la voluntad de Dios en cuánto investigaba. Sus razonamientos no persuadieron a los *(20)* obstinados clérigos. Resignada, Sor Juana no quiso continuar su carrera literaria. Se sometió, rindiendo sus pertenencias a los pobres. Murió poco después, una de las estrellas de la literatura colonial de México, sin que lo quisieran sus detractores. Unas de sus palabras más famosas se encuentran en los famosos versos de una redondilla.

(25)
Hombres necios que acusáis
a la mujer sin razón,
sin ver que sois la ocasión
de lo mismo que culpáis;
. . .

(30)
Bien con muchas armas fundo
que lidia vuestra arrogancia,
pues en promesa e instancia
juntáis diablo, carne y mundo.

Línea (5)

Tienes dos minutos para leer la introducción y prever las preguntas.

Fuente #2: Esta grabación trata de Michelle Bachelet, quien fue elegida la primera presidenta de Chile. El reportaje fue presentado en el programa *Nuestra América* el 16 de enero de 2006.

---

1. ¿Cuál es el propósito del artículo?
    (A) Exponer una biografía breve de una literata
    (B) Presentar los desafíos de ser mujer en el siglo XVIII
    (C) Mostrar los pasos necesarios para hacerse poeta
    (D) Hacer una reseña sobre los beneficios de seguir una vida religiosa

2. Según el artículo, ¿por qué nunca podía Juana contraer matrimonio?
    (A) Porque había decidido ser monja.
    (B) Porque no había pretendientes en la corte.
    (C) Porque era demasiado enfocada en los estudios.
    (D) Porque llevaba una deshonra.

3. En el artículo, ¿cuál es el mejor significado de la frase "se empeñaba…investigaba" (líneas 18–19)?
    (A) Que Sor Juana se dio cuenta que poco a poco estaba perdiendo su fe.
    (B) Que ella tuvo que afirmar que no había renunciado su convicción religiosa.
    (C) Que su lealtad a la vida religiosa era más fuerte que nunca.
    (D) Que sus investigaciones le habían aclarado los mandamientos de Dios.

4. ¿Por qué decidió abandonar la literatura?
    (A) Fue una causa de polémica en su convento.
    (B) Decidió dedicarse a ayudar a los pobres.
    (C) Se interesó en otras materias académicas.
    (D) Careció de inspiración para componer más obras literarias.

5. Según la fuente auditiva, ¿cuál fue el margen de victoria de la presidenta?
    (A) De casi 100 puntos
    (B) De un poco más de 50 puntos
    (C) De un poco menos de 50 puntos
    (D) De menos de 10 puntos

6. ¿Cuál fue la reacción de la población chilena ante su victoria?
    (A) La mayoría protestó en las calles.
    (B) Muchos se exiliaron.
    (C) La gente festejó su elección.
    (D) Miembros del ejército participaron en actos de violencia.

7. ¿Qué prometió hacer la nueva presidente?
    (A) Representar a los que la apoyaron
    (B) Crear más trabajo para todos
    (C) Dirigir el país para el bienestar de todos
    (D) Reducir el número de analfabetos en su país

8. ¿Cuál era el mayor problema que se encontraba en Chile en aquel entonces?
    (A) Miles seguían apoyando una dictadura militar.
    (B) Había una gran disparidad entre las clases sociales.
    (C) La población indígena carecía de educación.
    (D) Había más mujeres que hombres en busca de empleo.

9. ¿Qué tienen en común las dos fuentes?
    (A) Muestran lo difícil que es ser mujer en el mundo latino.
    (B) Presentan a mujeres que se destacaron en su propio país.
    (C) Resaltan lo importante de nunca abandonar los sueños.
    (D) Llaman la atención a la desigualdad social por razón de género.

10. ¿Cuál de las siguientes afirmaciones de América Latina, tanto en el presente como en el pasado, se puede apoyar usando información presentada en ambas fuentes como evidencia?
    (A) Sigue habiendo un gran número de gente en paro.
    (B) Las mujeres suelen enfrentar más retos que los hombres en todos aspectos de la vida.
    (C) Las clases y estigmas sociales tienen un impacto en el bienestar de una persona.
    (D) Todavía persiste una desigualdad en el acceso a educación.

Selección #1—Más práctica

Análisis literario: ¿Qué figura retórica usa Sor Juana de la Cruz en la primera estrofa de su redondilla?
    (A) metáfora
    (B) hipérbole
    (C) apóstrofe
    (D) personificación

Comparación cultural: ¿Puedes pensar en dos figuras femeninas de tu cultura que han tenido un impacto en diferentes épocas de la historia de tu país? ¿Cómo se comparan y diferencian de Sor Juana de la Cruz y Michelle Bachelet?

Apuntes:

Tema curricular: La belleza y la estética, *La arquitectura*

Primero tienes 4 minutos para leer la fuente número 1.

Fuente #1: El siguiente artículo trata de un barrio en Buenos Aires, Argentina. Fue publicado en la página Web *Alojargentina.com.*

La Boca
(*Alojargentina.com*)

En un barrio típico de inmigrantes de los más distintos orígenes, entre los que se destacan griegos, yugoslavos, turcos e italianos, sobre todo genoveses. La calle Caminito, de apenas 100 metros de longitud, es peatonal. Es una calle tan pequeña como particular. En ella no hay puertas. Algunas ventanas, algún balcón lleno de plantas y de ropas colgadas a secar. Sus paredes pintadas de diferentes colores recuerdan a Venecia. En ellas hay todo tipo de murales, cerámicas y distintos adornos. Al principio era simplemente un ramal del ferrocarril, llena de tierra, yuyales y piedras. Al lugar se lo llamaba "la curva," la que luego se convirtió en "un caminito" que acortaba distancias. Ese fue el famoso "caminito" por el que transitaba a diario Juan de Dios Filiberto, quien luego escribió el tango que lleva su nombre. La iniciativa de ponerle ese nombre a la calle surgió nada menos que de su amigo Benito Quinquela Martín. Hoy es una calle turística, no sólo visitada por los extranjeros, sino por argentinos de todo el país, orgullosos de ese lugar tan pintoresco. El Club Atlético Boca Juniors, ubicado en Brandsen 805, es uno de los clubes de fútbol más importantes del país y fue fundado por cinco jóvenes habitantes del barrio de la Boca en 1905. El nombre de la institución fue tomado directamente del barrio, pero se le agregó la palabra "Juniors" que le daba a la denominación algo más de prestigio, contrastando con la fama de "barrio difícil" que se había ganado la Boca por aquel entonces. Su estadio de fútbol tiene capacidad para 50.000 espectadores y en su barrio social y deportivo se practican otras disciplinas deportivas.

Línea

(5)

(10)

(15)

(20)

Tienes dos minutos para leer la introducción y prever las preguntas.

Fuente #2: Esta grabación trata de un pueblo en México. Fue publicado en la página Web *www.mexicodesconocido.com.mx.*

---

1. ¿Cuál es el propósito del artículo?
   (A) Contar la historia de un equipo de fútbol profesional
   (B) Comentar sobre el desarrollo de una calle de Buenos Aires
   (C) Describir cómo se ha evolucionado un barrio porteño
   (D) Relatar la influencia de los inmigrantes en la capital argentina

2. ¿Cómo se podría describir la calle Caminito?
   (A) Peculiar
   (B) Común
   (C) Simple
   (D) Rústico

3. ¿Cómo recibió la calle el nombre "caminito"?
   (A) Por su forma de línea recta
   (B) Por ser una calle que abreviaba la ruta de muchos
   (C) Por ser un destino turístico
   (D) Por su apariencia pintoresca

4. A base de toda la información presentada en el artículo, ¿cómo se podría describir la gente que vive en este barrio?
   (A) Muchos se sentirán molestos por la cantidad de turistas.
   (B) Será gente diversa pero orgullosa de su barrio.
   (C) Los residentes serán grandes aficionados del fútbol.
   (D) Los habitantes serán expertos en bailar el tango.

5. ¿Cuál es el propósito de la fuente auditiva?
   (A) Narrar la historia de Santa Clara del Cobre
   (B) Explicar las razones por la cual fue nombrada Pueblo Mágico
   (C) Describir el pueblo como destino turístico
   (D) Detallar el proceso de producción de artesanía

6. Según la fuente auditiva, ¿cómo se distingue esta comunidad?
   (A) Por sus viviendas y plazas
   (B) Por tener una influyente comunidad indígena
   (C) Por su producción de objetos hechos de cobre
   (D) Por haber inventado una nueva técnica de elaborar el metal

7. ¿A qué se refiere la fuente auditiva cuando afirma que un techo "se ilumina con los rayos del sol"?
   (A) A que hay una representación del sol encima.
   (B) A que el techo brilla como el sol.
   (C) A que refleja la luz del sol.
   (D) A que ilumina como si fuera de día.

8. ¿A quiénes les interesaría más visitar este pueblo?
   (A) A empresarios y fabricantes
   (B) A artistas y excursionistas
   (C) A indígenas y extranjeros
   (D) A funcionarios y empresas inmobiliarias

9. ¿Qué tienen en común las dos fuentes?
   (A) Las dos resaltan las características del lugar.
   (B) Las dos destacan los productos de cada comunidad.
   (C) Tanto el audio como el artículo muestran los cambios que han ocurrido a través de los años.
   (D) Las dos fuentes señalan la influencia de varias culturas en el desarrollo de la comunidad.

10. Si fueras a escribir sobre la información de las dos fuentes, ¿cuál sería el mejor título para tu ensayo?
    (A) La magia del color local
    (B) Características de un pueblo latinoamericano
    (C) Ventajas de vivir en una comunidad autóctona
    (D) El crisol cultural argentino

SELECCIÓN #3

Tema curricular: La vida contemporánea; *La educación y las carreras profesionales*

Tienes un minuto para leer la fuente número 1.

Fuente #1: Esta tabla presenta algunas ventajas e inconvenientes de asistir a una universidad grande.

¿Por qué elegir una universidad grande?	
Ventajas	Inconvenientes
• Conocer y convivir con todo tipo de gente y gente de distintas carreras • Variedad de instalaciones de acuerdo a las necesidades de cada carrera • Buen ambiente debido a la variedad de estudiantes • El prestigio, tratándose de una universidad que abarca mucho puede ser muy fuerte, y por ende un arma importante al egresar • Gran variedad de oportunidades sociales y de trabajo • Mucha gente conocerá la universidad, y por ende es una carta de presentación reconocida por todos • Los profesores suelen ser de alta calidad	• Las clases son muy grandes • Muchos profesores se interesan más por sus propias investigaciones que en enseñar las clases • Muchos cursos, especialmente los preliminares, suelen ser enseñados por asistentes de profesores • Posibilidad de no destacarse por la gran cantidad de estudiantes • Más burocrático que personal • Más competición para las becas

Tienes dos minutos para leer la introducción y prever las preguntas.

Fuente #2: La siguiente grabación trata de unos beneficios de asistir a una universidad pequeña. Es basada en información publicada en la página Web *www.collegeboard.com*.

---

1. Según la información proveída en la tabla, ¿cuál es un beneficio de asistir una universidad grande?
   (A) No hay que preocuparse por perderse en la muchedumbre.
   (B) Los cursos básicos suelen ser más fáciles porque los catedráticos no los suelen enseñar.
   (C) Hay más ocasiones de participar en ferias y seminarios.
   (D) Todo está más al alcance del estudiante.

2. Basándote en la información de la tabla, ¿cuál sería un reto de asistir a una universidad grande?
   (A) La variedad de eventos sociales pueden afectar negativamente los estudios.
   (B) Sería más difícil desarrollar amistades verdaderas por la gran cantidad de estudiantes.
   (C) Los asistentes de profesores no son capacitados para controlar sus clases.
   (D) Hay más barreras y limitaciones relacionados con el inscribirse y diseño de los estudios.

3. ¿Para qué tipo de persona sería apropiado asistir a una universidad grande?
   (A) Una persona autónoma que, aunque le gusta socializar, prefiere ser más incógnita que el ombligo del mundo.
   (B) Una persona introvertida que frecuentemente necesita ayuda de consejeros y profesores por una variedad de asuntos.
   (C) Una persona a quien le encanta entablar debates con su profesor y otros estudiantes durante las clases.
   (D) Una persona que quiere que su universidad tenga un fuerte sentido de comunidad y ambiente unido.

4. Según la fuente auditiva, ¿cuál es un beneficio de asistir a una universidad pequeña?
   (A) Hay amplias oportunidades de formar partes de diferentes grupos sociales.
   (B) Existe una relación más personal entre los docentes y los estudiantes.
   (C) Las carreras son menos competitivas que en las grandes universidades.
   (D) Los profesores suelen enseñar sus clases mejor que los en las grandes universidades.

5. ¿Cómo se distinguen las universidades pequeñas en cuanto a las carreras que ofrecen?
   (A) Hay tantas carreras como ofrecen las universidades grandes.
   (B) Los estudiantes tienden a seguir varias carreras de estudio.
   (C) Se animan a los estudiantes a que personalicen sus investigaciones.
   (D) Los profesores y estudiantes trabajan juntos para crear las distintas carreras que se ofrecen cada año.

6. ¿Qué recomendación ofrece la grabación para una persona que esté preocupada en un aspecto de asistir a una universidad pequeña?
   (A) Conversar con estudiantes actuales para informarse de las oportunidades de ocio
   (B) Conocer bien a los profesores y asesores para enterarse del apoyo que la universidad ofrece
   (C) Buscar en el catálogo de cursos unas carreras de estudio que le interesa
   (D) Investigar si las universidades efectivamente son capaces de cumplir con los intereses de los estudiantes

7. Según la tabla y la fuente auditiva, ¿cuál de las siguientes afirmaciones es correcta?
   (A) Las universidades grandes suelen ser de renombre, mientras las más pequeñas son de menos prestigio.
   (B) Hay tantas oportunidades de formar parte de un grupo social en las universidades pequeñas como en las grandes.
   (C) En las universidades grandes, los profesores son más experimentados que los en las universidades pequeñas.
   (D) El entorno en los dos tipos de universidades es igualmente agradable, según la personalidad del estudiante.

SELECCIÓN #4

Tema curricular: La belleza y la estética; *Las artes visuales y escénicas*

Tienes 4 minutos para leer la fuente número 1.

Fuente #1: El siguiente artículo trata de un tipo de música popular en México. Fue publicado en la página Web *InfoMorelos.com*.

El corrido

(InfoMorelos.com)

El corrido es una parte central de la música popular mexicana. Se ha convertido en una de las fuentes más eficientes para la difusión de las historias heroicas o románticas. Estas historias, frecuentemente se ubican en el ambiente de
Línea
(5) la revolución de 1910; sin embargo, ahora también se abarcan temas como el narcotráfico y la política contemporánea. Los temas más populares y difundidos son el amor engañado, la queja del débil frente al poderoso, el énfasis en actos guerreros, la habilidad especial en el manejo de las armas y el desafío después de haber sufrido alguna injusticia.

En los tiempos de la revolución, los cantantes viajeros recitaban los corridos
(10) en las calles o las plazas públicas, para comunicar novedades acerca de los acontecimientos importantes, así como lo habían hecho los trovadores de la Edad Media. La fuerte difusión de los corridos también tiene que ver con la venta de los textos impresos en papel de colores en las ferias y fiestas populares. Estas impresiones frecuentemente estaban ilustradas por el entonces totalmente descono-
(15) cido artista José Guadalupe Posada. Estas hojas servían frecuentemente para la difusión de ideas revolucionarias. Eran algo así como celdas de lo subversivo que, normalmente, fueron ignoradas por parte de la censura, ya que estas hojas se consideraban como "asuntos del populacho" sin importancia.

El musicólogo Vicente T. Mendoza opina que el primer corrido fue "Macario
(20) Romero," que data del año 1898 y surgió en el estado de Durango. El texto relata un acontecimiento del año 1810.

El corrido es recitado o cantado y tiene parte de sus raíces en la música popular española. La voz principal a veces es apoyada por un refrán cantado por un coro. El acompañamiento consiste principalmente en instrumentos de cuerda, tales
(25) como la guitarra, el violín y el guitarrón. A veces también tocan instrumentos de viento, sobre todo trompeta.

Sin embargo, frecuentemente una guitarra basta para cantar los corridos, presentando historias de infidelidad, borracheras, tragedias familiares, atrevidas aventuras y amores a un público que escucha sorprendido, admirado o indignado.
(30) Además existen diferentes concursos para la composición y representación de corridos. Hoy en día, Chabela Vargas, Amparo Ochoa, Cuco Sánchez, Vicente Fernández y otros son los intérpretes más destacados de los corridos tradicionales, mientras que los Tigres del Norte son el representante más conocido del corrido contemporáneo.

Tienes dos minutos para leer la introducción y prever las preguntas.

Fuente #2: La siguiente grabación trata de la música clásica. Se basa en un artículo publicado en la página Web *www.buscarinformación.com*

---

1. Durante la revolución, ¿cuál era la función primaria de los corridos?
   (A) Entretener a la gente
   (B) Investigar la historia de México
   (C) Proveer noticias de diferentes sucesos
   (D) Criticar varios aspectos de la sociedad mexicana

2. ¿Cuál es uno de los temas de los corridos?
   (A) El comercio de libros y textos
   (B) Las injusticias cometidas durante la revolución
   (C) La vida y las obras de diferentes héroes
   (D) Las fiestas y ferias populares de México

3. ¿Qué otro impacto tuvieron los corridos?
   (A) Causaron una polémica que llevó a la censura de algunos corridos.
   (B) Inspiraron una representación gráfica de las letras de algunas canciones.
   (C) Cambiaron los gustos y filosofía de la sociedad.
   (D) Hicieron que la gente aprendiera más de la música española.

4. ¿Cuál es una característica del corrido?
   (A) Es una mezcla de varios estilos musicales de América Latina.
   (B) Sólo hay una persona que canta.
   (C) Se usan instrumentos acústicos y eléctricos.
   (D) Es cantada por un conjunto cuyos miembros tocan y cantan.

5. Según la grabación, ¿qué tipo de música se puede denominar "música clásica"?
   (A) Música que une varios instrumentos en una orquesta
   (B) La música compuesta entre la edad media y el barroco
   (C) Sólo la música compuesta por Bach y Beethoven
   (D) La música que incorpora los estilos de diferentes épocas

6. ¿Cómo se caracteriza la música clásica?
   (A) Es compleja y resulta difícil de entender.
   (B) Es melancólica por tratar de temas serios.
   (C) Es elegante y asequible, pero merece profunda atención.
   (D) Es principalmente para los adinerados.

7. Según la fuente auditiva, ¿quiénes gozan de la música clásica?
   - (A) Los aficionados de la época medieval
   - (B) Mayormente la gente mayor
   - (C) Tanto los mayores como los jóvenes
   - (D) Principalmente la juventud

8. ¿Cómo se destacó la música clásica?
   - (A) Por lograr unir varios instrumentos distintos para una representación
   - (B) Por ser la primera en perfeccionar la unión entre el canto e instrumentos
   - (C) Por ser la primera rama musical que creyó obras dramáticas
   - (D) Por su capacidad de ser relevante en diferente épocas

9. ¿Qué tienen en común la música clásica y los corridos?
   - (A) Los dos tienen sus orígenes antes del siglo XIX.
   - (B) Los dos incorporan una gran variedad de instrumentos de todos tipos.
   - (C) Los dos presentan historias de la antigüedad.
   - (D) Los dos gozan de bastante popularidad en el presente.

10. ¿Para quiénes parecen ser adaptados los dos estilos musicales?
    - (A) Los corridos son para la clase obrera, y la música clásica es para los más educados.
    - (B) La música clásica es para los catedráticos, y los corridos son para los guerreros.
    - (C) Los corridos son para los a quienes les gusta festejar, y la música clásica es para los que favorecen lo dramático.
    - (D) La música clásica es para los que tienen gustos más refinados, y los corridos son para la gente que busca romance.

Selección #4— Más práctica

Comparación cultural: ¿Puedes pensar en unos estilos musicales particulares de tu país o comunidad? ¿Qué tipo de instrumentos se usan? ¿Qué temas incorporan? ¿Cómo se asemeja y diferencia este estilo con el corrido mexicano?

Apuntes:

SELECCIÓN #5

Tema curricular: Los desafíos sociales; *Los temas económicos*

Tienes un minuto para leer la fuente número 1.

Fuente #1: El siguiente anuncio trata de unas razones por participar en una manifestación. Se basa en un anuncio publicado por la UGT, una organización sindical obrera en España.

Razones para participar este sábado ¡Juntos podemos hacer una diferencia!	
Las reformas laborales del gobierno hacen el despido más fácil, más rápido y más barato.	Impulsa la privatización de los servicios públicos, como el transporte, educación y sanidad.
El empresario tiene todo el poder, la flexibilidad interna facilita la movilidad, la modificación de jornada, horario y modificación de salarios.	Perjudican el empleo público, incrementan la jornada, reducen días libres, nos quitan la paga de navidad...
Fomenta la inestabilidad de los jóvenes, que los condena al subempleo y al desempleo.	Reduce las prestaciones por desempleo, elimina subsidio y reduce la prestación desde el 6° mes.
Seguro que tienes más razones...¡ponlas aquí!	

Tienes dos minutos para leer la introducción y prever las preguntas.

Fuente #2: En la siguiente conversación, dos amigos hablan de un evento que quieren preparar.

---

1. ¿Cuál es el propósito principal de esta manifestación?
   (A) Proponer cambios a los beneficios que ofrecen las empresas
   (B) Criticar las injusticias en el mundo del trabajo
   (C) Pedir aumentos de sueldo y cantidad de tiempo libre
   (D) Impulsar reformas de la gestión pública

2. ¿Cuál parece ser la queja global de los manifestantes?
   (A) Los jóvenes no tienen tantas oportunidades como los demás.
   (B) El gobierno no le está prestando atención a los deseos del público.
   (C) Las compañías privadas tienen demasiado dominio.
   (D) La legislación laboral es anticuada.

3. ¿Qué quieren los organizadores de esta manifestación?
   (A) Quieren que los participantes dejen sus trabajos.
   (B) Invitan a que la gente añada sus propias molestias.
   (C) Mandan que los empresarios no despidan a tanta gente.
   (D) Proponen que se dé un sobresueldo durante los días festivos.

4. En la conversación, ¿qué están planeando estos hombres?
   (A) Una huelga
   (B) Un carnaval
   (C) Una lucha
   (D) Una feria

5. ¿Por qué están insatisfechos los dos?
   (A) Los dos hombres piensan que no pueden mejorar su situación.
   (B) Ellos opinan que merecen más pago.
   (C) La empresa está por quebrar y no puede pagarles.
   (D) Los otros empleados no desean cooperar con su plan.

6. ¿Qué resolución proponen los dos?
   (A) Proponen que la compañía les permita trabajar la semana que viene.
   (B) Proponen que la compañía les reembolse por el tiempo perdido del trabajo.
   (C) Recomiendan que la compañía acepte el ascenso de cincuenta dólares.
   (D) Sugieren que el árbitro les permita regresar al empleo sin contrato para que puedan mantener la producción.

7. ¿Qué tienen en común la fuente escrita y la auditiva?
   (A) Los dos buscan aumento de sueldo.
   (B) Los dos buscan una solución lo más antes posible.
   (C) Los dos se quejan de la falta de contratos.
   (D) Los dos buscan armar un grupo para luchar contra las injusticias.

SELECCIÓN #6

Tema curricular: La ciencia y la tecnología; *Los fenómenos naturales*

Tienes cuatro minutos para leer fuente número 1.

Fuente #1: La siguiente tabla presenta medidas de prevención ante un terremoto.

Consejos y medidas de prevención ante un sismo		
Antes	**Durante**	**Después**
• Identifique y marque las zonas más seguras en casas, escuelas, oficinas, edificios y calles para ubicarse en ellas. • Aléjese de ventanales y cables de alta tensión. • Identifique lugares seguros cercanos para la concentración de personas, como parques o casas de familiares. Póngase de acuerdo con los familiares para ubicarse en ellos. • Identifique las rutas de evacuación y realice simulacros preventivos de comportamiento. • Coloque los muebles de manera que los pasillos queden despejados. • Tenga un botiquín, botellas de agua, lámparas y pilas y un radio, siempre a la mano.	• Mantenga la calma y ayude a que otros hagan lo mismo. • No corra, no grite y no empuje a nadie, muchas veces hay más accidentes durante la evacuación, que por efectos del sismo. • Colóquese bajo los escritorios, mesas fuertes o en los sitios marcados como seguros como son los marcos de puertas y junto a pilares de contención de edificios. • Aléjese de ventanas que puedan romperse con el movimiento. • Si es posible salir a la calle, colóquese en lugares alejados de cables de alta tensión.	• Salga de los edificios y casas y permanezca un buen rato fuera de ellos. • Revise los daños externos antes de entrar nuevamente y los internos antes de que su familia entre. • No utilice gas, aparatos eléctricos ni encienda cerillos. • Encienda un radio de pilas, para mantenerse informado. Atienda las indicaciones del personal de protección civil siempre. • Esté preparado para las réplicas, a veces estas son menores y frecuentemente con mayores consecuencias. • Evite saturar las líneas telefónicas, para que los servicios de emergencia puedan atender las llamadas de urgencia.

Tienes dos minutos para leer la introducción y prever las preguntas.

Fuente #2: En la siguiente conversación, dos mujeres hablan de un evento que ocurrió la noche anterior.

---

1. Según la información en la tabla, ¿qué preparativos puedes hacer en la casa?
   (A) Determinar la mejor forma de salir de la casa en caso de un sismo
   (B) Comprar reservas de comestibles en caso de que estés atrapado
   (C) Identificar los edificios públicos en su barrio para poder refugiarse en ellos
   (D) Situar los muebles para que no obstruyan el paso de salida

2. ¿Por qué hay que mantener la calma durante un sismo?
   (A) Porque el desorden puede aumentar el número de heridos.
   (B) Porque el nerviosismo puede causarles mucha tensión a los demás.
   (C) Porque la tranquilidad ayudá a que se encuentren lugares de refugio.
   (D) Porque la calma ayuda a que otros se tranquilicen.

3. ¿Por qué hay que quedarse afuera de los edificios después de un sismo?
   (A) Porque es más fácil que los socorristas te encuentren.
   (B) Porque es posible que el personal de protección necesite tu ayuda.
   (C) Porque es probable que la estructura haya sido dañada.
   (D) Porque es más fácil revisar los daños desde el exterior.

4. Según la conversación ¿qué acontecimiento comentan estas mujeres?
   (A) La noche anterior lanzaron muchos cohetes.
   (B) La noche anterior sufrieron un bombardeo.
   (C) La noche anterior hubo una plaga de insectos.
   (D) La noche anterior hizo muy mal tiempo.

5. ¿Qué molestia adicional ha sufrido la segunda narradora?
   (A) No tiene electricidad en la casa.
   (B) No tiene agua corriente en la casa.
   (C) No tiene plantas en el huerto.
   (D) No tiene ningunas gotas.

6. ¿Qué remedio hay para el problema de la segunda narradora?
   (A) Todo estará arreglado pronto, ese mismo día.
   (B) El ayuntamiento le ha prometido hacer reparaciones mañana.
   (C) Ella esperará hasta que brille el sol para colgar la ropa al aire.
   (D) No hay remedio, tendrá que esperar mucho tiempo.

7. Según la conversación y la información de la tabla, ¿qué preparativos deberían haber tomado las dos mujeres que les habría ayudado durante este evento?
   (A) Localizar el lugar más seguro de refugio en su casa
   (B) Tener guardado una linterna, botellas de agua y radio
   (C) Alejarse de los cables de alta tensión
   (D) Identificar las rutas de evacuación y realizar simulacros preventivos

SELECCIÓN #7

Tema curricular: Las familias y las comunidades; *Las redes sociales*

Tienes un minuto para leer fuente número 1.

Fuente #1: El siguiente gráfico indica lo que suelen publicar los adolescentes en redes sociales en 2005 y 2011.

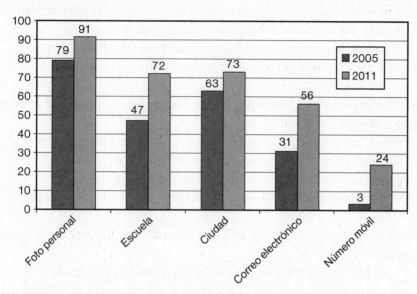

Tienes dos minutos para leer la introducción y prever las preguntas.

Fuente #2: En la siguiente entrevista, Gemma Martínez, investigadora de la Universidad del País Vasco, habla sobre la próxima generación de usuarios de ordenadores. La entrevista original fue publicada en la página *www.consumer.es* en 2010.

1. Según el gráfico, ¿qué tipo de información ha tenido el mayor cambio porcentual?
   (A) La foto de la persona
   (B) Información de la escuela
   (C) La dirección de su casa
   (D) El número de su celular

2. ¿Qué tipo de información no ha tenido mucho cambio porcentual?
   (A) La resistencia a proveer información de contacto
   (B) Proporcionar un elemento visual del usuario
   (C) Ofrecer información acerca del lugar de formación académica
   (D) Indicar dónde vive el usuario

3. Según el gráfico, ¿qué se podría decir ha sido el mayor cambio?
   (A) Ha aumentado el uso de correo electrónico entre los adolescentes.
   (B) Los adolescentes tienen más orgullo de su escuela y ciudad.
   (C) Los jóvenes son más inclinados para proveer información personal.
   (D) Los jóvenes tienden a acudir más a redes sociales para encontrar amigos.

4. Según la entrevista, ¿cuál es un problema que puede encontrar un menor al navegar por la red?
   (A) No tiene la capacidad de distinguir las páginas adecuadas para su edad.
   (B) No sabrá qué hacer si abre páginas con contenido inadecuado.
   (C) Los padres no siempre están presentes para poder darle ayuda.
   (D) Puede causarle molestia buscar las páginas a que quiere acceder.

5. Según Gemma Martínez, ¿cómo pueden los padres mejor ayudar a sus hijos en cuanto a navegar por la Red?
   (A) Discutir con sus hijos los riesgos asociados con ciertas páginas y conducta
   (B) Bloquear los sitios que contienen contenido que no es apropiado
   (C) Vigilar a sus hijos cada vez que usen el Internet
   (D) Instalar filtros para monitorear la acción de sus hijos cuando navegan

6. ¿Cuál de las siguientes preguntas sería más apropiada para que Gemma Martínez continuara la entrevista?
   (A) ¿A qué edad es permisible que un niño tenga perfil en Facebook?
   (B) ¿Hay ejemplos en que la Red puede fomentar valores y el aprendizaje?
   (C) ¿Cómo pueden los padres mejor saber lo que es y no es apropiado?
   (D) ¿Cómo se diferencian los padres y los hijos en cuanto a su capacidad de manejar el Internet?

7. Según el gráfico y la fuente auditiva, ¿qué se puede deducir de impacto del Internet en la sociedad?
   (A) Los jóvenes son menos cautelosos con la información que publican y no siempre son conscientes de lo que puede ocasionar un uso no responsable.
   (B) Los adolescentes son más expertos con la tecnología y los padres son incapaces de impedirles que actúen de cierta forma.
   (C) El Internet ha reemplazado la vida real, y tanto los jóvenes como los padres lo usan más como una herramienta para socializar y comunicarse.
   (D) Los adolescentes guardan su información personal en Internet para que sea más asequible para los demás.

Tema curricular: La ciencia y la tecnología; *Las innovaciones tecnológicas*

Tienes 4 minutos para leer fuente número 1.

Fuente #1: El siguiente artículo trata de la energía eólica. Fue publicada en la página Web *www.enbuenasmanos.com.*

¿Qué es la energía eólica?

La energía eólica es la energía producida por el viento. La utilización de este tipo de energía por el hombre no es nada nuevo pues se viene haciendo desde tiempos remotos.

Línea
(5)   Las ventajas de la energía eólica ya eran aprovechadas por los babilonios y los chinos hace más de 4.000 años para bombear agua para regar los cultivos y en la Edad Media era el viento el encargado de mover los molinos para moler el grano y, por supuesto, era la energía utilizada por los barcos.

Hoy día se aprovecha esta energía para, mediante un generador, transformarla en electricidad.

(10)   Son muchas las ventajas de la energía eólica, estas son algunas de ellas:

- Los costes de producción de este tipo de energía son relativamente bajos, pueden competir en rentabilidad con otras fuentes de producción de energía: centrales térmicas de carbón, centrales de combustible, etc.
- Otra de las ventajas de la energía eólica es que es una energía limpia, para su
(15) producción no es necesario un proceso de combustión. Es un proceso limpio que no perjudica a la atmósfera, la fauna, la vegetación y no contamina el suelo ni las aguas.
- Los modernos molinos de viento pueden ser instalados en zonas remotas, no conectadas a la red eléctrica, para conseguir su propio suministro.
(20) - Una de las mayores ventajas de la energía eólica es que es inagotable, sostenible y no contaminante.
- La utilización de la energía eólica para la generación de electricidad no incide sobre las características fisicoquímicas del suelo, ya que no se produce ningún contaminante que le perjudique, ni tampoco vertidos o grandes movimientos
(25) de tierras.
- La energía eólica no altera los acuíferos y la producción de electricidad a partir de esta energía no contribuye al efecto invernadero, no destruye la capa de ozono ni genera residuos contaminantes.

A pesar de todas las ventajas de la energía eólica esta también tiene algunas des-
(30) ventajas:

- La fuerza del viento es muy variable, por lo que la producción de energía no es constante.
- Los modernos molinos de viento son estructuras grandes y todavía bastantes caras.

(35) • Hay quien está en contra de los aerogeneradores porque producen una alteración sobre el paisaje.
 • Las turbinas son ruidosas.
 • Los parques eólicos son un peligro para las aves, las palas de los molinos han matado a muchas de ellas.
(40) • Hoy por hoy las empresas de energía eólica dependen de subsidios de los gobiernos pues todavía no son competitivas.

Tienes dos minutos para leer la introducción y prever las preguntas.

Fuente #2: La siguiente fuente auditiva trata de los beneficios de la energía solar. Se basa en un artículo de David Dickson, Director de SciDiv.net.

1. ¿Cuál es el propósito del artículo?
 (A) Contar la historia del uso de energía eólica
 (B) Mostrar los efectos positivos y problemas del viento
 (C) Presentar los pros y contras del uso de energía producida por el viento
 (D) Convencer a que se hagan cambios en nuestras fuentes de energía

2. ¿Cómo se usaba el viento en la antigüedad?
 (A) Para poder sacar agua potable de la tierra.
 (B) Ayudaba con la agricultura.
 (C) Se usaba para cosechar los granos.
 (D) Se usaba en la fabricación de naves y barcos.

3. ¿Cuáles son unos beneficios de la energía eólica?
 (A) Es barato producir e instalar los molinos.
 (B) La energía producida es constante y abundante.
 (C) No produce ningún contaminante y no contribuye a la huella de carbono.
 (D) No afecta negativamente ni a la fauna ni al medioambiente.

4. Según la información proveída en el artículo, ¿quién estaría más dispuesto a usar energía eólica?
 (A) Un jubilado que acaba de comprarse una cabaña en las montañas para poder disfrutar de la vista y la tranquilidad.
 (B) Una pareja que quiere mudarse al campo y piensa construirse una casa autosuficiente, apartada de la red eléctrica.
 (C) Una persona que piensa trasladar su empresa a una zona remota y necesita una fuente fiable de energía.
 (D) Un grupo de ornitólogos que necesita energía para su nueva instalación de observatorios, los cuales se encuentran en la ruta de aves migratorias.

5. Según la fuente auditiva, ¿qué quiere comunicar el locutor acerca de la energía solar cuando dice que es "el último recurso de energía renovable"?
    (A) Que se debe usar después de agotar todos otros recursos.
    (B) Que dura más tiempo que otras energías.
    (C) Que es la más reciente de las energías renovables.
    (D) Que es la energía renovable con más uso variado.

6. ¿Qué papel desempeña Fondo Clima Verde?
    (A) Suministra apoyo financiero para extender el uso de energías renovables en países en vía de desarrollo.
    (B) Provee dinero para combatir el calentamiento global y la pobreza.
    (C) Participa en conferencias para alcanzar mayor conciencia del medio ambiente y energías renovables.
    (D) Presiona las compañías de energía y el gobierno a que integren planes de energía renovable en el desarrollo del país.

7. ¿Qué problema todavía existe con la energía solar?
    (A) La tecnología todavía está en su infancia.
    (B) El proceso de convertir la luz del sol en energía no es muy rápido.
    (C) Los paneles solares son poco eficientes.
    (D) El precio de los dispositivos sigue siendo demasiado alto.

8. ¿Qué obstáculo se encuentra en cuanto a la difusión de la energía solar globalmente?
    (A) Grupos de presión y ayuda gubernamental todavía favorecen el uso de energía de recursos tradicionales.
    (B) No hay suficiente evidencia de que puede ser una forma alternativa viable.
    (C) Esta energía beneficia mayormente a los países que se encuentran en la línea ecuatorial.
    (D) Todavía no resulta claro qué beneficios medioambientales ofrece esta alternativa.

9. ¿Qué tienen en común las dos fuentes?
    (A) Hacen referencia a las ventajas y desventajas de usar estos tipos de energía renovable.
    (B) Presentan los beneficios que estas energías aportan a la flora y fauna.
    (C) Muestran algunos de los desafíos que todavía enfrentan estas energías alternativas.
    (D) Resaltan la creciente popularidad de tratar de incorporar estas energías.

10. ¿Qué tienen en común las dos formas de energía alternativa?
    (A) Ofrecen un bajo coste de producción.
    (B) No proveen energía constante.
    (C) Necesitan una forma de batería para almacenar la energía que producen.
    (D) Benefician de abundantes fuentes de energía.

SELECCIÓN #9

Tema curricular: Los desafíos mundiales; *Los temas económicos.*

Tienes un minuto para leer la fuente número 1.

Fuente #1: El siguiente gráfico representa las razones por las cuales jóvenes entre 10 y 17 años abandonan los estudios escolares en 6 países de América Latina. Se basa en datos de SITEAL publicados en 2010.

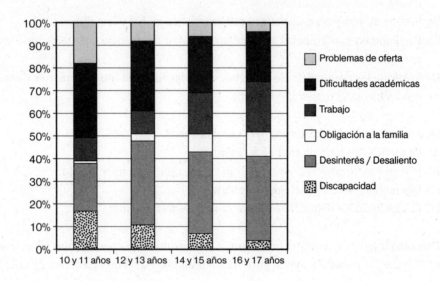

Tienes dos minutos para leer la introducción y prever las preguntas.

Fuente #2: El siguiente reportaje trata del asunto de la preparación de jóvenes latino-americanos al entrar en el mundo laboral. El reportaje fue publicado en Radio Naciones Unidas en 2012. La grabación dura aproximadamente cuatro minutos.

1. Entre los estudiantes de 12 y 13 años, ¿cuál es la razón principal por abandonar los estudios?
    (A) No entienden las materias académicas.
    (B) Necesitan apoyar a la familia económicamente.
    (C) Prefieren perseguir otras actividades que el estudio.
    (D) Les resulta difícil llegar a las escuelas.

2. ¿Qué factor ha incrementado más durante los años?
   (A) Los jóvenes tienen que asumir roles típicamente reservados para los padres.
   (B) Los estudios tienden a ser más difíciles.
   (C) Los estudiantes tienen menos tiempo para dedicarse a los estudios.
   (D) Les falta interés a las familias que sus hijos continúen con los estudios.

3. Según el gráfico, ¿qué les ayudaría más a los estudiantes entre 10 y 11 años continuar con los estudios académicos?
   (A) Introducción de programas de becas y subsidios
   (B) Programas de apoyo y fortalecimiento académico
   (C) Mayor involucramiento de los padres
   (D) Mejoramiento de la disponibilidad de escuelas en zonas rurales

4. Según la fuente auditiva, ¿cuántos en América Latina carecen de las destrezas básicas para cumplir el trabajo?
   (A) El 25% de la población latinoamericana
   (B) El 50% de la población latinoamericana
   (C) 200 millones de jóvenes
   (D) Un cuarto de la población joven

5. Según Marisol Sanjinés, ¿qué hay que hacer para mejorar el problema?
   (A) Mandar que todos los jóvenes se queden en las escuelas hasta cumplir la secundaria.
   (B) Aumentar la inversión de 1 dólar por persona a 10 a 15 dólares por persona.
   (C) Proveer oportunidades a los que abandonaron los estudios en que pueden conseguir ciertas habilidades.
   (D) Proporcionar equipo a los agricultores para facilitarles el trabajo en el campo.

6. Al fin de la entrevistas, ¿qué comunica la cita de la joven en cuanto la situación en que se encuentran muchos jóvenes?
   (A) Que los jóvenes son incapaces de controlar sus propios destinos.
   (B) Que están a la merced de las acciones o inactividad de la generación actual.
   (C) Que están sufriendo y los mayores hacen muy poco para ayudarlos.
   (D) Que son mayormente ignorados por la generación anterior.

7. ¿Qué se puede afirmar sobre el gráfico y la fuente auditiva?
   (A) Los dos presentan unas causas por el abandono escolar en América Latina.
   (B) Los dos exponen unas consecuencias de abandonar los estudios.
   (C) La fuente auditiva presenta unas soluciones para reducir las causas que presenta el gráfico.
   (D) El gráfico presenta las razones que llevan a la situación que la fuente auditiva trata de solucionar.

Tema curricular: La vida contemporánea; *La educación y las carreras profesionales*

Tienes 4 minutos para leer la fuente número 1.

Fuente #1: El artículo trata de unas razones por las cuales una persona no recibe un contrato después de tener una entrevista. Se basa en un artículo publicado en la página Web *www.pymex.pe*

---

10 razones por las que no es contratado después de una entrevista laboral

Si está desempleado o ya tiene un empleo pero decide cambiarlo, sea cual sea su opción, la búsqueda y selección de personal son su asunto principal ahora. Muchas veces luego de una <u>entrevista</u> (en la que todo parecía andar bien) el resultado no es el esperado y pues no lo llaman. Debe continuar buscando hasta que logre el puesto de trabajo deseado.

Línea
(5)

Los paradigmas de selección para los encargados de recursos humanos no son los mismos, pero si coinciden en muchos aspectos. Veamos algunas razones por las cuales no fue seleccionado, luego de ello podrá reflexionar y tendrá más claro cuales son sus áreas a mejorar:

(10) **1. Llegó tarde** – La puntualidad es una de las cualidades que todo empleador busca en sus candidatos.

2. Su CV no está bien redactado – Las faltas de ortografía y mala redacción juegan un punto en contra y lo toman como falta de profesionalismo.

3. La información consignada no es verdadera – Las personas encargadas de *(15)* recursos humanos muchas veces contrastan la información o solicitan referencias. El día que encuentren algo que no coinciden no se detendrán a preguntarle por qué mintió, simplemente no lo llamarán.

4. No sabe nada de la empresa – Es conveniente antes de asistir a una entrevista de trabajo conocer al menos la información básica de la empresa: rubro, años *(20)* en el mercado, premios, etc.

5. Mala reputación online – Puede que esté a punto de obtener el trabajo tan esperado, pero a la persona encargada de selección se le ocurrió buscar su nombre en Google. Depende de Ud. que los resultados de la búsqueda no lo perjudiquen.

(25) **6. Dio comentarios negativos de sus anteriores <u>trabajos</u>** – No hay nada de malo decir los motivos de salida de otros centros laborales, lo malo es extenderse demasiado y hacer de esta respuesta una forma de desprestigio total a la institución que alguna vez le dio trabajo.

7. Mostrar excesivo interés por el sueldo – Es necesario saber cuanto será *(30)* el monto del salario entre otras condiciones, pero si muestra solo interés en el dinero su entrevistador puede tomarlo como la única motivación por la cual Ud. accedió a una entrevista.

8. No tiene <u>experiencia</u> – Si aun no tiene una experiencia relevante pues
manténgase activo y trate de involucrarse en proyectos de corto plazo al
(35) menos. Más de uno o dos meses sin trabajar deja una impresión negativa en
los encargados de selección de personal.

  9. Se mostró desinteresado – No muestre desesperación, pero demostrar
un poco de interés en la oferta no le cae mal a nadie. Trate de ser cordial y
respetuoso.

(40)   **10. Su presentación personal no estuvo acorde a la entrevista** – La primera
impresión sí cuenta en estas ocasiones, busque una vestimenta y accesorios
sobrios.

Tienes dos minutos para leer la introducción y prever las preguntas.

Fuente #2: En la siguiente fuente auditiva, el psicólogo Dr. Esteban Prado ofrece unos
consejos para una entrevista de trabajo. La grabación fue publicada por el periódico El
Comercio y dura aproximadamente 3 minutos y 10 segundos.

1. ¿Para quién es dirigido este informe?
   - (A) A los jefes de grandes empresas que buscan ampliar su personal.
   - (B) A empleados que están pensando en dejar su trabajo.
   - (C) A estudiantes que van a graduarse de la universidad.
   - (D) A solicitantes que activamente están buscando trabajo.

2. ¿Qué no se debería divulgar durante una entrevista?
   - (A) La información que sabe de la de la empresa
   - (B) La antipatía que tiene para el empleo previo
   - (C) La razón por la cual quiere la entrevista
   - (D) Su interés acerca de cualquier oferta que reciba

3. Según la información presentada en el informe, ¿cómo puede el entrevistado mejor
   prepararse de antemano?
   - (A) Saber cuánto paga el puesto para no hacer esa pregunta durante la entrevista.
   - (B) Revisar el currículum para averiguar que esté bien escrito y que los datos sean
     verídicos.
   - (C) Pasar unos meses únicamente buscando el puesto perfecto.
   - (D) Publicar en redes sociales la mala experiencia que tuvo en su trabajo previo.

4. ¿Qué comunica el autor de la ropa que se debe llevar a una entrevista?
   - (A) Que debe llamar la atención
   - (B) Que debe mostrar su personalidad
   - (C) Que debe ser de última moda
   - (D) Que debe ser moderada

5. Según la fuente auditiva, ¿a qué se refiere la "película" que menciona Dr. Prado?
   - (A) A cómo el candidato quiere ser recordado después de la entrevista
   - (B) A la representación visual de las calificaciones del candidato
   - (C) Al hecho de que las entrevistas suelen ser filmadas
   - (D) A que muchos entrevistadores son gente famosa

6. Según Dr. Prado, ¿en qué aspecto es mejor equivocarse en una entrevista?
   - (A) En la forma en que se presenta al entrevistador
   - (B) En el tono que usa para referirse al entrevistador
   - (C) En las preguntas que se hacen al entrevistador
   - (D) En el volumen con que se habla al entrevistador

7. Según Dr. Prado, ¿qué habilidad tienen muchos entrevistadores?
   - (A) Son capaces de saber si alguien está contando falsedades.
   - (B) Casi nunca se equivocan en el uso de *tú* y de *usted*.
   - (C) Tienen la capacidad de crear un ambiente relajante.
   - (D) Saben hacer las preguntas adecuadas en cada situación.

8. Según la fuente auditiva, ¿qué debe hacer el entrevistado durante la entrevista?
   - (A) Cerrar la entrevista debidamente
   - (B) Engrandecer las experiencias que tuvo en los trabajos previos
   - (C) Participar activamente, tanto en hacer como contestar preguntas
   - (D) Ocultar los miedos y bajo autoestima que tiene

9. ¿Qué información tienen en común las dos fuentes?
   - (A) La importancia de mostrar interés por el puesto y la compañía
   - (B) La importancia de vestirse bien para la entrevista
   - (C) El beneficio de tener experiencia
   - (D) La forma en qué uno debe actuar durante la entrevista

10. A base de la información del informe y de la fuente auditiva, ¿qué pregunta sería más apropiada para terminar una entrevista?
    - (A) ¿Cuáles son los desafíos que enfrenta la organización en este momento?
    - (B) ¿Cuánto paga el puesto y puedo trabajar desde mi casa?
    - (C) ¿En cuánto tiempo puedo recibir un ascenso?
    - (D) ¿A qué se dedica exactamente esta empresa?

Answer Key

PRINT & AUDIO TEXTS (COMBINED)

Selección #1:

1. **A**	4. **A**	7. **C**	10. **C**
2. **D**	5. **D**	8. **B**	
3. **B**	6. **C**	9. **B**	

Selección #2:

1. **C**	4. **B**	7. **C**	10. **A**
2. **A**	5. **B**	8. **B**	
3. **B**	6. **C**	9. **A**	

Selección #3:

1. **C**	3. **A**	5. **C**	7. **D**
2. **D**	4. **B**	6. **A**	

Selección #4:

1. **C**	4. **D**	7. **C**	10. **A**
2. **C**	5. **A**	8. **B**	
3. **B**	6. **C**	9. **D**	

Selección #5

1. **B**	3. **B**	5. **B**	7. **D**
2. **C**	4. **A**	6. **C**	

Selección #6:

1. **D**	3. **C**	5. **B**	7. **B**
2. **A**	4. **D**	6. **A**	

Selección #7:

1. **D**	3. **C**	5. **A**	7. **A**
2. **B**	4. **B**	6. **B**	

Selección #8:

1. **C**	4. **B**	7. **D**	10. **D**
2. **B**	5. **C**	8. **A**	
3. **C**	6. **A**	9. **C**	

Selección #9:

1. **C**	3. **B**	5. **C**	7. **D**
2. **A**	4. **D**	6. **B**	

Selección #10:

1. **D**	4. **D**	7. **A**	10. **A**
2. **B**	5. **A**	8. **C**	
3. **B**	6. **B**	9. **B**	

Section I, Part B— Listening Comprehension

6

Section I, Part B of test consists of up to three selections that will be a combination of long narratives, interviews, short lectures, instructions, or some other type of speech sample. These selections will be between two and five minutes in length. You may take notes on this section, but they will not be scored.

You should practice before taking the exam to see if you do better taking notes, or if you do better simply trying to recall information from memory. The advantage of notes is that you have a cue to jog your memory about the content of the speech sample. However, you should avoid writing whole sentences. Instead, practice identifying and writing down key words that will help you recall the ideas presented in the sample.

Some of the following selections are longer than those you will see on the AP exam, but they will allow you to practice your ability to listen for main ideas and details.

STRATEGIES FOR LISTENING

- Read the introduction and questions to each sample.
- Concentrate while you listen.
- Evaluate the information being presented.
- Follow the thread of the conversation.
- Visualize, if you can.
- Take notes of key words that lead to ideas.
- Focus on what you understand and don't get hung up on what you don't understand. Use contextual clues to help you understand unfamiliar words or phrases.
- Remember that you will hear the audio twice. Listen the first time for overall theme and general ideas, and use the second listening to take notes on specific details.

ANSWER SHEET
Audio Texts

Selección #1:

1. (A) (B) (C) (D)
2. (A) (B) (C) (D)
3. (A) (B) (C) (D)
4. (A) (B) (C) (D)
5. (A) (B) (C) (D)
6. (A) (B) (C) (D)
7. (A) (B) (C) (D)
8. (A) (B) (C) (D)

Selección #2:

1. (A) (B) (C) (D)
2. (A) (B) (C) (D)
3. (A) (B) (C) (D)
4. (A) (B) (C) (D)
5. (A) (B) (C) (D)
6. (A) (B) (C) (D)
7. (A) (B) (C) (D)
8. (A) (B) (C) (D)

Selección #3:

1. (A) (B) (C) (D)
2. (A) (B) (C) (D)
3. (A) (B) (C) (D)
4. (A) (B) (C) (D)
5. (A) (B) (C) (D)
6. (A) (B) (C) (D)
7. (A) (B) (C) (D)
8. (A) (B) (C) (D)
9. (A) (B) (C) (D)

Selección #4:

1. (A) (B) (C) (D)
2. (A) (B) (C) (D)
3. (A) (B) (C) (D)
4. (A) (B) (C) (D)
5. (A) (B) (C) (D)
6. (A) (B) (C) (D)
7. (A) (B) (C) (D)
8. (A) (B) (C) (D)
9. (A) (B) (C) (D)
10. (A) (B) (C) (D)

Selección #5:

1. (A) (B) (C) (D)
2. (A) (B) (C) (D)
3. (A) (B) (C) (D)
4. (A) (B) (C) (D)
5. (A) (B) (C) (D)
6. (A) (B) (C) (D)
7. (A) (B) (C) (D)
8. (A) (B) (C) (D)
9. (A) (B) (C) (D)
10. (A) (B) (C) (D)

Selección #6:

1. (A) (B) (C) (D)
2. (A) (B) (C) (D)
3. (A) (B) (C) (D)
4. (A) (B) (C) (D)
5. (A) (B) (C) (D)
6. (A) (B) (C) (D)
7. (A) (B) (C) (D)
8. (A) (B) (C) (D)
9. (A) (B) (C) (D)
10. (A) (B) (C) (D)

Selección #7:

1. (A) (B) (C) (D)
2. (A) (B) (C) (D)
3. (A) (B) (C) (D)
4. (A) (B) (C) (D)
5. (A) (B) (C) (D)
6. (A) (B) (C) (D)
7. (A) (B) (C) (D)
8. (A) (B) (C) (D)
9. (A) (B) (C) (D)

Selección #8:

1. (A) (B) (C) (D)
2. (A) (B) (C) (D)
3. (A) (B) (C) (D)
4. (A) (B) (C) (D)
5. (A) (B) (C) (D)
6. (A) (B) (C) (D)
7. (A) (B) (C) (D)
8. (A) (B) (C) (D)
9. (A) (B) (C) (D)

Selección #9:

1. Ⓐ Ⓑ Ⓒ Ⓓ
2. Ⓐ Ⓑ Ⓒ Ⓓ
3. Ⓐ Ⓑ Ⓒ Ⓓ
4. Ⓐ Ⓑ Ⓒ Ⓓ
5. Ⓐ Ⓑ Ⓒ Ⓓ
6. Ⓐ Ⓑ Ⓒ Ⓓ

Selección #10:

1. Ⓐ Ⓑ Ⓒ Ⓓ
2. Ⓐ Ⓑ Ⓒ Ⓓ
3. Ⓐ Ⓑ Ⓒ Ⓓ
4. Ⓐ Ⓑ Ⓒ Ⓓ
5. Ⓐ Ⓑ Ⓒ Ⓓ

Selección #11:

1. Ⓐ Ⓑ Ⓒ Ⓓ
2. Ⓐ Ⓑ Ⓒ Ⓓ
3. Ⓐ Ⓑ Ⓒ Ⓓ
4. Ⓐ Ⓑ Ⓒ Ⓓ
5. Ⓐ Ⓑ Ⓒ Ⓓ
6. Ⓐ Ⓑ Ⓒ Ⓓ
7. Ⓐ Ⓑ Ⓒ Ⓓ

Selección #12:

1. Ⓐ Ⓑ Ⓒ Ⓓ
2. Ⓐ Ⓑ Ⓒ Ⓓ
3. Ⓐ Ⓑ Ⓒ Ⓓ
4. Ⓐ Ⓑ Ⓒ Ⓓ
5. Ⓐ Ⓑ Ⓒ Ⓓ

SELECCIÓN #1

Tema curricular: La vida contemporánea; *Los viajes y el ocio*

Primero tienes un minuto para leer la introducción y prever las preguntas

---

Introducción: La siguiente grabación trata de RENFE y los servicios que ofrece. La grabación dura aproximadamente tres minutos.

---

1. ¿Qué tipo de servicio ofrece RENFE?
   (A) RENFE parece ofrecer servicio ferrocarrilero.
   (B) RENFE es una agencia de turismo.
   (C) RENFE ofrece giras por autobús.
   (D) RENFE es una cadena de hoteles.

2. ¿Con qué propósito se está hablando de ciertas líneas en esta selección?
   (A) RENFE quiere volver al pasado recreando viajes del pasado.
   (B) RENFE quiere que más pasajeros viajen en tren.
   (C) RENFE quiere que todos estén más confortables en sus habitaciones.
   (D) RENFE quiere que más personas conozcan la historia de España.

3. ¿En qué parte de España se ofrece este servicio principalmente?
   (A) Se está ofreciendo en el sur.
   (B) Las líneas circulan principalmente en el suroeste.
   (C) Las líneas circulan por casi todas las partes de España.
   (D) Se está ofreciendo servicio al oeste de España.

4. ¿Qué hay de nuevo en este servicio?
   (A) Hay más atracciones en las ciudades.
   (B) Los servicios son más lujosos y modernos.
   (C) Ruedan películas de vaqueros en estos viajes.
   (D) Los trenes van a nuevos lugares.

5. ¿Cómo es el nuevo servicio del Al-Andalus?
   (A) En este tren imitan fielmente los grandes trenes del pasado.
   (B) Este tren es moderno pero no muy cómodo.
   (C) Este tren está encantado.
   (D) Este tren es una buena mezcla del presente y el pasado.

6. ¿Por qué se han hecho estos cambios?
   (A) RENFE quiere atraer la industria cinematográfica norteamericana a España.
   (B) Las ciudades quieren disponer de vagones viejos.
   (C) RENFE quiere que todos se diviertan en sus viajes.
   (D) RENFE quiere aumentar la competencia por turistas entre ciudades.

7. ¿Por qué necesitaría un pasajero valor para montarse en el tren que va a las Cuevas de Guadix?
   (A) Ese tren pasa por paisaje muy peligroso.
   (B) Fácilmente puede perderse en las cuevas.
   (C) En esa ruta hay peligro de ataques por bandidos.
   (D) En ese viaje hay una reproducción de un asalto como en el Viejo Oeste estadounidense.

8. ¿Qué tipo de selección parece ser ésta?
   (A) Parece un reportaje para un periódico.
   (B) Parece un anuncio para la radio.
   (C) Parece ser un reportaje para la televisión.
   (D) Parece ser un anuncio de servicio público por RENFE.

SELECCIÓN #2

Tema curricular: La vida contemporánea; *El entretenimiento y la diversión*

Primero tienes un minuto para leer la introducción y prever las preguntas

> **Introducción:** La siguiente grabación es una entrevista con Ana Belén y una película que rodó en 1991. La grabación dura aproximadamente cinco minutos.

1. ¿Qué ha hecho Ana Belén que están comentando en esta entrevista?
   (A) Ha escrito un libro en el que fue basada una nueva película.
   (B) Acaba de estrenarse como estrella de una nueva película.
   (C) Acaba de dirigir el rodaje de una película de un libro muy popular.
   (D) Acaba de entrevistar a la autora Carmen Rico-Godoy.

2. ¿Qué calificaciones tiene Ana Belén para esta película?
   (A) Ana Belén ha gozado de mucho éxito como actriz y cantante.
   (B) Ana Belén es una crítica de los hombres en el seno de la familia.
   (C) Ana Belén conoce bien a Carmen Rico-Godoy.
   (D) Ana Belén está dispuesta a seguir aprendiendo en su vida.

3. ¿Cuál es el tema de la película?
   (A) Los hombres no saben llevarse bien con las mujeres.
   (B) En las relaciones, ni los hombres ni las mujeres juegan limpio.
   (C) La mujer determinada siempre triunfará.
   (D) Los hombres no se portan bien ni con la esposa ni con la familia.

4. ¿Cómo reaccionaron los actores a los papeles que interpretaron?
   (A) Todos tenían mucha simpatía para con sus personajes.
   (B) Asemejan mucho a los papeles en sus propias vidas.
   (C) Los actores se sentían muy diferentes de los personajes.
   (D) Creían que todos los hombres son estereotipos.

5. ¿Qué nuevas habilidades ha demostrado Ana Belén en esta obra?
   (A) Que es buen intérprete de la escena contemporánea.
   (B) Que es buena actriz.
   (C) Que tiene buen sentido de humor.
   (D) Que puede mandar sin ofender.

6. ¿Qué observaciones de su estilo le han notado sus colegas?
   (A) Dicen que les gusta porque tiene buen sentido de humor.
   (B) Dicen que Ana Belén no sabe mucho de rodar una película.
   (C) Dicen que les trató como si fueran sus hijos.
   (D) Dicen que tenía un combate constante entre todos.

7. ¿Qué comparación hacen los actores en cuanto a lo que hace?
   (A) Dicen que ella sabe menos que otros y no hizo bien.
   (B) Dicen que ella mantiene una actitud abierta hacia el trabajo.
   (C) Dicen que ella era la mejor en cuanto a la técnica de rodar.
   (D) Dicen que es la más honesta de todos con quienes han trabajado.

8. ¿Qué actitud hacia la vida muestra esta señora en esta entrevista?
   (A) Ella está divirtiéndose muchísimo en todo lo que hace.
   (B) Ella parece no poder tomar nada en serio.
   (C) Ella parece no tener mucha confianza en sus habilidades.
   (D) Ella reconoce sus limitaciones técnicas, y no se preocupa de eso.

SELECCIÓN #3

Tema curricular: Las identidades personales; *Las creencias personales*

Primero tienes un minuto para leer la introducción y prever las preguntas

---
Introducción: La siguiente grabación trata del monasterio de Montserrat, cerca de Barcelona. La grabación dura aproximadamente cinco minutos, cuarenta segundos.

---

1. ¿Por qué es tan famoso Montserrat?
   (A) Hay allí una bella estatua de la Virgen.
   (B) Hay una iglesia allí.
   (C) Hay una ermita allí.
   (D) Napoleón visitó a Montserrat.

2. Históricamente ¿cuándo establecieron el monasterio allí?
   (A) Los primeros monjes establecieron el monasterio a fines del siglo XII.
   (B) Napoleón mandó que lo establecieran en el siglo XIV.
   (C) Los monjes de Ropill vinieron en el siglo XI.
   (D) Después del saqueo por Napoleón construyeron un nuevo monasterio.

3. ¿Por qué establecieron el monasterio allí?
   (A) A Napoleón le gustó el sitio.
   (B) A los monjes de Ropill les gustó el sitio.
   (C) A todos los peregrinos que vinieron les gustó.
   (D) Les gustó el sitio a los que vinieron del centro de Europa.

4. ¿De dónde eran procedentes los peregrinos que vinieron durante los siglos XII a XIV?
   (A) Vinieron de Cataluña.
   (B) Vinieron de Santiago de Compostela.
   (C) Vinieron de Europa.
   (D) Vinieron de Montserrat.

5. ¿Cómo se explica el color de la Virgen?
   (A) Se dice que el escultor la hizo así, porque dice la Biblia que la Virgen era negra.
   (B) Se dice que a causa de una reacción química ella es negra.
   (C) Se dice que el humo de velas por tantos siglos cambió el color.
   (D) Todas las razones indicadas arriba son correctas.

6. Además del monasterio, ¿qué otras funciones realizan los monjes de Montserrat?
   (A) Tienen que explicarles a los visitantes por qué no pueden usar el santuario.
   (B) Tienen que atender a los turistas que vienen para visitar las tiendas.
   (C) Tienen que hacer peregrinaciones recíprocas a otras ermitas.
   (D) Tienen que preocuparse de todo, hasta de los trabajos diarios del lugar.

7. ¿Cuál es el trabajo del grupo encargado del monasterio?
   (A) Mantiene todas las actividades del santuario y el monasterio.
   (B) Pasa mucho tiempo estudiando en el monasterio y dando clases.
   (C) Vende cerámica a los turistas al monasterio, entre otras mercancías.
   (D) Publica música del monasterio para vender a los turistas.

8. ¿Quiénes vienen a Montserrat ahora?
   (A) Principalmente peregrinos en camino a Santiago de Compostela.
   (B) Turistas de todo el mundo, de todas las religiones.
   (C) Monjes de muchos otros monasterios.
   (D) Principalmente peregrinos del centro de Europa.

9. ¿A qué actividad se dedican algunos monjes?
   (A) Algunos se dedican a estudios religiosos.
   (B) Algunos enseñan clases de música en la Escolanía.
   (C) Algunos se dedican a la construcción de nuevos monasterios.
   (D) Algunos están escribiendo historias del lugar.

SELECCIÓN #4

Tema curricular: La ciencia y la tecnología; *Los fenómenos naturales*

Primero tienes un minuto para leer la introducción y prever las preguntas

Introducción: La siguiente entrevista es la primera de dos partes con Juanjo Benítez, autor del libro *La quinta columna*. La grabación dura aproximadamente cuatro minutos.

1. ¿Qué teoría, ahora casi certeza, proclama Juanjo Benítez?
   (A) En el futuro los seres humanos viajarán a otros planetas.
   (B) Hay extraterrestres disfrazados como seres humanos que habitan en España.
   (C) La Guardia Civil está controlada por unos humanoides de más allá de las estrellas.
   (D) Hay un ejército de marcianos que planea una invasión de la Tierra.

2. ¿Por qué cree este autor que puede declarar con tanta seguridad esta teoría?
   (A) Ha escrito un libro proclamando la verdad.
   (B) Este autor ha visto los extraterrestres visitando el planeta.
   (C) Ahora tiene testigos que pueden corroborar lo que dice.
   (D) El gobierno ahora reconoce que hay visitantes al planeta.

3. ¿Qué es un OVNI?
   (A) Es un coche de tipo turismo.
   (B) Es un tipo de nave espacial.
   (C) Es un extraterrestre.
   (D) Es un grupo de turistas.

4. ¿Qué tiene la Guardia Civil que hacer con este tema?
   (A) Algunos de la Guardia detuvieron a un grupo de extraterrestres.
   (B) Algunos de la Guardia hablaron con unos españoles que vieron a los tripulantes.
   (C) La Guardia tiene un coche que unos visitantes habían usado.
   (D) La Guardia alega que los seres de un OVNI capturaron a algunos de la Guardia.

5. ¿Dónde tuvo lugar uno de estos descubrimientos?
   (A) Tuvo lugar en varios pueblos alemanes.
   (B) Aparecen solamente en el sur de España.
   (C) En Jerez donde unos de ellos viven.
   (D) Los han visto en caminos y carreteras españoles.

6. En el citado incidente, ¿qué pasó?
   (A) Una nave aérea volaba a altura baja encima de la ciudad de Jerez.
   (B) Un grupo de turistas vieron un plato volador encima de la carretera.
   (C) La Guardia Civil persiguió una nave espacial, la cual se transformó en coche.
   (D) La Guardia Civil vio a un grupo de seres volando por la carretera.

7. ¿Por qué no capturaron ninguna prueba en el citado incidente?
   (A) Estos visitantes tienen poderes extraordinarios para transformarse.
   (B) Los seres se convierten en coches cuando se encuentran con seres humanos.
   (C) Los seres se registran en hoteles cuando piensan que alguien está persiguiéndolos.
   (D) La Guardia Civil tiene miedo de estos seres humanoides.

8. Según la historia ¿cómo acabó el episodio?
   (A) El grupo desapareció y no los vio nadie.
   (B) Los del OVNI transformaron a la Guardia Civil en humanoides.
   (C) Los seres embarcaron y salieron inmediatamente.
   (D) Los extraterrestres se mutaron por completo para disimular.

9. ¿Cuál parece ser la actitud del interlocutor hacia el autor?
   (A) Lo toma muy en serio.
   (B) Parece creer todo lo que le dice el experto, Juanjo Benítez.
   (C) Se ríe por lo bajo para no ofenderlo.
   (D) Piensa que sería una posibilidad muy sorprendente.

10. ¿Parece ser Juanjo Benítez una persona muy cuerda?
    (A) Habla como si supiera que muchos no le creyeran.
    (B) Habla como si hubiera sido transformado en humanoide.
    (C) Habla como si hubiera visto con sus propios ojos todo esto.
    (D) Habla como si llevara muchos años creyendo estas historias.

SELECCIÓN #5

Tema curricular: La ciencia y la tecnología; *Los fenómenos naturales*

Primero tienes un minuto para leer la introducción y prever las preguntas

> **Introducción:** La siguiente entrevista es la segunda de dos partes con Juanjo Benítez, autor del libro *La quinta columna*. La grabación dura aproximadamente cinco minutos, cuarenta segundos.

1. ¿Qué pasó con los extraterrestres en el primer episodio?
   (A) Se transformaron en dos humanos.
   (B) Se mutaron en otros seres extraterrestres.
   (C) Salieron en un OVNI que volaba cerca de Jerez.
   (D) Se transformaron en un gran coche turismo.

2. ¿Qué pidieron a los extraterrestres?
   (A) Ni hablaron con ellos para pedirles nada.
   (B) Les pidieron la matrícula.
   (C) Les pidieron que les acompañaran a la estación.
   (D) Les pidieron identificación.

3. ¿Por qué hubiera sido buena idea pedirles la identidad?
   (A) Necesitan datos sobre estos señores para poder localizar sus domicilios.
   (B) Necesitan hablar con el banquero con quien viven.
   (C) Para convencer al público sería ideal entrevistarlos.
   (D) Necesitan saber su dirección en Madrid.

4. ¿De qué principio habla el buen autor?
   (A) Se sabe que los extraterrestres habitan con un banquero en Madrid.
   (B) Se sabe que no viven entre seres normales.
   (C) Se sabe que sólo Dios sabe con qué intención están entre nosotros.
   (D) No se sabe por qué están, pero nada tiene que ver esto con ningún banquero.

5. Según este señor, ¿para qué sirve el Ejército?
   (A) El Ejército es para defender al país de las invasiones extraterrestres.
   (B) Defendería la patria pero no puede revelar los planes.
   (C) Sirve para guardar todos los datos en secreto.
   (D) No sirve para nada porque rehúsa reconocer los testimonios.

6. ¿Cuál es la actitud de los gobiernos?

   (A) Los gobiernos quieren saber todo sobre estos fenómenos.

   (B) Quieren descubrir la verdad de estos episodios.

   (C) Quieren ocultar estas actividades porque no quieren confesar su impotencia al público.

   (D) Saben que estas noticias aterrorizarán al público y quieren protegerlo.

7. ¿Qué otro ejemplo tiene el autor de la existencia de los extraterrestres?

   (A) Dice que un grupo de extraterrestres apareció en el pueblo de Burgos.

   (B) Dice que un grupo apareció en una viña en Briones.

   (C) Dice que un grupo de extraterrestres habló con los habitantes de un pueblo remoto.

   (D) Dice que otro grupo de extraterrestres se apareció a unos terroristas.

8. ¿Dónde tuvo lugar este episodio?

   (A) En un castillo abandonado en la provincia de León.

   (B) En una viña en Briones.

   (C) En un castillo en el pueblo de San Vicente de la Sonsierra.

   (D) En un proceso de Burgos.

9. ¿Por qué no podría este autor identificar a los ex miembros de ETA?

   (A) Porque otros testigos querrán matarlos.

   (B) Ahora los extraterrestres los buscan para asesinarlos.

   (C) Entre los terroristas es peligroso ser ex miembro del grupo.

   (D) Las autoridades los buscan para encarcelarlos.

10. ¿Qué significa cuando el interlocutor se corrige para decir "historias" en vez de "datos"?

   (A) Indica que cree que todo es pura historia, y así es pura verdad.

   (B) Significa que no cree ni una palabra porque no hay testigos.

   (C) Significa que una historia no corresponde a la verdad necesariamente.

   (D) Quiere decir que todo esto todavía es rumor sin testigo irrefutable.

SELECCIÓN #6

Tema curricular: La vida contemporánea; *El entretenimiento y la diversión*

Primero tienes un minuto para leer la introducción y prever las preguntas

Introducción: La siguiente entrevista es con el director español Pedro Almodóvar. La grabación dura aproximadamente cinco minutos, cuarenta y cinco segundos.

1. ¿Cuál es la profesión del hombre con quien habla el interlocutor?
   (A) Pedro Almodóvar es estrella de cine.
   (B) Pedro Almodóvar es crítico de cine.
   (C) Pedro Almodóvar es director de cine.
   (D) Pedro Almodóvar es novelista.

2. ¿Qué reacción inspiró la película?
   (A) Les gustó mucho a los toreros en la Maestranza.
   (B) El público la recibió bien, pero a los críticos no les gustó.
   (C) A los críticos les gustó tanto como al público.
   (D) Al crítico de *El País* le gustó más.

3. ¿A quién prefiere Pedro Almodóvar satisfacer más?
   (A) A los críticos.
   (B) Al público.
   (C) A los dos igualmente.
   (D) A sí mismo solamente.

4. ¿Qué opina Almodóvar de los críticos?
   (A) Cree que desempeñan un papel muy importante en la industria cinematográfica.
   (B) Con tal que les guste la película, cree que son buenos.
   (C) No cree que merezca la reacción que muchas veces recibe de ellos.
   (D) Con tal que pueda comprenderlos, le gustan.

5. ¿Por qué era diferente la crítica de *El País*?
   (A) A este crítico no le gustó la película.
   (B) El elogio de este crítico era más grande que los otros.
   (C) Esta crítica no apareció al mismo momento que las otras.
   (D) Esta crítica contrastaba con las demás críticas.

6. ¿Cómo reaccionó Almodóvar a esa crítica?

   (A) No le importaba.

   (B) Se enfadó.

   (C) No la leyó.

   (D) Quedó confundido.

7. ¿Cómo define Almodóvar a un buen crítico?

   (A) Debe informar al público sobre todo.

   (B) Debe poder revelar algo que ve, tanto bueno como malo.

   (C) Debe siempre tener razón en lo que dice.

   (D) Debe indicar a la gente qué debe ver.

8. ¿Cómo sabe Almodóvar si ha hecho bien esta película?

   (A) Si la gente sale toreando de las corridas, habrá hecho bien.

   (B) Si la gente sale hablando de la película, la ha hecho bien.

   (C) Si la gente se atreve a hablar de la verdad de las relaciones, fue un éxito.

   (D) Si la gente sale hablando de la guerra, fue un éxito.

9. ¿Qué le interesa más a Almodóvar?

   (A) Ser reconocido por toda la gente.

   (B) El proceso de crear una obra de arte.

   (C) Ser amado de toda la gente.

   (D) Gozar de toda la atención en el momento del estreno.

10. ¿Qué característica de gran hombre le distingue a este señor?

   (A) Tiene más interés en el trabajo que la ganancia del trabajo.

   (B) Le gusta el reconocimiento que le da el público.

   (C) Es un hombre solitario.

   (D) Todavía está abierto a lo que le lleve el momento u ocasión inesperado.

SELECCIÓN #7

Tema curricular: Los desafíos mundiales; *El bienestar social*

Primero tienes un minuto para leer la introducción y prever las preguntas

---

Introducción: La siguiente entrevista con Doctor Marcos trata de la situación de las drogas en Nueva York y en Sevilla. La grabación dura aproximadamente seis minutos.

---

1. ¿Qué hace Marcos en Nueva York?
   (A) Es farmacéutico.
   (B) Es policía.
   (C) Es psiquiatra.
   (D) Es narcotraficante.

2. Para Marcos, ¿cómo se comparan las dos ciudades?
   (A) Marcos cree que los neoyorquinos son más locos que los sevillanos.
   (B) Le gustan mucho los sevillanos porque le invitan a sus casas.
   (C) Las dos ciudades tienen sus problemas y no son tan diferentes.
   (D) La manera de mostrarse la locura en las dos poblaciones es diferente.

3. ¿Por qué está Marcos en Sevilla?
   (A) Está para asistir a una reunión de psiquiatras.
   (B) Asiste a una competencia de bicicletismo.
   (C) Asiste a una conferencia sobre el abuso de sustancias tóxicas.
   (D) Habla en una conferencia sobre el tema de la salud mental en Nueva York.

4. ¿Cuál es la diferencia entre el problema de las drogas en las dos ciudades?
   (A) Cree que el problema de las drogas en Nueva York es peor que el de Sevilla.
   (B) Cree que el problema en Nueva York está aumentando más que en Sevilla.
   (C) Cree que en Sevilla actualmente se ve un aumento del problema más que en Nueva York.
   (D) Cree que hay tanto problema en Sevilla que como Nueva York.

5. ¿Qué diferencia hay entre el uso de drogas actualmente en Estados Unidos y el de hace veinte años?
   (A) Antes el uso de drogas se asoció con grandes movimientos de población.
   (B) Actualmente el uso no parece estar relacionado con la presión emocional de la vida moderna que existió hace veinte años.
   (C) Antes el uso de drogas se basó en los motivos filosóficos y sociales de esa generación.
   (D) Antes los tipos de drogas eran más nefastos.

6. ¿Qué optativas tienen en Nueva York para resolver el problema?
   (A) Una es el establecimiento de clínicas.
   (B) Una optativa es la encarcelación del adicto.
   (C) Están considerando la despenalización de algunas drogas.
   (D) Están investigando maneras de aliviar la tensión de la vida para los adictos.

7. ¿Por qué no le gusta a Marcos la idea de legalización?
   (A) Opina que los adictos no buscarán la ayuda que necesitan.
   (B) Cree que habrá demasiada demanda para poder satisfacer a todos.
   (C) Teme una epidemia de varias enfermedades asociadas con el uso.
   (D) Si fuera legal, no sabrían cuántos adictos habría.

8. ¿Qué propone Marcos para los profesionales que tratan con los adictos?
   (A) Sugiere que los profesionales cambien la manera de considerar el problema.
   (B) Recomienda que la gente se relaje un poco para mantener buena salud mental.
   (C) Propone que los profesionales consideren a los adictos como los enfermos que son.
   (D) Será preciso cambiar la sociedad tan hipercompetitiva a una más tolerante.

9. ¿Cómo debiera ser el tratamiento, según Marcos?
   (A) Cuidadosamente controlado pues de lo contrario el tratamiento matará más de lo que curará.
   (B) Es necesario que el tratamiento se ajuste a las necesidades del dro gadicto.
   (C) La generalización del problema es útil para describir casos individuales de drogadicción.
   (D) Hay que adaptar a los drogadictos al tratamiento en vez de lo contrario.

SELECCIÓN #8

Tema curricular: Las familias y las comunidades; *Las tradiciones y los valores*

Primero tienes un minuto para leer la introducción y prever las preguntas

> **Introducción:** La siguiente entrevista es con una florista en la Rambla en Barcelona. La grabación dura aproximadamente cuatro minutos, treinta segundos.

1. ¿Dónde están estas personas que hablan?
   (A) Están en Carolina del Norte.
   (B) Están en la Argentina.
   (C) Están en Barcelona.
   (D) Están en Italia.

2. ¿Qué hace la mujer que están entrevistando?
   (A) Ella es campesina.
   (B) Ella es dependiente de una tienda.
   (C) Ella vende flores.
   (D) Ella vende frutas de su huerto.

3. ¿Cuánto tiempo hace que está en este lugar?
   (A) Ella está en su puesto hace cien años.
   (B) Su puesto está en el mismo lugar hace ciento cincuenta años.
   (C) Ella lleva cincuenta años allí.
   (D) Hace treinta años que está allí.

4. ¿Por qué le gusta a Carolina lo que hace?
   (A) Todos los días ella puede hablar con reyes, príncipes y gente muy importante.
   (B) Le encanta a ella la diversidad de personas con quienes se encuentra.
   (C) Le gustan los varios tipos de flores.
   (D) A ella le gusta la tradición de ser dependiente en una tienda.

5. ¿Quiénes compran?
   (A) Por la mayor parte son jóvenes.
   (B) Generalmente son personas que llevan muchos años visitándola.
   (C) Personas que no quieren comprar los productos en otras tiendas.
   (D) Señoras que pasan en la calle en camino a casa del mercado.

6. ¿Cómo son diferentes los clientes que tiene?
   (A) Los jóvenes no gastan tanto como los viejos.
   (B) La vieja clientela gasta menos que los jóvenes.
   (C) Los enamorados gastan más que nadie.
   (D) Las personas de la tercera edad gastan tanto como los jóvenes.

7. ¿Qué tipo de consejos le da esta señora a su clientela?
   (A) Aconseja violetas en invierno y rosas en verano.
   (B) Lo que sugiere depende de la estación.
   (C) Cuando quieren algo inapropiado, se lo dice.
   (D) No le da consejos a la gente que viene con idea fija.

8. ¿Qué es un ramo de señora?
   (A) Consiste en violetas en el invierno.
   (B) Consiste en rosas en verano.
   (C) Consiste en una mezcla de varios tipos de flores.
   (D) Consiste en un ramo de flores grande.

9. ¿Cuánto tiempo se dedica a este trabajo?
   (A) Todos los días menos los días de fiesta.
   (B) Todo el tiempo menos los días feriados.
   (C) Solamente se descansa el domingo por la tarde.
   (D) Desde antes de la madrugada hasta el anochecer.

SELECCIÓN #9

Tema curricular: La ciencia y la tecnología

Primero tienes un minuto para leer la introducción y prever las preguntas

Introducción: En la siguiente entrevista, la subdirectora ejecutiva de la Agencia de Gestión de Emergencia de Desastres del Caribe habla de la experiencia del Caribe en el manejo de los desastres naturales. La entrevista fue transmitida el 23 de mayo de 2013 por Radio Naciones Unidas. La grabación dura aproximadamente tres minutos y treinta segundos.

1. ¿Cuál es el propósito de la entrevista?
   - (A) Revelar los desafíos que se encuentran en el Caribe para afrontar los desastres naturales.
   - (B) Exponer la cantidad e impacto de desastres naturales en la región.
   - (C) Informar sobre el sistema que existe en el Caribe para hacer frente a los desastres naturales.
   - (D) Proponer unos cambios al manejo de ayuda que existe actualmente.

2. Según la entrevista, ¿cómo ha cambiado la región del Caribe en los últimos 30 a 50 años?
   - (A) Ha habido un incremento en el número de desastres naturales.
   - (B) Los países se han modernizado para minimizar el número de víctimas.
   - (C) Los desastres naturales han sido más devastadores que nunca.
   - (D) En Haití se ha visto una disminución en la pérdida de vida.

3. ¿Cómo se destaca el modelo caribeño?
   - (A) Ha tenido una gran cantidad de inversión de varias fuentes.
   - (B) Cuenta con la colaboración de muchos de los países de la región.
   - (C) Ha prevenido la muerte de millones de sus ciudadanos.
   - (D) Ha minimizado los efectos de los desastres naturales a la infraestructura.

4. ¿Qué quiere comunicar la subdirectora ejecutiva cuando dice "El terremoto puso sobre el tapete la vulnerabilidad de ciudades caribeñas"?
   - (A) Que el evento hizo descubrir un punto débil en el sistema.
   - (B) Que el sismo causó mucho daño a las zonas urbanas.
   - (C) Que no se revelaron de inmediato los efectos del terremoto.
   - (D) Que el terremoto hizo la localidad más vulnerable a otros desastres.

5. Según la entrevista, ¿qué elemento es esencial para la gestión de emergencia?
   (A) Tener líderes capaces de afrontar diferentes situaciones.
   (B) La coordinación entre diferentes entidades de ayuda y rescate.
   (C) Restaurar los servicios de comunicación lo más antes posible.
   (D) Prestar atención inicialmente a las áreas que sufrieron más daño.

6. Si quisieras investigar el tema un poco más a fondo, ¿cuál de las siguientes publicaciones sería más útil?
   (A) *Prepárate: 5 pasos preparatorios para sobrevivir cualquier desastre natural*
   (B) *Los desastres naturales más catastróficos del siglo XIX*
   (C) *Prevenir los riesgos y mitigar las consecuencias de desastres naturales*
   (D) *Enciclopedia de los riesgos naturales del Caribe*

SELECCIÓN #10

Tema curricular: La ciencia y tecnología; *El cuidado de la salud y la medicina*

Primero tienes un minuto para leer la introducción y prever las preguntas

> **Introducción:** El siguiente Podcast trata de unas consideraciones que hay que hacer cuando se piensa viajar a un país exótico. El Podcast original fue publicado por Radio 5 en 2011.

1. ¿Cuál es el propósito del mensaje?
   (A) Informar sobre las enfermedades que se puede contagiar en lugares exóticos.
   (B) Promover unos medicamentos que ayudan a los viajeros no enfermarse.
   (C) Recomendar unos pasos para evitar enfermedades cuando se viaja.
   (D) Dar un panorama de los diferentes medicamentos para varias enfermedades.

2. Según la grabación, ¿qué es importante hacer cuando uno decide vacunarse?
   (A) Escoger una vacuna que sea efectivo contra los riesgos en la zona que desea visitar.
   (B) Recordar que las vacunas son más eficaces durante el verano.
   (C) Buscar un centro de vacunación que ofrece el servicio deseado.
   (D) Pedir una vacuna unas semanas antes del viaje.

3. Según la grabación, ¿cuándo hay que pedir consulta al médico?
   (A) Cuando sabes que has contagiado una enfermedad durante tu viaje.
   (B) Antes de viajar a un lugar exótico.
   (C) Antes como medida de precaución y cuando experimentas síntomas durante el viaje.
   (D) Cuando no experimentas un viaje placentero.

4. A base de la entrevista, ¿cuál de las siguientes afirmaciones es correcta?
   (A) Con un poco de cautela, se puede mitigar la posibilidad de enfermarse al viajar a un lugar exótico.
   (B) Las enfermedades que se pueden contagiar en lugares exóticos pueden ser muy dañinas si no se tratan a tiempo.
   (C) Hay que investigar bien las vacunas de antemano para saber cuáles serán más efectivas contras las enfermedades de un lugar particular.
   (D) Las enfermedades en lugares exóticos son peligrosos porque son más intensos durante el verano cuando a los españoles les gusta viajar.

5. ¿Qué pregunta sería más apropiada para el Doctor Agustín Benito al final de su presentación?
   (A) ¿Hay otras cosas que uno puede hacer para no exponerse a posibles enfermedades aparte de vacunas y medicamentos?
   (B) ¿Puede darnos un ejemplo de cómo uno puede contagiarse?
   (C) ¿Hay una vacuna que nos pueda proteger de todas las enfermedades o tenemos que buscar vacunas particulares?
   (D) Si me enfermo, ¿dónde puedo conseguir información de los centros médicos en el área?

SELECCIÓN #11

Tema curricular: Las familias y las comunidades; *Las tradiciones y los valores*

Primero tienes un minuto para leer la introducción y prever las preguntas

> **Introducción:** La siguiente grabación trata de la Tomatina, una fiesta en Buñol, España. La grabación dura aproximadamente 3 minutos.

1. ¿A qué público se dirigiría esta grabación?
   (A) A estudiantes de español
   (B) A empresarios de una compañía turística
   (C) A visitantes al municipio
   (D) A aficionados de los deportes extremos

2. Según la grabación, ¿cuál de las siguientes afirmaciones mejor describe la fiesta?
   (A) Es relativamente nueva.
   (B) Es difícil de entender.
   (C) Incluye una mezcla de varias culturas.
   (D) Es bastante violenta.

3. ¿Por qué se celebra la Tomatina?
   (A) Para vender muchos tomates
   (B) Para protestar contra el gobierno
   (C) Para entretener a la población valenciana
   (D) Para honrar la tradición de su historia

4. ¿Cómo se originó la celebración?
   (A) Un joven se enfadó con un vendedor de tomates.
   (B) Un gigante de un desfile atacó a un espectador.
   (C) Algunas personas se vieron envueltas en un disturbio.
   (D) Una persona le quitó el disfraz a otra en una pelea.

5. ¿Qué reacción provocó el acontecimiento original?
   (A) El Ayuntamiento no quiso permitir una repetición.
   (B) El gobierno distribuyó tomates para mejorar la fiesta.
   (C) Los vendedores trajeron más y más tomates para dárselos al público.
   (D) El público observó la prohibición del Ayuntamiento contra la fiesta.

6. Hoy en día, ¿cómo se ha mejorado la fiesta?

    (A) Sólo se permiten tomates.

    (B) Se organizaron más juegos.

    (C) La gente lleva palos para defenderse.

    (D) Se usa jabón para limpiar los palos con jamón.

7. Imagina que tienes que dar una presentación oral a tu clase sobre el tema de la grabación y necesitas información adicional para ampliar tu presentación. ¿Cuál de las siguientes publicaciones te sería más útil?

    (A) *Cuando el tomate es un arma de destrucción masiva*

    (B) *Gastronomía y cultura en España - historia del tomate*

    (C) *Juegos tradicionales de la comunidad valenciana*

    (D) *Conozca todo sobre el tomate*

SELECCIÓN #12

Tema curricular: La belleza y la estética; *El lenguaje y la literatura*

Primero tienes un minuto para leer la introducción y prever las preguntas

> **Introducción:** El siguiente Podcast trata sobre cómo convertirse en mejor escritor. El Podcast original fue publicado por Podcast Aprendiendo a escribir en 2011. La grabación dura aproximadamente tres minutos, cuarenta segundos.

1. ¿Cuál es el propósito del informe?
   (A) Dar consejos para hacerse escritor profesional.
   (B) Presentar información útil para escribir mejor.
   (C) Informar sobre los retos de convertirse en escritor.
   (D) Presentar maneras en que unos escritores tuvieron éxito.

2. Según el presentador, ¿por qué no les gustan a unas personas sus sugerencias?
   (A) Porque son unos pasos complicados.
   (B) Porque se tarda mucho tiempo perfeccionarlas.
   (C) Porque no contienen la magia que ofrecen otras sugerencias.
   (D) Porque ya son escritores exitosos.

3. ¿Qué dice el presentador acerca de los escritores profesionales?
   (A) Que se tranquilizan en cuanto hayan alcanzado su objetivo.
   (B) Que les resulta más fácil ser publicados.
   (C) Que siguen desarrollando su capacidad.
   (D) Que les suele tomar una vida entera cumplir su meta.

4. ¿Con cuál de las siguientes afirmaciones estaría de acuerdo el presentador?
   (A) La culminación de cada escritor es de ser publicado.
   (B) Cuanto más escribes, más oportunidades tendrás para que el público conozca tu obra.
   (C) Hay que encontrar un tema que les agrade al público para que tu obra sea publicada.
   (D) Los mejores escritores son los que imitan las técnicas de los grandes escritores.

5. ¿Cuál de las siguientes técnicas utiliza el presentador para comunicar su mensaje?
   (A) Incluye citas de editores profesionales.
   (B) Utiliza varias anécdotas de escritores famosos.
   (C) Da ejemplos concretos de métodos que utilizan los grandes escritores.
   (D) Presenta su propia experiencia y opiniones.

Answer Key

LISTENING COMPREHENSION

Selección #1:

1. **A**	3. **C**	5. **D**	7. **D**
2. **B**	4. **B**	6. **C**	8. **D**

Selección #2:

1. **C**	3. **D**	5. **D**	7. **D**
2. **A**	4. **C**	6. **A**	8. **D**

Selección #3:

1. **A**	4. **C**	7. **B**
2. **C**	5. **D**	8. **B**
3. **B**	6. **D**	9. **B**

Selección #4:

1. **B**	4. **A**	7. **A**	10. **D**
2. **C**	5. **D**	8. **D**	
3. **B**	6. **C**	9. **D**	

Selección #5:

1. **A**	4. **C**	7. **D**	10. **C**
2. **B**	5. **B**	8. **C**	
3. **A**	6. **C**	9. **C**	

Selección #6:

1. **C**	4. **D**	7. **B**	10. **D**
2. **C**	5. **D**	8. **C**	
3. **B**	6. **D**	9. **B**	

Selección #7:

1. **C**	4. **C**	7. **C**
2. **D**	5. **C**	8. **C**
3. **C**	6. **C**	9. **B**

Selección #8:

1. **C**	4. **B**	7. **C**
2. **C**	5. **B**	8. **C**
3. **D**	6. **A**	9. **C**

Selección #9:

1. **C**   3. **B**   5. **B**
2. **B**   4. **A**   6. **C**

Selección #10:

1. **C**   3. **C**   5. **C**
2. **D**   4. **A**

Selección #11:

1. **C**   4. **C**   7. **C**
2. **A**   5. **A**
3. **C**   6. **B**

Selección #12:

1. **A**   3. **B**   5. **D**
2. **B**   4. **B**

PART FOUR
Writing Skills

General Considerations

7

DESCRIPTION OF THE WRITING PART OF THE EXAM

The writing portion of the exam includes an interpersonal (an e-mail reply) and a presentational (a persuasive essay) writing task. Both types of responses require that you employ particular skills. In your responses, you will need to showcase your understanding of the Spanish language and your ability to use appropriate language. In your interpersonal writing response, you will be asked to address a specific person using specific information from the prompts, and in your response for the presentational writing task you will be required to write a persuasive essay geared toward a particular audience.

INTERPERSONAL WRITING: E-MAIL REPLY

Interpersonal Writing requires that you read and respond to an e-mail. You will have 15 minutes to complete the task. In Interpersonal Writing, you are expected to do the following:

- Read and understand the e-mail to which you are to respond.
- Address all questions posed in the original e-mail with frequent elaboration.
- Ask for further details about something mentioned in the e-mail.
- Use a formal tone of address in your message.
- Demonstrate appropriate language, including use of expressions, idioms, and/or other structures to communicate clearly.
- Make appropriate social and/or cultural references.
- Use a wide range of vocabulary.
- Use correct punctuation, orthography, and sentence structures.
- Control a variety of sentence structures, both simple and complex.

PRESENTATIONAL WRITING: PERSUASIVE ESSAY

Presentational Writing is a persuasive essay in which you will be required to discuss a topic posed in a general question. You will be given two print texts (one article and a table, graph, or image) and one audio file that will be played for you two times. You will then need to address the topic and complete the task. You will be expected to understand the printed sources and the audio file well enough to synthesize the information and to incorporate it into a coherent, well-organized essay. Great emphasis is placed on not simply lifting quotations from the sources, but in processing the information and using it to answer the question. You will have approximately 55 minutes to complete this task. The time is broken down as follows:

- 1 minute to read the directions of the task
- 6 minutes to read the curricular theme, topic of the essay, and the first two print sources
- Approximately 8 minutes to listen to the audio source two times
- 40 minutes to plan and write your persuasive essay

In Presentational Writing, you are expected to do the following:

- Address the topic and complete the task.
- Integrate ideas present in all three sources.
- Demonstrate understanding of viewpoints in all three sources.
- Organize your essay so that the reader can easily follow your logic.
- Make sure that your thoughts are clear, coherent, and well-defended.
- Use a wide range of vocabulary, idioms, and sentence structures correctly.
- Use correct punctuation, orthography, and sentence structures.
- Use paragraphs correctly and demonstrate control of a variety of sentence structures, both simple and complex.

SCORING THE EXAM

The grading of the writing samples is holistic, that is, it is analyzed as a whole. No specific item or aspect of language has any specific point value. Rankings proceed along a continuum from strong, good, fair, weak, and poor. The difference between each level in the ranking depends on the degree of competence you show in your response. In the rubrics, sometimes the only difference between ranges is a qualifying word, such as *generally*, *high*, *some*, or *limited*. Some of the things that will make a difference between one level and another are:

- Referring to one or two sources instead of all three
- Inaccurately stating information from a source
- Summarizing or quoting directly from a source with limited integration
- Having only one or two sentences in a paragraph
- Incorrect use of punctuation, accents, and/or orthography
- Not organizing your thoughts clearly
- Not having an introduction and/or conclusion to your essay
- Not finishing your essay because you ran out of time

Refer to the rubrics section to further analyze the differences between levels.

USING THIS BOOK

In the following chapter, you will find strategies to help you write strong essays. For interpersonal writing, you will find examples of the different types of messages that appear on the exam. For the essay, you will find samples of questions, prompts, and sources. These are followed by strategies for synthesizing from the sources the ideas that you will incorporate into your essay. You can study the samples to see how the writers organized their ideas and to think about ways you could improve upon them.

The total weight of the writing parts is 25 percent of the final score (interpersonal writing 12.5 percent, presentational writing 12.5 percent). There is a conversion formula for changing the raw score on your interpersonal and presentational writing samples into a numerical component of the final score that will range from 0 to 5.

Most important in the writing skill area is your critical thinking ability. You need to assimilate the information from the sources, analyze it, and then use it to write about what you have concluded about the question. Your critical thinking skills will show through in the way you analyze the material, the lexicon you use to articulate your thoughts, the level of complexity of linguistic structures you use, and your knowledge of social/cultural protocol and conventions mentioned in the exam questions. Drawing on your listening comprehension and reading skills, you should be able to write the presentational essay with little difficulty, given enough practice. Vocabulary and grammar are elemental to getting a good score. The better your vocabulary and grammar, the higher your score will be, because your precise use of language will allow others to understand you well. Although there are no grammar questions on the actual exam, this book provides special exercises so you can see how well you know grammar. In the Appendix of this book, you will find a brief grammar section that explains what the generally accepted protocol is for putting words together, along with some practice exercises.

Make index cards with the items you want to check off when you reread your work, so you can have a ready reference and get in the habit of correcting your mistakes. Remember that you cannot use the cards on exam day, but with practice you will internalize the information and remember the grammatical points.

Some strategies for using this book and practicing writing for the exam are:

- Make sure you understand the instructions for the task.
- Address the task assigned thoroughly and completely.
- If it appears that you will be short some words, pick an idea and expand it by adding details about the idea.
- Make sure you use the proper form of address. This is called using the appropriate register.
- Be consistent with verb forms. For example, if you begin with third person singular, do not slip into the second person half way through your message.
- Reread what you have written to check your grammar. Make a short list of things to check and do the checking during practice periods. A short list could include things like the gender of nouns, agreement of subject and verb endings, accents written where necessary, correct punctuation for the sentences, and correct spelling.

Time yourself to make sure you can read the correspondence, write 125 words or more, and check your work all in 10 minutes. When checking your work, learn to ask yourself questions. When you look at what you have written, it is easy to justify what you see, because you know what you meant to say. However, your reader does not. Quiz yourself by asking questions such as: What is the right preterit ending for *I*? What is the correct ending for the present subjunctive form for *you*? Do I use the subjunctive after *para que*? Is there an accent on the first person singular, preterit of a verb? When do I use the subjunctive after *de manera que*? What verb form and mood do I use after *como si*? What is the gender of the noun? Does the gender and number of the noun and adjective agree? Where does the subject of a verb come in the word order of a question? In addition, you can quickly make your own list of questions.

Materials to have on hand for interpersonal writing practices:

- Blue or black pen
- Dictionary (although you are not permitted to use one on the exam, do use one when working on practice exercises)
- A timer set for 15-minute intervals to get used to how long 15 minutes is. Use the timer for the last half of the practice questions.
- Your checklist of points of grammar

Section II, Part A1— Interpersonal Writing: E-mail Reply

8

The first part of Section II is the Interpersonal Writing task. For this task you will be required to write an appropriate formal reply to an e-mail. You will be given a brief description of the reason you received the e-mail, and you will have 15 minutes to read the message and write your reply. There will be specific information contained in the e-mail that you must answer, and you are also expected to elaborate on one or more details mentioned in the original correspondence. Your score will be based on how well you address all of the requested information and on the structure of your reply. All correspondences must include a greeting and closing and the register must be formal. Your goal should be to write a minimum of 125 words.

The following pages present practice exercises for the interpersonal writing portion of the exam, along with several suggestions for opening and closing. A few tips to keep in mind are

- Keep a formal tone throughout the email response.
- Organize your email appropriately (greeting, introduction, body, goodbye).
- Immerse yourself in the role you are being asked to play. Put feeling and emotion into your writing, and use your imagination to incorporate details of time, place, motivation, reason, and description of people, places, or things. If you add more specificity, you will create interest in your message and distinguish it from others.
- Practice writing your correspondences in blue or black ink. You must use an ink pen for this portion of the exam.
- If you make a mistake while writing, do not try to erase it and do not use liquid paper or any other means of obscuring what you do not want read. Simply draw a line through it. This will save you time.
- Keep your ideas simple while using advanced structures and varying your vocabulary. For example, instead of writing *Yo trabajo muy bien con otras personas,* you should write *Soy una persona dinámica y competente, capacitada para el trabajo en equipo.*
- Finally, to fully internalize the elements of an appropriate interpersonal correspondence, including structure, language, and register, you should practice incorporating these in all correspondences, both in English and in Spanish.

WRITING YOUR E-MAIL REPLY

Before you can begin formulating your e-mail reply, you have to have a good understanding of the scenario and the key elements to which you must respond. The first step is to read the description of the e-mail, paying close attention to why this person is writing you in the first place, and identify the type of correspondence. Is this person asking for your help? Is this person replying to an initial inquiry you may have made? The next step is to read the e-mail and underline key points to which you must respond. Often it will be quite clear what you need to address, since it will be posed in the form of a question, but there can also be times where the author of the e-mail makes a general comment to which you might want to respond, such as a remark on someone's health, on a trip that this person just came back from or on future plans that this person has, on a cultural practice, or on any other topic. You want to extract as much information as possible from the e-mail for your response to be complete.

Once you have all the necessary information from the e-mail, you can begin the process of writing your reply. Remember that all correspondence needs to begin with a greeting and end with an appropriate goodbye. The body of your message should contain all the information that the recipient has requested, and also additional information on one or more topics mentioned in the original e-mail. It is also appropriate to make several opening and closing comments. These comments can include inquiring about this person's health or well-being, conveying your emotions from having received an e-mail from this person, and expressing a personal hope or desire in accordance with the scenario. The key is to make your reply as personal as possible, and you should sound like you want to be corresponding, and not simply answering a list of questions. The following outline will give you a basic framework for your response. Look for these elements in the e-mails you read in the practice section of this chapter.

1. **GREETING.** Greet the recipient with an appropriate salutation.
2. **OPENING.** Write a few sentences in which you acknowledge receipt of this person's e-mail, you convey your feelings and emotions from having read this person's e-mail, and/or make a general comment related to the topic of the reply.
3. **BODY.** This is the bulk of your response. Answer the questions asked in the e-mail and elaborate on your answers. Try to be creative and give explanations to clarify the reason for your answer. Also, comment on other points that were mentioned in the original message and ask a few questions yourself, if it is appropriate.
4. **CLOSING.** Finish your e-mail with a few sentences expressing your overall wishes and desires relating to the topic of the e-mail and that you look forward to hearing back from this person. If you are writing to a possible future employer, you may want to reiterate some of your qualifications and express how excited you are to be considered for the position. Depending on the scenario, it may be appropriate to express that you are looking forward to seeing this person the following day.
5. **GOODBYE.** Conclude your response with an appropriate goodbye and sign your name. You may also choose to include your goodbye in the last sentence of your closing (see example of combined closing comments and goodbye on page 191).

Take care to structure your e-mail correctly into different paragraphs and use correct punctuation.

What Register Should I Use?

Your e-mail response should always use a formal tone. You should be careful about not using expressions that might be inappropriate or too casual in a more formal relationship. For example, when sending a message to a prospective employer, it is inappropriate to use some kinds of expressions such as *"diga lo que diga,"* meaning "Say what you will," because it would communicate that you do not take the person seriously enough.

Here are a few examples of simple structures and their related appropriate greetings and opening comments:

Formal greetings	Opening comments
■ *Estimado(s) Señor(es)/Director(es)* ■ *Estimada(s) Señora(s)/Directora(s)* ■ *Buenos días, Señor(es)/Señora(s)* ■ *Profesor(a) + last name...* ■ *Muy Señor(es) Mío(s)* ■ *Muy Señora(s) Mía(s)*	■ *Espero que este mensaje le(s) encuentre bien...* ■ *Le agradezco mucho por su mensaje...* ■ *Espero que todo esté bien con usted(es)...* ■ *Me es grato ponerme en contacto con Ud(s)...* ■ *Quisiera ante todo darle(s) mis más profundas y sinceras gracias por + the infinitive verb form*

Just as there are standard openings for your message, there are also customary closing comments and goodbyes. The writer always closes with a phrase or sentence that indicates appreciation for the reader's attention.

Below are a few examples of closing comments and goodbyes for formal correspondence:

Closing comments	Goodbyes
■ *Agradezco de antemano su atención/ayuda* ■ *Quedo a su disposición para facilitarle cualquier otra información* ■ *Muchas gracias por su amable atención.* ■ *Permítame darle las gracias por todo lo que ha hecho* ■ *Quedo a la espera de su respuesta y agradezco su atención/ayuda*	■ *Le(s) saluda cordialmente* ■ *Reciba(n) un cordial saludo* ■ *Atentamente/Cordialmente le(s) saluda* ■ *Atentamente* ■ *Respetuosamente*

You can also choose to combine your closing comments with the goodbye. When doing so, you generally use the gerund form of the first verb. Below are a few examples.

Closing statement and goodbye combined
■ *Agradeciendo de antemano su atención, le(s) saluda cordialmente...* ■ *A la espera de su respuesta y agradeciendo su ayuda, le(s) saluda atentamente...* ■ *Quedando a su disposición para facilitarle cualquier otra información, atentamente le(s) saluda...*

LANGUAGE USE

In your message, you can easily incorporate complex structures and use them well by using dependent noun, adjective, and/or subordinated adverb clauses. Usually when you try to increase the complexity of the sentences, you fall into the trap of translating from English to Spanish. However, if you possess a large vocabulary, you can add interest, length, clarity, and precision to your message without sounding like you are translating from one language to another.

You should also use appropriate transitions to connect your ideas. The correct use of transitions will help your message read more smoothly and will allow you to sound more sophisticated. Additionally, transitions are a component in the scoring rubric, and, therefore, you should become competent in using them. In order to become more comfortable with compound sentences and transitions, choose some structures and practice incorporating them in your writing. You will also see examples of different types of sentences using transitions in the e-mails to which you have to respond.

Below is a list of transitions with which you should become familiar.

Uses of transitions	Examples	
To introduce an idea	*Para empezar...* *Primero...*	*En primer lugar...*
To develop ideas	*además...* *a causa de* *como consecuencia...* *como resultado...* *con respeto a...*	*en cuanto a...* *en realidad...* *por ejemplo...* *por lo general...* *también...*
To contrast ideas	*a pesar de...* *en cambio...* *no obstante...* *no...sino que...*	*pero...* *por otro lado...* *por otra parte...* *sin embargo...*
To connect similar ideas	*así que...* *como resultado...* *debido a lo anterior...* *entonces...*	*por consiguiente...* *por eso...* *por esa razón...*
To suggest an alternate idea	*tal vez...* *quizás...*	*a lo mejor...* *en vez de...*
To summarize	*como se ha notado* *finalmente*	*por fin* *para concluir*

PREPOSITIONAL PHRASES

a ciegas = *blindly*

a eso de = *at about (time)*

a fuerza de = *through (great effort)*

a fondo = *in depth*

a la vez = *at the same time*

al menos = *at least*

a mano = *by hand*

a propósito = *on purpose*

a tiempo = *on time*

de vez en cuando = *from time to time*

de ... en ... = *from ... to ...*

de esta manera = *in this way*

de este modo = *in this way*

de nuevo = *again*

de veras = *really*

por (si) acaso = *by chance*

por casualidad = *by chance*
por consiguiente = *therefore*
por desgracia = *unfortunately*
por Dios = *for heaven's sake*
por encima de = *hastily, over the top*
por entero = *completely, entirely*
por escrito = *in writing*
por eso = *therefore, for that reason*
por lo general = *generally, as a rule*
por lo menos = *at least*
por lo tanto = *consequently*
por lo visto = *apparently*
por otra parte = *on the other hand*

por suerte = *luckily*
por supuesto = *of course*
por primera vez = *in the first place*
acabar por = *to end up by*
brindar por = *to drink to, to toast somebody*
esforzarse por = *to strive to, for*
interesarse por = *to be interested in*
luchar por = *to fight for*
morirse por = *to be dying to*
preguntar por = *to inquire about, to ask for somebody*
preocuparse por = *to worry about*
trepar por = *to climb up*

VERBS THAT REQUIRE SPECIFIC PREPOSITIONS

acostumbrarse a = *to get used to*
apresurarse a = *to hurry*
arriesgar a = *to risk*
asistir a = *to attend*
atreverse a = *to dare*
ayudar a = *to help*
condenar a = *to condemn to*
dar a = *to face (toward) to look out on*
jugar a = *to play*
negarse a = *to refuse to*
oler a = *to smell of, like*
ponerse a = *to begin*
saber a = *to taste of, like*
volver a = *(to do something) again*
acabar de = *to have just*
acordarse de = *to remember*
alegrarse de = *to be glad*
arrepentirse de = *to regret*
avergonzarse de = *to be ashamed*
burlarse de = *to make fun of*
cambiar de = *to change*
carecer de = *to lack*
cesar de = *to cease to*
dejar de = *to cease to, to stop (doing)*
constar de = *to consist of*
darse cuenta de = *to realize*
depender de = *to depend on*
despedirse de = *to say goodbye*
disfrutar de = *to enjoy*
enamorarse de = *to fall in love with*
encargarse de = *to take charge, care of*
enterarse de = *to hear about, find out about*

jactarse de = *to boast about*
llenar de = *to fill with*
no dejar de = *to not fail to*
olvidarse de = *to forget*
quejarse de = *to complain*
servir de = *to serve as*
sospechar de = *to suspect*
tratar de = *to try*
vestirse de = *to dress as, to be dressed as, in*
confiar en = *to trust, to confide in*
consentir en = *to consent to*
convertirse en = *to turn into*
empeñarse en = *to insist on*
insistir en = *to insist on*
entrar en = *to enter*
fijarse en = *to notice*
influir en = *to influence*
ingresar en = *to join (an association, university)*
molestarse en = *to take the trouble to, bother to*
pensar en = *to think about, to meditate*
quedar en = *to agree to, to decide on*
tardar + time + en = *to take (somebody or something) (however much time) to*
vacilar en = *to hesitate to*
casarse con = *to get married to*
encontrarse con = *to meet*
enojarse con = *to get mad at*
meterse con = *to get involved with, to get mixed up with*
soñar con = *to dream about*

STRATEGIES FOR INTERPERSONAL WRITING: E-MAIL REPLY

The following is a rough guideline for how you should budget your time.

Reading the E-mail: 3 to 5 minutes

- Identify the questions you need to answer. Underline them so that you can refer back to them quickly.
- Make note of any information that is mentioned that you should be asking for more details about.
- Make note of any cultural references in the original message.

Writing your reply : 7 to 8 minutes

- Use the formal register throughout your response.
- Remember to structure your response correctly (greeting, opening, body, closing, goodbye).
- Respond to the all questions being asked of you.
- Request more information about one detail that was mentioned.
- Vary your vocabulary.
- Keep your ideas simple and clear, while using a variety of structures.
- Include a variety of tenses and/or moods, if appropriate. However, do not try to force the use of different tenses or moods, as this will count against you if it confuses your response.
- If you make a mistake, draw a line through it and keep writing.

After you finish writing : 2 to 5 minutes

- Proofread your reply to make sure that

  - you have addressed all the elements in the e-mail, including asking for more details;
  - you have used a variety of vocabulary;
  - your ideas are clear and concise; and
  - you used correct orthography, punctuation, and paragraphing.

E-MAIL REPLY 1

Tema curricular: Los desafíos mundiales; *Los temas del medio ambiente*

Este mensaje electrónico es del señor Javier Gaitán, el presidente del Club Planeta Verde. Él está planeando publicar un informe sobre la situación del medio ambiente. Has recibido este mensaje porque vives en la comunidad en que se ubica este club.

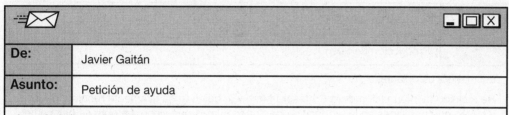

De:	Javier Gaitán
Asunto:	Petición de ayuda

Apreciado/a participante,

Nuestro club está preparando un informe especial sobre la situación del medio ambiente en nuestra comunidad. El tema será una investigación sobre la consciencia general en cuanto a temas relacionados con el medio ambiente. Esperamos poder publicar nuestro informe para el mes que viene.

El informe incluirá información obtenida de una variedad de fuentes, y consiguiente les estamos escribiendo a todos los miembros de nuestra comunidad para pedirles que nos ayuden con este proyecto. ¿Le gustaría ayudarnos? Si desea participar, por favor conteste las siguientes preguntas:

- ☼ ¿Está preocupado por la conservación del medio ambiente? ¿Por qué?
- ☼ ¿A quién corresponde cuidar el medio ambiente?
- ☼ ¿Está usted dispuesto/a a modificar su forma de vida y su bienestar por conservar el planeta? ¿Por qué?
- ☼ ¿Qué piensa que puede hacer para disminuir la contaminación en su comunidad?

Le rogamos que conteste estas preguntas a la mayor brevedad posible, y le damos las gracias de antemano por su ayuda.

Atentamente,

Javier Gaitán

Presidente
Club Planeta Verde

E-MAIL REPLY 2

Tema curricular: La belleza y la estética; *Las artes visuales y escénicas*

Este mensaje te lo envió el Profesor Gutiérrez, profesor de teatro de tu escuela. Te escribe porque quiere hacerte encargo del decorado para la obra de teatro *Sueño,* que va a estrenar el próximo mes.

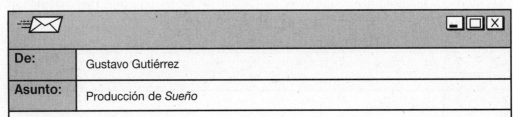

De:	Gustavo Gutiérrez
Asunto:	Producción de *Sueño*

Estimado/a estudiante,

He recibido tu información de la Profesora Martínez, quien te ha altamente recomendado, y quiero que participes en la producción de *Sueño* el mes que viene. La obra se basa en el drama del siglo XVII *La vida es sueño* de Calderón de la Barca. Estamos muy emocionados por esta producción, y pensamos que va a ser un exitazo.

Como sabes, crear el decorado es una de las tareas más complicadas de cualquier producción, y por eso necesitamos un experto como tú. La Profesora Martínez me aseguró que no hay nadie mejor que tú y que tienes el tiempo para ayudarnos. Estamos contando con tu experiencia.

Dado que queremos estrenar la obra en treinta días, tenemos que empezar de inmediato. Necesito saber qué materiales piensas que vas a necesitar y el cálculo anticipado de gastos. Tienes el taller de la escuela a tu disposición, pero te pido que me informes si haya alguna herramienta especial que necesites para completar el trabajo. Finalmente, te pido que me des el número de personal que piensas vas a necesitar para ayudarte cumplir este trabajo.

Quedo atento para tu pronta respuesta, para así terminar el proceso de planificación y empezar la producción.

Un saludo cordial,

Dr. Gustavo Gutiérrez

Profesor de Teatro

E-MAIL REPLY 3

Tema curricular: La vida contemporánea; *El trabajo voluntario*

Este mensaje electrónico es de la señora Carmen Cienfuegos, la directora de *Voluntariado Universal*. Has recibido este mensaje porque has aceptado participar en uno de sus programas en Argentina.

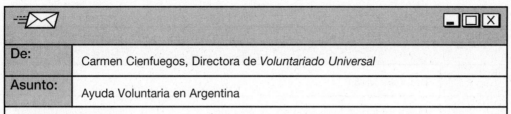

De:	Carmen Cienfuegos, Directora de *Voluntariado Universal*
Asunto:	Ayuda Voluntaria en Argentina

Estimado voluntario/a,

Muchas gracias por su respuesta y por haber aceptado participar en nuestro programa. Aunque somos una compañía bastante joven, debido al la generosidad de nuestros voluntarios hemos podido crecer rápidamente y aumentar nuestros programas. Trabajamos con niños y jóvenes socialmente marginados que viven bajo la línea de la pobreza, y creamos actividades con el fin de mejorar las condiciones de su vida. Como voluntario, su trabajo será de trabajar estrechamente con los chicos y ayudar a crear un ambiente saludable y feliz, compartiendo afecto y risas.

Tenemos dos programas distintos, uno en el suburbio de Buenos Aires, y el otro trabajando con la comunidad indígena en la jungla de Misiones. Las dos localidades presentan retos distintos, ya que en Misiones se presentan problemas con el alcance de elementos básicos, como agua potable y atención sanitaria, y en Buenos Aires hay todos los problemas y peligros típicos de un barrio pobre de una metrópolis. Ofrecemos programas de dos a cuatro semanas, y para poder finalizar nuestra lista, quisiera que nos proveyera la siguiente información:

- Primero, queremos aprovechar de los talentos e intereses de los voluntarios. Por lo tanto, ¿nos podría precisar en qué programa quiere participar y por qué?
- Segundo, para poder tener los mejores equipos, buscamos formar los grupos con voluntarios que tengan distintos talentos. ¿Nos podría proveer información de cualquier talento y/o habilidad que tenga y cómo esto puede beneficiar al grupo?

Le rogamos que nos provea esta información en cuanto pueda. Quedo atenta a su pronta respuesta y estoy pendiente para cualquier consulta que necesite.

Le saluda cordialmente,

Carmen Cienfuegos
Directora
Voluntariado Universal

E-MAIL REPLY 4

Tema curricular: Las identidades personales y públicas; *Las creencias personales*

Eres estudiante en el colegio y tu escuela va a patrocinar una mesa redonda sobre la religión. Una profesora tuya, quien va a ser uno de los panelistas, quiere incorporar las ideas de varios estudiantes. Te manda un mensaje electrónico pidiendo que la ayudes en prepararse para la discusión.

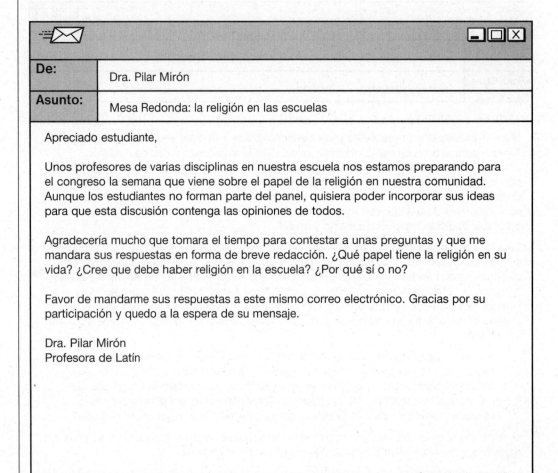

De:	Dra. Pilar Mirón
Asunto:	Mesa Redonda: la religión en las escuelas

Apreciado estudiante,

Unos profesores de varias disciplinas en nuestra escuela nos estamos preparando para el congreso la semana que viene sobre el papel de la religión en nuestra comunidad. Aunque los estudiantes no forman parte del panel, quisiera poder incorporar sus ideas para que esta discusión contenga las opiniones de todos.

Agradecería mucho que tomara el tiempo para contestar a unas preguntas y que me mandara sus respuestas en forma de breve redacción. ¿Qué papel tiene la religión en su vida? ¿Cree que debe haber religión en la escuela? ¿Por qué sí o no?

Favor de mandarme sus respuestas a este mismo correo electrónico. Gracias por su participación y quedo a la espera de su mensaje.

Dra. Pilar Mirón
Profesora de Latín

E-MAIL REPLY 5

Tema curricular: Las familias y las comunidades; *Las tradiciones y los valores*

Un periodista de una revista popular está preparando un artículo sobre las diferentes tradiciones que se celebran en distintas comunidades. Te manda un mensaje electrónico pidiendo que respondas a unas preguntas para ayudarlo en terminar su trabajo.

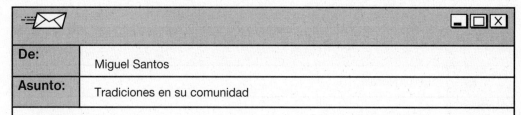

De: Miguel Santos

Asunto: Tradiciones en su comunidad

Querido lector,

Como parte de nuestra iniciativa de reseñar la diversidad en nuestro magnífico país, nuestra revista ha lanzado una nueva serie de artículos sobre las diversas costumbres y tradiciones que se celebran en distintas comunidades. El objetivo de este proyecto es de resaltar y celebrar el crisol de culturas que nos rodea. Hemos recibido mucha información de la Navidad y el Día de Independencia, y queremos expandir esta serie a incluir celebraciones que sean menos conocidas o particular de una región.

Por esta razón, le invitamos a responder a las siguientes preguntas, y esperamos que nos pueda contestar de manera más completa posible.

- ¿Hay una tradición particular que se celebra en tu región? ¿Cuál es? ¿Por qué se celebra? ¿Cuándo se celebra?
- ¿Cómo se celebra esta tradición? ¿Hay una comida particular que se come o una vestimenta típica?

Sus respuestas son muy importantes para nosotros. Muchas gracias por su participación y ayuda en este proyecto.

Atentamente,

Miguel Santos
Periodista

E-MAIL REPLY 6

Tema curricular: La ciencia y la tecnología; *Los efectos de la tecnología en el individuo y en la sociedad.*

Eres estudiante a punto de empezar tu primer semestre en la universidad y un decano te escribe un mensaje electrónico. Quiere saber tus opiniones sobre si se debería permitir el uso de teléfonos celulares en las aulas.

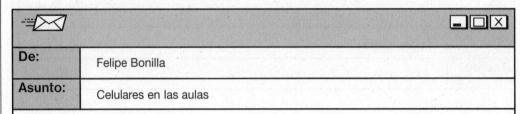

De:	Felipe Bonilla
Asunto:	Celulares en las aulas

Estimado/a estudiante,

La Universidad Nacional de Sucre está actualmente realizando una investigación sobre los beneficios y riesgos de permitir el uso de teléfonos celulares en las aulas durante las clases. Para poder tener una comprensión completa de los positivos y negativos, estamos poniéndonos en contacto con todos los docentes y estudiantes y pidiéndoles que participen en una encuesta. Los resultados se publicarán en un informe que se presentará en un congreso el otoño que viene.

¿Se anima a participar en esta encuesta? Esperamos que sí, y le invito a que conteste las siguientes preguntas:

- ¿Cree que el uso del celular afecta el rendimiento académico de los estudiantes? ¿Cómo?
- ¿En qué situaciones cree que es permisible el uso del celular en la sala de clase?

Agradezco de antemano la pronta atención que pueda prestar a contestar estas preguntas y quedo a su disposición para cualquier consulta.

Cordialmente,

Felipe Bonilla
Decano
Facultad de Filología
Universidad Nacional de Sucre

E-MAIL REPLY - 7

Tema curricular: Los desafíos mundiales; *El bienestar social*

Recibes un mensaje electrónico de Annet Romero, asistente ejecutiva del alcalde en tu ciudad. Están pensando en implementar unas reformas a unos programas sociales y quiere saber tu opinión sobre el asunto.

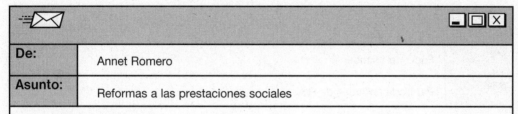

De:	Annet Romero
Asunto:	Reformas a las prestaciones sociales

Apreciado ciudadano/a,

Me llamo Annet Romero y soy la Asistente Ejecutiva del Alcalde. A causa de las huelgas de la semana pasada, hemos empezado a considerar una iniciativa para revisar el programa actual de prestaciones sociales. El Alcalde ha proclamado que todos deben tener el derecho al trabajo y a la jubilación, y las prestaciones sociales deben asegurar una vida digna a los más desfavorecidos. Además, es nuestra opinión que es la obligación del estado procurárselo.

Este se ha convertido en un asunto bastante polémico, y queremos saber su opinión. Le pedimos que conteste las siguientes preguntas de forma más completa posible: ¿Piensa usted que proveer prestaciones a los desempleados les ayuda o los perjudica? ¿Quién debería ser principalmente responsable para asegurar que los en paro o los de bajos ingresos tengan un adecuado estándar de vida?

Como siempre, un placer disfrutar del punto de vista de nuestros queridos ciudadanos, aunque no coincida con el nuestro. Me despido cordialmente esperando su contestación.

Un cordial saludo,

Annet Romero
Asistente Ejecutiva del Alcalde

Tema curricular: La vida contemporánea; *El entretenimiento y la diversión*

Acabas de recibir un mensaje electrónico del gerente de tu restaurante favorito. Te escribe porque quiere que participes en un evento para recaudar fondos para un nuevo parque infantil.

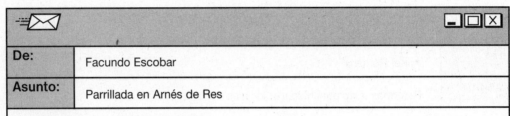

De:	Facundo Escobar
Asunto:	Parrillada en Arnés de Res

Querido amante de la buena comida,

Los trabajadores de Arnés de Res le queremos hacer llegar esta invitación para ser nuestro maestro de ceremonias de nuestra parrillada la semana que viene, con el fin de recaudar fondos para un nuevo parque infantil en el Parque San Martín. Queremos agradecerle su apoyo durante los años, y con su ayuda el nuevo parque infantil no será un sueño, sino por fin una realidad.

Como maestro de ceremonias, sus funciones serán dar la charla inicial, entretener y divertir al público y controlar el estado emocional de la fiesta. Para que hagamos todos los preparativos necesarios, quisiéramos saber qué tipo de actuaciones piensa incorporar en la fiesta y el orden de eventos. También, se lo agradeceríamos si nos mandara una sinopsis de su charla.

Finalmente, como usted es uno de nuestros mejores clientes, le mandaremos una libreta de cupones para que pueda disfrutar de descuentos especiales en nuestro restaurante.

Quedamos a su disposición para facilitarle otra información.

Reciba un cordial saludo,

Facundo Escobar
Gerente
Arnés de Res

E-MAIL REPLY 9

Tema curricular: Las familias y las comunidades; *Las comunidades educativas*

Eres estudiante de Educación y formas parte de un grupo de estudiantes que no pudieron terminar el trabajo final del curso a tiempo. Recibes un mensaje electrónico de tu profesor pidiendo que le expliques qué está pasando y que le des una actualización.

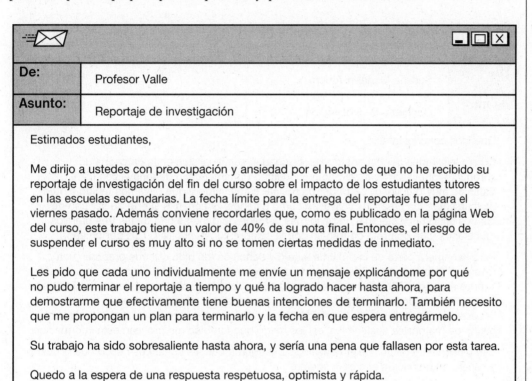

De:	Profesor Valle
Asunto:	Reportaje de investigación

Estimados estudiantes,

Me dirijo a ustedes con preocupación y ansiedad por el hecho de que no he recibido su reportaje de investigación del fin del curso sobre el impacto de los estudiantes tutores en las escuelas secundarias. La fecha límite para la entrega del reportaje fue para el viernes pasado. Además conviene recordarles que, como es publicado en la página Web del curso, este trabajo tiene un valor de 40% de su nota final. Entonces, el riesgo de suspender el curso es muy alto si no se tomen ciertas medidas de inmediato.

Les pido que cada uno individualmente me envíe un mensaje explicándome por qué no pudo terminar el reportaje a tiempo y qué ha logrado hacer hasta ahora, para demostrarme que efectivamente tiene buenas intenciones de terminarlo. También necesito que me propongan un plan para terminarlo y la fecha en que espera entregármelo.

Su trabajo ha sido sobresaliente hasta ahora, y sería una pena que fallasen por esta tarea.

Quedo a la espera de una respuesta respetuosa, optimista y rápida.

Cordialmente,

Profesor Valle

Tema curricular: La belleza y la estética; *La moda y el diseño*

Eres un estudiante de diseño que acaba de calificarse a la siguiente ronda de un concurso de productos innovadores. Recibes un mensaje electrónico de la directora del concurso en que te felicita y te informa del próximo paso.

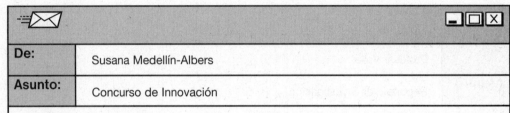

De:	Susana Medellín-Albers
Asunto:	Concurso de Innovación

Queridos concursantes,

Quiero felicitarles por haber sido seleccionados semifinalistas en la categoría de "Producto Innovador" para el primer Concurso Panamericano de Innovación (CPI). Estamos muy orgullosos de poder patrocinar este evento y que hayamos tenido tantos concursantes tan creativos y vivaces como ustedes. Si tienen la suerte de ser uno de los tres finalistas, estarán a un paso más cercano de ganarse uno de los tres premios monetarios y un contrato de trabajo con la célebre compañía INFOTEK por un año.

Para la primera parte de la próxima fase del concurso les pido que me preparen una reseña en la que expliquen el producto que piensan crear y el beneficio que va a aportar al nuestro mundo. Permítanme acordarles que el espíritu y objetivo de la competición es de promover la creación de productos y/o procesos que mejoran la calidad de vida de la sociedad. Además, no se les olvide que debe ser un producto a un precio asequible y hecho de materiales sostenibles, así les ruego que también me provean esta información.

Estoy pendiente de cualquier necesidad o pregunta que les surja. Les deseo buena suerte y espero su respuesta con gran interés.

Atentamente,

Susana Medellín-Albers
Directora
CPI

Section II, Part A2—Presentational Writing: Persuasive Essay

9

In contrast to Interpersonal Writing, Presentational Writing is designed for you to showcase how well you can think and express yourself in Spanish. You will need to use virtually all of the skill areas—listening, reading, and writing—to respond to a question. Critical-thinking skills used in analyzing and synthesizing information from the sources are imperative in the formal essay. Instead of a task with specific elements spelled out for you, in presentational writing task, you will have to discuss a general question. The skill areas are integrated into the task, so you have to depend on reading and listening to obtain the information you need. You will want to organize your thoughts into paragraphs and have a proper introduction and conclusion. As in the interpersonal writing tasks, you will want to observe all the conventions of proper language, reveal a rich vocabulary, use correct grammar, observe all the conventions of orthography, and make accurate and relevant social and cultural references, with the difference that this time you will deal with an extended format.

Before you begin your practice, it would be useful to review the rubrics for evaluating the essay so that you can internalize them and stop worrying about whether you did everything required for the highest score. The rubrics require that you address the topic and respond to all parts of the task. With a general question to discuss, you have a lot of latitude in the development of your response. However, sometimes such a lack of specificity in the question makes the development more problematic, because you must make all the decisions about the best way to address the topic and the development of the essay.

There is no minimum word requirement for the persuasive essay, but you should expect to write no less than 200 words. However, it is better to write a shorter essay that is well organized and cohesive and addresses the question, than one that is longer but somewhat redundant and/or confusing.

DESCRIPTION OF THE EXAM

The Presentational Writing part of the examination requires you to read two printed sources and listen to one audio source for information related to a question that is the topic of your composition. You will have 6 minutes to read the print sources, and around 8 minutes to listen to the audio source, which will be played twice. You will then have 40 minutes to plan and write your essay. However, you should try and write your essay in 35 minutes and leave yourself 5 minutes to proofread what you wrote.

PREPARING TO WRITE YOUR PERSUASIVE ESSAY

The following pages provide suggestions for writing the Presentational Writing essay. There is a section with some strategies on how to interpret and synthesize information from print and audio sources, a section on how to organize your thoughts and to make an outline or flowchart of ideas, and a series of practice questions. Anticipating possible questions is a valuable part of preparation, because if you have thought about a topic before you see it on the exam, you will probably respond better to it. In the months before the exam, you should learn vocabulary associated with the topic, but you can also extract necessary vocabulary from the reading and listening sources that might be beneficial to use on your essay. Finally, you should learn transitional phrases to help make your essay flow smoothly from one point to another. You should select a few phrases and learn them well so that you can recall them easily when writing your essay.

STRATEGIES FOR READING SOURCE MATERIAL AND LISTENING TO AUDIO FILES

Six minutes is not a lot of time to assimilate all the information you will find in the printed source material. When you work with the practice questions included in this book, select a few strategies for testing and see if they work for you, so you can use them on the actual exam. Some of these things may seem obvious, but when you are in a hurry, you can sometimes forget them.

Print Sources

- Read the curricular theme to give you a frame of reference.
- Read the introduction to the first source.

  - Read the title of the article.
  - Identify the topic sentence in each paragraph.
  - As you read, underline key words or phrases that you want to find again quickly. Remember to focus on words that lead to specific ideas you can use.
  - Focus on words you do know. Do not spend time on words you do not know. You can also use context clues to approximate their meaning if needed.
  - Make sure that you do not take a phrase or word out of context. You will be scored on the accuracy of the information you synthesize from the source.
  - When finished reading, try to summarize the article in no more than 3 to 4 sentences using mostly your own words. This will help you focus on the main ideas that were presented. You should also try and react to the information that you have read: do you agree or disagree with the point of view presented? Why? Would you do things differently? Why or why not?

- Read the introduction to the second source.

  - Make notes of key elements found in the chart or table. This will help you keep organized when answering questions.
  - Analyze the information gathered from the graph, table, or image. Ask yourself what conclusions you can base from these and how they relate to the article seen beforehand.

- Look for different points of view of the two printed passages.
- Identify at least one idea from each source, although, the more ideas you integrate correctly will only help your score.

Audio File

- Take notes on what you hear. Write down key words or phrases that will lead to ideas. Avoid writing complete sentences.
- Evaluate the information being presented.
- Follow the thread of the conversation.
- Visualize, if you can.
- Take notes of key words that lead to ideas.
- Focus on what you understand and don't get hung up on what you don't understand. Use contextual clues to help you understand unfamiliar words or phrases.
- Remember that you will hear the audio source twice. Listen the first time for general ideas that relate to the topic. Then, use the second listening to extract specific details.

WRITING THE ESSAY

When writing your essay, you should imagine that you are writing to someone who may not be familiar with the topic. How you organize your essay is important to good development and cohesion. Remember that you are presenting your point of view on the topic, and you should use the information provided in the sources as evidence to support your ideas. Do not simply summarize information found in the sources, as that will not help your score. Below is a general outline of your essay.

- **INTRODUCTION.** Present the topic and why it is worth discussing. Briefly present contrasting points of view on the topic (if possible). Clearly state your opinion and entice the reader to keep reading your essay.
- **BODY PARAGRAPHS.** Begin each paragraph with a topic sentence that supports your point of view. Use information from one or more sources to support your argument. Make sure these are relevant and specific toward supporting your argument. Do not lapse into summary. Finish your paragraph with closing remarks relating the evidence to the topic sentence.
- **CONCLUSION.** Restate your thesis clearly and sum up the evidnce to prove your thesis. Make a final remark to call for action or point out a solution. This is a great place to include an *if-then* statement using the imperfect subjunctive and conditional moods. You want to give a sense of closure and ending. Do not introduce new ideas in your conclusion.

Here are some more helpful hints to keep in mind when practicing your persuasive essay:

- Use a blue or black pen.
- Make sure you refer to all three sources.
- Avoid simply dedicating one paragraph to each source.
- In the introduction to your essay, give some indication of how you are going to develop the essay.
- Include a topic sentence in each paragraph.
- In each paragraph, support your ideas with information from the sources.
- In you conclusion, arrive at a final statement that does not simply repeat what you said in the introduction.
- Do not bother erasing or using correction fluid to delete words you want to change. Simply cross them out.
- Make a mental note of grammatical structures you might want to include, such as
  - a compound sentence;
  - an *if-then* statement;
  - an adverbial clause using a conjunction, such as *con tal que, para que, sin que,* or *a fin de que;*
  - a verb to introduce a dependent noun clause in which you can use the subjunctive, such as *Es imprescindible que...,* or *Vale que...;*
  - use a *como si* + the subjunctive structure.
- When you want to insert another sentence or paragraph into what you have already written, mark it clearly so your reader can easily see where it goes.

USEFUL VOCABULARY FOR WRITING THE PERSUASIVE ESSAY

Including a few words and expressions from the following glossary of terms in your essay will result in a clearly organized and polished final essay. Select a few words or transitional phrases from the following list. You can use them to talk about any topic, and you should practice using them so you will remember them easily on the exam.

Expressions for Introductions

al principio	at the beginning
todavía	still
conviene	it is fitting
en cuanto a	with regard to
tratar con	to deal with
a continuación	below, following
ya	already
a partir de	from the time that
con respecto a	with respect to
en lo tocante a	with regard to
tener que ver con	to have to do with

Defining Concepts

ejemplificar	to serve as an example
constar de	to be composed of

significar	to signify
servir para	to serve to
consistir en	to consist of
caracterizarse por	to be characterized by
querer decir	to mean
sugerir (ie, i)	to suggest

Developing and Relating Ideas

de hecho	in fact
de verdad	really
en realidad	really
a lo major	perhaps, maybe
del punto de vista de	from the perspective of
de la perspectiva de	from the perspective of
de veras	really
mejor dicho	more exactly, rather

Making Comparisons

no obstante	nevertheless
en cambio	on the other hand
tanto mejor	so much the better
por la mayor parte	for the most part, mostly
sin embargo	however
al contrario	on the contrary
según	according to

Showing Logic or Reasoning

a causa de	because of
por eso	for that reason
como consecuencia	as a consequence
por consiguiente	therefore
bien pensado	well thought-out
por lo tanto	therefore

Drawing Conclusions

en breve	in short
al final	finally
por último	lastly
en todo	all in all
en resumen	in conclusion
de lo anterior…se ve que…	from the above…one sees that…
al fin y al cabo	in the final analysis
por fin	finally
después de todo	after all
en conclusión	in conclusion

ESSAY #1

Tema curricular: La belleza y la estética

Primero tienes 6 minutos para leer el tema del ensayo y las fuentes número 1 y 2.

Tema del ensayo: ¿Cómo puede la música reflejar la identidad nacional de un país?

Fuente #1: El siguiente artículo trata del valor simbólico de la música. Fue publicada en la página Web *fiolosofía.laguia2000.com.*

La música y su significado simbólico
Por Malena
(http://filosofia.laguia2000.com/filosofia-y-arte/la-musica-y-su-significado-simbolico)

La música es el arte que expresa el espíritu humano con la armonía de sus notas, revela su lugar en la historia, la personalidad de los compositores y las atribuladas experiencias de sus vidas.

Línea
(5) Cada melodía, acorde o percusión que ejecuta un instrumento equivale a un estado de ánimo, una realidad, un fenómeno natural, una estación, una celebración, un ritual religioso, una circunstancia de la vida y también al hecho crucial de la muerte.

Los compositores perciben sus obras antes de componerlas como una tonalidad, se sienten simples canales que tienen la capacidad de percibir la
(10) verdadera belleza no mundana de la armonía sonora.

Para crear tienen que alejarse de las cosas cotidianas o no darles importancia, porque la inspiración suele llegar solamente en estado de quietud y contemplación. Por esta razón los creadores casi siempre vivieron acosados por las deudas y sus vidas estuvieron repletas de necesidades materiales no satisfechas.
(15) El compositor ruso Igor Stravinsky (1882–1971) vivió en los Estados Unidos desde los nueve años, estudió piano y estuvo en contacto con la ópera rusa. Fue alumno de Rimski Korsakov, quién le enseñó orquestación y composición.

Su obra "La Consagración de la Primavera" le dio fama definitiva, por lo novedoso de su lenguaje musical, la armonía rítmica y la brillantez orquestal y
(20) causó un gran impacto en el mundo musical que influyó notablemente en los compositors de esa época.

Stravinsky había llegado a los límites del nacionalismo y dándose cuenta de la inutilidad de esa forma de pensar se orientó hacia otros caminos expresando esa decisión en su música, vislumbrando y defendiendo lo auténtico de lo clásico.
(25) En 1939 se traslada a los Estados Unidos invitado por la Universidad de Harvard y decide quedarse en ese país definitivamente, instalándose en Hollywood y adquiriendo la ciudadanía en 1945.

En 1953 descubre la línea dodecafónica y se dedica a ella demostrando su facilidad de adaptación. Señalaba que su maestría no era excepcional ya que sólo (30) se limitaba a escuchar lo que tenía en sus oídos.

Fuente #2: El siguiente anuncio es para un evento navideño en la zona del pacífico de Colombia. Fue publicado en 2011.

CONCIERTO DE NAVIDAD
PROMEDICO 2011

MÚSICA TEATRO

Música Coral:
"Canciones y Villancicos" - Coro Sostenidos & Bemoles
Dirección: Carolina Romero

Teatro Musical:
"Arrorró - Cuadro Pazífico de Navidad" - Grupo Titirindeba
Bellas Artes
Dirección: JORGE HUMBERTO MUÑOZ VILLAREAL

Este espectáculo musical del Grupo Profesional de Títeres "Titirindeba", acompañado de actores de la facultad de Artes Escénicas de Bellas Artes y de un Grupo Folclórico de marimba tradicional, recrea entre arrullos, bundes y jugas, las costumbres musicales y espirituales navideñas de las comunidades afros del pacífico colombiano.

Fecha: Martes, 13 de Diciembre de 2011
Hora: 7:30 p.m. a 9:00 p.m.
Lugar: Sede Promedico
Auditorio Eduardo Gutiérrez Rengifo
ENTRADA LIBRE

Fuente #3: La siguiente grabación es una entrevista con la filósofa Liliana Herrero sobre la importancia de la música. La grabación se basa en una entrevista en www.infobate.com. La grabación dura aproximadamente cuatro minutos.

TRACK
23

Apuntes:

ESSAY #2

Tema curricular: La ciencia y la tecnología

Primero tienes 6 minutos para leer el tema del ensayo y las fuentes número 1 y 2.

Tema del ensayo: ¿Cómo se deben manejar los datos personales en la Red?

Fuente #1: El siguiente artículo trata de la importancia de privacidad en Internet. El artículo original fue publicado por revista.consumer.es en 2009.

Manejar la privacidad en Internet
(http://revista.consumer.es/web/es/20090501/internet/74768.php)

Nadie sale a la calle ni tapado de pies a cabeza ni completamente desnudo. Del mismo modo, cada usuario debe decidir qué información privada desea mostrar y qué datos prefiere mantener en privado y, seguramente, el término medio será la respuesta. Afortunadamente, la gran mayoría de los servicios de calidad de la Red y las redes sociales en particular, permiten otorgar el grado de privacidad que se quiere dar a cada información que el usuario ofrece. En plataforma sencilla como Flickr o *Youtube*, que sirven para publicar fotos o videos, el usuario determina quién podrá ver cada información antes de subirla: el público en general, sólo él o determinadas personas a las que él invite. Por defecto, las imágenes pueden ser vistas por cualquier usuario de Internet, por lo que se debe reflexionar antes de publicar nada y una vez tomada la decisión que más convenga, configurar las opciones de privacidad.

Las redes más complejas, como *Facebook* o *Tuenti*, ofrecen muchas opciones de privacidad. Gracias a distintos sistemas de cifrado para el envío y almacenaje de la información garantizan que sólo las personas a las que se haya invitado puedan ver la información persona. En este caso conviene conocer bien los sistemas para configurar quién puede ver y utilizar los datos y la información personal porque, aunque se piense que determinada información no tiene importancia para el usuario, puede tenerla para un tercero. Un caso paradigmático es el de poner en estas redes imagines de una fiesta donde aparecen otras personas. Las imágenes pueden ser muy inocentes para el usuario o usuaria que las cuelga, pero su exposición pública puede molestar o comprometer a las otras personas que salen fotografiadas. La norma siempre es pedir permiso antes de subir este tipo de fotos.

También hay que actuar con sentido común a la hora de escribir u opinar en los foros de las redes y demás plataformas de comunicación públicas. Internet es un amplificador potentísimo en el que se debe tener mucho cuidado con lo que se dice porque todo queda grabado y a disposición de los buscadores. Es paradigmático el caso de una informática que fue despedida por escribir en *Twitter* comentarios peyorativos sobre el director de su empresa sin saber que una de las personas que seguía su microblog era la esposa del directivo en cuestión.

Línea
(5)
(10)
(15)
(20)
(25)
(30)

Fuente #2: El siguiente gráfico representa el grado de seguridad que los españoles creen que les ofrece Internet. Se basa en información de un sondeo hecho por la Institución Nacional de Tecnologías de la Comunicación (INTECO) en 2012.

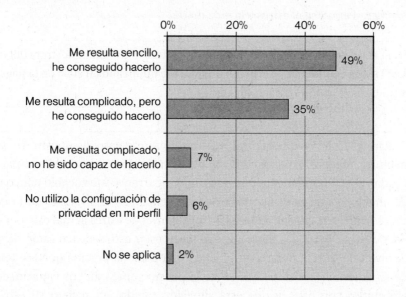

Fuente #3: La siguiente grabación, titulada "Privacidad e intimidad, ¿valores negociables?" se basa en un artículo publicado en revista.consumer.es en 2009. La grabación dura aproximadamente dos minutos.

Apuntes:

ESSAY #3

Tema curricular: La vida contemporánea

Primero tienes 6 minutos para leer el tema del ensayo y las fuentes número 1 y 2.

Tema del ensayo: ¿Perjudica el estrés a la vida diaria?

Fuente #1: El siguiente artículo, titulado "El estrés nuestro de cada día" trata del impacto del estrés en la vida cuotidiana. El artículo original fue publicado en 2008 en la página Web www.consumer.es.

Línea

Raro es el día en que la palabra estrés no forme parte de nuestro vocabulario habitual. Algunos expresan así sus penas laborales, otros lo hacen para pedir ayuda y muchos más de los que pensamos recurren a este vocablo para despertar admiración: "qué persona más exitosa y ocupada", es su frase. En lo que casi

(5) todos coinciden, sin embargo, es en que el nivel de estrés actual está por encima del deseable. Pero, ¿las personas que dicen estar estresadas lo están de verdad? Se vive una situación de estrés cuando una persona percibe que las demandas de su entorno y los retos que se ha impuesto superarán sus capacidades para afrontarlos con éxito y que esta situación pondrá en peligro su estabilidad.

(10) Es decir, cuando anticipamos el fracaso y no nos conformamos (y cuando lo hacemos solemos deprimirnos), tendemos a estresarnos.

El estrés como aliado

El estrés se ha convertido en un compañero de viaje habitual en nuestras vidas. No sólo no puede evitarse, sino que facilita la adaptación a cualquier cambio

(15) que irrumpa en nuestro entorno. Esta forma de reaccionar ante problemas, demandas y peligros, viene predeterminada por una actitud innata de lucha/ huida heredada de nuestros antepasados: sobrevivieron aquellos que, ante situaciones amenazantes para su integridad física (ver un enemigo) o que informaban de la posibilidad de obtener un beneficio (cobrar una presa), mejor

(20) activaban su organismo. Dilatación de pupilas para aumentar la visión periférica y permitir una mayor entrada de luz en la oscuridad, músculos tensados para reaccionar con más velocidad y fuerza, aumento de la frecuencia respiratoria y cardiaca para mejorar la oxigenación y aportar mayor flujo de sangre al cerebro y al resto de órganos vitales, son algunos de los cambios que les proporcionaba una

(25) clara ventaja sobre sus enemigos y sus presas.

Pero el inconveniente de este fabuloso mecanismo de adaptación es que genera un importante desgaste del organismo y un alto consumo de energía, por lo que es necesario desarrollar unos cuidados y un periodo de recuperación del que no siempre somos conscientes.

(30) **El estrés inútil**

Siempre que las respuestas de estrés se repiten con mucha frecuencia o intensidad, o durante un prolongado periodo de tiempo (estrés crónico), el organismo encuentra dificultades para recuperarse y se manifiestan trastornos médicos y psicológicos asociados. Algunos autores llegan a considerar el estrés
(35) como causa directa o indirecta de más del 75% del total de consultas médicas.

· La dificultad para detectar las señales de estrés y 'desactivarlas' para prevenir daños al organismo es cada día más habitual. Uno de los motivos es que nos hemos ido acostumbrando a un ritmo de vida acelerado que consideramos imprescindible para tener éxito, es decir, una conducta ocasional se convierte en
(40) un estilo de vida.

Fuente #2: El siguiente gráfico presenta los síntomas asociados con el estrés. Fue publicado originalmente en el blog *La Coctelera* en 2008.

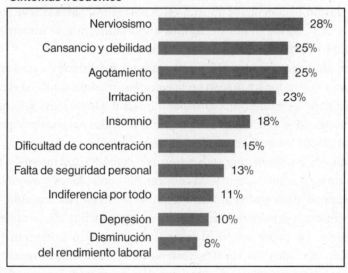

Síntomas frecuentes

Síntoma	Porcentaje
Nerviosismo	28%
Cansancio y debilidad	25%
Agotamiento	25%
Irritación	23%
Insomnio	18%
Dificultad de concentración	15%
Falta de seguridad personal	13%
Indiferencia por todo	11%
Depresión	10%
Disminución del rendimiento laboral	8%

Fuente #3: La siguiente entrevista es con José Buendía, profesor de Psicopatología de la Universidad de Murcia. La grabación dura aproximadamente 2 minutos y 30 segundos.

Apuntes:

ESSAY #4

Tema curricular: Las familias y las comunidades

Primero tienes 6 minutos para leer el tema del ensayo y las fuentes número 1 y 2.

Tema del ensayo: ¿De quién es la responsabilidad de educar a los jóvenes?

Fuente #1: El siguiente artículo, titulado "¿Para qué sirve el Consejo Escolar?", trata de quiénes deben formar parte de la gestión de la educación. El artículo original fue publicado en www.consumer.es en 2008.

¿Para qué sirve el Consejo Escolar?
Por Marta Velásquez-Reina
(www.consumer.es/web/es/educacion/escolar/2008/04/18/176271.ph)

Padres y madres, alumnos, profesores y personal no docente poseen voz y voto en la gestión de los centros, gracias a la representación que todos los sectores de la comunidad educativa tienen en los miembros de los consejos escolares.

Línea
(5) Desde la aprobación de los presupuestos del centro, hasta la selección o cese del director, la mayoría de las decisiones importantes que se toman en un centro educativo deben pasar por este órgano de gobierno.

Para alcanzar un objetivo común entre los miembros de cualquier grupo es necesario que todos participen en la consecución del mismo. Si el objetivo de la escuela es proporcionar una formación integral a los alumnos, la mejor manera
(10) de conseguirlo es mediante la implicación de todos los sectores que conforman la comunidad educativa: centro, padres, profesores, alumnos y personal no docente. Quién mejor que un padre para defender los intereses de sus hijos, quién mejor que un alumno para conocer sus necesidades o quién mejor que un profesor para detectar los problemas que se presentan en una aula?

(15) La misma Constitución Española, en su artículo 27, establece que "los profesores, los padres, y, en su caso, los alumnos intervendrán en el control y gestión de todos los centros sostenidos por la Administración con fondos públicos"; este principio de participación se materializa en el denominado Consejo Escolar, uno de los órganos colegiados de gobierno de los centros
(20) educativos públicos, que constituye el principal instrumento para que toda la comunidad educativa pueda implicarse directamente en la toma de decisiones del mismo. La composición de este órgano permite que todos los sectores estén representados, en mayor o menor medida, por parte de algunos de sus miembros, permitiendo que la acción educativa de todos ellos se encamine en una misma
(25) dirección, evitando enfrentamientos e incoherencias que pueden repercutir en el proceso de enseñanza y aprendizaje de los alumnos.

Fuente 2: El siguiente gráfico muestra los resultados de un estudio patrocinado por la Fundación Hogar del Empleado (FUHEM) y publicado en noviembre de 2007.

Porcentaje de profesores, familias y alumnos que considera que los siguientes factores tienen bastante o mucha influencia en la educación.

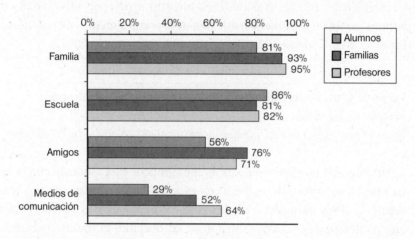

Fuente #3: La siguiente grabación, titulada "Los docentes: función, roles, competencias necesarias, formación" se basa en un artículo publicado por Dr. Pere Márquez Graells actualizado en 2011. La grabación dura aproximadamente 3 minutos y medio.

Apuntes:

ESSAY #5

Tema curricular: La ciencia y la tecnología

Primero tienes 6 minutos para leer el tema del ensayo y las fuentes número 1 y 2.

Tema del ensayo: ¿Han mejorado las nuevas tecnologías la difusión de noticias?

Fuente #1: El siguiente artículo, titulado "Presente y futuro del periodismo real – Internet, blogs y después", trata de la influencia que tienen diferentes medios de comunicación en el periodismo. El artículo original fue publicado en Clarín.com en 2005.

Presente y futuro del periodismo real—Internet, blogs y después
Revista Ñ Clarín.com
(http://edant.clarin.com/suplementos/cultura/2005/07/09/u-1009746.htm)

Otro desafío que enfrentan los medios gráficos está asociado con la aparición de nuevos soportes informáticos, en especial con los blogs (diarios personales online) y sitios de noticias en Internet. "Con los diarios sucede como con el arte contemporáneo: cada tantos años les declaran la muerte para en seguida

Línea

(5) resucitarlos", bromeó Mario Calabresi, director del diario italiano *LaRepubblica*. Pero sí hay conciencia de la necesidad de una colaboración más estrecha y una redefinición de tareas. En su mayoría, los editores coincidieron en que hoy asistimos a una nueva *media-morfosis*. "Con Internet, los diarios van a sufrir una nueva transformación y especialización", explicó a Ñ Simon Kelner. "Frente a la

(10) radio y la TV, que eran sus principales competidores hasta hace una década, ellos ofrecen mayor profundidad y capacidad de análisis. A la mañana siguiente de las últimas elecciones en Estados Unidos, los diarios tuvieron ventas modestas. Pero un día más tarde, aumentaron significativamente; los lectores querían leer los comentarios de sus analistas políticos de confianza".

(15) Los blogs y sitios de Internet, en cambio, permiten profundizar casi al infinito la búsqueda de información, "pero no pueden jerarquizar y editar las noticias como lo hace el diario", agregó Kelner. "En una página tabloide, un lector distingue rápidamente por el tamaño y la ubicación de la noticia qué es lo más importante. En la pantalla, el criterio que prima hasta ahora es la inmediatez, de

(20) allí que la noticia que está más arriba es la más nueva, pero no necesariamente la más importante".

Aunque coincide en que la convergencia entre medios digitales y en papel es no sólo inevitable sino realmente deseable, Alberto Ibargüen, del *Miami Herald*, aseguró que el diario tradicional sigue cumpliendo una tarea muy difícil

(25) de reemplazar. "En una gran ciudad, la función de un diario es importantísima: brindarle a la comunidad la información que necesita para manejar sus asuntos en una democracia. Eso requiere que la información llegue a la gente que naturalmente no le prestaría atención. Que los lectores puedan acceder a ella aun cuando no la pidan o no la busquen activamente. Porque quizás ese dato

(30) impensado lleve una clave para comprender la propia situación. El diario brinda eso; Internet, no". Para el editor Mario Calabresi, "es evidente que los diarios, tal

como los conocíamos hace diez años, tienen pocas posibilidades de sobrevivir. Si quieren hacerlo, tendrán que cambiar la piel".

(35) Calabresi se refirió a otro aspecto: cómo elaborar contenidos atractivos para lectores que tienen cada vez menos tiempo y hábitos de lectura menos regulares. "No se puede pensar que los diarios compitan con la radio, la TV, Internet y la prensa gratuita. Deben jugar su propio juego, que es un juego doble: por un lado, profundización y análisis integral; por otro, una apuesta fuerte por la escritura, por el periodismo narrativo y por las historias y preocupaciones de los

(40) ciudadanos".

Las conclusiones provisorias de un debate que sigue abierto no podrían tener sino un espíritu crítico. "Un diario—concluyó Ricardo Kirschbaum—debe tener una actitud proactiva con la realidad. Oponerse con creatividad a la inercia cultural y, ciertamente, tomar riesgos".

Fuente #2: La siguiente tabla presenta las fuentes de noticias de diferentes grupos. Se basa en datos de una encuesta del PEW Research Center en 2010.

Fuente de noticias					
	Televisión	Internet	Periódicos	Radio	Revistas
Total	%	%	%	%	%
Hombres	66	41	31	16	3
Mujeres	61	43	29	17	3
Hombres 18–49	55	56	21	19	3
Mujeres 18–49	62	53	23	16	3
Hombres 50+	69	28	39	14	3
Mujeres 50+	78	24	45	14	3

Fuente #3: La siguiente grabación titulada "Los periodistas no pueden dar la espalda a las redes sociales" es una entrevista con Ramón Salaverría, director del Departamento de Proyectos Periodísticos de la Facultad de Comunicación de la Universidad de Navarra, España. La grabación dura aproximadamente 4 minutos y 30 segundos.

Apuntes:

ESSAY #6

Tema curricular: Las familias y las comunidades

Primero tienes 6 minutos para leer el tema del ensayo y las fuentes número 1 y 2.

Tema del ensayo: ¿Qué problemas causan las descargas ilegales y cómo se puede solucionarlos con una solución que sea aceptable para todos?

Fuente #1: El siguiente artículo, titulado "¿Es aceptable copiar música? Los derechos de autor y el canon SGAE", trata de las descargas y copias ilegales. El artículo original fue publicado en 2010 en la página Web Ricardadas.com.

¿Es aceptable copiar música? Los derechos de autor y el canon SGAE
Por Ricardo Martínez
(www.ricardadas.com/2010/03/es-aceptable-copiar-musica-los-derechos.html)

¿Por qué la industria musical no ha sabido adaptarse? El hecho de que el sector esté controlado por unas pocas y muy potentes compañías debe tener algo que ver. Todo ello edulcorado con el bálsamo económico del canon por copia privada que les permite ignorar por ahora la nueva situación a la espera de un futuro mejor. Tampoco ha ayudado que la tecnología cambia a una velocidad muy superior a la de las leyes y costumbres, que muchas personas (en las discográficas, estudios, administración) se hayan anclado en el *status quo* lo que les hace ver la nueva situación con el mismo prisma que usaban en la situación pre-Internet, sin identificar cómo avanzar siendo parte del cambio y no situándose en contra del mismo, en una zona "gris", posible sólo por su carácter oligopolista.

La legislación actual ha creado a un gran colectivo de jóvenes que bajan música con el ordenador a quienes denominamos "piratas". Una sociedad no se puede permitir el lujo de tener a la inmensa mayoría de su juventud bajo esa etiqueta, ya que hará que les cambie colectivamente su visión moral sobre las leyes.

Las discográficas y el canon persisten en continuar por el camino equivocado: el de sobreproteger al autor, sin preocuparse de los beneficios de la "Cultura Abierta" (ver más abajo) que ha sido la base del desarrollo de nuestra cultura desde el inicio de los tiempos: la cultura abierta, que es la que me permite "cortar y pegar", aplicar lo que aprendo en un sitio para reutilizarlo en proponer cosas nuevas.

El canon es un mecanismo equivocado; no intenta resolver el problema—la impunidad en la copia ilegal y la no adaptación de las discográficas a las nuevas necesidades, sino que ha generado un universo idílico y artificial, paradójicamente prolongando la agonía que debe llevar a la adaptación de toda la industria. Eso sí, ha creado la "ilusión" a los políticos del entorno occidental que estaban ganando tiempo, para enfrentarse a este tema que, tenga la solución que tenga, no agradará a su electorado joven.

¿Y si usamos la tecnología junto con las leyes para conseguir que la cultura sea mucho más abierta? Creo que es muy sencillo: basta con definir por parte del

Línea
(5)

(10)

(15)

(20)

(25)

(30)　éstado un justiprecio por el uso comercial de fotos, vídeos o música de material
con copyright, definiendo un periodo exclusivo inicial para el autor, pero abierto
(pagando) después de un tiempo inicial (corto) de protección.

Al mismo tiempo las discográficas y los estudios cinematográficos deben
cambiar sus modelos de negocio, pensando que si se alían con los operadores
(35)　cediéndoles, p.ej., parte de su margen, pueden llegar a ganar más dinero si
consiguen que la mayoría de usuarios ADSL que estén descargando por encima
de un umbral se suscriban a buenos servicios de comparición de música y vídeos
a precios realmente económicos. Podrían ganar más, pero lógicamente, a un
precio unitario menor.

Fuente #2: El primer gráfico muestra los tipos de multimedia obtenida por los encuestados
que hicieron descargas ilegales durante los últimos 12 meses. El segundo muestra cuánto
pagarían los encuestados por descargarla legalmente.

Tipos de descargas ilegales

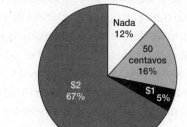

¿Cuánto pagaría para descargar música legalmente?

Fuente #3: La siguiente entrevista entre Antonio Delgado y Adam Sieff, director de la
dicosgrafia Sell a Band, presenta una solución a las descargas ilegales. Se basa en una
entrevista publicada en Consumer.es en 2009. La grabación dura aproximadamente 3
minutos y medio.

Apuntes:

ESSAY #7

Tema curricular: La vida contemporánea

Primero tienes 6 minutos para leer el tema del ensayo y las fuentes número 1 y 2.

Tema del ensayo: ¿Es el turismo cultural la mejor forma de entender una sociedad?

Fuente #1: El siguiente artículo trata de los cambios en cuanto al turismo cultural. El artículo original fue publicado en la página Web Naya.org.

Una nueva visión sobre el aprovechamiento de los sitios arqueológicos al turismo y la comunidad
Por Alejandro Sausa
(www.naya.org.ar/turismo/congreso/ponencias/Alejandro_saura.htm)

El legado cultural como pieza de turismo a partir de una ruina arqueológica.

Entendemos como ruina arqueológica al sitio o construcción donde se desarrolló una actividad y que en la actualidad se encuentra deshabitada o ya

Línea dejó de cumplir su función. El turismo como industria trata de aprovechar los

(5) recursos, tanto naturales como artificiales, para atraer a visitantes.

Las antiguas culturas americanas han proporcionado una fuente inagotable de recursos artificiales para el aprovechamiento del turismo, que fue ofrecido de una forma estática al visitante, y que debe ofrecerse en forma dinámica para el major entendimiento del turista y para el aprovechamiento de la comunidad.

(10) La evolución de las ciudades en la historia americana nos muestra un continuo abandono de éstas tras unos cientos de años de vida propia. Este abandono se profundizó a partir de la conquista de los pueblos americanos por las culturas invasoras europeas. Esto trajo consigo la fundación de nuevas ciudades donde se podia controlar la "encomienda", o sea, el control sobre la población de manera

(15) eficiente por las nuevas autoridades autoimpuestas.

El constante abandono de las ciudades permitió a la arqueología el estudio de sus modalidades de hábitat y desarrollo. Sitios descubiertos durante fines del siglo XIX y a principios del siglo XX llevaron a crear las bases de la "arqueología americana". Al estudio de estos lugares se acompaña, como segunda etapa, la de

(20) pasar a ser considerados como "piezas turísticas" y dejarse preparados para su explotación.

Acá es donde debe preguntarse si esta explotación turística está solamente pensada para que el visitante cumpla con el "rito del turista", que consta de la consabida fotografía y la compra de alguna artesanía, o si estos lugares tienen aún

(25) algún interés en el recuerdo colectivo de los habitantes que aún habitan la zona.

La manera de presentar un sitio para que el visitante simplemente recorra el lugar y reconozca las actividades que se desarrollaban a partir del discurso del guía de turno conlleva a llamar a este tipo de turismo como "turismo estático". En cambio, cuando se muestra el lugar con actividades propias a su ejecución

(30) primitiva es mostrarlo de manera dinámica y conlleva a comprender mejor su

utilización y vida propia. Un caso especial y quizás el mejor paseo para que un turista reconozca a una cultura en su hábitat natural, es el "Camino Inca", un tortuoso recorrido que permite conocer a la esencia de un pueblo desde su propio medio ambiente y poder entender mejor el diseño y la construcción de la ciudad (35) que corona ese recorrido, Macchu Pichhu.

El caso de los "carga mochilas" en el "Camino Inca", nos muestra a personas que en muchos casos sólo hablan la lengua quechua y que sin necesidad de equipos deportivos ni grandes musculaturas viven perfectamente pese a lo severo de la altura y a las exigencias de la orografía.

(40) El rescate de los lugares no podría ser posible si no se tuviera en cuenta a estos habitants y no dándoles la espalda como hasta ahora.

Fuente #2: El siguiente gráfico representa el vínculo entre el turismo cultural y otros tipos de turismo. El gráfico original fue publicado en www.monografías.com.

Fuente #3: La siguiente grabación titulada "Por primera vez en el Coliseo Romano se exhibirán las terribles mazmorrras" se basa en un artículo publicado en Clarin.com. La grabación dura aproximadamente 2 minutos y 30 segundos.

Apuntes:

ESSAY #8

Tema curricular: Los desafíos mundiales

Primero tienes 6 minutos para leer el tema del ensayo y las fuentes número 1 y 2.

Tema del ensayo: ¿Ofrece el ecoturismo la mejor oportunidad para el desarrollo sustentable?

Fuente #1: El siguiente artículo trata de las ventajas del ecoturismo. El artículo original fue publicado en la página Web Ciberamerica.org.

Principios, ventajas y potencialidades del ecoturismo

(*www.ciberamerica.org/Ciberamerica/Castellano/Areas/turismo/ecoturismo*)

En este momento la aportación económica del ecoturismo es de suma importancia, sobre todo por parte de las autoridades, y en algunos países ya es parte de un turismo que ha llegado a ser el principal proveedor de divisas
Línea
(5) derivadas del uso de la tierra. Dos ejemplos de buenas prácticas a la hora de distribuir los ingresos de esta actividad son los de Costa Rica y Belice, lo que indujo a numerosos gobiernos o entidades privadas a enviar misiones a estos países, con el propósito de aprovechar la experiencia acumulada.

En este sentido, lo más apropiado es un turismo cuidadosamente regulado, practicado por personas genuinamente interesadas en la naturaleza, dispuestas
(10) a causar el menor disturbio posible y respetuosas de las costumbres locales. Una técnica para reducir tal impacto es la "zonificación" de áreas protegidas, delimitando las áreas más frágiles con acceso restringido mientras que en otras áreas se permita sólo la visita manteniéndose en el sendero todo el tiempo.

Las áreas protegidas tienen una importante función. En efecto, el uso por
(15) parte de ecoturistas supone la generación de beneficios, tanto tangibles (empleos locales, por ejemplo) como otros (biodiversidad, protección de aguas y suelos). El ecoturismo en muchas instancias ha favorecido la conservación de la naturaleza. Tales argumentos se aplican también a la conservación de los parques marinos y su influencia beneficiosa sobre la productividad para la pesca en áreas cercanas
(20) o a veces situadas a considerable distancia. Hay que evitar que ambos sectores, la pesca y la llegada de ecoturistas compitan. Las zonas protegidas de arrecifes de coral han evitado su possible destrucción y permitido la recuperación de la pesca, especialmente de alevines en estas áreas, además de proveer nuevos empleos. Un proceso similar se ha llevado acabo en humedales y otros entornos.

(25) Por otro lado, el fomento del ecoturismo favorece la conservación de la biodiversidad.

Fuente #2: El siguiente gráfico presenta la definición del ecoturismo y sustentabilidad. La imagen original fue publicada en desustese.blogspot.com.

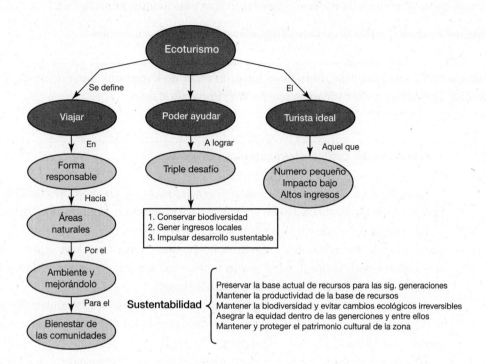

Fuente #3: Las siguiente entrevista trata de las Islas Galápagos. La entrevista dura aproximadamente cuatro minutos.

Apuntes:

ESSAY #9

Tema curricular: La vida contemporánea

Primero tienes 6 minutos para leer el tema del ensayo y las fuentes número 1 y 2.

Tema del ensayo: ¿Cuál es la dieta más nutritiva para una vida saludable?

Fuente #1: El siguiente artículo trata de los problemas de seguir una dieta de moda. El artículo original fue publicado en la página Web Enplenitud.com.

Dietas de moda. Crítica a las promesas milagrosas

La <u>estética</u> ha dejado de ser monopolio de las mujeres. Los hombres también quieren lucir bien y no dudan en consultar para obtener un mejor estado físico.

Línea

(5)

Las <u>dietas</u> de moda circulan con soluciones mágicas que dicen resolver el problema a la brevedad, descuidando el hecho que en muchos casos se trata de una enfermedad, la obesidad, y por lo tanto debe ser tratada con seriedad. La salud no tiene precio y tampoco es un acto de magia.

A lo largo del tiempo, los modelos van cambiando y, lo que era ideal en el Renacimiento, está lejos de ser aceptado socialmente en este siglo. Hombres y mujeres no dudan a la hora de optar por <u>productos light</u> y largas horas de gimnasio.

(10)

Una amplia información es la que circula sobre cómo liberarse de la pesadilla de la gordura. En general, son recetas mágicas que prometen resultados increíbles en muy corto tiempo; pero luego de varios intentos y sin conseguir el tan ansiado logro, los "dietantes" pierden las esperanzas, hasta que aparece una nueva alternativa milagrosa.

(15)

El charlatanerismo prolifera cada vez más, basándose en dietas absurdas y promesas de curación definitiva.

Es un negocio, y se basa en la falta de lectura crítica y en la credulidad popular, pero lo que ofrece es tentador y ¿quién no intentó alguna vez las famosas dietas de la Luna, la Sopa, la Fuerza Aérea, la Disociada, etcétera?

(20)

El remedio es sencillo: intentar comer de forma más ordenada, tratando de evitar aquellos alimentos de alto valor calórico, pero sin sufrir grandes privaciones.

Realizar actividad física y si es posible consultar a un nutricionista con el fin de obtener la información adecuada para lograr una alimentación balanceada.

(25)

El objetivo: sentirse bien, y alcanzar el Peso Ideal, que no es aquel que marcan las tablas o las fórmulas, sino el que nos permitirá llegar a una mayor longevidad con una mejor calidad de vida.

Mucho es lo que se podría hablar de este tema pero, resumiendo: una dieta prefabricada, general y adaptable a cualquier persona no es más que un producto

(30)

para vender. Está en cada uno analizar la situación para evitar frustraciones futuras.

No debemos olvidar que se trata de la Salud y así como no se busca en revistas el remedio para la presión, tampoco debería hacerse en este caso.

Fuente #2: El siguiente gráfico presenta el consumo ideal de la dieta mediterránea. El gráfico original fue publicado en la página Web www.enterbio.es el tres de marzo de 2013.

Fuente #3: La siguiente grabación, titulada "El vegetarianismo y la dieta vegetariana", trata de las recomendaciones de los teóricos de seguir una dieta vegetariana. Se basa en un artículo publicado en Terra.com

Apuntes:

ESSAY #10

Tema curricular: La belleza y la estética

Primero tienes 6 minutos para leer el tema del ensayo y las fuentes número 1 y 2.

Tema del ensayo: ¿Qué importancia tiene la gastronomía del mundo hispano?

Fuente #1: El siguiente artículo trata de la gastronomía peruana. El artículo original fue publicado en la página Web Gastronomíaperu.com.

Gastronomía peruana. Historia de la cocina peruana
(www.gastronomiaperu.com/index.php)

La cocina peruana es considerada como una de las más variadas y ricas del mundo. Gracias a la herencia pre incaica, incaica y a la inmigración española, africana, chinocantonesa, japonesa e italiana principalmente hasta

Línea
(5) el siglo XIX, reúne, mezcla y acriolla una gastronomía y exquisitos sabores de cuatro continentes, ofreciendo una variedad inigualable e impresionante de platos típicos de arte culinario peruano en constante evolución, imposible de enumerarlos en su totalidad. Basta mencionar que sólo en la costa peruana, hay más de dos mil sopas diferentes.

Es de conocimiento en todo el mundo que la cocina peruana ha encontrado
(10) ya un espacio dentro de las más reconocidas del mundo. Recientemente ha sido publicado en inglés, en el sitio web de Epicurious, un importante artículo sobre las bondades y la importancia de nuestra cocina. Reproducimos parte de la publicación: "Como dicen, todo lo antiguo se ha convertido en nuevo." Y en el caso del Perú, cuando decimos "viejo" nos referimos a antiguo. Uno de
(15) los ejemplos de cómo nuestros chefs están mirando hacia las raíces andinas, es el uso novedoso que se le da a la quinua, un grano que se remonta a los incas, con un ligero sabor a nuez y 3000 años de antigüedad, bien llamada "comida maravillosa," baja en carbohidratos y rica en proteínas.

Cualquier persona que haga turismo en el Perú, es inmediatamente conquistada
(20) por la riqueza culinaria local, y si es una gourmet, siempre buscará la excusa para regresar y deleitarse con algún sabor nuevo para su exigente paladar.

La cocina tradicional peruana es una fusión de la manera de cocinar de los españoles con la de los nativos peruanos. Productos básicos como la papa, maíz, maní, ají, y pescados y mariscos de nuestro mar, se remontan hasta el imperio
(25) incaico, que floreció en los Andes por miles de años. Cuando los conquistadores españoles llegaron en el siglo 16, trajeron con ellos los postres de estilo europeo y otros ingredientes como el pollo, la carne de res y frutas cítricas. Más adelante llegaron los inmigrantes africanos, italianos, chinos y japoneses que ayudaron a crear una sabrosa comida que hasta la fecha se come en los hogares y restaurantes
(30) peruanos.

Fuente #2: El siguiente gráfico presenta los resultados de una encuesta por la Universidad San Ignacio de Loyola en Perú. Los encuestados eran entre diferentes edades y todos respondieron a la pregunta "¿A qué se debe la diversidad de nuestros platos?".

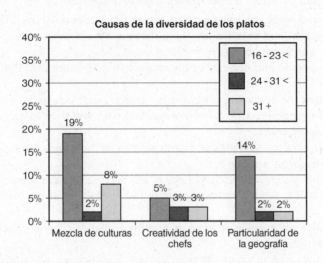

Causas de la diversidad de los platos

Fuente #3: La siguiente grabación es una entrevista entre un turista de la ruta gastronómica española y Ramón Inique, natural de Barcelona. La grabación dura aproximadamente 2 minutos, 15 segundos.

Apuntes:

AFTER YOU FINISH WRITING

- **Proofread what you have written.** Many students have learned to include formulaic examples of the use of the subjunctive, but then make simple errors such as using incorrect verb forms, or using adjectives and nouns that do not agree in gender and number. These basic errors do not create a good impression.

- **When you reread what you have written, check your grammar.** Use the following items as a checklist and practice checking these points of grammar.
  - Identify the gender of nouns.
  - Identify the person and number of the subject to make sure that the verb ending agrees.
  - Make sure that the sequence of tenses is correct, i.e., if you begin in the present tense, do not randomly switch from present to past and then to any other tense, unless it is appropriate.
  - Check to see that the spellings of stem changes, orthographic changes, and irregular verb forms are correct.
  - Make sure that you have not used English words, unless there are no Spanish equivalents. For example, "Super Bowl," if you are talking about professional sports.
  - Make sure that you have used accents and other diacritical and punctuation marks correctly.

- The secret to good proofreading is knowing the questions to ask. *Refresh your memory about the mistakes you are most likely to make and look for them when you proofread.* For example, you could ask, "What is the gender of this noun?" or "What is the correct ending for preterite verb forms?" or "Is this an irregular verb?" You may even want to make a short checklist of your weak points when you proofread.

PART FIVE
Speaking Skills

Introduction to Speaking Skills

10

The speaking portion of the exam is comprised of two parts, a simulated conversation and a formal oral presentation. Both tasks together take about 20 minutes and count for 25 percent of your total score.

INTERPERSONAL SPEAKING

In the interpersonal speaking part of the exam, you will have about two minutes to read the instructions, the introduction and the script, and then the conversation will begin. One part of the conversation will be played for you, and after each time the other person speaks, you will have 20 seconds to record your response. You should follow the outline of the conversation. You will be asked to speak five times. This is not as hard as it sounds. It is simply an opportunity to be engaged, and for you to use expressions, explanations, and conversational strategies to speak in a natural way.

PRESENTATIONAL SPEAKING: CULTURAL COMPARISON

The presentational speaking portion of the exam is designed so you can demonstrate your ability to oral communicate in Spanish, while comparing cultural products, practices, and/or perspectives from your own community with those in the Spanish speaking world. You will be given a question to answer and four minutes to prepare your oral presentation. After the four minutes, you will have two minutes to record your response.

Presentation speaking implies an academic setting, so the language you use in this part of the exam needs to be formal and appropriate for the audience for whom it is intended. In addition to language, you should also ensure that your presentation is organized and clear to the target audience.

Suggestions

In many ways, this part of the exam may seem difficult because it requires you to draw upon your knowledge of the Spanish speaking world. The more you know about Spanish history, people, places, and culture, the easier it will be for you to formulate your responses. Make every effort to read and listen to as much Spanish as you can in preparation for taking the exam. The listening practice will also improve your own pronunciation, if you try to reproduce the good pronunciation you hear.

In preparation for the simulated conversation, you need to make sure you have an adequate vocabulary. The vocabulary section in the appendix of this book is designed to help you review vocabulary you may want to use. In addition, there are a number of expressions that are useful to remember. However, the best way to build your vocabulary on any given topic is to extract vocabulary from reading and listening activities. It is not enough to simply know what a word means, you also need to identify the function of the word, other variations of the word (adjective, noun, verb), and use it as often as possible so that it becomes a part of your lexicon.

In preparation for the simulated conversation, it is very helpful to imagine the role you are asked to play and immerse yourself in that role. Even if you have the opportunity to speak with Spanish speaking people often, it is very useful to imagine the conversation. Imagining conversations and playing a role allows you to cover topics that you would not ordinarily discuss with other people and will help take away some of the fear of speaking you may have. You will want to pre-think as many topics as you can, so that you have the words you need to do your best.

In preparation for the presentational speaking part of the exam, you need to learn as much as possible about cultural products, practices, and perspectives of the Spanish speaking world and constantly compare them with those in your own community. One example is if you are learning about sports in Mexico, you should think about what sports they watch, why they like to watch those sports, when do they watch them, with whom, and then ask yourself how they compare to sports in your life or in your community. You don't necessarily have to like the subject matter of the topic in order to have an effective presentation. In this particular example, you are not being tested on whether or not you like sports, but how clear and effective you are in your ability to present the differences between your culture and a Spanish speaking one on this topic.

SCORING THE INTERPERSONAL SPEAKING

POOR / WEAK: Samples that score poor are very limited in content. The speaker is confused about what to say regarding the given prompts and provides little required information. The student may be barely understandable and have limited vocabulary resources and control of language. If there is any clarification, it does not help overall comprehensibility.

FAIR: The responses follow the script adequately and provide the required information. Grammar and vocabulary are appropriate, as is pronunciation and fluency; although, there may be some errors that impede comprehension. The speaker was able to communicate thoughts and ideas, but they were basic and not well developed.

STRONG: The speaker responds appropriately to all the prompts of the script and frequently elaborates and goes beyond the minimum requirements. The sample is fully understandable with a high degree of pronunciation, appropriate and varied vocabulary, and a high degree of accuracy and variety in grammatical structures. There may have been some minor errors, but overall intelligibility was very strong, and the speakers sustained a strong speaking ability throughout the conversation.

SCORING THE PRESENTATIONAL SPEAKING: CULTURAL COMPARISON

POOR / WEAK: The response is very limited or unsuitable in content. Although the student may have presented information about his/her own community and the target culture, there may not be any comparison, or comparison is limited. There may also be limited to no organization. Delivery of the response is halting and contains pauses while the speaker tries to figure out what to say. There are grammatical and syntactic errors and vocabulary is limited. The speaker has problems with pronunciation and intonation, which makes the response difficult to comprehend. Although the student may try to self-correct at times, these often do not improve overall comprehensibility.

FAIR: Responses in this category address the question and establish a relationship with the topic, including some details. The student demonstrates general understanding of the target culture, although there may be some inaccuracies. The response is adequately organized, and the grammatical and syntactical structures are coherent, despite the mistakes. There is good self-correction, and, although there may be some problems with pronunciation, the speaker is understandable.

STRONG: The response shows that the speaker has a strong understanding of the target culture and is able to compare the two cultures well, including details and very good examples. The sample is fully understandable, and the speaker demonstrates good command of the language as evidenced by being precise and varied in word selection, grammar, and syntax. Overall pronunciation is comprehensible, and, although there may be some minor errors, they were random and do not indicate lapses in knowledge.

For a more complete description of the rubrics for scoring, see pages 11–16. Generally speaking, if you are effective in doing the bare minimum that is asked of you, you probably can expect to score in the 3 range. In order to qualify for a 4 and 5, you must go above and beyond the minimum requirements.

EARLY STEPS

Before practicing the speaking exercises that follow, it would be a good idea to listen to any kind of spoken Spanish to get accustomed to listening to audio source material. Good sources for listening include television, radio, films, Internet audio sources, and songs. When listening to these sources, try and practice summarizing what you hear using your own words and individual words and phrases from the source. This will help you become more accustomed to talking about different topics, and it will help you to develop more confidence in your own speaking ability. Additionally, take advantage of any opportunity that you have to converse with either a native Spanish speaker or with a friend or teacher in Spanish to help build your ability to communicate your ideas and to use particular vocabulary on any given topic.

The following are some additional tips for the speaking part of the exam.

- Do not use English in your responses, unless there is absolutely no Spanish equivalent for the word you want to use.
- Do not use inappropriate language, such as curse words.
- Do not leave long pauses in your response or hesitate too often. Your speech sample should last the entire time that is provided.

  - For Interpersonal Speaking, this means you have to speak for the entire 20 seconds. You should use this time to provide the required information and elaborate as much as possible.
  - For Presentational Speaking, this means you have to speak for the duration of 2 minutes. You may find that you are unable to give your entire presentation in the 2-minute period. This will not count against you as long as the sample you do provide clearly demonstrates the qualities that are required for scoring a 4 or a 5.

Remember the following points:

- Be precise and varied in your use of grammar and vocabulary in your response (within reason).
- Use the time provided to think of Spanish vocabulary to use and to organize your thoughts.
- Remember that the whole speaking part takes only about 20 minutes. If you are anxious, remember it will not last long.
- Self-correction is good.
- You know more Spanish than you may think, and you will perform better if you relax.

Practice for the Oral Exam

11

INTERPERSONAL SPEAKING: CONVERSATION

Description

The objective of the interpersonal speaking part of the exam is to provide a sample of speech in a simulated conversation. On the page with the script, you will see a text box with a set of directions. There are two boxes, one in English and another in Spanish. You will then see the curricular theme and be given an introduction to the conversation. You will have one minute to read the instructions and one additional minute to read the introduction and outline of the conversation. After the two minutes have passed, the conversation will be played without pauses. The lines that are recorded are in a shaded box, and your part is in the un-shaded part. In each case, there is a very general description of the kind of information or response that is appropriate. After each time the other person speaks, you will have 20 seconds to record your response. There will be five places for you to participate in the conversation. At times, you may be asked to initiate the conversation in response to a stimulus, such as a telephone ring.

Suggestions

Clearly, there is a wide range of expressions that would be appropriate in each conversation. The conversation cannot be so specific that there is only one correct response or answer to a question. It will be helpful to know a range of expressions that are common in conversations at different points of the talk. For example, if you are asked to give a greeting, you should have a number of them ready to use. Pick an expression that would correspond to the context. If you are to talk to a close friend, you would use *tú* in addressing him or her. If it is morning, you would say *Buenos días*, instead of *Buenas noches*. If you are to close the conversation, you can close with any number of expressions, from *Hasta luego* to a more formal kind of closing for a more formal conversation, such as *Gracias por los consejos* or *Le agradezco mucho por su ayuda*. There will be times for you to express reactions, issue an invitation, make a suggestion, ask a question for additional information or for clarification, or make an observation about a familiar topic. Some of the expressions are short and could be used at the beginning of your response while you formulate what you are going to say. Expressions, such as *¡Qué va!, ¡Ni idea!, ¡Qué lata!, ¡Qué idea!, ¡No me digas!, ¡Ni modo!, A ver, bueno pues,* are all exclamations that continue a conversation and fulfill the requirements of the conversation, while at the same time give you time to think.

In addition to vocabulary, be sure to make a mental note of the grammar you may want to use in the conversation. For example, there may be natural opportunities to use the subjunctive. When you are asked to give a reaction, you can use the subjunctive following a verb of emotion, doubt, or an impersonal expression. When you are asked to make a recommendation, you can use the subjunctive after a verb of volition, such as *querer, recomendar, aconsejar, sugerir,* or *mandar, exigir, requerir,* or the most common one, *pedir.* The grammar you use in the informal speaking part is similar to the kind you would use in the informal writing part of the exam.

In a normal conversation, some hesitation is acceptable, but long pauses while you translate from English to Spanish are going to be obvious. To maintain a natural flow to the conversation, think ahead. When you see that a reaction is called for in the script, you can make a mental note of words to expect to either hear or use. Remember that writing out words or sentences takes time. If you start writing down things to say, you will lose too much of the allotted 30 seconds. When you look at the script before listening to the conversation, make a quick mental note of

- where the conversation takes place,
- with whom you are speaking,
- what the main topic is, and
- what kind of information you need to supply in the conversation.

Standard informal and formal greetings should be so familiar to you that you do not need to spend time thinking about them. If you know how to begin and end the conversation, you can focus on the middle part when you review the script before recording your responses. The rest of the topic will be about something every teenager might have in common, so you can anticipate the topics, in part, if you think through your own life experiences.

Strategies for completing the informal speaking part of the exam should include the following points:

- Read the outline carefully, especially after reading the explanation of the context of the conversation.
- Know the instructions so well that you do not have to pay much attention to them. This will allow you more time to study the outline of the conversation. The extra time is useful for remembering expressions and structures you may want to use.
- Decide immediately whether to use *tú, Ud.,* or *Uds.*
- Jot down words that you might want to use on the lines in the booklet where you are to speak. For example, if the outline says that you are to thank someone, you could jot down *agradezco,* or if the script calls for you to reject an offer to do something, you could jot down *lo siento que no* (then use the subjunctive). If the outline asks for details, think ahead about words associated with the topic, such as terms used in sports, at school, or at a party.
- Try to visualize the person with whom you are speaking. It is easier to talk to someone face to face than on a telephone.
- If you do not understand a sentence that you hear, pick one word that you may be given.
- Rephrase if you get stuck with a sentence that you cannot complete because of one word you do not know.
- Use as much of the 20 seconds as you can. Do not leave long pauses. The directions in the script are very general, but you can be very specific in giving examples or narrating events in your responses.
- Correct yourself if you know you have made a mistake.
- Relax and say something. If you do not say anything there is nothing to evaluate.

SAMPLE SCRIPT

Below is a sample of a script similar to the sort you will see on the informal speaking part. Following the script are the steps you will follow to fulfill this part of the exam.

> **DIRECTIONS:** You will now take part in a simulated conversation. First, you will have 1 minute to read a preview of the conversation, including the script for both parts. Then, the conversation will begin and follow the script. Each time it is your turn to speak, you will have 20 seconds to respond.
>
> You should engage in the conversation as much and as appropriately as possible.

> Ahora vas a participar en una conversación simulada. Primero, tendrás un minuto para leer la introducción y el esquema de la conversación. Después, empezará la conversación, siguiendo el esquema. Cada vez que te toque hablar, tendrás 20 segundos para responder.
>
> Debes participar en la conversación de la forma más completa y apropiada posible.

1. **Tema curricular:** *La belleza y la estética*

   Tienes un minuto para leer la introducción y el esquema de la conversación.

> **Introducción:** Esta es una conversación con Paco, un amigo tuyo que te ha llamado pidiendo que lo llamaras. Quiere invitarte a un evento en tu escuela.

Paco:	• Contesta el teléfono
Tú:	• Salúdalo y explica la razón por tu llamada
Paco:	• Continúa la conversación
Tú:	• Reacciona apropiadamente
Paco:	• Continúa la conversación
Tú:	• Reacciona apropiadamente dando detalles
Paco:	• Continúa la conversación
Tú:	• Responde afirmativamente con detalles
Paco:	• Continúa la conversación
Tú:	• Finaliza los planes • Despídete
Paco:	• Concluye la conversación

2. Note that in the exam, every time it is your turn to speak, you will have 20 seconds to do so. When the speaker finishes, you will hear a tone and then have 20 seconds to respond. The tone will sound at the end of 20 seconds indicating that you should stop speaking and listen to the next part. You should engage in the conversation as much as possible.

NOTE: For the purpose of this sample only, we are providing the following dialogue script for your reference.

Paco:	• Hola
Tú:	• Salúdalo y explica la razón por tu llamada
Paco:	• Ah, sí, gracias por llamarme. Querría invitarte a acompañarme a la escuela este fin de semana. Hay un drama buenísimo que se da, se llama Sueño.
Tú:	• Reacciona apropiadamente
Paco:	• Me dijeron que nuestro compañero de clase es fantástico en el drama. Interpreta el papel del rey. Como recuerdas, leímos una parte de este drama en la obra La vida es sueño en la clase de español hace un mes. Me gustaron esos versos de "¿Qué es la vida? Una ilusión,"...etcétera.
Tú:	• Reacciona apropiadamente dando detalles
Paco:	• Sí, los otros de la clase ya han ido y dicen que les gustó. ¿Te gustaría ir conmigo? Te invito.
Tú:	• Responde afirmativamente con detalles
Paco:	• ¡Estupendo! Te encontraré enfrente del teatro a las siete.
Tú:	• Finaliza los planes • Despídete
Paco:	• De acuerdo amigo. Nos vemos.

3. The recording is finished. You will check to see that your voice was recorded.

Now study the model above and complete the practice exercises that follow. This will give you enough practice, so that when you get to the exam, the task will be familiar to you. You can easily imagine your own sample conversations with a little practice. The more you practice, the more comfortable and relaxed you will be and the better your speech sample will be.

DIRECTIONS: You will now take part in a simulated conversation. First, you will have 1 minute to read a preview of the conversation, including the script for both parts. Then, the conversation will begin and follow the script. Each time it is your turn to speak, you will have 20 seconds to respond.

You should engage in the conversation as much and as appropriately as possible.

Ahora vas a participar en una conversación simulada. Primero, tendrás un minuto para leer la introducción y el esquema de la conversación. Después, empezará la conversación, siguiendo el esquema. Cada vez que te toque hablar, tendrás 20 segundos para responder.

Debes participar en la conversación de la forma más completa y apropiada posible.

CONVERSATION #1

Tema curricular: *La vida contemporánea*

Tienes un minuto para leer la introducción y el esquema de la conversación.

Introducción: Tú estás de viaje. Te encuentras en una ciudad desconocida y te has perdido en el centro, no muy lejos del hotel. Tienes que preguntar a alguien cómo se llega al hotel. Entras en una tienda para preguntar a un dependiente cómo llegar allá.

Dependiente:	(Te salúda.)
Tú:	(Responde apropiadamente.) (Hazle una pregunta.)
Dependiente:	(Contesta a la pregunta.) (Te hace una pregunta.)
Tú:	(Responde que no tienes la dirección.)
Dependiente:	(Te pide otros nombres.)
Tú:	(Nombrale otro lugar.)
Dependiente:	(Responde con otra pregunta.)
Tú:	(Dale otro descriptivo.) (Pídele la dirección.)
Dependiente:	(Te dice que la reconoce.) (Te instruye cómo llegar.)
Tú:	(Reacciòna.) (Despídete del dependiente.)

CONVERSATION #2

Tema curricular: *La vida contemporánea*

Tienes un minuto para leer la introducción y el esquema de la conversación.

> **Introducción:** Durante su último año de escuela superior, tú has visitado una universidad en la cual quieres matricularte y donde hablas con el guía estudiantil que te acompaña en tu visita. Tú y el guía hablan.

Tú:	(Preséntate al guía.)
Guía:	(Te responde.) (Te hace una pregunta.)
Tú:	(Cóntestale.)
Guía:	(Responde con entusiasmo.) (Te invita a seguirle mientras habla.)
Tú:	(Hazle una pregunta de un profesor particular.)
Guía:	(Te responde con un hecho interesante.)
Tú:	(Reacciona.) (Hazle una observación.)
Guía:	(Añade algo a la historia.)
Tú:	(Ofrece una conclusión.)

CONVERSATION #3

Tema curricular: *Las identidades personales y públicas*

Tienes un minuto para leer la introducción y el esquema de la conversación.

Introducción: Tú eres un estudiante nuevo en una escuela. Tu familia acaba de mudarse a esta nueva ciudad y tú tienes que cultivar un nuevo grupo de amigos en la escuela.

Chica:	(Saluda.) (Te hace una pregunta.)
Tú:	(Responde.)
Chica:	(Te hace otra pregunta.)
Tú:	(Contesta la pregunta.) (Hazle una pregunta.)
Chica:	(Contesta a tu pregunta.) (Ofrece datos personales.)
Tú:	(Respóndele con información personal.)
Chica:	(Te invita.)
Tú:	(Responde a la invitación.)
Chica:	(Continua la conversación.) (Te hace una pregunta.)
Tú:	(Infórmale que no puedes.) (Sugiere una alternativa.)
Chica:	(Termina la conversación.)

CONVERSATION #4

Tema curricular: *La vida contemporánea*

Tienes un minuto para leer la introducción y el esquema de la conversación.

> **Introducción:** Este verano necesitas encontrar empleo para ahorrar dinero para la universidad. Tienes una entrevista con la gerenta de una compañía donde quieres obtener empleo. Imagina la conversación entre tú y la gerenta.

Gerenta:	(Te saluda.)
Tú:	(Responde apropiadamente.)
Gerenta:	(Te hace una pregunta.)
Tú:	(Explícale tus razones.)
Gerenta:	(Reacciona de buena manera.) (Te hace otra pregunta.)
Tú:	(Responde.) (Cuéntale algo que has hecho.) (Expresa tus esperanzas.) (Pregúntale cuánta experiencia hace falta para el trabajo.)
Gerenta:	(Te contesta.) (Te ofrece un puesto.)
Tú:	(Reacciona favorablemente.) (Acepta.)
Gerenta:	(Te responde.)
Tú:	(Dale las gracias.) (Despídete te de ella.)

CONVERSATION #5

Tema curricular: *La ciencia y la tecnología*

Tienes un minuto para leer la introducción y el esquema de la conversación.

Introducción: Para la próxima edición del periódico de tu revista estudiantil necesitas entrevistar al director de la cafetería de su escuela porque los alumnos acaban de hacer una encuesta sobre la comida en la cafetería y la falta de comida nutritiva en el menú.

Director:	(Te saluda.)
Tú:	(Respóndele apropiadamente.)
Director:	(Comentario sobre sus relaciones con los estudiantes.) (Te hace una pregunta.)
Tú:	(Explícale el propósito de la visita.) (Hazle una pregunta.)
Director:	(Contesta a la pregunta.)
Tú:	(Cuéntale los resultados de la encuesta.) (Hazle otra pregunta.)
Director:	(Te hace una pregunta de respuesta.)
Tú:	(Comunica los deseos de los estudiantes.)
Director:	(Propone una idea.)
Tú:	(Reacciona favorablemente.)
Director:	(Responde con sus deseos.)
Tú:	(Despídete de él.)

CONVERSATION #6

Tema curricular: *La vida contemporánea*

Tienes un minuto para leer la introducción y el esquema de la conversación.

> **Introducción:** Llamas por teléfono a un amigo para pedirle consejo sobre un proyecto que ambos necesitan llevar a cabo para una clase de ciencias. Tienen que arreglar los planes para terminar con el proyecto.

	(Suena el teléfono.)
Diego:	(Saluda.)
Tú:	(Salúdalo.) (Explícale el tipo de ayuda que necesitas.)
Diego:	(Responde.)
Tú:	(Acepta su oferta.) (Propón algo que puedes hacer.)
Diego:	(Está de acuerdo.) (Hace una pregunta.)
Tú:	(Expresa tu inquietud con las matemáticas.) (Responde con una sugerencia.)
Diego:	(Sugiere un plan de acción.)
Tú:	(Ponte de acuerdo.) (Hazle una pregunta.)
Diego:	(Concluye los planes.)
Tú:	(Responde.) (Despídete de él.)
Diego:	(Se despide.)

CONVERSATION #7

Tema curricular: *La belleza y la estética*

Tienes un minuto para leer la introducción y el esquema de la conversación.

> **Introducción:** Imagina que estás en el norte, en febrero, y necesitas una blusa de cierto estilo para un papel en un drama en la escuela. Vas a comprarla. Entras en una tienda y hablas con una dependienta sobre lo que necesitas.

Dependienta:	(Se dirige a ti.)
Tú:	(Responde apropiadamente.) (Explícale lo que necesitas.)
Dependienta:	(Comenta sobre tu pedido.) (Comenta sobre la mercancía.) (Ofrece mostrártela.)
Tú:	(Agradécele.) (Dile lo que buscas en particular.)
Dependienta:	(Te sugiere algo.) (Te hace una pregunta.)
Tú:	(Contesta la pregunta.) (Expresa una preferencia.) (Hazle otra pregunta.)
Dependienta:	(Contesta.) (Expresa una opinión.)
Tú:	(Responde.)
Dependienta:	(Concluye el trato.)
Tú:	(Expresa gratitud.)
Dependienta:	(Te responde.) (Te invita a volver.)

Tema curricular: *La vida contemporánea*

Tienes un minuto para leer la introducción y el esquema de la conversación.

Introducción: Imagina que trabajas en un restaurante. Un día un cliente entra para almorzar. Parece que es la primera vez que esta persona ha venido al restaurante.

Tú:	**(Dirígete apropiadamente al cliente.)** **(Hazle una pregunta.)**
Cliente:	**(Responde.)** **(Pide más información.)**
Tú:	**(Responde.)** **(Hazle otra pregunta.)**
Cliente:	**(Te pide información.)**
Tú:	**(Nombra unos platos.)**
Cliente:	**(Te pide una sugerencia.)**
Tú:	**(Sugiere uno de los platos que nombró reciéntemente.)** **(better: "... que acabas de nombrar.")** **(Descríbelo con más detalle.)**
Cliente:	**(Acepta tu sugerencia.)** **(Te hace una pregunta.)**
Tú:	**(Nombra la selección.)**
Cliente:	**(Completa su selección.)**
Tú:	**(Termina la conversación.)**

CONVERSATION #9

Tema curricular: *La ciencia y la tecnología*

Tienes un minuto para leer la introducción y el esquema de la conversación.

> **Introducción:** Un día te despiertas con síntomas tan malos que no puedes asistir a tus clases. Tienes que llamar a la enfermera de la oficina médica de tu doctor para pedir una cita.

	(Suena el teléfono.)
Enfermera:	(Saluda.)
Tú:	(Responde apropiadamente.) (Explica el motivo de tu llamada.)
Enfermera:	(Te hace una pregunta.)
Tú:	(Explica tus síntomas.)
Enfermera:	(Te hace otras preguntas.)
Tú:	(Contesta.) (Haz una pregunta.)
Enfermera:	(Comenta sobre tu estado.) (Hace una pregunta.)
Tú:	(Explica que sí, pero con una condición.)
Enfermera:	(Responde.)
Tú:	(Responde apropiadamente.) (Despídete.)
Enfermera:	(Se despide.)

CONVERSATION #10

Tema curricular: *La vida contemporánea*

Tienes un minuto para leer la introducción y el esquema de la conversación.

> **Introducción:** Después de un partido de fútbol especialmente emocionante, tú y un amigo están en un restaurante, charlando del partido. Maldonado, un jugador del equipo opuesto, recibió un trofeo por ser el jugador más valioso del partido. Uds. discuten tal selección.

Juan:	(Expresa una opinión.)
Tú:	(Expresa una opinión contraria.)
Juan:	(Reacciona.)
Tú:	(Defiende tu opinión.)
Juan:	(Pide justificación.)
Tú:	(Explica tu razonamiento.)
Juan:	(Reacciona.)
Tú:	(Consuela a tu amigo.) (Haz una pregunta.)
Juan:	(Acepta por fin.) (Hace una pregunta.)
Tú:	(Expresa tu opinión sobre el resultado del partido.)
Juan:	(Concluye el tema.)

PRESENTATIONAL SPEAKING: CULTURAL COMPARISON

Description

The objective of the presentational speaking part of the exam is to evaluate how well you can present your knowledge of the similarities and differences between the practices, products, and perspectives of Spanish-speaking cultures and of your own culture. You will be given a series of instructions and then a question that you are to answer in the form of a presentation. The instructions will be provided both in English and in Spanish, and will inform you that you have to answer the question by comparing your own community with an area of the Spanish-speaking world. You will then have 4 minutes to prepare your presentation and 2 minutes to record it.

The question will be about any topic relating to the six curricular themes. The question itself will be relatively general in nature, meaning that there are many possible ways to answer it, depending on the nature of the cultures being compared. There is no one correct way to answer the question, but you do have to have a prior knowledge of the practices, products, and/or perspectives of at least one area of the Spanish-speaking world and compare them to those of your own community. The speech sample is one you would provide in an academic setting, such as a presentation to your class or to a group of people. It will require you to be well organized, give strong supporting details and relevant examples, and use good vocabulary, grammar, and pronunciation to ensure that your presentation is fully comprehensible to the target audience.

Recommendations

Cultural knowledge is vital in preparing the questions and in the intended responses. You need to pull knowledge from a wide variety of sources, including materials you may have read, conversations with native speakers, programs on television, radio, and Internet, and any experiences you may have had first-hand. The best way to be prepared to talk about the possible topics is by exposing yourself to as much culture from the Spanish-speaking world as possible.

Both content and language count in the evaluation of this skill area. You need to be able to make clear comparisons and provide relevant examples, organize your presentation in a way that it is clear and coherent to your audience, and use proper grammar, vocabulary, and pronunciation to communicate your ideas.

When you prepare to take this part of the exam, keep in mind the context. Idiomatic language is also a component of the presentations, and any way that you can relate the vocabulary to what you know about the Spanish-speaking world, will be helpful in thinking about possible topics.

Organization

When preparing your oral presentation, you need to consider organization and flow of ideas. Just like in the Interpersonal Writing: E-mail Reply section, you need to consider how you want to present your information to your audience. Generally speaking, there are three major components to an oral presentation:

1. **INTRODUCTION.** This is where you greet your audience, inform them of the topic, and explain why this topic is of importance. You want to keep this to no more than 3 to 4 sentences.

2. **BODY.** This is the most important part of your presentation. This is where you develop your ideas and give supporting details and evidence. A good idea is to provide one example from one of the two cultures, talk about it briefly, and then compare it with one from the other culture. There is no minimum number of examples that you are asked to provide on each topic.

3. **CONCLUSION.** Here is where you 1) summarize the ideas you presented in the body, 2) make a general statement or give a personal reaction about the topic, and 3) give an appropriate goodbye. Your statement or reaction is what you want to leave with your audience, and it can take the form of a wish, hope or desire (great way to include the use of the subjunctive), or a rhetorical question. What you don't want to do is introduce a new idea in your conclusion.

It is quite difficult to give a detailed oral presentation in two minutes, and most students will not be able to finish their presentation within the allotted time. This does not mean, however, that your goal should be not to finish, but rather it should be to give the strongest presentation you can, regardless of whether or not you finish it in two minutes. On the other hand you want to avoid finishing your oral presentation before two minutes, because more often than not your presentation will not be as developed as it should be.

Use of Transitional Phrases

A key component to any type of presentation is the inclusion of transitional phrases. What follows is a list of transitions that you should learn well.

Uses of transitions	Examples	
To introduce an idea	*Para empezar...* *Primero...*	*En primer lugar...*
To develop ideas	*además...* *a causa de...* *como consecuencia...* *como resultado...* *con respeto a...*	*en cuanto a...* *en realidad...* *por ejemplo...* *por lo general...* *también...*
To contrast ideas	*a pesar de...* *en cambio...* *no obstante...* *no...sino que...*	*pero...* *por otro lado...* *por otra parte...* *sin embargo...*
To connect similar ideas	*así que...* *como resultado...* *debido a lo anterior...* *entonces...*	*por consiguiente...* *por eso...* *por esa razón...*
To suggest an alternate idea	*tal vez...* *quizás...*	*a lo mejor...* *en vez de...*
To summarize	*como se ha notado* *finalmente*	*por fin* *para concluir*

Final Suggestions

Remember your goal is to give a presentation in which you demonstrate your <u>knowledge</u> and <u>understanding</u> of a Spanish-speaking community and compare it with your own. In doing so remember the following tips.

- Read the question carefully.
- Think about what you know about the topic and take notes.
- Use the four minutes to think and outline the presentation. Use a mind-map or Venn diagram to help you organize your ideas. Include concrete examples and identify why these are important.
- Do not write out sentences to read. You will not have enough time to write out two minutes worth of presentation, and the reading will be weak.
- Compare the target culture to your own. You don't want to run out of time showing only your knowledge of the target culture. Include how this compares to your own culture.
- Write down key vocabulary you may want to use.
- Write down key transitions you may want to use.
- If you notice that you have made a mistake, correct it. Successful self-correction will only help your score.
- Practice beforehand speaking often about anything for two minutes, so you know how long two minutes is.
- Relax!

NÚMERO 1

Tema curricular: Los desafíos mundiales

Tema de la presentación: ¿Qué impacto tienen los inmigrantes en la economía de un país?

Compara tus observaciones acerca de las comunidades en las que has vivido con tus observaciones de una región del mundo hispanohablante que te sea familiar. En tu presentación, puedes referirte a lo que has estudiado, vivido, observado, etc.

NÚMERO 2

Tema curricular: Los desafíos mundiales

Tema de la presentación: ¿Cuál es la importancia de crear espacios naturales protegidos?

Compara tus observaciones acerca de las comunidades en las que has vivido con tus observaciones de una región del mundo hispanohablante que te sea familiar. En tu presentación, puedes referirte a lo que has estudiado, vivido, observado, etc.

NÚMERO 3

Tema curricular: Los desafíos mundiales

Tema de la presentación: ¿Qué se puede hacer para afrontar la crisis económica en que se encuentran muchos países?

Compara tus observaciones acerca de las comunidades en las que has vivido con tus observaciones de una región del mundo hispanohablante que te sea familiar. En tu presentación, puedes referirte a lo que has estudiado, vivido, observado, etc.

NÚMERO 4

Tema curricular: Los desafíos mundiales

Tema de la presentación: ¿Quién es responsable por el bienestar social de una sociedad?

Compara tus observaciones acerca de las comunidades en las que has vivido con tus observaciones de una región del mundo hispanohablante que te sea familiar. En tu presentación, puedes referirte a lo que has estudiado, vivido, observado, etc.

NÚMERO 5

Tema curricular: La ciencia y la tecnología

Tema de la presentación: ¿Se debería prohibir o permitir que los estudiantes tengan acceso a sus teléfonos celulares durante las clases?

> Compara tus observaciones acerca de las comunidades en las que has vivido con tus observaciones de una región del mundo hispanohablante que te sea familiar. En tu presentación, puedes referirte a lo que has estudiado, vivido, observado, etc.

NÚMERO 6

Tema curricular: La ciencia y la tecnología

Tema de la presentación: La ciencia y tecnología han contribuido de formas fascinantes las condiciones de nuestra vida, pero también han causado problemas y riesgos. ¿Tenemos un deber ético de mantener un equilibrio entre los avances y el bienestar de nuestro planeta?

> Compara tus observaciones acerca de las comunidades en las que has vivido con tus observaciones de una región del mundo hispanohablante que te sea familiar. En tu presentación, puedes referirte a lo que has estudiado, vivido, observado, etc.

NÚMERO 7

Tema curricular: La ciencia y la tecnología

Tema de la presentación: ¿Ha tenido el ser humano un impacto en los fenómenos naturales?

> Compara tus observaciones acerca de las comunidades en las que has vivido con tus observaciones de una región del mundo hispanohablante que te sea familiar. En tu presentación, puedes referirte a lo que has estudiado, vivido, observado, etc.

NÚMERO 8

Tema curricular: La ciencia y la tecnología

Tema de la presentación: ¿Es el gobierno responsable de proveer algún tipo de cuidado de la salud a sus ciudadanos?

> Compara tus observaciones acerca de las comunidades en las que has vivido con tus observaciones de una región del mundo hispanohablante que te sea familiar. En tu presentación, puedes referirte a lo que has estudiado, vivido, observado, etc.

NÚMERO 9

Tema curricular: La vida contemporánea

Tema de la presentación: ¿Es vital que uno continúe sus estudios en una universidad después de recibir su bachillerato?

> Compara tus observaciones acerca de las comunidades en las que has vivido con tus observaciones de una región del mundo hispanohablante que te sea familiar. En tu presentación, puedes referirte a lo que has estudiado, vivido, observado, etc.

NÚMERO 10

Tema curricular: La vida contemporánea

Tema de la presentación: ¿Qué aspectos del tiempo libre y el ocio valoran más los jóvenes?

> Compara tus observaciones acerca de las comunidades en las que has vivido con tus observaciones de una región del mundo hispanohablante que te sea familiar. En tu presentación, puedes referirte a lo que has estudiado, vivido, observado, etc.

NÚMERO 11

Tema curricular: La vida contemporánea

Tema de la presentación: Al viajar a otro país para conocer mejor su cultura, ¿qué consideraciones son importantes tener en cuenta?

> Compara tus observaciones acerca de las comunidades en las que has vivido con tus observaciones de una región del mundo hispanohablante que te sea familiar. En tu presentación, puedes referirte a lo que has estudiado, vivido, observado, etc.

NÚMERO 12

Tema curricular: La vida contemporánea

Tema de la presentación: ¿Qué importancia tienen las tradiciones en una comunidad?

> Compara tus observaciones acerca de las comunidades en las que has vivido con tus observaciones de una región del mundo hispanohablante que te sea familiar. En tu presentación, puedes referirte a lo que has estudiado, vivido, observado, etc.

NÚMERO 13

Tema curricular: Las identidades personales y públicas

Tema de la presentación: ¿Qué importancia tienen las figuras históricas en el orgullo nacional de un país?

> Compara tus observaciones acerca de las comunidades en las que has vivido con tus observaciones de una región del mundo hispanohablante que te sea familiar. En tu presentación, puedes referirte a lo que has estudiado, vivido, observado, etc.

NÚMERO 14

Tema curricular: Las identidades personales y públicas

Tema de la presentación: ¿Qué elementos de una cultura mejor definen su identidad?

> Compara tus observaciones acerca de las comunidades en las que has vivido con tus observaciones de una región del mundo hispanohablante que te sea familiar. En tu presentación, puedes referirte a lo que has estudiado, vivido, observado, etc.

NÚMERO 15

Tema curricular: Las identidades personales y públicas

Tema de la presentación: ¿Qué aspectos de la vida cotidiana influencian la autoestima de una persona?

> Compara tus observaciones acerca de las comunidades en las que has vivido con tus observaciones de una región del mundo hispanohablante que te sea familiar. En tu presentación, puedes referirte a lo que has estudiado, vivido, observado, etc.

NÚMERO 16

Tema curricular: Las identidades personales y públicas

Tema de la presentación: ¿Por qué es importante tratar de establecer una relación positiva con los demás?

> Compara tus observaciones acerca de las comunidades en las que has vivido con tus observaciones de una región del mundo hispanohablante que te sea familiar. En tu presentación, puedes referirte a lo que has estudiado, vivido, observado, etc.

NÚMERO 17

Tema curricular: Las familias y las comunidades

Tema de la presentación: ¿Cómo ha cambiado la estructura de la familia desde el siglo XX?

> Compara tus observaciones acerca de las comunidades en las que has vivido con tus observaciones de una región del mundo hispanohablante que te sea familiar. En tu presentación, puedes referirte a lo que has estudiado, vivido, observado, etc.

NÚMERO 18

Tema curricular: Las familias y las comunidades

Tema de la presentación: ¿Cuál ha sido la influencia de redes sociales en las relaciones interpersonales?

> Compara tus observaciones acerca de las comunidades en las que has vivido con tus observaciones de una región del mundo hispanohablante que te sea familiar. En tu presentación, puedes referirte a lo que has estudiado, vivido, observado, etc.

NÚMERO 19

Tema curricular: Las familias y las comunidades

Tema de la presentación: ¿Qué beneficios aportan la vida urbana y la campestre?

> Compara tus observaciones acerca de las comunidades en las que has vivido con tus observaciones de una región del mundo hispanohablante que te sea familiar. En tu presentación, puedes referirte a lo que has estudiado, vivido, observado, etc.

NÚMERO 20

Tema curricular: Las familias y las comunidades

Tema de la presentación: ¿Qué papel juegan los docentes en la formación de los valores en sus estudiantes?

> Compara tus observaciones acerca de las comunidades en las que has vivido con tus observaciones de una región del mundo hispanohablante que te sea familiar. En tu presentación, puedes referirte a lo que has estudiado, vivido, observado, etc.

NÚMERO 21

Tema curricular: La belleza y la estética

Tema de la presentación: ¿Qué influencia tienen las películas y programas de televisión a la cultura de la gente?

Compara tus observaciones acerca de las comunidades en las que has vivido con tus observaciones de una región del mundo hispanohablante que te sea familiar. En tu presentación, puedes referirte a lo que has estudiado, vivido, observado, etc.

NÚMERO 22

Tema curricular: La belleza y la estética

Tema de la presentación: ¿Quién importancia tiene la música en la vida de los jóvenes?

Compara tus observaciones acerca de las comunidades en las que has vivido con tus observaciones de una región del mundo hispanohablante que te sea familiar. En tu presentación, puedes referirte a lo que has estudiado, vivido, observado, etc.

NÚMERO 23

Tema curricular: La belleza y la estética

Tema de la presentación: ¿De dónde viene la inspiración para la creación artística?

Compara tus observaciones acerca de las comunidades en las que has vivido con tus observaciones de una región del mundo hispanohablante que te sea familiar. En tu presentación, puedes referirte a lo que has estudiado, vivido, observado, etc.

NÚMERO 24

Tema curricular: La belleza y la estética

Tema de la presentación: ¿Qué función tiene el arte en reflejar la vida y los valores de una sociedad?

Compara tus observaciones acerca de las comunidades en las que has vivido con tus observaciones de una región del mundo hispanohablante que te sea familiar. En tu presentación, puedes referirte a lo que has estudiado, vivido, observado, etc.

PART SIX
Model Exams

ANSWER SHEET
Model Exam 1

SECTION I

PART A

1. (A) (B) (C) (D)
2. (A) (B) (C) (D)
3. (A) (B) (C) (D)
4. (A) (B) (C) (D)
5. (A) (B) (C) (D)
6. (A) (B) (C) (D)
7. (A) (B) (C) (D)
8. (A) (B) (C) (D)
9. (A) (B) (C) (D)
10. (A) (B) (C) (D)

11. (A) (B) (C) (D)
12. (A) (B) (C) (D)
13. (A) (B) (C) (D)
14. (A) (B) (C) (D)
15. (A) (B) (C) (D)
16. (A) (B) (C) (D)
17. (A) (B) (C) (D)
18. (A) (B) (C) (D)
19. (A) (B) (C) (D)
20. (A) (B) (C) (D)

21. (A) (B) (C) (D)
22. (A) (B) (C) (D)
23. (A) (B) (C) (D)
24. (A) (B) (C) (D)
25. (A) (B) (C) (D)
26. (A) (B) (C) (D)
27. (A) (B) (C) (D)
28. (A) (B) (C) (D)
29. (A) (B) (C) (D)
30. (A) (B) (C) (D)

PART B

31. (A) (B) (C) (D)
32. (A) (B) (C) (D)
33. (A) (B) (C) (D)
34. (A) (B) (C) (D)
35. (A) (B) (C) (D)
36. (A) (B) (C) (D)
37. (A) (B) (C) (D)
38. (A) (B) (C) (D)
39. (A) (B) (C) (D)
40. (A) (B) (C) (D)
41. (A) (B) (C) (D)
42. (A) (B) (C) (D)

43. (A) (B) (C) (D)
44. (A) (B) (C) (D)
45. (A) (B) (C) (D)
46. (A) (B) (C) (D)
47. (A) (B) (C) (D)
48. (A) (B) (C) (D)
49. (A) (B) (C) (D)
50. (A) (B) (C) (D)
51. (A) (B) (C) (D)
52. (A) (B) (C) (D)
53. (A) (B) (C) (D)
54. (A) (B) (C) (D)

55. (A) (B) (C) (D)
56. (A) (B) (C) (D)
57. (A) (B) (C) (D)
58. (A) (B) (C) (D)
59. (A) (B) (C) (D)
60. (A) (B) (C) (D)
61. (A) (B) (C) (D)
62. (A) (B) (C) (D)
63. (A) (B) (C) (D)
64. (A) (B) (C) (D)
65. (A) (B) (C) (D)

Model Exam 1

SECTION I, PART A

Interpretive Communication: Print Texts

Time: Approximately 40 minutes

DIRECTIONS: Read the following passages. After each passage there are a number of questions for you to answer, based on the information provided in the reading selection. For each question, choose the response that is best according to the selection and mark your answer on the answer sheet.	Lee los siguientes textos. Cada texto va acompañado de varias preguntas que debes contestar, según la información en el texto. Para cada pregunta, elige la mejor respuesta según el contexto y escríbela en la hoja de respuestas.

SELECCIÓN NÚMERO 1

Tema curricular: Las identidades personales y públicas

Introducción: El siguiente fragmento presenta un recuerdo de una persona de un encuentro que tuvo anteriormente que le impactó mucho.

Me callé entonces, y durante un tiempo que no pude medir, pero que pudo ser muy largo, no cambiábamos una palabra. Yo fumaba; él levantaba de rato en rato los ojos a la pared,—al exterior, a la lluvia, como si esperara oír algo tras

Línea aquel sordo tronar que inundaba la selva. Y para mí, ganado por el vaho de exce-
(5) siva humedad que llegaba de afuera, persistía el enigma de aquella mirada y de aquella nariz abierta al olor de los árboles mojados.

—¿Usted ha visto un dinosaurio?

Esto acababa de preguntármelo él, sin más ni más.

Lo miré fijamente; él hacía lo mismo conmigo.

(10)   —Jamás. ¿Usted lo ha visto?

—Sí.

No se le movía una pestaña mientras me miraba.

—¿Aquí?

—Aquí. Ya ha muerto ... Anduvimos juntos tres meses.

(15)   *¡Anduvimos juntos!* Me explicaba ahora bien la luz ultra histórica de sus ojos.

—Era un nothosaurio... Pero yo no fui hasta su horizonte; él bajó hasta nuestra edad... Hace seis meses. Ahora... ahora tengo más dudas que usted sobre todo esto. Pero cuando lo hallé a la orilla del Paraná, al crepúsculo, no tuve duda alguna de que yo desde ese instante quedaba fuera de las leyes biológicas.
(20)   Durante tres meses fue mi compañero nocturno. Cuando nuestra fraternidad era más honda, era las noches delluvia. Cuando la lluvia llegaba por fin y se desplomaba, nos levantábamos y caminábamos horas y horas y horas sin parar. Mi vida de día proseguía su curso normal aquí mismo, en esta casa. Vivía maqui-nalmente de día, y sólo despertaba al anochecer. No sé qué tiempo duró esto.
(25)   Sólo sé que una noche grité, y no conocí el grito que salía de mi garganta. Y que no tenía ropa, y sí pelo en todo el cuerpo. En una palabra, había regresado a las eras pasadas por obra y gracia de mi propio deseo. Por eso, lo busqué una noche y cuando lo encontré, el odio de diez millones de años de vida atemorizada cayó sobre la cabeza del monstruo. Ambos murieron esa noche.

1. ¿Dónde parece haber ocurrido este acontecimiento?
   (A) En una casa urbana.
   (B) En la selva más remota.
   (C) Cerca de un río sudamericano.
   (D) En las afueras de una ciudad.

2. ¿Qué contó el hombre al narrador?
   (A) Contó su regreso a una época prehistórica.
   (B) Relató la muerte de dos dinosaurios.
   (C) Narró un encuentro con un salvaje.
   (D) Contó una extraña amistad entre un salvaje y un monstruo.

3. ¿De qué se dio cuenta una noche el hombre?
   (A) Supo que el monstruo vivía sólo de día.
   (B) Supo que había regresado a la época del dinosaurio.
   (C) Supo que al fin y al cabo las leyes biológicas siempre rigen.
   (D) Reconoció el salvaje dentro de sí mismo.

4. ¿De qué tenía miedo el hombre?
   (A) Temía que el monstruo se lo comiera.
   (B) Temía que se matara a sí mismo.
   (C) Temía que el salvaje lo matara.
   (D) Temía que no fuera verdad la existencia del dinosaurio.

5. En la línea 29, ¿a qué se refiere la palabra *ambos* en la oración: *Ambos murieron esa noche*?
   (A) Se refiere al hombre y al monstruo.
   (B) Se refiere al dinosaurio y al hombre.
   (C) Se refiere al odio y la amistad y el odio del dinosaurio.
   (D) Se refiere al dinosaurio y al monstruo.

6. ¿Qué actitud parece tener el hombre del suceso al contarlo al narrador?
   (A) Lo narró como si fuera la historia más natural del mundo.
   (B) Parecía dudoso de su propia narración, como si lo dudara él mismo.
   (C) Lo narró en tono incrédulo porque sabía que parecería una ilusión.
   (D) Lo narró con un tono irónico para parecer más crédulo.

7. ¿Cómo se relaciona la lluvia con lo que contaba el hombre?
   (A) La lluvia representaba el regreso a la época prehistórica.
   (B) Al llover se borraban las fronteras entre realidad e ilusión.
   (C) La lluvia es una alusión a los mitos de la creación del universo.
   (D) La lluvia no tiene nada que ver con lo que contaba el hombre.

SELECCIÓN NÚMERO 2

Tema curricular: La vida contemporánea

Introducción: La siguiente fuente es un anuncio de una compañía en el sector de viajes que les pueda interesar a sus clientes.

¡Esto sí que es una gran venta! Ahora, visitar a familiares y amigos le cuesta hasta un 35 por ciento menos de nuestras tarifas ya rebajadas. Aeronaves quiere celebrar con usted su nuevo y cómodo servicio a Mérida, México, y a Tegucigalpa,

Línea Honduras, vía Houston, ¡con tarifas superespeciales! Y para celebrar en grande,

(5) se han rebajado las tarifas a todas las ciudades que sirve en Latinoamérica. Pero apúrese, porque debe comprar sus boletos de ida y vuelta, mínimo 7 días antes de viajar, y sólo tiene hasta el 8 de febrero para comprarlos. La nueva y comodísima terminal internacional de Aeronaves en el aeropuerto hace más fácil que nunca viajar a Latinoamérica, incluyendo los trámites de aduana e inmigración.

(10) Además, cada vez que viaja con Aeronaves, gana millaje con nuestro programa Número Uno, una de las maneras más rápidas de ganar viajes gratis. ¡Inscríbase y comience a ganar! Para detalles y reservaciones, llame a su agente de viajes.

Estas tarifas están basadas en la compra de boletos de ida y vuelta, los que deben adquirirse no más tarde del 8 de febrero, o sea una semana en adelante.

(15) Los boletos deben comprarse un mínimo de 7 días antes de viajar. La máxima estadía es de 60 días y todos los viajes deben terminar el 23 de marzo del año actual, o antes. No se permite viajar del 27 de marzo al 2 de abril. Es mandatorio pasar la noche de un sábado en el viaje. El importe de los boletos no es reembolsable. Hay un cargo de US$75 si se hacen determinados cambios en las reserva-

(20) ciones. Solicite los detalles. Las tarifas pueden no estar disponibles en todos los vuelos y los asientos son limitados. Ningún otro descuento es aplicable. El cargo por seguridad de US$10 y el impuesto de embarque de los EEUU de US$6 por persona a Centroamérica, no están incluidos. El cargo por seguridad de US$6 y el impuesto de embarque de EEUU de US$6 a México, tampoco están incluidos.

(25) Estas tarifas son para viajes que se originan en Tejas. El servicio a Guayaquil comenzará el 6 de febrero. Estas tarifas están sujetas a la aprobación del gobierno y pueden cambiar sin previo aviso.

8. ¿Qué oferta se anuncia en esta selección?
   (A) Se anuncian maneras de conseguir viajes sin pagar con el nuevo programa Número Uno.
   (B) Se anuncian problemas con los trámites de aduanas e inmigración.
   (C) Se ofrecen maneras de evitar el pago de impuestos y tarifas.
   (D) Se anuncia que se han disminuido algunos vuelos al sur de EEUU.

9. ¿Con qué motivo se promueve esta oferta?
   (A) Se celebran el Año de la Familia.
   (B) Se celebran el establecimiento del programa Número Uno.
   (C) Se celebra su nuevo servicio del nuevo aeropuerto.
   (D) Se celebra iniciar vuelos con destinos distintos para la línea.

10. Una persona puede aprovechar esta oferta con tal que
    (A) compre el boleto sin hacer ningunos cambios en el itinerario.
    (B) se salga rumbo al sur de Tejas en el viaje.
    (C) se inscriba en el programa Número Uno.
    (D) permanezca no más de tres meses.

11. Si por alguna razón una persona no puede usar el boleto, ¿qué recurso tiene?
    (A) Se puede recibir un reembolso por el precio del boleto.
    (B) A veces con tal que pague US$75 se puede cambiarlo.
    (C) Se puede usarlo para recibir un descuento en otro boleto.
    (D) El boleto cuenta para millaje en el programa Número Uno.

12. ¿En qué mes habría aparecido este texto?
    (A) En el mes de enero.
    (B) En el mes de febrero.
    (C) En el mes de marzo.
    (D) En el mes de abril.

SELECCIÓN NÚMERO 3

Tema curricular: Los desafíos mundiales

Fuente 1

Introducción: El siguiente artítculo trata del envejecimiento de la población en España. El artículo original fue publicado en Eroski Consumer en 2005.

Abuelos en adopción

El envejecimiento de España se ha convertido en una realidad creciente. La población mayor de 65 años en nuestro país es siete veces mayor que la registrada a comienzos del siglo XX. En concreto, más de siete millones de españoles se hal-
Línea
(5) lan dentro de la denominada tercera edad y más de un millón, el 20%, vive solo todo el año, una cifra que se multiplica durante los meses de verano. Para ellos, la soledad se ha convertido en uno de los problemas más graves al que se enfren-tan, tanto es así que según las estadísticas les preocupa más que otras cuestiones como la salud y las pensiones tan ajustadas que reciben muchos de ellos.

El papel que en la actualidad ocupan nuestros mayores poco tiene que ver con
(10) el de generaciones anteriores. Diluido el concepto de 'barrio', sobre todo en las grandes ciudades, donde incluso se les trataba de 'Don', las relaciones humanas en los núcleos urbanos se han modificado y ha dejado de ser habitual que, por ejemplo, los vecinos se dirijan a ellos para preguntarles si necesitan algo.

La ONG Solidarios, consciente de esta necesidad de compañía tan demandada
(15) por los mayores, trabaja desde el año 1995 con más de 600 voluntarios en el programa 'Acompañamiento de ancianos', del que se benefician cerca de 1.000 ancianos en todo el país. Su iniciativa consiste en poner en contacto a la persona que ofrece la compañía y al anciano que demanda un acompañante. Ana Muñoz, una de las fundadoras de la ONG, explica que no todos los voluntarios sirven para
(20) acompañar a todos los mayores. "En principio un voluntario puede ser cualquier persona que solicite participar en este proyecto concreto, se evalúa su carácter y recibe un curso sobre formación del voluntario, donde se le deja claro que la labor que va a realizar no tiene que ver con la voluntad ni con el voluntarismo, no se trata de dar caridad ni pena, sino de realizar una función específica, un servicio
(25) digno", explica.

A esta preparación se suman los 'cursos de cuidados', centrados en las tareas prácticas que deben llevar a cabo en su compañía; cómo promover actividades de ocio, conocimientos básicos para los más enfermos, minusválidos o personas con discapacidad física y mental. Incluso se les imparte 'cursos de duelo' orienta-
(30) dos a tratar el tema de la muerte, tan recurrente en los mayores, desde un punto de vista psicológico. "Explicamos cómo un voluntario debe enfrentarse al tema y se le orienta sobre las posibles discusiones en las que puede ser protagonista", añade Muñoz.

(35) Una vez seleccionada la pareja, el programa fija en dos horas el tiempo que deben pasar juntos. En ese tiempo el voluntario se adapta a los deseos o necesidades de la persona mayor: puede acompañarle al médico, realizar trámites administrativos, llevarle a una cafetería con sus amigos o quedarse en casa charlando con él. La ONG advierte de que no se puede superar este tiempo de compañía. No obstante, el voluntario suele hacer un seguimiento de su pareja por teléfono, le

(40) pregunta sobre su salud, si ha tomado la medicación, etc. "En ningún momento tratan de sustituir a los familiares, sólo de ayudar en lo que puedan", aclaran desde la ONG.

Respecto a la financiación del proyecto, éste cuenta con la colaboración de Iberdrola para promocionar la campaña de ayuda a los mayores 2005 y cubrir los

(45) gastos mínimos de transporte de los voluntarios y las necesidades más urgentes de los ancianos: taxis adaptados, sus traslados en metros y autobuses, etc.

Fuente 2

Introducción: La siguiente tabla presenta la tasa de dependencia en España en 2012 y la predicción para el año 2052. Se basa en datos del Instituto Nacional de Estadísticas en 2012.

Años	Mayores de 64 años	Menores de 16 años	Total (mayores de 16 y menores de 64 años)
2012	26,14	24,25	50,39
2022	33,30	24,81	58,11
2032	45,24	22,49	67,73
2042	62,23	24,27	88,50
2052	73,09	26,41	99,50

La tasa de dependencia se expresa en porcentaje. Las cifras representan la relación entre la población de menores de 16 años y mayores de 64 años por cada 100 miembros de la población entre 16 años y 64 años.

13. ¿Cuál es el propósito del artículo impreso?
    (A) Presentar la situación demográfica en España en este momento.
    (B) Analizar cómo se puede afrontar el envejecimiento en España.
    (C) Informar sobre una iniciativa para ayudar a los de tercera edad.
    (D) Resumir las causas y efectos del envejecimiento en general.

14. ¿Qué usa el autor para apoyar sus afirmaciones iniciales?
    (A) Datos específicos.
    (B) Testimonios de los de tercera edad.
    (C) Opiniones de varios expertos.
    (D) Sólo usa su propia convicción.

15. ¿A qué se refiere el número 20% (línea 4)?
    (A) Al porcentaje de población mayor en relación a la población española.
    (B) Al incremento de la población de tercera edad desde el siglo XX.
    (C) Al porcentaje de la población mayor de 65 años que vive sola durante el verano.
    (D) Al porcentaje de gente de tercera edad que tiene que cuidarse sola.

16. Según el artículo, ¿qué cambios se ha notado en la sociedad en general?
    (A) Los de tercera edad tienden a ser más independientes.
    (B) El vínculo entre los residentes de una comunidad no es tan estrecha como antes.
    (C) Hay menos recursos para la gente mayor de 65 años.
    (D) La población mayor de 65 años se enferma más que anteriormente.

17. ¿Qué ofrece la ONG Solidarios a los de tercera edad?
    (A) Apoyo emocional y financiero.
    (B) Cursos de capacidades básicas.
    (C) Compañerismo afectuoso.
    (D) Oportunidades de servir de voluntarios en la comunidad.

18. ¿Qué se puede deducir es la función primaria de los acompañantes?
    (A) Desarrollar una relación personal.
    (B) Proveer ayuda médica.
    (C) Comunicarse con su pareja diariamente.
    (D) Darles apoyo emocional.

19. ¿Cómo financia la ONG Solidarios los gastos de su programa?
    (A) Recibe dinero de los mayores.
    (B) Recauda fondos con la ayuda de otra compañía.
    (C) Los voluntarios pagan sus propios gastos.
    (D) Depende de la caridad de otras organizaciones.

20. ¿Cuál de las siguientes afirmaciones mejor resume el artículo?
    (A) Hay un crecimiento de programas en España para darles apoyo a los que más lo necesitan.
    (B) Se necesitarán más jóvenes voluntarios en los próximos años para ayudar con los problemas sociales.
    (C) Hay que entrenar bien a los voluntarios para que cumplen debidamente con las tareas asignadas.
    (D) Continuará habiendo un aumento en el número de gente de tercera edad que necesitará ayuda personal.

21. ¿Qué información presenta la tabla?
    (A) Los aumentos constantes en tasa de dependencia de cada población estudiada.
    (B) El incremento de porcentaje de población total española que dependerá de los demás.
    (C) El crecimiento de la población total en España.
    (D) El aumento de los sectores demográficos de España en relación a la Unión Europea.

22. Según la tabla, ¿qué pasará en 2022?
    (A) 33,30% de la población será mayor de 64 años.
    (B) 58,11% de la población total será inactiva.
    (C) Por cada 10 personas en edad de trabajar, habrá casi 6 que no estaría en edad de hacerlo.
    (D) Casi un cuarto de la población no tendrá suficientse años para trabajar.

23. ¿Cuál de las siguientes afirmaciones es correcta a base del artículo y la tabla?
    (A) Se necesitará ampliar programas de cuidado para los mayores de 64 años durante las próximas décadas.
    (B) Con el aumento de la población joven, habrá más voluntarios para cuidar a los de tercera edad.
    (C) El incremento de jubilados significa que habrá más trabajo para los en edad de hacerlo.
    (D) Los menores de 16 años formarán parte del grupo de voluntarios para cuidar a los de la tercera edad.

Tema curricular: Las familias y las comunidades

Introducción: Este texto es una carta de Julio a sus padres.

Queridos y amados padres:

Estoy en la azotea de mi casa y contemplo un hermoso atardecer de noviembre, los campos ya se están secando y el color dorado aparece por doquier, los recuerdos se agolpan en mi mente, ahora que soy joven, voy madurando poco a poco como esos campos que ahora contemplo, que con tanto ahínco cuida el labrador; así pienso en ustedes amados padres, cuanto amor, cuanto cariño, cuanto esmero han puesto en mí para ser el joven que soy ahora con una vida por delante, con un campo lleno de ilusiones.

En estas líneas expreso mi eterno agradecimiento a ustedes que han sido mi gran ejemplo, son mi brújula, la cual me dirige y el libro abierto en que encuentro todas las enseñanzas necesarias para poder salvar los obstáculos del camino que ustedes también anduvieron, el cual ya conocen, y me guían para andarlo sin recelo, donde tú, papá, me dices que si caigo me vuelva a levantar; pero ahora con más ganas de seguir adelante.

A papá por enseñarme a amar a mi prójimo, gracias por enseñarme a ser fuerte y no doblegarme ante una derrota, gracias también por hacer de mi un hombre que desea triunfar y forjar la templanza en todo mi ser; por que deseo realizarme y en ti tengo el ejemplo, porque eres mi héroe, gracias por tu afecto, tus caricias, tus palabras y tus abrazos.

A ti mamá, por inculcarme la ternura, el amor y el deseo inmenso de verme un triunfador que sepa dar afecto, amor, regalar caricias, abrazos, y sobre todo saber apreciar las cosas que nos da la vida.

Ustedes son mi base, son mis cimientos, ya que me enseñaron lo esencial de la vida, a distinguir entre lo bueno y lo malo, a poner en práctica los valores, por eso le doy gracias al Creador de tenerlos aun conmigo, y si algún día llegaran a faltar sentiría que perdería lo más preciado, pero me sobrepondría, porque ustedes me enseñaron a sobrevivir aun en lo más doloroso y enfrentar el final de todo ser, que es la muerte.

Se que voy por buen camino, por que ustedes son y seguirán siendo mi guía, mis padres y mis amigos, en los cuales deposito mi confianza al contarles mis experiencias, desatinos y anhelos.

Quiero que sepan que los amo, los aprecio, los adoro y este amor este amor que les tengo, no se podría pagar ni con todo el oro del mundo, por que es amor único.

Termino estas líneas viendo el horizonte y hermoso atardecer, donde muere el día y empieza la oscura noche, solo que en mi vida nace la esperanza y el deseo inmenso de vivir para agradecer a Dios el tenerlos y disfrutar de su presencia.

Padre, madre, benditos sean ahora y siempre.

Con cariño su hijo:

Julio

Línea
(5)
(10)
(15)
(20)
(25)
(30)
(35)

24. ¿Por qué les escribe esta carta el autor a sus padres?
    (A) Para informarles de unos planes que tiene previsto.
    (B) Para gratificarles por todo lo que le han hecho.
    (C) Para despedirse de ellos antes de irse.
    (D) Para compartir su creencia y fe.

25. ¿Con qué relaciona el cuidado que sus padres le dieron?
    (A) Con la casa en que vive actualmente.
    (B) Con la fe que tiene.
    (C) Con la persistencia de los campesinos.
    (D) Con los triunfos que experimentó en la vida.

26. ¿A qué se refiere el autor de la carta cuando escribe "…un campo lleno de ilusiones" (línea 8)?
    (A) Al entusiasmo que tiene por la vida delante.
    (B) A la vista casi irreal de su casa.
    (C) Al tamaño del campo que tiene delante.
    (D) A la cantidad de trabajo que tiene que hacer.

27. ¿Qué características suyas les atribuye a sus padres?
    (A) A su padre, el cariño; a su madre, el amor.
    (B) A su padre, la fortaleza; a su madre, su compasión.
    (C) A su padre, el respeto por los héroes; a su madre, el deseo de triunfar.
    (D) A su padre, la prudencia; a su madre, la tenacidad.

28. ¿Qué perspectiva cultural predomina en la carta?
    (A) La creencia religiosa.
    (B) El amor a los demás.
    (C) El valor del trabajo duro.
    (D) La solidaridad en la familia.

29. ¿Qué figura retórica incluye el autor en su carta para comunicar sus ideas?
    (A) Metáfora
    (B) Símil
    (C) Cacofonía
    (D) Repetición

30. Según la carta, ¿cuál de las siguientes afirmaciones describe mejor la personalidad del autor?
    (A) Es solitario.
    (B) Es cauteloso.
    (C) Es optimista.
    (D) Es valiente.

SECTION I, PART B

Intepretive Communication: Print and Audio Texts (Combined)

Time: Approximately 55 minutes

DIRECTIONS: You will listen to several audio selections. The first two also include print texts. When there is a print text, you will have an additional amount of time to read it.

For each audio selection, you will have a designated amount of time to read the introduction of the selection and to preview the questions and answers that follow. Each audio selection will be played twice.

Following the first listening, you will have one minute to begin answering the questions. After the second listening, you will be given 15 seconds per question to finish answering. For each question, select the best answer according to the selection and mark your answer on your answer sheet.

Vas a escuchar a varias grabaciones. Las primeras dos van acompañadas de textos escritos. Cuando hay un texto escrito, tendrás tiempo adicional para leerlo.

Para cada selección auditiva, vas a tener un tiempo determinado para leer la introducción de la selección y prever las preguntas que siguen. Vas a escuchar cada fuente auditiva dos veces.

Después de escuchar cada selección la primera vez, vas a tener un minuto para empezar a contestar las preguntas. Después de escucharla la segunda vez, vas a tener 15 segundos por pregunta para terminarlas. Para cada pregunta, elige la mejor respuesta según el contexto y escríbela en la hoja de respuestas.

SELECCIÓN NÚMERO 1

Tema curricular: La familia y las comunidades

Fuente 1: Primero tienes un minuto para leer fuente número 1

Introducción: El siguiente gráfico presenta los pasos recomendados para poder elegir una universidad. Se basa en información publicada en Guiat.net

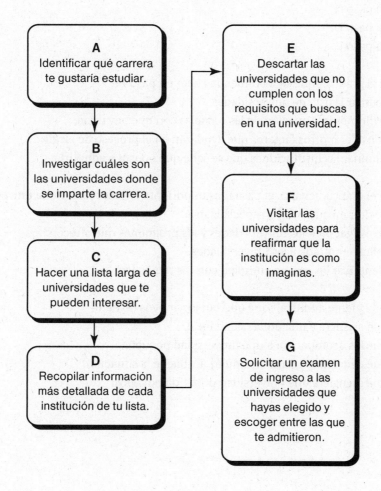

A
Identificar qué carrera te gustaría estudiar.

B
Investigar cuáles son las universidades donde se imparte la carrera.

C
Hacer una lista larga de universidades que te pueden interesar.

D
Recopilar información más detallada de cada institución de tu lista.

E
Descartar las universidades que no cumplen con los requisitos que buscas en una universidad.

F
Visitar las universidades para reafirmar que la institución es como imaginas.

G
Solicitar un examen de ingreso a las universidades que hayas elegido y escoger entre las que te admitieron.

Fuente 2: Ahora tienes un minuto para leer la introducción y prever las preguntas.

Introducción: La siguiente fuente auditiva trata de una conversación entre Raúl, un estudiante, y Sr. Gómez, su consejero. Hablan del futuro estudiantil de Raúl. La grabación dura aproximadamente tres minutos.

31. Según el gráfico, ¿cuándo se debe profundizar la investigación de la universidad a que uno piensa asistir?
    (A) En paso B.
    (B) En paso C.
    (C) En paso D.
    (D) En paso F.

32. Según el gráfico, ¿qué se recomienda hacer en paso E?
    (A) Reducir la lista de universidades.
    (B) Pedir más información de las escuelas con que hay duda.
    (C) Considerar otros factores que ayudarán en el proceso de elegir.
    (D) Eliminar las instituciones que se sabe que no van a admitirle.

33. Según el gráfico, ¿cuál es el paso más importante en seleccionar una universidad?
    (A) Decidir en qué campo especializarse.
    (B) Investigar bien las universidades y los programas que ofrecen.
    (C) Solicitar entrada a las universidades.
    (D) Identificar las que no cumplen con tus requisitos.

34. Según la fuente auditiva, ¿qué querían los amigos de Raúl?
    (A) Que asistiera a una universidad local.
    (B) Que los acompañara a una universidad pequeña.
    (C) Que consultara con el Sr. Gómez acerca de la situación.
    (D) Que escogiera una universidad preferida por ellos.

35. Según la conversación, ¿qué problemas sufrió Raúl este año?
    (A) No tuvo éxito en la clase de ciencias.
    (B) A ninguno de sus profesores le gustaba.
    (C) No estudiaba idiomas por falta de interés.
    (D) No pidió ayuda cuando le faltaba comprensión.

36. Basándote en la conversación, ¿qué tipo de universidad seleccionará Raúl?
    (A) Una universidad pequeña en una ciudad grande.
    (B) Una universidad grande en una ciudad cercana.
    (C) Una universidad pequeña en una ciudad lejana.
    (D) Una universidad grande en una ciudad lejana.

37. A fin de cuentas, ¿qué tipo de alumno es Raúl?
    (A) Mezquino
    (B) Considerado
    (C) Consciente
    (D) Astuto

38. Según la conversación y el gráfico, ¿en qué paso se encuentra Raúl?
    (A) En el paso A.
    (B) En el paso B.
    (C) En el paso C.
    (D) En el paso D.

SELECCIÓN NÚMERO 2

Tema curricular: Los desafíos mundiales

Fuente 1: Primero tienes cuatro minutos para leer fuente número 1

Introducción: El siguiente fragmento trata de la agricultura de la civilización incaica. Fue publicada en la página Web www.holistica2000.com.

La destrucción de la agricultura incaica—Fragmento.

Por Antonio Elio Brailovsky y Dina Foguelman
(*www.holistica2000.com.ar/ecocolumna226.htm*)

El imperio incaico fue un espectacular ejemplo de eficiencia en el manejo de la tierra y en el respeto al equilibrio ecológico de la región. Ningún sistema posterior consiguió alimentar a tanta población sin degradar los recursos naturales. Los

Línea

(5) incas basaron su civilización en una relación armónica con su ambiente natural, integrado por los frágiles ecosistemas andinos, y desarrollaron complejos y delicados mecanismos tecnológicos y sociales que les permitieron lograr una sólida base económica sin deterioros ecológicos.

Se pueden ver aún las terrazas de cultivo, construidas como largos y angostos peldaños en los faldeos de las montañas, sostenidos por piedras que retenían la

(10) tierra fértil. Las terrazas cumplían la función de distribuir regularmente la humedad. Allí el agua de lluvia iba filtrándose lentamente desde los niveles superiores a los inferiores, utilizándose plenamente la escasa cantidad de líquido disponible. En las áreas más lluviosas y en las de mayor pendiente, las terrazas permitían evitar la erosión, al impedir que el escurrimiento superficial del agua de lluvia

(15) arrastrara las partículas del suelo. También facilitaron el aprovechamiento de los diversos pisos ecológicos.

El suelo de las terrazas se mezclaba con guano, el excremento de aves marinas acumulado en las islas y costas. Este recurso era cuidadosamente administrado, porque de él dependía en buena medida la alimentación de la población: para

(20) extraerlo, cada aldea tenía asignada una parte de isla o costa, marcada con mojones de piedra que no era permitido alterar. "Había tanta vigilancia en guardar aquellas aves, que al tiempo de la cría a nadie era lícito entrar en las islas, so pena de la vida, porque no las asombrasen y echasen de sus nidos. Tampoco era lícito matarlas en ningún tiempo, so la misma pena," dice el Inca Garcilaso de la Vega.

(25) Había muy poco suelo que fuera naturalmente apto para el cultivo y había que construirlo metro a metro. Su explotación no hubiera sido posible sin riego, porque la mayor parte de la zona andina es árida o semiárida. Había que ir a buscar el agua a las nacientes de los arroyos y encauzarla mediante una red de canales. Se describen algunos principales, de muchos kilómetros de largo y hasta

(30) cuatro metros de diámetro, pero aun para una pequeña superficie aterrazada se

consideraba que valía la pena hacer un canal de gran longitud. Para eso, se hacía un surco a lo largo de las montañas y se lo cubría con grandes losas de piedra unidas con tierra para que el ganado no lo destruyese. A veces, al cruzar un valle, era necesario sostener el canal sobre columnas para que el nivel del agua no perdiese (35) altura, construyéndose acueductos similares a los romanos.

Fuente 2: Tienes dos minutos para leer la introducción y prever las preguntas

Introducción: Esta grabación titulada *El uso del suelo en América Latina* trata de las tendencias en la agricultura latinoamericana. Se basa en un artículo publicado en la página Web *www.eurosur.org*. La grabación dura aproximadamente tres minutos, veinte segundos.

39. ¿Cuál es el propósito del artículo impreso?
    (A) Narrar la ruina de un antiguo sistema de agricultura.
    (B) Presentar las características del cultivo de la tierra de los incas.
    (C) Elogiar las innovaciones de la civilización incaica.
    (D) Promover el uso sostenible de tierras como hicieron nuestros antepasados.

40. ¿Qué impacto tuvo la agricultura de los incas a su alrededor?
    (A) Cambió la frecuencia de lluvias en distintas zonas.
    (B) Disminuyó los recursos naturales del área.
    (C) Perjudicó al medioambiente.
    (D) Se mantuvo en equilibrio con el entorno.

41. Según el artículo, ¿cuál era un beneficio del uso de las terrazas?
    (A) Suministraban el flujo de agua.
    (B) Aseguraban que el guano se escurriera.
    (C) Facilitaban el acceso a la cosecha.
    (D) Fortalecían las laderas de las montañas.

42. En el artículo, ¿a qué se refiere la frase "de él dependía en buena medida la alimentación de la población" (línea 19)?
    (A) Al guano, que servía de alimento para la gente incaica.
    (B) Al ambiente en que vivían las aves, que les proveía comida a las aldeas.
    (C) Al administro del excremento, para asegurar que hubiera suficiente para el cultivo.
    (D) Al suelo que se mezclaba con guano, que solo no era suficientemente fértil.

43. ¿Cuál de los siguientes adjetivos mejor describiría a los Incas en cuanto a su agricultura?
    (A) Innovadores
    (B) Trabajadores
    (C) Inconscientes
    (D) Explotadores

44. Según la fuente auditiva, ¿qué cambio se ha notado en la agricultura de América Latina?
    (A) Se han encontrado más áreas de cultivo.
    (B) Particularmente en Brasil y en México, se ha reducido la cantidad de tierra cultivable.
    (C) Se cultivan diferentes plantas ahora que anteriormente.
    (D) Más tierras están siendo designadas para la agricultura.

45. Según la fuente auditiva ¿qué impacto tiene la ganadería?
    (A) Ha impulsado la creación de ranchos.
    (B) Es en parte responsable por la reducción de los bosques.
    (C) Ha aumentado las tierras destinadas al cultivo.
    (D) Ha llegado a ocupar más de 50% de las tierras de cultivo de América Latina.

46. ¿A qué se refiere la fuente auditiva cuando dice que las actividades agropecuarias "… tienen mayor incidencia sobre el medio ambiente…"?
    (A) A que las actividades que ocurren en zonas no urbanas son más dañinas.
    (B) A que muchas actividades en este sector se encuentran en zonas peligrosas.
    (C) A que las actividades en este sector mayormente tienen lugar encima de la tierra.
    (D) A que son las que más impactan el entorno.

47. ¿Qué predicción hace la fuente auditiva en cuanto al futuro de la agricultura?
    (A) Que no habrá suficiente tierra cultivable para sostener el cultivo.
    (B) Que habrá modificaciones del suelo por el uso de químicos.
    (C) Que será cada vez más caro poder expandir las tierras cultivables.
    (D) Que el uso de la genética mejorará el rendimiento de producción agrícola.

48. Imagina que quieres escribir un informe que contiene las ideas presentadas en las dos fuentes, ¿cuál de las siguientes publicaciones sería más apropiado?
    (A) *El impacto del cultivo de frijoles y maíz en América Latina*
    (B) *Implementando prácticas agrarias del pasado para superar retos del presente*
    (C) *Teorías sobre la destrucción de nuestras tierras cultivables*
    (D) *El cultivo de la soja y la ganadería: el futuro de comestibles para una población creciente*

SELECCIÓN NÚMERO 3

Tema curricular: La belleza y la estética

Primero tienes un minuto para leer la introducción y prever las preguntas

> **Introducción:** La siguiente entrevista, titulada *Concurso de hip hop en Colombia,*
> trata de un evento de música en Colombia. La entrevista original fue publicada por
> Radio Naciones Unidas el 31 de mayo de 2012 en Estados Unidos. La grabación dura
> aproximadamente 4 minutos, 30 segundos.

49. ¿Cuál es el propósito del concurso?
    (A) Mostrar como el hip hop le ha cambiado la vida a unos jóvenes colombianos.
    (B) Destacar el papel del hip hop en la comunidad.
    (C) Servir como un ámbito para promover la seguridad y convivencia ciudadanas.
    (D) Presentar los diversos estilos musicales de varias regiones de Colombia.

50. ¿Quiénes pueden participar en este evento?
    (A) Artistas musicales y visuales de varias ciudades.
    (B) Músicos hip hop de distintos países.
    (C) Jóvenes a quienes les gusta la música hip hop.
    (D) Todos los interesados en el género del hip hop.

51. ¿En qué se va a enfocar el festival?
    (A) En exponer los diferentes temas asignados.
    (B) En presentar a los ganadores del concurso.
    (C) En grabar la música de los artistas.
    (D) En convertirse en un nuevo evento nacional.

52. Según la entrevistada, ¿qué representa el hip hop para los jóvenes?
    (A) Es una forma en que pueden expresarse.
    (B) Es una manera en que aprenden de temas que no conocen.
    (C) Es una oportunidad para sobresalir en la sociedad.
    (D) Es una herramienta que les trae mucha belleza en su vida.

53. ¿Qué más se espera de este evento?
    (A) Que se reduzca el consumo de drogas durante el concurso.
    (B) Que la gente cambie su opinión de los jóvenes.
    (C) Que los jóvenes entiendan que el hip hop trae beneficios.
    (D) Que se repita este evento en años sucesivos.

SELECCIÓN NÚMERO 4

Tema Curricular: Las identidades personales y públicas

Primero tienes un minuto para leer la introducción y prever las preguntas.

Introducción: Esta grabación titulada El *Popol Vuh*. La grabación dura aproximadamente 3 minutos.

54. ¿Qué narraba el *Popol Vuh*?
   (A) La historia de una tribu mexicana.
   (B) La procedencia de los maya quiché.
   (C) La conversión de los indígenas al cristianismo.
   (D) La conquista de los indígenas por los españoles.

55. ¿De qué materia se crearon los hombres?
   (A) De materia vegetal.
   (B) De la tierra del altiplano.
   (C) De los dioses gemelos de la muerte.
   (D) Del aliento de Hunahpú y Xbalanqué.

56. ¿Cómo era el primer texto impreso después de la conquista española?
   (A) Apareció en lengua quiché.
   (B) Fue una traducción al español.
   (C) Tomó la antigua forma pictórica.
   (D) Combinó ambas lenguas a la vez.

57. ¿Dónde se conserva una copia del primer libro impreso en español y quiché?
   (A) En la universidad de Guatemala.
   (B) En una universidad estadounidense.
   (C) En Francia, donde un abad francés lo dejó.
   (D) En España, donde un padre dominicano lo depositó.

58. ¿Qué significa que el *Popol Vuh* sea el "Libro del Consejo"?
   (A) Significa el petate sobre el cual se sentaban los reyes indígenas.
   (B) Significa los orígenes de los linajes indígenas.
   (C) Significa la autoridad de los gobernantes de las tribus.
   (D) Significa la narrativa de la creación del mundo.

SELECCIÓN NÚMERO 5

Tema Curricular: La vida contemporánea

Primero tienes un minuto para leer la introducción y prever las preguntas.

Introducción: La siguiente grabación es una entrevista con José Antonio de Urbina, diplomático y autor del libro *El arte de invitar*. La grabación dura aproximadamente 5 minutos 40 segundos.

59. ¿A quién se dirige este experto del protocolo internacional?
    (A) A los presidentes de naciones.
    (B) A cualquiera deseosa de asegurar que los huéspedes se sientan en casa.
    (C) A los directores de protocolo contratados para arreglar cenas.
    (D) A los anfitriones de huéspedes ilustres en funciones formales.

60. ¿Cuál es el propósito de tener un protocolo?
    (A) Para que el hombre sea tratado como si fuera rey en su casa.
    (B) Para que todos los invitados al Palacio Real se comporten cortésmente.
    (C) Para facilitar la comunicación y respetar la dignidad de cada persona.
    (D) Para que una persona se sienta confiada al aceptar una invitación.

61. ¿Dónde debe sentarse a una pareja o un matrimonio?
    (A) Siempre se coloca al hombre cerca de una señora o señorita guapa.
    (B) Hay que colocar a la señora al lado de otra para que puedan conversar.
    (C) Hay que alternar los géneros para promocionar conversación.
    (D) Es buena idea separarlos para evitar disputas durante la cena.

62. ¿Por qué no se sientan las mujeres en las puntas de la mesa?
    (A) Es más difícil emparejar este sitio, y por eso no se pone a una señora allí.
    (B) Es un sitio peligroso y para evitar que alguien le roce, no se la pone allí.
    (C) Es más fácil entablar conversación con otra persona que esté al lado.
    (D) Es mala suerte colocarlas en ese sitio, por eso no se lo hace.

63. ¿Qué remedio hay cuando un invitado no puede venir, dejándolo con doce?
    (A) Se puede matar a uno de los invitados.
    (B) Siempre se puede invitar a una persona más y contar con la ausencia de una.
    (C) Se puede invitar a otro amigo íntimo al último momento.
    (D) Se puede llamar a un invitado y cancelar la invitación.

64. ¿Con qué autoridad habla esa persona en la narrativa?

   (A) Es director de protocolo del Palacio Real Española.

   (B) Es director de una escuela para los embajadores españoles.

   (C) Es director de mayordomos del Palacio Real Española.

   (D) Es director de información para invitados al Palacio Real Española.

65. Imagina que tienes que dar una presentación oral sobre el mismo tema y quieres investigarlo más. ¿Cuál de los siguientes libros sería más apropiado citar?

   (A) *Organización de reuniones y eventos*

   (B) *El manual de las buenas maneras*

   (C) *Como evitar incomodidades en una amistad*

   (D) *Pasos para elevar la autoestima de los demás*

SECTION II

Interpersonal Writing: E-mail Reply

Time: 15 minutes

DIRECTIONS: You will write a reply to an e-mail that you received. You have 15 minutes to read the message and write your reply.

Your reply should include an appropriate greeting and closing and should answer all the questions and requests in the original message. In addition, your reply should ask for more details about something that was mentioned in the message. You should use a formal tone in your response.

Vas a escribir una respuesta a un mensaje de correo electrónico. Tienes 15 minutos para leer el mensaje y escribir tu respuesta.

Tu respuesta debe incluir un saludo y despedida apropiada y contestar a todas las preguntas y peticiones del mensaje original. También tu respuesta debe pedir más información de algo mencionado en el mensaje original. Debes usar el tono formal en tu respuesta.

Tema curricular: Las identidades personales y públicas

Introducción: El siguiente mensaje electrónico es de tu profesor a quien le has pedido que le escribieras una carta de recomendación para enviarla con tu solicitud de ingreso a una universidad.

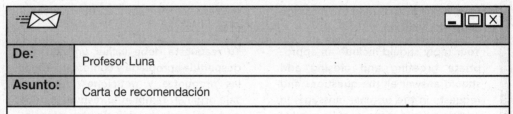

De: Profesor Luna

Asunto: Carta de recomendación

Apreciados estudiantes,

Primero quiero tomar la oportunidad de agradecerles por haberme pedido que les escriba su carta de recomendación para la universidad. Es una parte integral de su solicitud a la universidad y entre todos los profesores que podían haber escogido, me siento muy orgulloso de que me hayan seleccionado a mí. Es un trabajo en que pongo mucho esfuerzo y ánimo y dedico cada carta con la atención y con la dedicación que merece.

Como parte de este proceso, siempre me gusta conocer un poco mejor a mis estudiantes. Tengo bien claro lo que pueden hacer académicamente, pero no tanto el aspecto personal, por ejemplo sus creencias e intereses. Por eso me gustaría que tomaran el tiempo para considerar las siguientes preguntas y que me contesten individualmente con sus respuestas con ejemplos si pueden:

- ¿Qué tipo de persona admira usted? ¿Qué cualidades creen son importantes en una persona? ¿Por qué?

- ¿Creen que ustedes encarnen estas mismas cualidades? ¿Por qué sí o no?

Debo salir para una conferencia en dos días así que me harían un gran favor si me pudieran mandar sus respuestas lo más antes posible para que tenga la oportunidad de contemplarlas durante mi viaje.

Saludos cordiales,

Profesor Eduardo Luna

SECTION II

Presentational Writing: Persuasive Essay

Time: Approximately 55 minutes

DIRECTIONS: You will now write a persuasive essay. The essay topic is based on the following three print and audio sources. First, you will have 6 minutes to read the essay topic and the printed sources. Next, you will hear the audio material twice. Then, you will have 40 minutes to plan and write your essay.

In your essay you should make reference to specific information from the three source materials. Do not simply summarize what is contained in the sources. Incorporate them into your essay and cite them in the proper manner. In addition, you should also clearly present your own viewpoints on the topic and defend them thoroughly. Your essay should be organized into clear paragraphs and you should use appropriate vocabulary and grammar.

Ahora vas a escribir un ensayo persuasivo. El tema del ensayo se basa en las siguientes fuentes escritas y auditivas. Primero, tendrás 6 minutos para leer las fuentes impresas. Después, vas a escuchar la fuente auditiva dos veces. Finalmente, tendrás 40 minutos para planear y escribir tu ensayo.

En tu ensayo, debes hacer referencia a información específica de las tres fuentes. Debes evitar simplemente resumir la información de las fuentes. Incorpórala en tu ensayo e identifícalas apropiadamente. Además, debes presentar claramente tus propios puntos de vista y defenderlos bien. Tu ensayo debe ser organizado en distintos párrafos bien desarrollados y debes usar vocabulario y gramática apropiada.

Tema curricular: Los desafíos mundiales

Primero tienes 6 minutos para leer el tema del ensayo, la fuente número 1 y la fuente número 2.

Tema del ensayo: ¿Qué aporta una comunidad inmigrante al país a que inmigra?

Fuente 1

Introducción: El siguiente artículo trata de los movimientos humanos y la inmigración. El artículo original fue publicado en *www.barcelona.com en 2004.*

Movimientos humanos e inmigración

(Fórum, Barcelona 2004. *www.barcelona2004.org/esp/contenidos/dialogos/*)

El Congreso Mundial MHI trata los movimientos humanos y la inmigración desde una triple perspectiva: intercultural, interdisciplinaria e intersectorial.

Línea   Los actores de las migraciones se han convertido en los protagonistas de los cambios sociales en este cambio de siglo. Han cambiado los motivos que los
(5) mueven de un lugar a otro. Las trayectorias de la migración definen itinerarios nuevos, cambiantes y reversibles, pero sobre todo proyectan la imagen del migrante como una persona que constituye un proyecto personal. La movilidad de las personas genera además redes que tejen las comunidades transnacionales en el mundo, nuevos proyectos vitales e imancipadores (para las mujeres, para
(10) los jóvenes, para las comunidades políticas...). Todavía quedan por resolver desplazamientos humanos que son consecuencia de las guerras y las desigualdades. Y al mismo tiempo, es necesario tener muy en cuenta que detrás de cada proyecto migratorio se esconde una gran riqueza humana, social y política.

     La inmigración en estados plurinacionales nos obliga a revisar de qué manera
(15) se construyen las identidades. Desde el punto de vista de las identidades nacionales que todavía no han encontrado un sitio en un estado, los cambios sociales relativos a la identidad (inmigración, comunidades transnacionales, gestión de corrientes, etc.) fuerzan una nueva definición de los mismos referentes de identidad nacional sin renunciar al anhelo de cohesión social y de creación de vínculos
(20) culturales comunitarios.

Fuente 2

Introducción: La siguiente tabla muestra el crecimiento del producto interno bruto (PIB) de diferentes países europeos entre 1995 y 2005. Se basa en datos publicados en *www.cataluñacaixa.com.*

Crecimiento medio anual del PIB real		
Impacto de la inmigración sobre el aumento del PIB per cápita. 1995–2005		
	PIB real per cápita	PIB per cápita sin inmigrantes
Irlanda	5,87	1,07
Grecia	3,42	–0,62
Suecia	2,51	–0,77
España	2,60	–0,64
Finlandia	3,18	0,16
Alemania	1,28	–1,52
Reino Unido	2,39	–0,15
Portugal	1,80	–0,63
Italia	1,01	–1,17

Fuente 3

Introducción: La siguiente grabación, titulada *El Museo del Barrio celebra 30 años de excelencia promoviendo el arte latino en los Estados Unidos*—trata del impacto de la comunidad latina en Estados Unidos. El artículo original fue publicado en 2006 por *elmuseo.org.* La grabación dura aproximadamente 2 minutos 30 segundos.

SECTION II

Interpersonal Speaking: Conversation

Time: Approximately 10 minutes

<table>
<tr><td>

DIRECTIONS: You will now take part in a simulated conversation. First, you will have 1 minute to read a preview of the conversation, including the script for both parts. Then, the conversation will begin and follow the script. Each time it is your turn to speak, you will have 20 seconds to respond.

You should engage in the conversation as much and as appropriately as possible.

</td><td>

Ahora vas a participar en una conversación simulada. Primero, tendrás un minuto para leer la introducción y el esquema de la conversación. Después, empezará la conversación, siguiendo el esquema. Cada vez que te toque hablar, tendrás 20 segundos para responder.

Debes participar en la conversación de la forma más completa y apropiada posible.

</td></tr>
</table>

Tema curricular: La vida contemporánea

Tienes un minuto para leer la introducción y el esquema de la conversación.

> **Introducción:** Esta es una conversación con Eva, una amiga tuya que te llama y te dice que sus padres acaban de darle permiso para invitarte a Florida durante las vacaciones escolares de primavera.

Eva:	• Te saluda y te da las noticias
Tú:	• Salúdala y reacciona a sus noticias. • Pide detalles
Eva:	• Continúa la conversación
Tú:	• Reacciona apropiadamente • Hazle una pregunta
Eva:	• Continúa la conversación
Tú:	• Ponte de acuerdo con ella • Agrega un deseo propio
Eva:	• Continúa la conversación
Tú:	• Reacciona apropiadamente
Eva:	• Continúa la conversación y te ofrece una alternativa
Tú:	• Acepta apropiadamente • Despídete
Eva:	• Concluye la conversación

SECTION II

Presentational Speaking: Cultural Comparison

Time: Approximately 6 minutes

DIRECTIONS: You will now prepare an oral presentation for your class on a specific topic. You will have 4 minutes to read the topic and prepare your presentation. Then, you will have 2 minutes to record your presentation.

In your presentation, compare your own community to one of the Spanish-speaking world with which you are familiar. You should demonstrate your understanding of cultural features of the Spanish-speaking world. Your presentation should also be well organized.

Ahora vas a preparar una presentación oral para tu clase de español sobre un tema cultural. Primero, tendrás 4 minutos para leer el tema y preparar tu presentación. Después, tendrás 2 minutos para grabarla.

En tu presentación, compara tu comunidad con una del mundo hispanohablante con el que estés familiarizado. Debes demostrar tu comprensión de los aspectos culturales en el mundo hispanohablante. También, tu presentación debe ser bien organizada.

Tema curricular: Las identidades personales y públicas

Tema de la presentación: ¿Qué importancia tienen los deportes en una comunidad?

Compara tus observaciones de las comunidades en que has vivido con tus observaciones de una región del mundo hispanohablante que te sea familiar. Puedes referirte a lo que has estudiado, vivido, observado, etc.

ANSWER KEY
Model Exam 1

SECTION I

PART A

1.	C	**11.**	B	**21.**	B
2.	D	**12.**	A	**22.**	C
3.	D	**13.**	C	**23.**	A
4.	A	**14.**	A	**24.**	B
5.	D	**15.**	D	**25.**	C
6.	B	**16.**	B	**26.**	A
7.	B	**17.**	C	**27.**	B
8.	A	**18.**	A	**28.**	D
9.	D	**19.**	B	**29.**	A
10.	B	**20.**	D	**30.**	C

PART B

31.	C	**43.**	A	**55.**	A
32.	A	**44.**	C	**56.**	D
33.	A	**45.**	B	**57.**	B
34.	D	**46.**	D	**58.**	C
35.	D	**47.**	B	**59.**	B
36.	A	**48.**	B	**60.**	C
37.	C	**49.**	C	**61.**	C
38.	A	**50.**	A	**62.**	A
39.	B	**51.**	D	**63.**	C
40.	D	**52.**	A	**64.**	A
41.	A	**53.**	B	**65.**	B
42.	C	**54.**	B		

ANSWER SHEET
Model Exam 2

SECTION I

PART A

1. Ⓐ Ⓑ Ⓒ Ⓓ	11. Ⓐ Ⓑ Ⓒ Ⓓ	21. Ⓐ Ⓑ Ⓒ Ⓓ
2. Ⓐ Ⓑ Ⓒ Ⓓ	12. Ⓐ Ⓑ Ⓒ Ⓓ	22. Ⓐ Ⓑ Ⓒ Ⓓ
3. Ⓐ Ⓑ Ⓒ Ⓓ	13. Ⓐ Ⓑ Ⓒ Ⓓ	23. Ⓐ Ⓑ Ⓒ Ⓓ
4. Ⓐ Ⓑ Ⓒ Ⓓ	14. Ⓐ Ⓑ Ⓒ Ⓓ	24. Ⓐ Ⓑ Ⓒ Ⓓ
5. Ⓐ Ⓑ Ⓒ Ⓓ	15. Ⓐ Ⓑ Ⓒ Ⓓ	25. Ⓐ Ⓑ Ⓒ Ⓓ
6. Ⓐ Ⓑ Ⓒ Ⓓ	16. Ⓐ Ⓑ Ⓒ Ⓓ	26. Ⓐ Ⓑ Ⓒ Ⓓ
7. Ⓐ Ⓑ Ⓒ Ⓓ	17. Ⓐ Ⓑ Ⓒ Ⓓ	27. Ⓐ Ⓑ Ⓒ Ⓓ
8. Ⓐ Ⓑ Ⓒ Ⓓ	18. Ⓐ Ⓑ Ⓒ Ⓓ	28. Ⓐ Ⓑ Ⓒ Ⓓ
9. Ⓐ Ⓑ Ⓒ Ⓓ	19. Ⓐ Ⓑ Ⓒ Ⓓ	29. Ⓐ Ⓑ Ⓒ Ⓓ
10. Ⓐ Ⓑ Ⓒ Ⓓ	20. Ⓐ Ⓑ Ⓒ Ⓓ	30. Ⓐ Ⓑ Ⓒ Ⓓ

PART B

31. Ⓐ Ⓑ Ⓒ Ⓓ	43. Ⓐ Ⓑ Ⓒ Ⓓ	55. Ⓐ Ⓑ Ⓒ Ⓓ
32. Ⓐ Ⓑ Ⓒ Ⓓ	44. Ⓐ Ⓑ Ⓒ Ⓓ	56. Ⓐ Ⓑ Ⓒ Ⓓ
33. Ⓐ Ⓑ Ⓒ Ⓓ	45. Ⓐ Ⓑ Ⓒ Ⓓ	57. Ⓐ Ⓑ Ⓒ Ⓓ
34. Ⓐ Ⓑ Ⓒ Ⓓ	46. Ⓐ Ⓑ Ⓒ Ⓓ	58. Ⓐ Ⓑ Ⓒ Ⓓ
35. Ⓐ Ⓑ Ⓒ Ⓓ	47. Ⓐ Ⓑ Ⓒ Ⓓ	59. Ⓐ Ⓑ Ⓒ Ⓓ
36. Ⓐ Ⓑ Ⓒ Ⓓ	48. Ⓐ Ⓑ Ⓒ Ⓓ	60. Ⓐ Ⓑ Ⓒ Ⓓ
37. Ⓐ Ⓑ Ⓒ Ⓓ	49. Ⓐ Ⓑ Ⓒ Ⓓ	61. Ⓐ Ⓑ Ⓒ Ⓓ
38. Ⓐ Ⓑ Ⓒ Ⓓ	50. Ⓐ Ⓑ Ⓒ Ⓓ	62. Ⓐ Ⓑ Ⓒ Ⓓ
39. Ⓐ Ⓑ Ⓒ Ⓓ	51. Ⓐ Ⓑ Ⓒ Ⓓ	63. Ⓐ Ⓑ Ⓒ Ⓓ
40. Ⓐ Ⓑ Ⓒ Ⓓ	52. Ⓐ Ⓑ Ⓒ Ⓓ	64. Ⓐ Ⓑ Ⓒ Ⓓ
41. Ⓐ Ⓑ Ⓒ Ⓓ	53. Ⓐ Ⓑ Ⓒ Ⓓ	65. Ⓐ Ⓑ Ⓒ Ⓓ
42. Ⓐ Ⓑ Ⓒ Ⓓ	54. Ⓐ Ⓑ Ⓒ Ⓓ	

Model Exam 2

SECTION I, PART A

Interpretive Communication: Print Texts

Time: Approximately 40 minutes

> **DIRECTIONS:** Read the following passages. After each passage there are a number of questions for you to answer, based on the information provided in the reading selection. For each question, choose the response that is best according to the selection and mark your answer on the answer sheet.
>
> Lee los siguientes textos. Cada texto va acompañado de varias preguntas que debes contestar, según la información en el texto. Para cada pregunta, elige la mejor respuesta según el contexto y escríbela en la hoja de respuestas.

SELECCIÓN NÚMERO 1

Tema curricular: La vida contemporánea

Introducción: El siguiente fragmento se trata de unos jugadores. Proviene del cuento corto "Cuento para tahúres" del argentino Rodolfo Walsh, publicado en 1953.

Salió no más el 10—un 4 y un 6—cuando ya nadie lo creía. A mí qué me importaba, hacía rato que me habían dejado seco. Pero hubo un murmullo feo entre los jugadores acodados a la mesa del billar y los mirones que formaban rueda.

Línea

(5)

Renato Flores palideció y se pasó el pañuelo a cuadros por la frente húmeda. Después juntó con pesado movimiento los billetes de la apuesta, los alisó uno a uno y, doblándolos en cuatro, a lo largo, los fue metiendo entre los dedos de la mano izquierda, donde quedaron como otra mano rugosa y sucia entrelazada perpendicularmente a la suya. Con estudiada lentitud puso los dados en el cubilete y empezó a sacudirlos. Un doble pliegue vertical le partía el entrecejo

(10)

oscuro. Parecía barajar un problema que se le hacía cada vez más difícil. Por fin se encogió de hombros.

—Lo que quieran...—dijo.

Ya nadie se acordaba del tachito de la coima. Jiménez, el del negocio, presenciaba desde lejos sin animarse a recordarlo. Jesús Pereyra se levantó y echó sobre

(15)

la mesa, sin contarlo, un montón de plata.

—La suerte es la suerte—dijo con una lucecita asesina en la mirada.—Habrá que irse a dormir.

Yo soy hombre tranquilo; en cuanto oí aquello, gané el rincón más cercano a la puerta. Pero Flores bajó la vista y se hizo el desentendido.

(20)

—Hay que saber perder—dijo Zúñiga sentenciosamente, poniendo un billetito de cinco en la mesa. Y añadió con retintín:—Total, venimos a divertirnos.

—¡Siete pases seguidos! —comentó, admirado, uno de los de afuera.

Flores lo midió de arriba abajo.

—¡Vos, siempre rezando!—dijo con desprecio.

(25)

Después he tratado de recordar el lugar que ocupaba cada uno antes de que empezara el alboroto. Flores estaba lejos de la puerta, contra la pared del fondo. A la izquierda, por donde venía la ronda, tenía a Zúñiga. Al frente, separado de él por el ancho de la mesa del billar, estaba Pereyra. Cuando Pereyra se levantó dos o tres más hicieron lo mismo. Yo me figuré que sería por el interés del juego, pero

(30)

después vi que Pereyra tenía la vista clavada en las manos de Flores. Los demás miraban el paño verde donde iban a caer los dados, pero él sólo miraba las manos de Flores.

1. ¿Qué hacían los hombres?
   (A) Contaban dinero.
   (B) Jugaban a las cartas.
   (C) Resolvían problemas filosóficos.
   (D) Buscaban la suerte en los dados.

2. ¿Qué quiere comunicar el narrador cuando dice "hacía rato que me habían dejado seco" (línea 2)?
   (A) Que no había bebido suficiente.
   (B) Que no era más húmedo que lo era anteriormente.
   (C) Que le habían quitado todo el dinero.
   (D) Que había mucha tensión en la sala.

3. ¿Qué hacía el narrador?
   (A) Participaba en el juego.
   (B) Aconsejaba a Renato Flores.
   (C) Sólo observaba lo que pasaba.
   (D) Buscaba salida del lugar.

4. ¿Qué actitud revelaba la cara de Renato Flores?
   (A) cólera
   (B) codicia
   (C) zozobra
   (D) tensión

5. ¿Por qué se haría Renato Flores el desentendido?
   (A) Porque se divertía mucho.
   (B) Porque era un hombre religioso.
   (C) Porque temía que hubiera violencia
   (D) Porque estaba distraído por el calor del lugar.

6. ¿Qué significaba los números seguidos?
   (A) Que Flores tenía mucha suerte.
   (B) Que sufrió un percance fortuito.
   (C) Que alguien hacía trampa de alguna manera.
   (D) Que le salían los números impares a menudo.

7. ¿Quién parece tener más suerte?
   (A) Zúñiga
   (B) Jiménez
   (C) Renato Flores
   (D) Jesús Pereyra

SELECCIÓN NÚMERO 2

Tema curricular: La vida contemporánea

Fuente 1

Introducción: El siguiente artículo trata de un equipo de fútbol en Colombia. Fue publicado en la revista Semana en 2006.

Era la 'cenicienta' del torneo colombiano, eterno colero; los rivales lo miraban con desdén; del General Santander, su estadio, decían que era el más grande del mundo porque nunca se llenaba y si sólo dos veces bajó a segunda división es porque apenas a partir de 1992 se implantó el descenso en el país.

Línea

(5)   Hoy el Cúcuta Deportivo es el campeón defensor del fútbol colombiano, está entre los mejores ocho clubes del continente después de golear al Toluca y fue el primero de los 16 equipos de la Copa Mustang en conseguir su clasificación a los cuadrangulares semifinales.

Pero tras ocho años en la B, serios problemas económicos y con el estadio

(10)   incompleto y destartalado, apareció en el panorama Ramiro Suárez Corzo. Una de las banderas de su campaña a la Alcaldía de Cúcuta fue salvar al club y lo primero que hizo cuando asumió en 2004 fue liderar la compra del equipo pese al deseo de Pachón por mantenerlo. Al final el negocio se hizo por 1.200 millones de pesos.

(15)   La inyección de capital no se hizo esperar y sólo un año después se logró el ascenso. Pero las aspiraciones iban más allá de cambiar los viajes en bus de la B por el de aviones en la A, y para reaparecer en primera se buscó a Jorge Luis Pinto como entrenador. Una reunión de tres minutos fue suficiente para llegar a un acuerdo y Pinto, apenado, le dijo a Suárez que alargaran la reunión para que no

(20)   pensaran que no era seria.

La gestión del hoy seleccionador nacional tuvo éxito inmediato. En el primer semestre de 2006 clasificó a los cuadrangulares semifinales y solo tres puntos separaron al equipo de disputar la final. En el segundo intent se logró el campeonato, que significó el fruto recogido tras tanto sufrimiento. La transformación

(25)   de la institución incluía también un nuevo escudo que al comienzo fue resistido. Hasta el obispo de la ciudad afirmó que en su diseño se veían cachos y garras como de demonio.

La clave del Cúcuta no es un secreto. El club tiene el apoyo de todos, desde el Alcalde hasta el último habitante del departamento, lo que ha permitido que su

(30)   patrimonio haya ascendido a 4.000 millones. Con una nómina de jugadores desahuciados por otros equipos, el plantel sabe que más que nombres, tiene hombres.

(www.semana.com/wf_InfoArticulo)

Fuente 2

Introducción: La siguiente tabla presenta las estadísticas del Cúcuta Deportivo en 2012.

Cúcuta Deportivo	
Liga	Primera – Liga Postobón
Posición	18 / 18
Ganados	3 (16.67%)
Empate	2 (11.11%)
Perdidos	13 (72.22%)
Puntos (por partido)	11 (0.61)
Goles a favor (por partido)	12 (0.67)
Goles en contra (por partido)	35 (1.94)
Más de 2.5 goles	9 (50%)
Menos de 2.5 goles	9 (50%)
Sin goles en contra	2 (11.11%)
Sin goles	10 (55.56%)

8. ¿Cuál es el propósito del artículo?
   (A) Detallar las claves para el éxito en los deportes.
   (B) Informar sobre los sucesos de un club deportivo.
   (C) Resumir la última temporada de un deporte.
   (D) Resaltar la importancia de apoyo local para los deportes.

9. ¿Qué tipo de deporte se jugaba en el General Santander?
   (A) tenis
   (B) fútbol
   (C) fútbol americano
   (D) juegos olímpicos

10. ¿Por qué se llamaba al club la 'cenicienta' del continente?
    (A) Porque jugaba en un estadio arruinado.
    (B) Porque perdía continuamente y casi nunca podía progresar.
    (C) Porque había muchos aficionados que los apoyaban.
    (D) Porque tras unos cambios estratégicos, el club empezó a tener suerte.

11. Entre 1992 y 2004, ¿qué sucedió para el club?
    (A) El estadio se derrumbó.
    (B) Se adoptó una bandera nueva.
    (C) Hubo un nuevo liderazgo.
    (D) Se cambiaron los buses por aviones.

12. ¿Qué se puede inferir fue la causa por la que la entrevista con Pinto duró poco tiempo?
   (A) Era una conversación poco seria.
   (B) El entrenador ya había sido contratado.
   (C) Pinto sentía vergüenza y no quería prolongar el proceso.
   (D) El club le coincidió un contrato muy favorable.

13. ¿Qué pasó con el club en 2006?
   (A) Gozó de más éxito.
   (B) Perdió su nuevo escudo.
   (C) Recibió la bendición del obispo.
   (D) Sufrió una pérdida en el campeonato.

14. ¿Cuál sería la clave del triunfo?
   (A) Hay un nuevo patrimonio.
   (B) Ahora se obtiene más plata.
   (C) Hay respaldo de la municipalidad y del pueblo.
   (D) Hay mayor confianza gracias al nuevo estadio.

15. Según la tabla, ¿en qué posición terminó el Cúcuta Deportivo en 2012?
   (A) Primera
   (B) Tercera
   (C) Última
   (D) No se puede contestar a base de la tabla.

16. ¿Cuál fue la diferencia en el total de goles durante la temporada?
   (A) Marcaron más goles que sufrieron.
   (B) Sufrieron más goles que marcaron.
   (C) Sufrieron tantos goles como marcaron.
   (D) No marcaron goles esta temporada.

17. Basándote en la información de las dos fuentes, ¿qué cambio se ha notado entre 2006 y 2012?
   (A) El Cúcuta ha tenido más éxito que nunca.
   (B) El equipo ha marcado menos goles.
   (C) Ha habido un nuevo patrocinador de la liga.
   (D) Otros equipos se han enterado del secreto del Cúcuta.

18. Según la información en el artículo y las estadísticas en la tabla, ¿cuál de las siguientes situaciones es más probable?
   (A) Si tiene otra temporada como ésta, va a ganar el campeonato.
   (B) Si tiene otra temporada como ésta, va a bajar a la segunda división.
   (C) Si tiene otra temporada como ésta, puede calificarse para las semifinales.
   (D) Esta temporada es parecida a la de que gozó en 2006.

Tema curricular: La belleza y la estética

Introducción: El siguiente anuncio trata de un anuncio para un evento de literatura. Fue publicada en la página Web *www.escritores.org en 2013.*

PREMIO NACIONAL DE LITERATURA JUVENIL

El Ministerio de Culturas y Turismo, Entel y Santillana convocan a la primera versión del Premio Nacional de Literatura Juvenil, de acuerdo con las siguientes bases:

Línea

(5)

Participantes: Podrán optar al Premio todas las personas mayores de edad de nacionalidad boliviana que residan en Bolivia.

Presentación de la obra: El concursante deberá enviar en un sobre cerrado bajo el rótulo 1er. Premio Nacional de Literatura Juvenil una obra literaria para lectores juveniles de entre 13 y 18 años, escrita en lengua castellana, que sea original, rigurosamente inédita y que no haya sido premiada anteriormente en ningún

(10)

otro concurso, ni corresponda a autores fallecidos con anterioridad al anuncio de esta convocatoria. La obra juvenil tendrá una extensión mínima de 60 páginas y un máximo de 80 páginas tamaño carta, numeradas, mecanografiadas a doble espacio por una sola cara, con letra de 12 puntos. Deberán enviarse dos ejemplares impresos, anillados, encuadernados o cosidos, y un CD con el texto com-

(15)

pleto en formato Word. Cada ejemplar de la obra irá firmado con pseudónimo. Es obligatorio adjuntar un sobre cerrado con el título de la obra y el pseudónimo del autor (plica) que contendrá: Una hoja con los datos del autor —nombre y apellidos, dirección, correo electrónico y teléfono(s) de contacto—; una declaración firmada aceptando expresamente las bases y condiciones de este Premio,

(20)

garantizando que la obra no se halla pendiente del fallo en ningún otro concurso y que el autor tiene la libre disposición de todos los derechos sobre la obra; y una fotocopia de la cédula de identidad. De faltar algunos de estos requisitos, la novela juvenil no será considerada en el concurso.

Recepción de obras: El plazo de admisión de los originales vence el día viernes 12

(25)

de julio de 2013. En caso de envíos por correo, se aceptará la fecha de recepción con el sello de origen.Los originales deben ser enviados a las oficinas del Ministerio de Culturas y Turismo o de Santillana, cuyas direcciones figuran al final de la presente convocatoria.

Jurado Calificador: El Jurado Calificador estará compuesto por personas del

(30)

ámbito cultural y literario que serán invitadas por los convocantes al Premio. La composición del Jurado se hará pública el mismo día de la emisión del fallo. El Premio no podrá ser declarado desierto y se otorgará a aquella obra de las presentadas que por unanimidad o, en su defecto, por mayoría de votos del Jurado, se considere merecedora de ello. El fallo del Jurado será inapelable y se hará público

(35)

en fecha a ser determinada por los convocantes al Premio.

Premio: El premio para el ganador será de Bs. 15.000 (Quince mil bolivianos), de los que se detraerán los impuestos que fueran aplicables según la legislación boliviana. El monto es único e indivisible y cubre los derechos de autor de la primera edición de mil ejemplares.

(40)   **Otras consideraciones**: La editorial Santillana se reserva el derecho de opción preferente para la publicación de cualquier otra narración juvenil presentada al Premio que, no habiendo alcanzado el galardón, sea considerada de su interés, durante el plazo de un mes a partir del día en que se.

19. ¿Cuál es el propósito del anuncio?
    (A) Promover el conocimiento de la literatura entre los jóvenes.
    (B) Reclutar a jóvenes a que entreguen su obra favorita.
    (C) Promocionar un evento para la creación literaria original.
    (D) Proporcionar información sobre las diferentes formas de crear una obra.

20. ¿A quién se dirige el anuncio?
    (A) A todos los amantes de la literatura.
    (B) A los jóvenes bolivianos.
    (C) A los residentes de Bolivia que sean mayores de cierta edad.
    (D) A los bolivianos de tercera edad.

21. ¿Qué se puede inferir de las obras literarias mencionadas en este anuncio?
    (A) Son de la literatura boliviana.
    (B) Son cuentos típicos de la literatura latinoamericana.
    (C) Son novelas bastante cortas.
    (D) Son ejemplares de literatura popular.

22. ¿Qué recibe el autor de la novela ganadora?
    (A) Un premio monetario equivalente a quince mil bolivianos.
    (B) Un poco menos de Bs.15.000 y la publicación de su obra.
    (C) 15.000 bolivianos y un contrato con una empresa editorial.
    (D) Un premio monetario, publicación de su obra, y ser exceptuado de pagar impuestos.

23. ¿Qué ocurre a las obras que no ganaron el premio?
    (A) No reciben un premio pero todavía pueden ser publicadas.
    (B) Son publicadas para que todos las disfruten.
    (C) Son regaladas a la editorial para ser publicadas en el futuro.
    (D) El anuncio no menciona esta información.

24. Necesitas más información que no está publicada en el anuncio y le llamas al organizador para clarificar tus dudas. ¿Cuál de las siguientes preguntas sería más apropiada?
    (A) "Perdona, ¿qué ocurre si mi entrega no contiene toda la información pedida?"
    (B) "Vivo lejos de la sede y tengo que enviar mi entrega. Aunque sé que la puedo mandar a tiempo, ¿qué pasa si llega después de la fecha límite publicada?"
    (C) "Si mi entrega no gana, ¿qué proceso hay para pedir que la consideren otra vez?"
    (D) "Si mi entrega gana, ¿cuánto suele ser quitado por los impuestos?"

SELECCIÓN NÚMERO 4

Tema curricular: Los desafíos mundiales

> **Introducción:** La siguiente carta es una carta abierta al Presidente de la República de Uruguay sobre una preocupación del medio ambiente. La carta original fue publicada en El Observador en 2010.

Sr. Presidente,

Me dirijo a Usted por este medio para conocer su opinión, sus respuestas a la infinidad de interrogantes que hoy nos formulamos los productores rurales de *Línea* cuatro departamentos ante la presencia de la Minera Aratirí que avanza en sus *(5)* trabajos de prospección y exploración en la búsqueda de hierro en una zona ganadera, donde los directamente afectados, los superficiarios, no hemos tenido una sola respuesta oficial al respecto, aún habiéndola solicitado en más de una oportunidad.

La Minera cavaría inmensos huecos en el corazón del país ocasionando una *(10)* alteración permanente y definitiva del paisaje, de la red de drenaje, dada la imposibilidad de devolver a la zona su estructuración inicial. Esta alteración trae consecuencias ecológicas, sociales, económicas dramáticas ya que rompe una cadena productiva que será imposible reconstruir.

Los uruguayos no queremos un país hollado y contaminado por la minería a cielo *(15)* abierto. Los uruguayos no queremos trabajadores enfermos de silicosis. Los uruguayos queremos estar informados.

Los uruguayos nos preguntamos hoy: ¿Cuál es el sustento del Uruguay Natural que promocionamos en el exterior? ¿Cuál es el sustento del Uruguay, país agro exportador?

(20) Sabemos que "las aguas ácidas representan un grave riesgo ambiental ya que alteran las características químicas de las aguas receptoras contaminándolas y causando impactos en los ecosistemas", así lo dicen informes técnicos de profesionales expertos en la materia. Sabemos que con la crisis mundial de alimentos se vienen tiempos de valorización de los productos agrícolas (materias primas *(25)* agropecuarias). Sabemos de la necesidad de control de sectores estratégicos como el rural y el agro negocio. Sabemos que un país como Brasil está legislando para impedir la extranjerización de la tierra previendo la crisis de alimentos y la escasez del agua.

Y si sabemos todo esto…

(30) ¿Es posible que estemos hipotecando nuestras fértiles praderas naturales en proyectos mineros que producen alteraciones irreversibles en ecosistemas naturales y que estemos hipotecando la salud y el futuro de nuestro país, el de nuestros hijos y nietos y que además no estemos informados?

No Señor Presidente, no es posible.

(35) Por lo tanto queremos conocer su opinión y queremos ejercer nuestros derechos como ciudadanos, queremos ser escuchados, que nuestra opinión sea también válida, queremos ser atendidos porque todos ansiamos lo mejor para el País Natural que codician los extranjeros.

Atentamente,

(40) Rosina Mascheroni

18 de diciembre de 2010

25. ¿Cuál es el propósito de esta carta?
(A) Que el Presidente se entere de unos problemas medioambientales.
(B) Solicitar trabajo en una compañía minera que se ubica en su zona.
(C) Que el gobierno preste atención a las preocupaciones de unos ciudadanos.
(D) Saber exactamente qué planes tiene el gobierno para el futuro del país.

26. ¿A qué se refiere la autora cuando dice "...la infinidad de interrogantes..." (líneas 1–8)?
(A) A las inquietudes del pueblo.
(B) A las demandas del gobierno.
(C) A las preguntas de la compañía minera.
(D) A la alta demanda de minerales de su zona.

27. ¿Cuál es la preocupación más grande con Minería Aratirí?
(A) Que no permite que los locales puedan solicitar trabajo.
(B) Que les quitará todo el hierro de su zona.
(C) Que hará un daño permanente a la tierra.
(D) Que no les permite seguir trabajando con la ganadería.

28. ¿Qué se puede inferir acerca de la compañía minera?
(A) Es una filial de una compañía extranjera.
(B) Ha tenido éxito previo en Brasil.
(C) Es una de las compañías más prósperas de Uruguay.
(D) Ha tomado medidas para el sostenimiento ecológico.

29. ¿De qué manera comunica la carta su mensaje sobre el impacto de la compañía minera?
(A) Cuenta una historia previa de la compañía.
(B) Incluye opiniones de la población afectada.
(C) Relata unas experiencias de su propia situación.
(D) Se refiere a datos y hechos específicos.

30. ¿Qué perspectiva cultural representa la carta?
(A) Devoción a la tradición ganadera y de agricultura.
(B) Cautela ante el progreso.
(C) Valor de la democracia.
(D) Importancia del respaldo gubernamental.

SECTION I, PART B

Intepretive Communication: Print and Audio Texts (Combined)

Time: Approximately 55 minutes

DIRECTIONS: You will listen to several audio selections. The first two also include print texts. When there is a print text, you will have an additional amount of time to read it.

For each audio selection, you will have a designated amount of time to read the introduction of the selection and to preview the questions and answers that follow. Each audio selection will be played twice.

Following the first listening, you will have one minute to begin answering the questions. After the second listening, you will be given 15 seconds per question to finish answering. For each question, select the best answer according to the selection and mark your answer on your answer sheet.

Vas a escuchar a varias grabaciones. Las primeras dos van acompañadas de textos escritos. Cuando hay un texto escrito, tendrás tiempo adicional para leerlo.

Para cada selección auditiva, vas a tener un tiempo determinado para leer la introducción de la selección y prever las preguntas que siguen. Vas a escuchar cada fuente auditiva dos veces.

Después de escuchar cada selección la primera vez, vas a tener un minuto para empezar a contestar las preguntas. Después de escucharla la segunda vez, vas a tener 15 segundos por pregunta para terminarlas. Para cada pregunta, elige la mejor respuesta según el contexto y escríbela en la hoja de respuestas.

SELECCIÓN NÚMERO 1

Tema curricular: Los desafíos mundiales

Fuente 1: Primero tienes un minuto para leer fuente número 1

Introducción: El siguiente gráfico presenta la cantidad de remesas, en millones de dólares, que se ha mandado a El Salvador. Se basa en información publicada del Banco Nacional de Reserva de El Salvador.

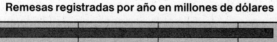

Remesas registradas por año en millones de dólares

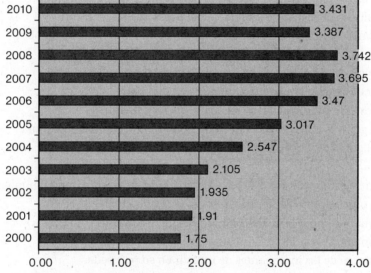

Año	Millones de dólares
2010	3.431
2009	3.387
2008	3.742
2007	3.695
2006	3.47
2005	3.017
2004	2.547
2003	2.105
2002	1.935
2001	1.91
2000	1.75

Fuente 2: Ahora tienes un minuto para leer la introducción y prever las preguntas.

Introducción: La siguiente fuente auditiva es una entrevista con el embajador de El Salvador en Radio Naciones Unidas. El tema es la migración y desarrollo en El Salvador. La entrevista original fue publicada en Nueva York por Radio Naciones Unidas el 23 de octubre de 2012. La grabación dura aproximadamente tres minutos, treinta segundos.

---

31. Según la tabla, ¿cuánto dinero fue enviado a El Salvador en 2003?
    - (A) Dos mil ciento cinco dólares.
    - (B) Dos dólares, ciento cinco centavos.
    - (C) Dos millones, ciento cinco dólares.
    - (D) Dos mil millones, ciento cinco mil dólares.

32. Según la tabla, ¿qué se puede afirmar de las remesas a El Salvador?
   (A) Ha habido un incremento constante.
   (B) Ha empezado a disminuir cada año.
   (C) Recientemente hubo un descenso en relación a años anteriores.
   (D) Recientemente hubo un ascenso en relación a años anteriores.

33. ¿Qué se puede deducir de la tabla que ocurrió entre el año 2000 y 2006?
   (A) Casi se duplicó la cantidad de dinero enviado a El Salvador.
   (B) Más salvadoreños emigraron a países con economías más prósperas.
   (C) Los emigrantes ganaron más dinero durante esta época.
   (D) La economía salvadoreña experimentó una crisis económica.

34. Según la entrevista, ¿cuál es la preocupación fundamental del gobierno salvadoreño?
   (A) Preservar la historia de su país.
   (B) Crear condiciones para favorecer la permanencia en El Salvador.
   (C) Facilitar el proceso de emigración a otros países.
   (D) Subministrar documentación a la población inmigrante de su país.

35. ¿Qué iniciativa está tratando de emplear el gobierno salvadoreño?
   (A) Documentar a sus connacionales.
   (B) Abrir vías de migración a Canadá, España y Australia.
   (C) Asegurar que las remesas sigan una parte integral de su economía.
   (D) Obligar a los indocumentados que regresen a su país.

36. En la entrevista, ¿a qué se refiere el embajador cuando dice que "el inmigrante se vaya olvidando de su terruño"?
   (A) A una razón por la cual no van a volver a El Salvador.
   (B) A una posible causa de la reducción de la remesas.
   (C) Al deseo de los inmigrantes de invertir en su país sede.
   (D) A que los inmigrantes van a perder las tierras de su familia.

37. ¿Qué opina el embajador en cuanto a las remesas?
   (A) Aportan muchos beneficios a la economía salvadoreña.
   (B) Hay que encaminarlas en inversiones para mejorar el país.
   (C) No son tan productivas como eran anteriormente.
   (D) Muchas familias no saben qué hacer con ellas.

38. De acuerdo al gráfico y la fuente auditiva, ¿qué se puede deducir de la situación en El Salvador?
   (A) Carecen de las oportunidades económicas para sostener a una familia.
   (B) A los salvadoreños les gusta compartir sus riquezas.
   (C) Los salvadoreños en el extranjero han ganado más durante los años.
   (D) Las familias en El Salvador tienen una mejor vida por la migración a otros países.

Tema curricular: La ciencia y la tecnología

Fuente 1: Primero tienes cuatro minutos para leer fuente número 1.

Introducción: El siguiente artículo trata de la importancia de dormir bien. Fue publicado en la página Web www.consumer.es el 22 de octubre de 2012.

Línea

Para estudiar más no es beneficioso sacrificar el descanso nocturno y, menos, hacerlo antes de un examen. Al contrario, suele ser contraproducente, ya que el rendimiento óptimo se logra cuando hay un equilibrio entre las horas dedicadas al estudio y al dormir, según los resultados de un trabajo reciente llevado a cabo
(5) en la Universidad de California en Los Ángeles (EE.UU.). Aunque no significa que no haya que estudiar, sino que hay que tener en cuenta que las horas de sueño pueden ser determinantes para el éxito académico.

Dormir para retener lo aprendido

Investigaciones anteriores ya habían constatado que lo aprendido se retiene
(10) mejor si se duerme justo después de hacerlo. Un trabajo de la Universidad estadounidense de Notre Dame señalaba que la memoria de lo aprendido era superior en los que habían dormido justo después de estudiar, respecto de los que habían dormido tras un día de vigilia.

Otro estudio presentado durante la reunión anual de la Asociación Americana
(15) para el Avance de la Ciencia, en 2010, llevado a cabo por investigadores de la Universidad de California en Berkeley, confirma que una de las principales funciones del sueño es la de "limpiar" la memoria a corto plazo para dejar sitio libre para más información. Los autores concluían que una noche sin dormir puede reducir la capacidad de asimilar conocimientos en casi un 40%, ya que las regiones cere-
(20) brales implicadas en el almacenaje no funcionan de forma correcta durante la falta de sueño.

Las mejores horas para estudiar y dormir

Muchas de las personas que estudian por la noche dicen hacerlo porque se concentran mejor, rinden más y tienen menos interrupciones y distracciones.
(25) Un trabajo de 2008 del Hospital Quirón de Valencia desbancó esta arraigada costumbre en muchos alumnos. Muchos especialistas aseguran que el periodo de máximo aprovechamiento coincide con la mañana, decrece a lo largo de la tarde y, sobre todo, de la noche, por lo que conviene trabajar la mayor parte de la materia al comienzo del día y dejar el repaso o la tarea más fácil para la última
(30) hora de la jornada.

Más allá del reloj biológico, hay otras razones por las que se deben evitar las últimas horas del día al estudio:

- **El cerebro está cansado y trabaja con menor rendimiento**. Tomar estimulantes para mantenerse despierto crea una falsa sensación de estar despierto, pero *(35)* en realidad el cerebro no está en el mejor estado para retener.
- **Es difícil dormir bien tras estar sometido a la presión del estudio o después de haber tomado algún estimulante**. Y si no se descansa bien, es difícil rendir el día siguiente. Lo idóneo es acostarse relajado, sin tensiones y con el trabajo hecho.
- *(40)* **Estudiar a primera hora de la tarde permite dar respuesta a cualquier imprevisto**, por ejemplo, que una materia resulte más complicada de lo que uno se pensaba.

Fuente 2: Ahora tienes dos minutos para leer la introducción y prever las preguntas.

Introducción: La siguiente fuente auditiva es un Podcast de Mertxe Pasamontes, Psicóloga y Coach, que trata de la importancia de equilibrar el trabajo con el descanso. El Podcast original fue transmitido el 25 de noviembre de 2011 en la página Web *www. merxtepasamontes.com*. El Podcast tiene una duración de 4 minutos 20 segundos.

39. ¿Qué técnica usa el autor en los primeros párrafos del artículo para comunicar su idea?
    (A) Presenta su opinión con ejemplos cotidianos.
    (B) Incluye anécdotas de diferentes expertos.
    (C) Provee ideas contrarias de varios grupos.
    (D) Incluye datos para apoyar el tema.

40. En el artículo, ¿qué comprobaron los investigadores en cuanto al retener la información estudiada?
    (A) Que se retiene más fácilmente si se duerme lo suficiente.
    (B) Que se retiene mejor si se trasnocha estudiando.
    (C) Que se retiene mejor si se duerme inmediatamente después.
    (D) Que se retiene mejor el día después de estudiar.

41. Según el artículo, ¿a qué se refiere el autor cuando dice "las regiones cerebrales implicadas en el almacenaje no funcionan" (líneas 19–20)?
    (A) A que el cerebro pierde la capacidad de memorizar.
    (B) A la reducción de la capacidad de guardar información.
    (C) A la incapacidad de entender información nueva.
    (D) A la falta de capacidad de distinguir una cosa de otra.

42. Según el artículo, ¿cuándo es el mejor tiempo para estudiar?
    (A) Durante la noche cuando hay menos distracciones.
    (B) Por la tarde, despúes del almuerzo.
    (C) Despúes del desayuno y antes del mediodía.
    (D) Cuando quiera uno, siempre que tome un estimulante.

43. Según el Podcast, ¿qué se menciona que es un valor en la sociedad?
    (A) El equilibrio de trabajo y descanso.
    (B) La capacidad de saber cuándo ser productivo.
    (C) El alto rendimiento en el ámbito laboral.
    (D) Descansar lo suficiente para poder ser más productivo.

44. ¿Con qué propósito incluye la fuente auditiva una cita de Sócrates?
    (A) Para presentar que el valor del descanso no es novedoso.
    (B) Para subrayar la importancia de la productividad.
    (C) Para añadir más ejemplos a los beneficios del descanso.
    (D) Para exponer otra hipótesis del valor del ocio.

45. Según la psicóloga de la fuente auditiva, ¿cuándo hay que aprovecharse
    del descanso?
    (A) En el ámbito laboral.
    (B) Fuera del trabajo y de los deberes domésticos.
    (C) Tanto en el trabajo como fuera.
    (D) En las actividades de ocio y de tiempo libre.

46. ¿Cómo diferencia la psicóloga del Podcast el tiempo libre del ocio?
    (A) El tiempo libre es el tiempo que uno tiene para divertirse.
    (B) El ocio es el tiempo que se pasa con la familia.
    (C) El ocio es el tiempo para realizar actividades domésticas.
    (D) El tiempo libre es el tiempo para alimentarse y echarse una siesta.

47. ¿En qué coinciden la fuente escrita y la auditiva?
    (A) Presentan la importancia del descanso en la productividad.
    (B) Citan personajes históricos para apoyar sus ideas.
    (C) Mencionan los beneficios de tomar tiempo libre.
    (D) Critican el énfasis de la sociedad en ser productivos.

SELECCIÓN NÚMERO 3

Tema curricular: Las identidades personales y públicas

Primero tienes un minuto para leer la introducción y prever las preguntas

---

Introducción: La siguiente grabación, titulada "¿Dónde está la felicidad?", se trata sobre el tema de la felicidad de los hombres. Fue publicada en *mariacristinasalas.blogspot.com* en 2011. La grabación dura aproximadamente cuatro minutos.

---

48. ¿Cuál de los siguientes mejor resume la búsqueda del hombre como se menciona en la fuente auditiva?
    (A) Encontró lo que buscaba al encontrarse con un sabio.
    (B) Al desenvolver el paquete, descubrió la respuesta a su pregunta.
    (C) Todavía se quedó perplejo de lo que había encontrado.
    (D) Al verse en el espejo, encontró lo que buscaba.

49. ¿A qué se refiere la frase "se postró ante él y habló entre sollozos"?
    (A) A la humildad con que el hombre se presentó ante el sabio.
    (B) Al apuro que tenía el hombre para encontrar la respuesta a su pregunta.
    (C) A la compasión que tuvo el sabio para el hombre.
    (D) A la confusión que tenía el hombre al ver al sabio.

50. ¿Cuál de las siguientes frases mejor describe al sabio?
    (A) Es un hombre insensato.
    (B) Es un hombre mayor.
    (C) Es un hombre inquieto.
    (D) Es un hombre ocupado.

51. ¿Cómo es la actitud del hombre hacia el paquete regalado?
    (A) Confuso
    (B) Ansioso
    (C) Resignado
    (D) Tímido

52. Según el cuento, ¿cómo se describe el templo?

    (A) Lujoso

    (B) Descuidado

    (C) Arreglado

    (D) Protegido

53. ¿Qué ocurrió cuando el hombre colocó el pedazo que tenía en el espejo?

    (A) Se vio a sí mismo por primera vez.

    (B) Se dio cuenta que estaba en el lugar incorrecto.

    (C) Pudo comprender la función de la palabra inscrita.

    (D) Sintió más delirio y confusión.

54. ¿Cuál es la moraleja del cuento?

    (A) Hay que meditar para encontrar la felicidad.

    (B) La felicidad se obtiene al viajar.

    (C) La verdadera felicidad se encuentra en un pedazo, que al colocarlo bien, hace uno lleno.

    (D) Sólo nosotros podemos darnos la felicidad.

SELECCIÓN NÚMERO 4

Tema Curricular: La belleza y la estética

Primero tienes un minuto para leer la introducción y prever las preguntas.

Introducción: La siguiente grabación, titulada Día Internacional del Libro y del Derecho de Autor, fue publicada en Radio Naciones Unidas en 2012. La grabación dura aproximadamente 3 minutos, 40 segundos.

55. ¿Cuál es el propósito de esta selección?
    (A) Mostrar el impacto que ha tenido el festival a unos autores.
    (B) Revelar lo que les inspiró a unos autores a la lectura.
    (C) Resaltar la importancia de empezar a leer cunado eres joven.
    (D) Informar sobre unos autores y sus recuerdos infantiles.

56. ¿Qué tipo de cuentos se le leían a Carmen Boullosa?
    (A) Cuentos para jóvenes.
    (B) Trozos de cuentos para niños.
    (C) Partes de novelas famosas.
    (D) Cuentos cómicos de diversos géneros.

57. Según Carmen Boullosa, ¿qué le fascinaba de los libros para niños aparte del cuento?
    (A) Que eran cuentos marginalizados.
    (B) Que había una gran variedad.
    (C) Que eran historias de grandes autores.
    (D) Que eran agradables a la vista.

58. ¿Por qué empezó Sergio Ramírez a escribir cuentos?
    (A) Para que el género que tanto le gustaba no desapareciera.
    (B) Para continuar a revivir las historias de su niñez.
    (C) Para poder exponer los misterios que le fascinaban tanto.
    (D) Para explorar más el universo y mundos extraños.

59. ¿Por qué escogió Santiago Roncagliolo su primera novela?
    (A) Porque su padre se lo había recomendado.
    (B) Porque le fascinaba el tema.
    (C) Porque le interesaba la portada.
    (D) Porque no podía escoger cómics.

60. ¿Qué se puede deducir de los tres autores?
    (A) Son todos aficionados de la gran literatura.
    (B) Su amor por la literatura se fomentó a través de diversas experiencias.
    (C) Llegaron a ser autores por la influencia de sus padres.
    (D) Sienten mucho orgullo de formar parte del Día Internacional del Libro.

SELECCIÓN NÚMERO 5

Tema Curricular: La ciencia y la tecnología

Primero tienes un minuto para leer la introducción y prever las preguntas

> **Introducción:** La siguiente grabación trata de la dieta mediterránea. La grabación proviene del programa titulado Alimento y Salud emitido por Radio 5 en España. Fue publicada en abril de 2013 y dura aproximadamente 2 minutos, 30 segundos.

61. ¿Cuál es el propósito de la grabación?
    - (A) Informar sobre un estudio hecho de la dieta mediterránea
    - (B) Presentar las características de la dieta mediterránea
    - (C) Dar consejos a base de estudios para cómo mantener una dieta saludable
    - (D) Contar por qué la dieta mediterránea es mejor que otras dietas

62. ¿Qué sugiere el presentador acerca de la dieta mediterránea?
    - (A) Que todavía hacen falta más pruebas para averiguar sus beneficios
    - (B) Que se ha sabido por mucho tiempo que es la dieta más saludable
    - (C) Que hay diversos motivos por la cual la dieta es tan saludable
    - (D) Que las investigaciones comprobaron un conocimiento previo

63. ¿Qué se puede inferir del estudio hecho?
    - (A) Que fue completada en Estados Unidos
    - (B) Que varios países participaron en él
    - (C) Que los participantes eran todos españoles
    - (D) Que los participantes padecían de mala salud

64. ¿Por qué se paró la investigación prematuramente?
    - (A) Para ofrecerle a un grupo los beneficios que experimentaban los demás
    - (B) Porque a los investigadores se les acabaron las finanzas para continuar el estudio
    - (C) Porque unos participantes sufrieron unos problemas médicos
    - (D) Para poder analizar los resultados de su investigación

65. ¿Con cuál de las siguientes afirmaciones estaría más de acuerdo Dr. Ramón Estuch, el coordinador del estudio?
    - (A) La dieta mediterránea es más saludable por ser baja en grasa
    - (B) Otros países deberían considerar emular la dieta mediterránea
    - (C) Los con sobrepeso deben limitar el consumo de grasas vegetales
    - (D) Es una obligación de los políticos cambiar los hábitos de consumo de la gente

SECTION II

Interpersonal Writing: E-mail Reply

Time: 15 minutes

DIRECTIONS: You will write a reply to an e-mail that you received. You have 15 minutes to read the message and write your reply.

Your reply should include an appropriate greeting and closing and should answer all the questions and requests in the original message. In addition, your reply should ask for more details about something that was mentioned in the message. You should use a formal tone in your response.

Vas a escribir una respuesta a un mensaje de correo electrónico. Tienes 15 minutos para leer el mensaje y escribir tu respuesta.

Tu respuesta debe incluir un saludo y despedida apropiada y contestar a todas las preguntas y peticiones del mensaje original. También tu respuesta debe pedir más información de algo mencionado en el mensaje original. Debes usar el tono formal en tu respuesta.

Tema curricular: Las identidades personales y públicas

Introducción: El siguiente mensaje electrónico es de la editora de *Apreciarte* una revista dedicada al mundo artístico. La revista esta lanzando un nuevo blog relacionado al arte, y quiere que sus suscritores contribuyan sus ideas.

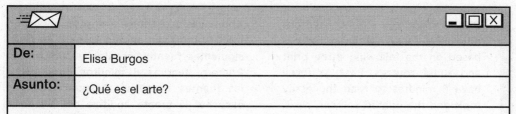

De: Elisa Burgos

Asunto: ¿Qué es el arte?

Querido suscritor,

Es mi placer informarle que la revista *Apreciarte* está a punto de lanzar un nuevo blog completamente dedicado al arte. Estamos muy orgullosos de este nuevo proyecto para que nuestros estimados y muy valorados lectores contribuyan y compartan sus ideas de la belleza del arte. La idea es de proponer un tema diferente cada mes y dejar que la gente lo discuta y que presente su opinión.

Antes del lanzamiento del blog, quisiéramos darle el honor a nuestros queridos suscritores a que ellos sean los primeros contribuyentes. Por esa razón, queremos invitarle a usted a que responda a las siguientes preguntas:

    – ¿Cómo define usted el arte?

    – Para usted, ¿qué hace que una obra de arte sea superior a otra?

No ponemos límite a su respuesta, así tome la oportunidad de expresarse tanto como quiera. Cuanto más pueda contribuir, mejor para el blog.

Le agradezco de antemano por su valioso tiempo y por considerar su participación en este proyecto tan emocionante.

Atentamente,

Elisa Burgos
Editora General *Apreciarte*

SECTION II

Presentational Writing: Persuasive Essay

Time: Approximately 55 minutes

DIRECTIONS: You will now write a persuasive essay. The essay topic is based on the following three print and audio sources. First, you will have 6 minutes to read the essay topic and the printed sources. Next, you will hear the audio material twice. Then, you will have 40 minutes to plan and write your essay.

In your essay you should make reference to specific information from the three source materials. Do not simply summarize what is contained in the sources. Incorporate them into your essay and cite them in the proper manner. In addition, you should also clearly present your own viewpoints on the topic and defend them thoroughly. Your essay should be organized into clear paragraphs and you should use appropriate vocabulary and grammar.

Ahora vas a escribir un ensayo persuasivo. El tema del ensayo se basa en las siguientes fuentes escritas y auditivas. Primero, tendrás 6 minutos para leer las fuentes impresas. Después, vas a escuchar la fuente auditiva dos veces. Finalmente, tendrás 40 minutos para planear y escribir tu ensayo.

En tu ensayo, debes hacer referencia a información específica de las tres fuentes. Debes evitar simplemente resumir la información de las fuentes. Incorpórala en tu ensayo e identifícalas apropiadamente. Además, debes presentar claramente tus propios puntos de vista y defenderlos bien. Tu ensayo debe ser organizado en distintos párrafos bien desarrollados y debes usar vocabulario y gramática apropiada.

Tema curricular: La vida contemporánea

Primero tienes 6 minutos para leer el tema del ensayo, la fuente número 1 y la fuente número 2.

Tema del ensayo: ¿Es importante seguir los estudios después de la escuela secundaria?

Fuente 1

Introducción: El siguiente artículo trata la educación. El artículo original fue publicado en EFA—Global Monitoring Report en 2004.

¿Cuál es el valor de una buena educación?

(EFA—Global Monitoring Report 2003/04)

Está suficientemente demostrado que los beneficios de la educación para las personas y la sociedad son tanto mayores cuanto mejor es la calidad de la educación. Por ejemplo, los mejores resultados escolares—tal como se miden por las *Línea* puntuaciones conseguidas por los alumnos en las pruebas de aprovechamiento *(5)* escolar—guardan una estrecha relación con la obtención de ingresos más elevados en el mercado de trabajo.

Por consiguiente, las diferencias en la calidad de la educación parecen indicar diferencias de productividad entre los trabajadores. Además, en el caso de los trabajadores de los países en desarrollo, las repercusiones de la calidad de la *(10)* educación en los salarios parecen ser mayores que en el caso de los trabajadores de sociedades más industrializadas. Algunos trabajos de investigación empíricos han demostrado que una educación de calidad mejora el potencial económico nacional. Una vez más, la calidad de la mano de obra—medida también por las puntuaciones obtenidas en las pruebas—parece ser un importante factor deter- *(15)* minante del desarrollo económico y, por lo tanto, de la capacidad de los gobiernos para disminuir la pobreza.

La calidad de la educación influye de todas esas maneras en el ritmo de enriquecimiento de las sociedades, en el grado en que los individuos pueden mejorar su eficacia, productividad e ingresos personales, y en los medios por *(20)* los que la sociedad puede llegar a ser más equitativa y menos vulnerable a las enfermedades y carencias en materia de salud. Por consiguiente, la calidad de la educación influye considerablemente en las perspectivas de realización de todo un amplio conjunto de objetivos personales y metas del desarrollo.

Fuente 2

Introducción: El gráfico muestra las tasas de paro por nivel de formación para la población de 20–24 años y de 30–44 años en el periodo 2006–2010 en España. Se basa en estadísticas de la INE en 2010.

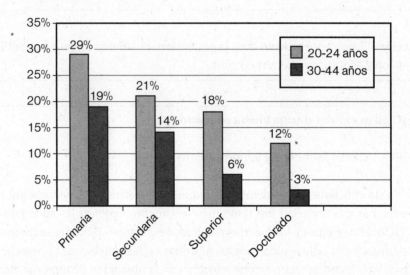

Fuente 3

Introducción: El siguiente reportaje trata de la vida moderna en Hispanoamérica. La conversación dura aproximadamente dos minutos.

SECTION II

Interpersonal Speaking: Conversation

Time: Approximately 10 minutes

DIRECTIONS: You will now take part in a simulated conversation. First, you will have 1 minute to read a preview of the conversation, including the script for both parts. Then, the conversation will begin and follow the script. Each time it is your turn to speak, you will have 20 seconds to respond. You should engage in the conversation as much and as appropriately as possible.	Ahora vas a participar en una conversación simulada. Primero, tendrás un minuto para leer la introducción y el esquema de la conversación. Después, empezará la conversación, siguiendo el esquema. Cada vez que te toque hablar, tendrás 20 segundos para responder. Debes participar en la conversación de la forma más completa y apropiada posible.

Tema curricular: La vida contemporánea

Tienes un minuto para leer la introducción y el esquema de la conversación.

> **Introducción:** Imagina que has oído un anuncio clasificado de un puesto vacante este verano para un salvavidas en la piscina municipal. El ayuntamiento prefiere contratar a una persona que sea responsable y que tenga prueba de habilidad para el trabajo.

Empleada:	• Te saluda y te da las noticias
Tú:	• Salúdala y explícale la razón por qué llamas
Empleada:	• Continúa la conversación • Te hace una pregunta
Tú:	• Contesta la pregunta con detalles
Empleada:	• Continúa la conversación • Te hace otra pregunta
Tú:	• Responde con detalles
Empleada:	• Continúa la conversación
Tú:	• Reacciona positivamente • Explícale una condición
Empleada:	• Continúa la conversación • Te hace otra pregunta
Tú:	• Responde apropiadamente • Despídete
Empleada:	• Concluye la conversación

SECTION II

Presentational Speaking: Cultural Comparison

Time: Approximately 6 minutes

DIRECTIONS: You will now prepare an oral presentation for your class on a specific topic. You will have 4 minutes to read the topic and prepare your presentation. Then, you will have 2 minutes to record your presentation.

In your presentation, compare your own community to one of the Spanish-speaking world with which you are familiar. You should demonstrate your understanding of cultural features of the Spanish-speaking world. Your presentation should also be well organized.

Ahora vas a preparar una presentación oral para tu clase de español sobre un tema cultural. Primero, tendrás 4 minutos para leer el tema y preparar tu presentación. Después, tendrás 2 minutos para grabarla.

En tu presentación, compara tu comunidad con una del mundo hispanohablante con el que estés familiarizado. Debes demostrar tu comprensión de los aspectos culturales en el mundo hispanohablante. También, tu presentación debe ser bien organizada.

Tema curricular: La ciencia y la tecnología

Tema de la presentación: ¿Cómo ha cambiado la tecnología en cuanto a la manera en que uno se relaciona con los demás hoy en día?

Compara tus observaciones de las comunidades en que has vivido con tus observaciones del una región del mundo hispanohablante que te sea familiar. Puedes referirte a lo que has estudiado, vivido, observado, etc.

ANSWER KEY
Model Exam 2

PART A

1. D	**11.** C	**21.** C
2. C	**12.** D	**22.** B
3. C	**13.** A	**23.** A
4. D	**14.** C	**24.** D
5. C	**15.** C	**25.** C
6. C	**16.** B	**26.** A
7. C	**17.** C	**27.** C
8. B	**18.** B	**28.** A
9. B	**19.** C	**29.** D
10. B	**20.** C	**30.** A

PART B

31. C	**43.** C	**55.** B
32. A	**44.** A	**56.** C
33. B	**45.** C	**57.** D
34. A	**46.** D	**58.** A
35. A	**47.** A	**59.** C
36. B	**48.** D	**60.** B
37. B	**49.** A	**61.** A
38. A	**50.** B	**62.** D
39. D	**51.** B	**63.** C
40. A	**52.** B	**64.** A
41. B	**53.** C	**65.** B
42. C	**54.** D	

PART SEVEN
Appendices

Audioscripts

PART B, SECTION I

Listening Comprehension: Audio and Print Texts (Combined)

Selección número 1, Fuente número 2

Programa *Nuestra América,*

La Habana, 16 de enero 2006

Michelle Bachelet, Nueva Presidenta de Chile

Santiago de Chile, 15 de enero. Michelle Bachelet ganó hoy las elecciones chilenas tras derrotar al derechista Sebastián Piñera, lo que la convertirá en la primera presidenta de Chile, reportó EFE.

El Ministerio del Interior chileno informó hoy de que, con el 97,71% de los votos escrutados, Bachelet obtuvo el 53,49% frente al 46,50% de Piñera.

El derrotado candidato de la derecha, Sebastián Piñera, reconoció su derrota y felicitó a su rival, a quien deseó "el mayor de los éxitos."

La victoria de Bachelet causó una explosión de alegría en su coalición, en donde el senador democratacristiano Andrés Zaldívar afirmó que la electa Presidenta gobernará para todos los chilenos, "los que votaron por ella y los que no lo hicieron."

Diversas agencias de prensa se referían en la noche de ayer a que casi medio millón de chilenos se lanzaron a las calles para vitorear a Michelle Bachelet, agitando banderas y cantando *Vuelvo,* la canción mítica del grupo local Illapu, que narra la emoción de miles de exiliados durante la dictadura militar, entre ellos la Presidenta electa.

El Gobierno de Bachelet, que tomará posesión de su cargo el 11 de marzo, será el cuarto de la coalición de centroizquierda Concertación por la Democracia desde 1990, destacó EFE.

Desigualdad: Reto para Próximo Presidente

Santiago de Chile, 15 de enero.

—El próximo presidente enfrentará el desafío de altos niveles de desigualdad social y desempleo. Organismos oficiales confirman que el 20% más acaudalado de los chilenos percibe 15 veces más que el 20 más pobre, y de esa cifra de poderosos, el 1% resulta particularmente concentrador de riquezas.

Chile está ubicado entre los 15 primeros países (de 130) con peor desigualdad de ingresos a nivel mundial y según el Instituto Nacional de Estadísticas, aún 532.607 personas se mantienen analfabetas: 258.262 hombres y 274.345 mujeres. De acuerdo con el último censo, existe un 4,7% de indigentes, es decir 728.063 personas, mientras un 14,08% enfrenta el desamparo no indigente (2.179.653).

Selección número 2, Fuente número 2

Santa Clara del Cobre es nombrada nuevo "Pueblo Mágico"

Por Elizabeth Cruz

Nombrado recientemente como Pueblo Mágico, el pueblo colonial de Santa Clara del Cobre, Michoacán, se caracteriza por haber conservado a través de generaciones la tradición artesanal del metal que le da nombre, ya que cada pieza es el resultado de calor, martillazos y la vasta imaginación de cada uno de los hombres que han hecho de estos artículos su forma de vida.

Santa Clara es una pequeña localidad que ofrece a sus visitantes no sólo el encanto de sus artesanías, sino la belleza de sus casas blancas con techos de teja roja, de entre las que destaca un kiosko con techo de cobre que se ilumina con los rayos del sol en medio de la plaza principal.

Aunque se tiene conocimiento que los antiguos indígenas de la región ya utilizaban el metal para la creación de diversos artículos como hachas, aretes y otros objetos ornamentales, fue hasta la llegada del obispo Vasco de Quiroga cuando se perfeccionaron las técnicas artesanales existentes, pues fue él quien introdujo el proceso de fundición y martillado que persiste hasta nuestros días.

En Santa Clara también es posible visitar el Museo del Cobre, donde se exponent antiguos objetos encontrados en el lugar, fabricados por los tarascos, así como piezas artísticas ganadoras de concursos nacionales e internacionales. Asimismo, existe una escuela-taller y una cooperativa que lleva el nombre de Vasco de Quiroga, además de la Casa del Artesano, lugares donde se imparte capacitación y preparación para los nuevos artistas.

Para una mejor experiencia de viaje, te recomendamos visitar este nuevo "Pueblo Mágico."
(www.mexicodesconocido.com.mx/notas/91469-Santa-Clara-del-Cobre-es-nombradanuevo-%E2%80%9CPueblo-M%C3%A1gico%E2%80%9D)

Selección número 3, Fuente número 2

Las ventajas de las universidades pequeñas

¿A su hija o hijo le encantan las clases de pequeños grupos con discusiones en las que tiene prioridad la participación activa y el conocimiento directo? En ese caso, su hijo o hija debería plantearse ir a una universidad pequeña. Algunas posibles ventajas asociadas con las universidades de menor tamaño son clases de tamaño pequeño, oportunidades directas de conocimiento, especialidades diseñadas de forma individual, fuerte sistema de asesoría, y los asesores conocen muy bien a los estudiantes, gran sentido de comunidad, los catedráticos, no asistentes, enseñan la mayoría de las clases, y oportunidad de conocer bien a los profesores.

Si bien las universidades pequeñas suelen ofrecer un fuerte sentido de comunidad, el entorno también dificulta a los estudiantes salirse o entrar en grupos sociales con la misma facilidad que permite una universidad con miles de alumnos. Cuando usted y su hija o hijo visiten una pequeña universidad, hablen con estudiantes para entender cómo es la vida social y qué tipo de actividades no académicas existen.

Las pequeñas universidades son perfectas para aquellos estudiantes que se sienten bien en entornos de pequeños grupos, se sienten estimulados por altos niveles de interactuación entre profesores y alumnos, y que están interesados en desarrollar especialidades creativas, individuales enfocadas en áreas de interés específicas.

Generalmente las universidades pequeñas son capaces de cumplir con los intereses únicos de su hijo o hija y sus necesidades. Al contrario de los establecimientos más grandes, las universidades de menor tamaño alientan a los estudiantes a explorar áreas distintas a su campo de estudios.

(www.collegeboard.com/padres/buscar/explorar)

Selección número 4, Fuente número 2

Música Clásica

Por lo general, "música clásica" es un término que se usa para referirse a la música culta o académica compuesta en el medioevo, renacimiento y barroco hasta el período contemporáneo; los más puristas consideran a la música clásica sólo como la compuesta en el período clásico, que se extiende entre los tiempos finales de J. S. Bach y el fin de la vida de Beethoven. El interés por la música clásica podría parecer algo anacrónico, pero la verdad es que hoy goza de gran popularidad, tal vez no como las corrientes populares por razones obvias, pero siempre ha contado con un gran número de seguidores y entusiastas de todas las edades. Música tan Antigua como la del medioevo y el renacimiento cobran fuerza e interés entre la juventud, reviviendo instrumentos hermosos e impresionantes como, por ejemplo, la viola de gamba, instrumento popular entre los nobles de los siglos XV y XVII.

Para referirnos a la música clásica, uno debe hacer una gran distinción entre ésta y las otras ramas de la música. Ésta es claramente más seria, para un oído especial o más refinado; en todo caso nos referimos por "seria" al hecho de ser característicamente profunda y estudiada, y no en el sentido de ser grave e inaccesible.

La música clásica se caracteriza por ser la primera rama musical que unió perfectamente el desempeño de los instrumentos con las voces de personas. Al mismo tiempo se debe mencionar que la música clásica logra la unión de varios instrumentos para dar paso al desempaño de una orquesta como tal. Con ello se logra una potente dramatización a través de la música en sí. Entre los instrumentos de música clásica más conocidos están el violín, el piano de cola, el violonchelo, el contrabajo, el arpa, la trompeta, el trombón, la flauta, el clarinete y los instrumentos de percusión.

Desde sus inicios la música clásica fue adaptada por las personas más cultas de cada sociedad. Aquellas que tenían el acceso a manuscritos y por supuesto, eran parte integral de alguno de los distintos estamentos que conformaban la elite en sus respectivas épocas.

(www.buscarinformacion.com/musica/musica_clasica.html)

Selección número 5, Fuente número 2

(Sound of a crowd of people talking)

NAR 1: Compadre. Escúcheme. Tenemos que organizar este grupo para ponernos en manifiesto contra esta administración.

NAR 2: Estoy de acuerdo. Hace seis meses que trabajamos sin contrato y no van a concedernos ningunos ascensos si no hacemos algo.

NAR 1: ¡Qué va! Siempre nos han tratado como si fuéramos esclavos. Mañana podremos mostrarles nuestra fuerza en un desfile por las calles del centro.

NAR 2: Pues, llamaré a todos los líderes del turno de la noche con quienes trabajo.

NAR 1: Y yo llamaré a los otros de mi turno. Podremos alcanzar cien hombres para una manifestación si llamamos a todos los que están con nosotros.

NAR 2: Con un poco de suerte podríamos negociar un contrato nuevo para el lunes si el árbitro tratara con nosotros de la manera que queremos. Pidamos un ascenso de cincuenta dólares al mes como mínimo, lo cual no es tanto como merecemos y veremos qué dicen.

NAR 1: Si nos lo otorgara, podríamos empezar de nuevo el martes por la mañana. Y de esta manera la empresa tendría la producción que desea sin perder mucho tiempo.

NAR 2: De acuerdo. Todo esto debería mostrarles que queremos que nos tomen en serio.

Selección número 6, Fuente número 2

NAR 1: Esa tormenta que pasó por aquí anoche fue la más espantosa que jamás he visto en la vida. Perdimos toda la electricidad y llovió a cántaros con un rato de granizos que destruyeron todo, todo lo que tuvimos en el huerto. ¿Sufrieron ustedes mucho daño?

NAR 2: Era igual con nosotros. Y lo peor sucedió cuando tratamos de abrir los grifos en la cocina y no salió nada, ni una gota de agua. Pasamos una noche muy mala.

NAR: 1 ¡Ya lo creo! Y con todo el tronar y relampaguear los pobres niñitos se agarraron de mi esposo y de mí toda la noche por el susto que tuvieron.

NAR 2: Gracias a Dios los míos tienen bastante edad para no temer tanto el ruido. De veras fue el mayor espectáculo pirotécnico que jamás hayamos visto. Y esta mañana ¡fíjate cuánto brilla el sol, como si no hubiera pasado ni una nube por el cielo!

NAR 1: Sí, se siente la limpieza del aire esta mañana. ¿Y ahora? ¿Les han restablecido el agua?

NAR 2: Llamamos al ayuntamiento para decirles de nuestro problema y nos prometieron volver a ponérnosla esta misma mañana. Sería en buena hora porque hoy tengo que lavar mucha ropa sucia.

Selección número 7, Fuente número 2

¿Es recomendable que los padres de un menor se creen un perfil en la red social de su hijo para aconsejarle?

Por Jordi Sabate Martí

Introducción del interlocutor y Gemma Martínez, investigadora de la Universidad del País Vasco:

A diferencia de sus progenitores, las próximas generaciones de jóvenes serán nativos digitales. Crecerán vinculados de una manera íntima al ordenador y a una cultura digital que a sus padres se les antojará casi marciana. Por ello, numerosos expertos en educación y sociología alertan de que deben acompañarles durante sus primeros años de navegación por Internet, así como asesorarles en el mundo de las redes sociales.

Interlocutor: ¿Es malo que el menor utilice las redes sociales?

Gemma Martínez: La respuesta adecuada sería: depende. Si un menor entra en una red social sin tener nociones básicas sobre las normas de privacidad que ha de seguir en este entorno (contactos que debe y no debe aceptar, publicación de información personal o fotos, accesibilidad a su perfil, etc.), puede ser perjudicial. En cambio, si el menor utiliza bien esta herramienta, el uso de redes sociales y otras soluciones de comunicación servirá para reforzar los lazos de amistad con sus amigos. Los padres no pueden olvidar, en el caso concreto de las redes sociales, que los menores de catorce años no pueden acceder.

Interlocutor:	¿Es perjudicial que los menores accedan a contenidos sexuales o violentos online?
Gemma Martínez:	Si un menor de nueve años accede de forma accidental a contenidos sexuales o violentos, puede suponer para él una situación de incomodidad y malestar porque carece de la capacidad para analizar de forma crítica esos contenidos. Ahí es donde la figura de los padres cobra un papel imprescindible. Para un adolescente, el hecho de encontrarse con contenidos sexuales o violentos no es tan grave, ya que se le presupone una capacidad crítica para evitarlos.
Interlocutor:	¿Cómo pueden los padres discernir entre lo bueno y lo malo de Internet?
Gemma Martínez:	Los padres sólo pueden discernir qué es apropiado para sus hijos en Internet si ellos usan también la Red. Por fortuna, entre 2005 y 2006, el número de padres usuarios de Internet con hijos que también navegan ha aumentado de modo considerable. Pero en el caso de España, un 15% de los padres cuyos hijos utilizan Internet desconocen el medio.
Interlocutor:	Parece que los padres responsables deben hoy en día esforzarse más para educar a sus hijos porque han de asimilar conceptos nuevos. ¿Es así?
Gemma Martínez:	A los padres no se les exige más que antes, sino algo diferente. Los padres (dicen) que sus hijos saben más que ellos y eso no es del todo cierto.
	Un niño puede manejar Internet con más rapidez que sus padres porque desde edades muy tempranas se enfrenta al ordenador. En cambio, un adulto tiene capacidad crítica y una visión más objetiva de los contenidos beneficiosos o perjudiciales con los que su hijo se encuentra en Internet. El comportamiento del menor en la Red es similar al de la vida real, pero en este caso los padres no han de perder de vista que Internet cuenta con las posibilidades de anonimato e inmediatez.
Interlocutor:	¿Los padres irán siempre por detrás de sus hijos en el aprendizaje digital? ¿Sería buena idea dejarse guiar por ellos en este nuevo mundo?
Gemma Martínez:	No todos los padres van por detrás de sus hijos en el aprendizaje digital. Pero hay resultados recientes que demuestran que en Europa los padres aumentan su uso de Internet.
Interlocutor:	¿Hay que vigilar todo lo que hace un hijo en Internet?
Gemma Martínez:	Con los adolescentes, un padre no puede navegar con ellos porque ya han adquirido una cierta madurez personal y estar a su alrededor mientras utilizan Internet puede suponer una intromisión en su intimidad. A estas edades, muchos menores también han desarrollado las habilidades suficientes como para desinstalar filtros del ordenador y borrar todo rastro de sus acciones en Internet.
	En cambio, si la comunicación entre padres e hijos acerca de lo que hacen en Internet es de confianza, los padres tienen que saber cuáles son los sitios que más frecuenta y cuáles son los posibles peligros para él.

Selección número 8, Fuente número 2

¡Energía solar para la gente!

Por David Dickson, Director, SciDiv.net

En principio, la energía solar es una solución casi perfecta para las necesidades energéticas de los países en desarrollo. Es universal y de acceso gratuito, particularmente cerca de la línea ecuatorial, donde se encuentran muchos de estos países.

La energía solar es el último recurso de energía renovable. Su uso no agota las reservas, ni emite mucho dióxido de carbono a la atmósfera, convirtiéndola en la respuesta ideal al desafío del cambio climático.

Uno de los logros de la última conferencia sobre el clima—que con frecuencia se pasa por alto—fue el acuerdo sobre el Fondo Clima Verde, que busca recaudar y distribuir alrededor de US$30 mil millones anuales en los próximos tres años para ayudar a los países en desarrollo a expandir el uso de sus tecnologías renovables e integrarlas en sus planes de desarrollo.

El Fondo refleja la aceptación creciente de que el desarrollo de las fuentes de energía renovables es crucial para sacar de la pobreza a los más pobres del mundo de un modo ambientalmente sostenible.

Pero el fracaso de los gobiernos para alcanzar un compromiso pone de relieve que la política energética ha sido y es altamente política. Poderosos intereses (que puede incluir los de los consumidores en el mundo desarrollado) a menudo tienen la misma influencia en la política que las oportunidades tecnológicas.

Si la energía solar contribuye efectivamente al desarrollo sostenible, debe ser una parte integral de las estrategias de innovación basadas en la comunidad.

Hasta hace poco, la barrera principal para la captación de la energía solar era la poca eficiencia—y el relativamente alto costo—de convertirla en una forma utilizable. Pero los avances científicos están debilitando rápidamente esta barrera. Las tecnologías fotovoltaicas, que usan reacciones químicas para convertir la luz del sol en electricidad avanzan rápidamente, al igual que las baterías usadas para almacenar electricidad hasta que se la necesite.

A medida que los costos de conversión y almacenamiento disminuyen, el potencial de la tecnología solar para ayudar a las comunidades pobres inevitablemente aumentará.

Si las ventajas del juego en el campo económico fueran prioritarias, la combinación de gran necesidad/gran demanda y la caída de costos sería suficiente para garantizar la rápida difusión de la energía solar a lo largo del mundo en desarrollo.

Desafortunadamente el campo de juego no está nivelado. Los costos de capital de los dispositivos solares siguen siendo considerables, especialmente para los pobres. Y los subsidios gubernamentales para la energía producida por las fuentes no renovables— destinadas ostensiblemente a mantener asequibles sus precios—con frecuencia han distorsionado el mercado siguiendo los intereses de los proveedores de energía convencional.

Selección número 9, Fuente número 2

¿Están los jóvenes de América Latina preparados para enfrentarse al mundo laboral?

Más de ocho millones de jóvenes de entre 15 y 24 años de América Latina y el Caribe no han completado la escuela primaria y carecen de las habilidades más básicas para encontrar un trabajo decente.

Un informe de la UNESCO afirma que sin habilidades como la capacidad de entender un periódico o de hacer ejercicios matemáticos básicos, esos adolescentes están condenados a empleos precarios y mal pagados.

Prácticamente la mitad de la población de la región tiene menos de 25 años. En una entrevista con Radio ONU, Marisol Sanjinés, una de las autoras del informe, explicó que los jóvenes salen de la escuela sin las habilidades y la formación que requieren las empresas que deberían contratarlos.

Los latinoamericanos son una población muy joven, si pensamos que el 50% de la población total de la región tiene menos de 25 años. El 25% de esos jóvenes están trabajando en situaciones donde se les paga muy poco, se les paga menos de $1.25 al día. Entonces nos muestra que los jóvenes salen al mercado del trabajo sin las destrezas necesarias para enfrentarlo, y entonces están teniendo que tomar trabajos los cuales les están pagando muy poco.»

«Entonces cuéntame qué porcentaje de jóvenes carecen de las destrezas básicas de las que me hablaba que en principio deberían adquirirse durante la educación primaria»

«Bueno, en líneas generales, nosotros decimos que son en América Latina más de 8 millones de personas que están entre la edad de 15 y 24 años, es decir uno de cada doce latinoamericanos y caribeños no ha terminado los estudios primarios. Entonces necesitan una segunda oportunidad u otras vías para ir adquiriendo estas competencias o destrezas necesarias para poder tener un empleo y tener una vida digna y próspera, ¿no? Entonces es una cifra bastante elevada. Claro que si comparamos con otras regiones tal vez no, pero en América Latina esa es la situación.»

«¿Qué está fallando y qué medidas pueden adoptar los gobiernos y las instituciones educativas para mejorar esta situación?»

«Bueno, fíjate que hay la calidad del aprendizaje. Nosotros tenemos como…como una de las…de las recomendaciones es que no solo se necesita poner a todos los niños en la escuela sino que también se tiene que mejorar la calidad de la enseñanza. Luego, también hay que buscar vías alternativas para esos 200 millones de jóvenes en el mundo entero que no tienen competencias, ¿no? Entonces de buscar, que sea el sector privado, los gobiernos, tiene que buscar unas vías alternativas donde los jóvenes puedan adquirir las competencias que los lleven al trabajo. Hablando con jóvenes indígenas, ellos nos decían que en el campo ellos tienen básicamente las destrezas que han venido recibiendo de una familia a otra, pero eso no es suficiente para enfrentar el mercado, ellos necesitan mejorar las destrezas en el campo con mejores sembreríos, de mejores semillas, mejores resultados para poder vivir del campo, ¿no? Una última…última idea que tenemos fuerte en el informe es el concepto de inversión. Nosotros pensamos y lo hemos medido en el informe que por cada…por cada dólar que se invierte en la educación de los jóvenes, esto representa 10 o 15 dólares a lo largo de la vida productiva de esa persona. Entonces cuando hablamos de qué es lo que se debe hacer, es una inversión…es una inversión en cada futuro. Decía una joven esta mañana al lanzamiento del informe "nosotros los jóvenes podemos ser víctimas del fracaso de la generación que nos antecede o nos pueden ayudar a ser protagonistas en nuestro propio destino." Esta es la disyuntiva que está abierta para los jóvenes y hay que escucharla.»

Escuchamos a Marisol Sanjinés, una de las autoras del informe de la UNESCO sobre el nivel educativo y las habilidades de los jóvenes. Emma Reverter, Naciones Unidas, Nueva York.

Selección número 10, Fuente número 2

Sugerencias para una entrevista de trabajo

EP: En una entrevista, lo ideal es que el empleado, el colaborador, pueda mostrar una imagen, una película con la que se va a quedar la persona que le está entrevistando en este momento. Los enemigos en este momento son…eh…los miedos, las inseguridades, la baja autoestima, el estrés, la tensión, todo eso que juega en contra del empleado en este momento. Entonces, si tenemos que dar sugerencias …eh…específicas…eh… podríamos decir que primero desde el saludo, el saludar…en nuestra cultura…eh… tenemos esta diferencia entre usar el tú y el usted. Es mejor equivocarse usando el usted que el tú…es un criterio clave. Otra es el estrechar la mano, el dar la mano es la forma en cómo se saluda en estos contextos. Eh…esperar a que le inviten a tomar asiento antes que uno mismo…eh… se siente. Esa persona tiene que ir a escuchar antes de hablar, porque eso va a favorecer la comunicación y que sea de una manera relajada, efectiva, y que la otra persona se de una buena…eh…imagen de este individuo que está siendo entrevistado. Em…es importante también…eh…es bien visto en las entrevistas de trabajo que esta persona haga preguntas. Normalmente creemos que el entrevistado va solo a responder, que las preguntas las debe dar la otra persona, pero es muy importante que se hagan preguntas, preguntas obviamente adaptadas al contexto. Es importante que haya un contacto visual, al hablar. Eh…es muy importante…eh…la posición corporal, se dice que si es que uno está sentado la posición ideal es llenando toda la superficie del asiento de esta persona. Es muy importante… eh…que el nivel de voz sea adecuado al nivel de voz de la persona que está realizando, dirigiendo la entrevista. Normalmente la gente por dar una buena imagen tiende a fingir, y el problema de fingir se traduce en lenguaje corporal, y por no decir la mayoría de las entrevistas ahora son técnicas, son gente que está entrenada en programación neurolingüística y puede detectar a través del lenguaje corporal si una persona está fingiendo o está contando. Entonces en este sentido es mejor…eh…contar algo, que a lo mejor no es tan maravilloso pero que es real, a contar algo muy maravilloso que no es real, porque eso le va a quitar oportunidades a la persona que está siendo entrevistada. Por eso es importante que antes de ir a una entrevista, uno la planifique: ¿cuáles van a ser las cosas que yo voy a decir?…eh…¿cómo las voy a decir? Sobre todo, como les dije, ¿cuál va a ser mi forma de cerrar la entrevista? ¿Qué es lo que yo puedo decir de manera sintética, si es posible en una frase, que le va a dejar pensando al otro que yo soy la mejor opción?

PART B, SECTION II

Listening Comprehension

Selección número 1

RENFE: La compañía del ferrocarril español, organiza una serie de servicios turísticos que ayudan a conocer mejor las tierras de nuestro país y que además resultan muy, pero que muy divertidos. Os hablamos del tren Al-Ándalus, del Sureste Exprés, del Tren de la Fresa y de muchas otras líneas con las que se puede visitar el Monasterio de Piedra, la Ciudad Encantada de Cuenca, Toledo, las Murallas de Ávila, y Sigüenza. La oferta de RENFE no finaliza aquí. También hay trenes con los que podemos recorrer al noroeste el Camino de Santiago, el Camino de Soria, o acercarnos hasta la Ciudad Monumental de Cáceres. De todos estos servicios, claramente turísticos, hay que destacar los trenes Al-Ándalus y Sureste Exprés. El recorrido del Al-Ándalus comienza en Sevilla para recorrer después Córdoba, Granada, Málaga y Jerez. Al embrujo de Andalucía, zona que visitamos con el Al-Ándalus, hay que sumar el encanto de este tren, decorado y ambientado como aquellos antiguos ferrocarriles refinados de principios de siglo. Este retroceso en el tiempo no impide el confort: aire acondicionado, sala de juegos, piano bar, videoteca, duchas en los compartimientos, restaurantes con exquisitas comidas. No será difícil imaginar y vivir mil y una historias durante los días en los que dure el trayecto. El Sureste Exprés reproduce un viaje del año 1911, entre Almería y Guadix, en el que no falta, naturalmente, la máquina de vapor. Concursos y música amenizan este viaje que depara a los viajeros otra sorpresa: un asalto al tren por un grupo de cuatreros dignos del Oeste americano (no olvidemos que en Almería se ruedan muchas de las películas de vaqueros). Los datos sobre estos servicios de RENFE se pueden obtener en cualquier oficina de información al viajero de las estaciones. Allí pueden concretaros horarios, precios y dónde comprar los billetes. Una última recomendación: si sois suficientemente valientes para montaros en este tren, visitad las cuevas de Guadix.

Selección número 2

NAR 1: Hablamos ahora de una película que se convierte en noticia porque su directora es la mujer más famosa de España—pero no como directora, sino como actriz y como cantante. Ana Belén acaba de rodar para la pantalla del cine un libro de Carmen Rico-Godoy, titulado *Cómo ser mujer y no morir en el intento*, que constituye una crítica mordaz a los comportamientos de los hombres en el seno de la pareja y en el seno de la familia. Carmen Rico-Godoy se preguntaba: *¿Cómo ser mujer y no morir en el intento?* No parece demasiado fácil la respuesta. ¿La ha adivinado Ana Belén? ¿Sabe cómo ser mujer y no morir en el intento?

NAR 2: Pues, no lo sé muy bien, pero me parece que la vida diaria, por lo menos hace que aprendamos a serlo, ¿eh?

NAR 1: Sí. ¿Va a haber que ver la película como una especie de lectura panorámica del comportamiento de *los* hombres y del comportamiento de *las* mujeres? ¿O no? ¿O una historia de unos hombres y unas mujeres, sin más?

NAR 2: Yo creo que es una historia de—y además está contada en primera persona—de una determinada mujer. Es decir, de una mujer con una vida determinada, con un trabajo determinado y con una vida en pareja muy determinada. Lo que sí ocurre es que esta mujer nos cuenta unas situaciones por las que, de alguna manera, todos hemos pasado, en mayor o menor medida, porque incluso cuando Carmen y

Antonio Resines y yo estábamos trabajando en el guión, el guión y tal, las primeras secuencias y tal, y un poco aclarando, ¿no? los personajes. Y fue muy gracioso, porque de repente dice Carmen: *¡Ay, no tiene nada que ver conmigo esta mujer!* Y yo le dije; *Conmigo, tampoco.* Y decía Resines: *Pues, anda, que el hombre conmigo, nada. Porque yo soy como todo lo contrario y ta, ta, ta.* Y sin embargo, muchas de las situaciones que retrataba, pues, nos eran conocidísimas.

NAR 1: Por un lado la película y la inevitable lectura desde la perspectiva hombremujer, una especie de combate perpetuo, pero por otro lado el debut de usted como directora de cine. ¿Cómo te has encontrado? Leemos esta mañana en una revista que acaba de salir a los quioscos, lo que dice Carmen de ti. Dice que está encantada contigo, que no te pareces a otros directores con los que ha trabajado, que le has dado muchas sorpresas. Por ejemplo, una capacidad de mando clarísima, mucha seguridad. Te has tomado las cosas con un enorme sentido del humor, se ha dicho. Y que las posibles carencias de conocimiento técnico te las tomabas con mucho humor. Cuando necesitabas ayuda la pedías, en vez de disimular, y dice: *Tampoco sabía yo...*—dice Carmen en el artículo, —*que Ana era tan tierna y tan cariñosa.* Bonito, ¿no?

NAR 2: Precioso. Sí, sí. Y además me gusta mucho que lo diga Carmen.

NAR 1: Claro.

NAR 2: Sí.

NAR 1: La mejor actriz de Europa, dicen.

NAR 2: Sí, y además, eh, sí, me gusta mucho, porque, hombre, siempre son como hijos. Ah, tengo un poco la sensación como de que todos han sido mis hijos y los he querido muchísimo durante el rodaje, muchísimo. Sé que ha habido una parte, como la parte buena que todos tenemos, que se ha potenciado mucho con el rodaje y ha ido en ese sentido estupendamente todo.

NAR 1: ¿Y cómo te has encontrado tú como directora de cine, Ana, después de estar tanto tiempo al otro lado de las cámaras, viéndote así...?

NAR 2: Pues, hombre, lo que dice Carmen es verdad. Yo, como no he intentado engañarme a la hora de hacer y de afrontar este trabajo, nunca dije: *Pues sí, lo podría hacer.* Dije: *Igual puedo hacerlo.* Hice, con miles de dudas, ¿no? lo afronté, y desde luego, sabiendo que carecía de unos conocimientos de los que todavía sigo careciendo y que si sigo trabajando en esta parte del cine, pues no sé, pues iré paliándolos, iré aprendiendo, y tal, porque—y además, creo que no se acaba nunca de aprender esto, ¿no?

Selección número 3

El monasterio de Montserrat, cerca de Barcelona, es reconocido por todo el mundo por contener la Virgen Negra, "La Moreneta". La historia del monasterio posado en las alturas de las montañas es muy interesante. De hecho, el monasterio tuvo origen en el siglo XI, época en que se construyeron muchos otros monasterios que estaban también en lugares y sitios bonitos. En el caso del monasterio de Montserrat se escogió un sitio realmente fascinante. En realidad, no es que fuese escogido, sino que en el siglo XI, tres o cuatro monjes de un monasterio muy famoso en Cataluña, llamado Ropill, vinieron a Montserrat porque aquí había unas ermitas pequeñas que estaban en un terreno que dependía de ellos. Entonces empezó el monasterio allí en el siglo XI.

En seguida la comunidad fue creciendo. En el monasterio, a fines del XII, les monjes construyeron una nueva iglesia que duraría unos cuatro siglos. Para decir algún hito importante, a partir del siglo XII hasta XIV, empezaron bastantes peregrinaciones, muchas del centro de Europa, camino de Santiago. Otro hito importante pero triste fue que se destruyó prácticamente por completo el monasterio a principios del siglo XIV, con la guerra de Napoleón. Todo quedó muy saqueado.

Mucha de la fama del lugar se debe a la imagen de la Virgen tan venerada en Cataluña y todo el mundo. La leyenda cuenta que fue encontrada en una cueva a unos veinte minutos o veinticinco minutos del monasterio. Es una imagen románica de fines del siglo XII, o principios del XIII, que siempre ha estado venerándose en el santuario de Montserrat. Algunos visitantes preguntan a veces por qué es negra, porque popularmente se la llama "Moreneta," "Morenita," o "Morena." No se sabe exactamente la razón. Una de las explicacio nes es por el humo a lo largo de los siglos, o a veces dicen que también fue por una reacción química de los barnices que ponían. Esto es posible. Hay algunos que creen que quizás el escultor que la realizó quizás la hizo negra, o un poco oscura, pensando en un texto bíblico del *Cantar de los Cantares*. En ese texto la protagonista, una mujer, dice que ella es morena pero hermosa. Este texto se ha aplicado a veces a la Virgen. Entonces, hay otros que dicen quizás algún autor o algún escultor hizo ya negra esta imagen pensando en este texto bíblico.

El trabajo de la comunidad es muy variado. Un trabajo muy principal es estar al servicio del santuario. Montserrates, como se ha dicho, por un lado un monasterio, pero por otro también un santuario. Es decir que es un sitio adonde va mucha gente, no solamente del país, sino también de fuera. Y hay que atenderles, no solamente para las cuestiones de culto, sino también charlas, retiros, sacramentos, o bodas, por ejemplo. Entonces los monjes han reunido esos trabajos. Otro trabajo sería manual: cerámica o imprenta. También hay un trabajo más cultural, que es la editorial de publicaciones que tienen. Consiste en la impresión de revistas o libros que van editando los monjes. También hay algunos monjes que se dedican más al estudio ya a un nivel más alto: estudios bíblicos o teológicos o de historia, por ejemplo. No se puede olvidar también el trabajo al servicio de la Escolanía, como por ejemplo, las clases de música. Y también los trabajos cotidianos de la casa que también les ocupan a los padres cierto tiempo.

El monasterio de Montserrates una parte fundamental en la historia de Cataluña. Nosolamente por la historia que encarna, sino por el descanso espiritual que imparte a los viajeros que pasan por sus puertas. La contemplación de la imagen de la Morenita, el coro de monjes en la misa y la belleza del lugar consuelan al viajero en busca de un momento de paz. Bien vale visitar Montserrat cuando uno esté cerca.

Selección número 4

NAR 1: Juanjo Benítez es el autor de los más importantes *best sellers* de España y va a lograrlo también en esta ocasión, con su nuevo libro *La quinta columna*. Asegura Juanjo Benítez que en nuestro planeta conviven con nosotros personajes que han llegado de más allá de las estrellas, que se han disfrazado de humanos y que, confundidos con nosotros, viven entre nosotros. Inquietante tesis, ¿verdad? ¿Existen habitantes de otros planetas, y además viven entre nosotros?

NAR 2: Pues, ése es el "descubrimiento", entre comillas, que hemos hecho en los tres, cuatro, cinco últimos años. Que lo teníamos un poco como teoría, pero que ahora casi es una certeza. Tienen algunas civilizaciones, por lo que observan los testigos—por ejemplo, lo que ocurrió el año pasado a finales, en Conil, en Cádiz—la capacidad técnica, suponemos, de mutar o de transformar su aspecto original, que generalmente no es exactamente humano, en seres completamente normales e infiltrarse en la sociedad, pero tan tranquilos. Nosotros pudimos seguir el rastro de una pareja que se inscribió en un hotel, incluso con un nombre alemán, un hombre y una mujer alemanes.

NAR 1: ¿Podrías contarnos alguna de estas historias que, mejor que cualquier teoría, nos van a permitir entender lo que nos aguarda en este libro?

NAR 2: Bueno, hay otros casos anteriores, incluso protagonizados por la Guardia Civil, en que no solamente las personas, o los tripulantes o los humanoides, se mutan o se transforman en cuestión de segundos, casi instantáneamente, sino las propias naves. Es decir, hay un caso de un ovni posado en la carretera que es perseguido por la Guardia Civil, e instantáneamente se transforma, ante la visión de estos señores, en un coche tipo turismo, gran turismo, con tres personas dentro, absolutamente normales.

NAR 1: ¿Eso lo ha visto la Guardia Civil? ¿Figura en los informes de la Guardia Civil?

NAR 2: Sí, sí, sí. Exactamente.

NAR 1: ¿Habéis tenido vosotros los informes de la Guardia Civil que hablaban de este hecho?

NAR 2: Claro. Naturalmente. Y los testimonios directos de los propios testigos, de los propios guardias.

NAR 1: ¿Donde ha ocurrido esto?

NAR 2: Esto, en Jerez.

NAR 1: ¿Hace mucho?

NAR 2: No, hace escasamente cuatro o cinco años.

NAR 1: Entonces, ¿qué ocurrió? ¿La Guardia Civil localizó un objeto?

NAR 2: Un objeto que estaba volando en las proximidades de Jerez, a baja altura. Empezaron a perseguirlo porque evidentemente vieron que era una cosa muy extraña, en silencio, como casi todos los ovnis. Y de repente se posó en la carretera, en una carretera comarcal. La Guardia Civil se quedó a muy corta distancia, mirando, asombrada. Y de repente desapareció el objeto, y en su lugar, exactamente, apareció un gran coche. Se aproximó la Guardia Civil, y entonces, encontraron a dos hombres y una mujer bellísima; y los dos señores de una edad mediana, perfectamente trajeados, pulcramente vestidos. Y estos hombres, en castellano total, con acento de ningún tipo, les preguntaron a la Guardia Civil por dónde se iba a la Carretera Nacional IV. Bueno, la experiencia es bastante más larga, pero....

NAR 1: Pues, gracias por estas noticias tan asombrosas.

Selección número 5

NAR 1: Estamos hablando con el autor renombrado como experto en todo tipo de experiencias con los ovnis. Nos ha contado una experiencia de la Guardia Civil en la que un ovni que volaba cerca de Jerez se transformó en gran coche turismo y los extraterrestres en dos hombres y una mujer bellísima. Señor, ¿Se quedó la Guardia Civil con los nombres y los apellidos de los turistas? ¿Les pidió la documentación, por ejemplo?

NAR 2: No, no, no, no.

NAR 1: ¿No?

NAR 2: La matrícula.

NAR 1: Por lo tanto, fue un fallo, porque si hubiera pedido la identidad, a lo major podríamos ahora averiguar dónde están esos señores, si habitan entre nosotros o no.

NAR 2: Por supuesto. Lo que pasa es que la Guardia Civil estaba sencillamente aterrorizada.

NAR 1: Aterrorizada. Y se quedó con la matrícula. ¿La matrícula se investigó? Correspondía....

NAR 2: Sí.

NAR 1: ¿A qué correspondía?

NAR 2: Sí, correspondía a un banquero de Madrid, que no tiene nada que ver con el asunto.

NAR 1: Absolutamente nada que ver.

NAR 2: En, en principio.

NAR 1: Ya. "En principio." Ese "en principio," ¿qué quiere decir, señor?

NAR 2: Pues, que uno ya no sabe qué pensar. Porque si realmente estos casos son reales, y pensamos que lo son, significaría que desde Dios sabe cuándo se pueden estar infiltrando en la sociedad humana, en todos los testamentos, esta serie de civilizaciones no humanas, con objetivos que, la verdad, desconocemos.

NAR 1: Varias veces nos hemos aproximado a este tema y siempre nos ha sorprendido ese extremo. Cuando hablamos de estas cosas como de algo fantasioso, absurdo, ¿por qué se juega con tanto secreto con estos documentos oficiales, que nos consta que los tiene el Ejército, etcétera? ¿Por qué no se difunden abiertamente?

NAR 2: Probablemente porque afecta la defensa nacional de todos los países y porque llevan muchos años ocultando este asunto y porque no tienen argumentos para responderle al contribuyente para qué sirven los sistemas de defensa de cualquier país ante treinta, veinte o cincuenta violaciones anuales del espacio aéreo.

NAR 1: Historias, desde luego, impresionantes. Decías, entonces, que estos habitantes de otros planetas están aquí, habitan entre nosotros. Y además, aunque no tienen nuestra forma, se transmutan, se convierten en algo parecido a lo que somos nosotros. Cuéntanos algún, algún otro hecho, de los veinte que se recogen en tu libro, que nos acerque a otro aspecto de este asunto.

NAR 2: Bueno, hay uno sorprendente que a mí me dejó pasmado. Y es que yo nunca pude imaginar que los terroristas pudieran cambiar el salto y el giro de sus ideales después de haber visto tripulantes de ovnis. Esto es lo que ha ocurrido con dos comandos de ETA-militar, o con, digamos, una serie de miembros de esta banda terrorista.

NAR 1: ¿Qué pasó?

NAR 2: Eh, el primer caso, en la Rioja, en un pueblecito que se llama San Vicente de la Sonsierra. Un ex miembro de ETA, que había participado en el proceso de Burgos y toda aquella época histórica, tuvo un encuentro en el castillo de este maravilloso pueblo, a las dos de la madrugada, con tres seres enormes que estaban a unos ocho o diez metros, que no le hablaron, que no le dijeron absolutamente nada. Pero este hombre decía que ese silencio y los tres pares de ojos grandes y rojos como semáforos, que parpadeaban simultáneamente—cosa increíble—le provocaron tal pánico que salió corriendo del lugar. Perdió incluso la dirección, se fue hacia Briones. Se refugió hasta el amanecer en una viña. Y a par tir de ese momento, cambió completamente el rumbo de sus ideas, porque se dio cuenta de que había alguna cosa más de lo que realmente llevaban entre manos. Y el segundo caso, en las montañas de León. Ya un grupo más número so también vio a un ser que empezó a formarse por la cabeza y que, de acuerdo con la disposición, medecían, mental, que teníamos entre nosotros de aceptación o no, iba terminando de formarse.

NAR 1: Y estos datos, quiero decir, estas historias, nos las cuentas en el libro, con la aportación de los testimonios, los datos, los nombres y los apellidos de los ciudadanos que las vivieron.

NAR 2: Sí, salvo en los casos de los ex miembros de ETA, que, por razones obvias no he podido dar los nombres, sí.

NAR 1: Muchísimas gracias.

Selección número 6

NAR 1: A veces nos preguntamos qué pensará un director como Pedro Almodóvar, al estrenar una película. Y aquí estamos entrevistándolo. ¿Cómo estás, Pedro?

NAR 2: Pues, bien.

NAR 1: Bien, estás bien.

NAR 2: Sí, sí, muy contento.

NAR 1: Estás contento.

NAR 2: Sí.

NAR 1: ¿Has leído todas las críticas de la película *Átame*?

NAR 2: No, no todas, no creo que las haya leído todas, porque salen en todos los sitios, continuamente. Pero vamos, he leído bastantes, y sobre todo también, bueno, en estos tres días la película en Madrid sólo ha hecho ya cuatro millones, lo cual significa que están aforrando los cines, y eso es muy interesante.

NAR 1: Eso es muy importante. ¿Te importa más que la crítica? Aunque me imagino que te impresionará mucho, también, como creador, saber cómo está siendo visto tu trabajo, ¿no?

NAR 2: Sabes, impresiona mucho la letra impresa, yo le tengo mucho respeto a la letra impresa. Pero yo trato de pensar en el crítico como un individuo que escribe y también trato de pensar en el espectador como un individuo que va a ver la película y que también se manifiesta de otros modos. Entonces, no le doy más importancia a uno que a otro. La verdad es que, una vez estrenada la película, me interesa muchísimo más la respuesta del público, pero, sin embargo, un crítico puede herirte y muchísimo más que diez mil personas en un patio de butacas.

NAR 1: Comentábamos a la mañana siguiente del estreno que—salieron las críticas además a gran velocidad, a veces suelen hacerse esperar, pero éstas salieron todas juntas—que había habido una cierta reserva en el elogio por parte de un crítico de *El País*, y después un elogio enorme por parte de todos los demás.

NAR 2: Sí, no, yo creo que, yo leí cinco al día siguiente y cuatro eran excelentes y la de *El País* era muy mala, no era, no era una, jm, una crítica....

NAR 1: Muy mala, muy mala te pareció.

NAR 2: Sí, muy mala, pero bueno....

NAR 1: Sí, sí.

NAR 2: A mí me parece muy mala, no sólo porque dijera que era muy mala la película, sino porque yo no acababa de entenderla. Quiero decir, a mí las críticas malas siempre me informan de muchas cosas que están dentro también de la película, aunque el crítico pueda o no tener razón, pero sí que te dan una gran información sobre cómo se puede ver tu película ...y la de ese crítico....

NAR 1: No entendiste la de él.

NAR 2: No. No. No, no. No sé qué película vio él.

NAR 1: Hay una cosa bastante clara. Dicen que de las grandes corridas en la Maestranza salía la gente toreando con el abrigo y de las películas de Pedro Almodóvar sale la gente, salimos, hablando de cosas que nunca solemos comentar los aficionados de infantería; determinados planos, determinadas escenas, determinadas iluminaciones.

NAR 2: Y también sale la gente hablando de sí misma, de cosas que no se atreven a hablar en otros momentos.

NAR 1: Eso también es verdad.

NAR 2: Sí, porque el día del estreno, incluso, que es un día básicamente muy vano, pero a mí lo que más me emocionó en la fiesta, y en todo lo demás, es que la gente se reconocía esa necesidad de ser amado y en esa gran aventura que significa el conocimiento de otra persona y, lo doloroso que a veces resulta conseguir de que otra persona te conozca. Y son cosas que yo creo que nos afectan a todos, y que normalmente no hablamos de ellas, no hablamos de ellas.

NAR 1: ¿No te cansas de discutir el proceso? Hay que andar explicando lo que emocionó hace mucho, ¿no?

NAR 2: Sí, la parte más importante, la parte en la que me va la vida es el momento del rodaje, básicamente. Aunque la escritura del guión también es esencial, y ésa, lo que pasa es que ésa es una aventura solitaria, mucho menos agradecida que, más abstracta que el rodaje, por que el rodaje todo es objetivo, todo está lleno de vida, todo explota ante tus ojos, incluso explota en una dirección que a lo mejor no es la que tú preveías, pero es una gran, gran aventura. Es como adentrarte en una selva y que no sabes lo que va a ocurrir al final. Entonces, para mí, la principal emoción la recibo en mi contacto con el equipo, que es cuando empiezas a ver que todo aquello que tú has soñado empieza a tener vida y empieza a crecer delante de tus ojos.

Selección número 7

NAR 1: Nos vamos a Sevilla, donde nos espera un psiquiatra eminente, que lleva un cargo de mucha responsabilidad en la ciudad de Nueva York y que viene a Sevilla para participar en este ciclo "Sevilla y la droga," del cual están saliendo algunos asuntos bien importantes en las últimas semanas, un ciclo organizado por el Pardio Andalucista. Doctor Marcos, muy buenos días.

NAR 2: Muy buenos días.

NAR 1: Me imagino que contento en casa, ¿no?

NAR 2: Pues sí, la realidad es que estoy muy contento en esta Sevilla tan maravillosa.

NAR 1: ¿Se adapta usted un poco o aún tiene la mente llena de Nueva York?

NAR 2: Bueno, realmente yo sólo llegué de ayer, luego todavía sigo con la mente llena de Nueva York.

NAR 1: Deben ser dos concepciones de la vida tan radicalmente diferentes que seguramente un loco neoyorquino es difícilmente imaginable para un loco sevillano, ¿no?

NAR 2: Pues sí, realmente son locuras diferentes, las dos interesantes.

NAR 1: Habla mos de la droga. ¿Usted cree que va a más, está detenido, formó parte de la moda de un tiempo atrás, o ya ha quedado instalado en nuestra sociedad para siempre el consumo de las drogas?

NAR 2: Bueno, yo creo que la droga siempre ha estado con nosotros y siempre estará porque básicamente el ser humano tiende a huir del dolor y le apetece el placer. La situación de la droga en Nueva York, por ejemplo, parece ser que desde hace aproximadamente un año se está manteniendo al nivel en que estaba, no parece que esté aumentando. Por lo que a mí me han dicho en España y, concretamente en Sevilla, parece ser que el problema de la droga es un problema en evolución.

NAR 1: Aumentando. Decíamos que hace algún tiempo, hace veinte años, por ejemplo, lo del consumo de las drogas se asoció torpemente a determinadas banderas de modernidad, diciéndose que está relacionado con el *Rock and Roll*, los movimientos de libertad sexual, etcétera, ¿no? Un prendido ver daderamente nefasto, ¿no?

NAR 2: Sí. Así es, así es. Hace veinte años, pues sí, sobre todo la marihuana, las anfetaminas, se asociaban a esos movimientos antibélicos o movimientos pacifistas, sobre todo en los Estados Unidos. Pero hoy hemos visto que sobre todo las drogas puras como la heroína, la cocaína, en la forma del *crack*, por ejemplo, son drogas que realmente no están relacionadas con ningún movimiento filosófico o político.

NAR 1: Sino tal vez con mecanismos de defensa en una sociedad muy difícil, para huir de la realidad.

NAR 2: Exactamente. Son mecanismos de fácil acceso para huir de una realidad que es básicamente dolorosa.

NAR 1: Aquí hay bastante tensión en puntos de vista discrepantes en relación con, por ejemplo, despenalización de la droga blanda, permiso o no de consumo o persecución del propio consumo, libertad de venta de la droga en las farmacias. De todo se ha dicho, incluso en ese ciclo. ¿Qué opinión tiene usted sobre estas cosas?

NAR 2: Mi opinión, que es opinión personal pero también es la opinión, en este momento de Sanidad Pública en la ciudad de Nueva York y en los Estados Unidos en general, es que la despenalización de la droga es un error. Básicamente por dos razones: una, es que el consumo de la droga se dispararía en el caso en que la droga no fuera ilegal. La droga sería mucho más barata y mejor. Segundo, es que las consecuencias para la sanidad pública serían devastadoras. Hoy día, como sabes, los problemas como el SIDA, que están tan unidos a la droga, forman ya una epidemia de un costo no solamente económico, sino de un costo al sufrimiento humano.

NAR 1: ¿Cómo se cura a un drogadicto? ¿Están resultando eficaces las acciones que ustedes tienen en marcha, ahora mismo, para curar a los drogadictos? ¿O es imposible mientras la sociedad sea tan hipercompetitiva, tan hostil para la vida de muchos hombres?

NAR 2: Bueno, yo creo que para empezar, hay que considerar el problema de la droga como una enfermedad crónica. La idea de que un mes en un sanatorio, o tres meses en una granja van a solucionar el problema—esa idea no es ni realista ni es posible. Una vez que considermos la drogadicción como una enfermedad crónica, digamos, como la esquizofrenia, como la diabetes—enfermedades que duran prácticamente toda la vida o por lo menos muchos años—entonces, ya nuestras expectativas empiezan a ser más razonables. En segundo lugar, es importante no adaptar el enfermo al tratamiento, no decir bueno, todos los drogadictos van a ir a una granja o todos van a recibirmetedona. No, hay que adaptar el tratamiento al drogadicto. Los drogadictos, los que sufren de adicción a las drogas, son diferentes, no se puede generalizar de que todos tienen el mismo problema. Entonces, es fundamental analizar cada caso individualmente y adaptar un plan de tratamiento a cada caso.

Selección número 8

NAR 1: Hoy estamos en la Rambla barcelonesa y vamos a hablar con una florista de siempre, de toda la vida, aquí, en estos perennes puestos que hacen que la Rambla tome su nombre y se convierta en Rambla de las Flores. Sitio típico.

NAR 1: Hola, buenos días, Carolina.

NAR 2: Hola, buenos días.

NAR 1: A ver, ¿qué fue primero? ¿La Rambla o los puestos de flores?

NAR 2: Bueno, la Rambla antes era una ría, hace más de ciento cincuenta años. Hace ciento cincuenta y siete que hay puestos de flores. Antiguamente se dedicaban a vender los campesinos que venían a traer las flores que cultivaban en su campo, en su huerto y tal. Después fueron poniendo una especie como de paradas, primero de hierro, después de madera, y así han ido evolucionando.

NAR 1: ¿Es cierto que por aquí han pasado reyes, príncipes, gente muy importante a comprar sus flores?

NAR 2: Pues, sí, señor. Yo he tenido el gusto de servir a Fleming, por ejemplo, por decirle alguien. Y mi abuela servía a Alfonso XIII.

NAR 1: Mm. Interesante.

NAR 2: Y, bueno, podríamos estar enumerando así a un montón de personas.

NAR 1: ¿Cuándo se vendía más, antes o ahora?

NAR 2: Antes, indiscutiblemente.

NAR 1: ¿La gente era más romántica quizás, o...?

NAR 2: Bueno, yo creo que es que antiguamente, lo que pasaba es que no había tiendas de flores. Entonces, la gente, por fuerza, tenía que bajar a la Rambla. Y al tener que bajar a la Rambla, pues claro, todo se concentraba aquí.

NAR 1: ¿Desde cuándo se dedica usted?

NAR 2: Hace treinta años que me dedico a ello.

NAR 1: Hace treinta años, ¡madre mía! ¿Ha sido por algo especial, fue por algo especial, tradición, o algo así?

NAR 2: Sí, bueno, toda mi familia se ha dedicado siempre al mismo ramo y yo he seguido la tradición, y lo siguen mis hijos.

NAR 1: Una cosa, ahora, ¿qué tipo de público le compra a usted sus flores?

NAR 2: Bueno, yo, la verdad es que el público que a mí me compra es una clientela fija por la cantidad de años que llevo aquí.

NAR 1: Una cosa, ¿los enamorados vienen con una idea fija a comprar sus flores o es usted quien les aconseja un poco?

NAR 2: Normalmente vienen con una idea fija.

NAR 1: Vienen con una idea fija, ¡vaya! ¿Pero no les dice usted, por ejemplo, pues, esto va mejor con esto o con lo otro, o quizás, no?

NAR 2: Sí, lo hago. Ah, normalmente los enamorados suelen comprar en invierno. Los enamorados jovencitos, me refiero, y de poco dinero....

NAR 1: Sí, sí....

NAR 2: ...en invierno violetas, y en verano las rosas.

NAR 1: Así que los señores mayores, quizá, es ... eh....

NAR 2: Ya es distinto, entonces, ya es un ramo combinado, como decimos, un ramo de señora.

NAR 1: Ah, eso está muy bien. Es decir, que hay ramos para jovencitos y ramos para...

NAR 2: Exacto, y ramos para señoras, ¿eh?

NAR 1: Una pregunta, ¿se ha de tener una sensibilidad especial para dedicarse tanto tiempo a esto?

NAR 2: Yo creo que sí y muchísima fuerza de voluntad por la cantidad de horas que hacemos diariamente, y que no tenemos ni un día de fiesta a la semana.

NAR 1: ¿Ningún día de fiesta?

NAR 2: Ningún día, nada más que el domingo por la tarde.

NAR 1: Y hay que darle dedicación a esto, ¿eh?

NAR 2: Sí, nos levantamos a las tres y media de la mañana cada día para ir a comprar a Mercabarna el género y estamos aquí hasta las ocho y media de la noche, de un tirón.

NAR 1: Hasta las ocho y media de la noche, ¡madre mía! Bueno, eh, muchas gracias.

Selección número 9

Los países del Caribe son afectados por una amplia gama de desastres naturales como las tormentas tropicales, huracanes, sequías, actividades volcánicas, terremotos, inundaciones y deslizamientos de tierra.

La región también se encuentra expuesta a peligros tecnológicos y biológicos, por ser un importante punto de tránsito y trasbordo de cargamentos peligrosos.

Liz Riley es la subdirectora ejecutiva de la Agencia de Gestión de Emergencia de Desastres del Caribe. Ella participó en la Cuarta Reunión de la Plataforma Mundial para la Reducción de Riesgos de Desastres celebrada en Ginebra.

LR: Una de las cosas a la que tenemos que prestar más atención es a la exposición a esos fenómenos naturales, y esto tiene mucho que ver con el desarrollo. En los últimos 30 a 50 años en el Caribe, ha habido una inversión significativa en infraestructura nueva y los principales indicadores que tenemos sobre los peligros naturales ahora están relacionados a la pérdida y a daños a la infraestructura, no tanto a la pérdida de vidas, al menos que se mire específicamente a Haití.

Riley explicó que los estados del Caribe han desarrollado un abarcador enfoque global de la gestión de desastres.

LR: El Caribe es una de las regiones mejor preparadas en la respuesta a los desastres. Fuimos la primera en desarrollar un mecanismo intergubernamental de coordinación de respuesta, que permite a los estados aprovechar los recursos de cada uno de los países participantes en el apoyo de cualquier estado afectado, y esto fue durante un buen tiempo algo exclusivo del Caribe. De hecho el modelo caribeño se ha utilizado con frecuencia en la estructuración de arreglos similares en el resto del mundo.

El devastador terremoto de Haití ofreció importantes lecciones a los países de la región, apunta Riley.

LR: El terremoto puso sobre el tapete la vulnerabilidad de ciudades caribeñas porque vimos que en lo fundamental la capital haitiana, Puerto Príncipe, quedó destruida. En el Caribe mucha de la infraestructura fundamental, los servicios básicos, frecuentemente se concentran en las ciudades principales porque los países son muy pequeños, esto aumenta la vulnerabilidad. Cuando estas instalaciones y servicios no funcionan, esto tiene serias implicaciones en el apoyo que se puede dar al resto del país.

Otra experiencia aprendida fue la relacionada con la continuidad del gobierno en medio de un desastre natural de gran envergadura.

LR: Esto ha recibido mucha atención por los jefes de estado de CARICOM después que vimos interrupciones de las comunicaciones entre los mecanismos del gobierno en Haití. En momentos de crisis el liderazgo y la cohesión de los dirigentes en un frente unido para dirigir al pueblo es fundamental.

        La subdirectora ejecutiva de la agencia de gestión de emergencia de desastres del Caribe también subrayó que la experiencia haitiana los ha hecho trabajar en el establecimiento de normas constructivas que garanticen la resistencia antisísmica de la infraestructura. Jorge Miyares, Naciones Unidas, Nueva York.

Selección número 10

MM: La fiebre amarilla, la disentería, el cólera, algunos tipos de meningitis y hepatitis, el tétanos, la fiebre tifoidea, la rabia, son enfermedades que están muy controladas en el primer mundo pero tenemos encima las vacaciones y cada vez son más demandados los destinos exóticos, países donde estas patologías sí son por desgracia mucho más frecuentes. Si está planeando uno de esos viajes para este verano, sepa que entre las previsiones ha de estar su salud. El doctor Agustín Benito es director del Centro Nacional de Medicina Tropical del Instituto de Salud Carlos III.

AB: Muchas de estas enfermedades…eh…simplemente necesitan unas pautas en el país donde están ubicadas para poder…eh……eh…para no vivir con ellas. Muchas de ellas son transmitidas por vectores que son mosquitos o insectos, ¿no? Está claro que estos te tienen que picar porque son hematófagos, necesitan la sangre para desarrollarse…eh…sus ovariolas y poder tener su ciclo de vida. Entonces simplemente como medidas preventivas ya es un paso importante que es pues ponerte repelente para los insectos e ir con, con camisas cómodas de algodón, de manga larga, y protegerte los espacios donde te puedan picar, eso es por un lado. Y por otro lado pues la profilaxis y medicamentos…eh…que te van a recomendar y aparte mucha de ellas son vacunables, ¿no?

MM: La vacunación efectivamente es una ayuda muy importante en la prevención de las enfermedades infecciosas. Pero para que las vacunas o el tratamiento que se estime pertinente y efectivo tienen que ser dispensados con suficiente antelación. Entre uno y dos meses antes del viaje es un tiempo prudente para realizar los trámites en los más de sesenta centros de vacunación internacional de España que dependen del servicio de sanidad del exterior del Ministerio de Sanidad.

AB: Normalmente previamente al viaje lo ideal es hacer este tipo de consulta en primer lugar porque…porque…porque todo el mundo queremos viajar en los períodos estivales…en los períodos vacacionales. ¿Qué ocurre? Que al final hay una gran demanda de esos servicios…de…de…de las unidades y servicios de atención a viajeros o a profesionales que van a ir de viaje. Y estos centros de vacunación, entonces claro, requieren un tiempo mínimo que yo creo está bien, lo que tú has comentado, un par de meses antes ponerte en contacto para que te den cita porque previamente se tiene que vacunar obviamente un mínimo de quince días tiene que tener para que la vacuna te empiece a funcionar o hacer efecto, ¿no? Y luego por el tema de la profilaxis porque te van a recomendar medicación en función del riesgo que tienen algunas de las enfermedades al área donde vas a definir.

        Y el último consejo es que en cuanto llegues a una zona donde sea un área afectada por cualquier tipo de patología tropical o…o…o olvidada al mínimo momento en que puedas tener...eh...algún tipo de sintomatología febril etcétera, etcétera, te encuentres mal, pues acudir a estos centros, a estas unidades de consejo a viajeros y medicina tropical que...eh...requieren y están a disposición de cualquier, de cualquier persona en cualquier...eh...centro que ya digo que están en todos los registrados del Ministerio de Sanidad.

MM:　　Los viajes a países exóticos pueden resultar de los más placenteros e interesantes pero también tienen sus riesgos, riesgos que convienen prevenir como nos ha contado el Doctor Agustín Benito, Director del Centro Nacional de Medicina Tropical del Instituto de Salud Carlos III. Manuel Moraga para Radio 5 Toda Noticias.

Selección número 11

La Tomatina: fiesta del tomate en España

El pueblo español de Buñol, tiene una larga historia que se remonta a más de 50 mil años. Sin embargo, en la actualidad es conocido por una fiesta que se festeja desde hace sólo 60: la Tomatina. Es uno de los días más célebres del calendario valenciano, en el que se lleva a cabo la lucha vegetal más grande del mundo con 30 mil personas y 200 toneladas de tomate. Si pensabas que tal cosa era imposible, entérate en esta nota.

Buñol es una ciudad en el centro de Valencia y ha sido testigo fiel de la historia española. Ocupada por romanos, árabes, moros y franceses, las influencias extranjeras son apreciables en muchos de los edificios, pero también en pequeñas cosas de la vida diaria. Como toda fiesta de pueblo, cada habitante contará su propia versión de los hechos. Nosotros elegimos contarles una de las versiones de cómo empezó la Tomatina; la menos increíble, pero la que más se acerca a la verdad.

Corría el año 1945 y se estaba celebrando en el centro de la ciudad un desfile de "Gigantes y Cabezudos." Parece que en esa época todos se peleaban por participar y disfrazarse. Según cuentan, un joven que quería ser parte del desfile, golpeó a uno de los que estaban disfrazados, tirándolo al suelo. Este hombre, totalmente indignado, comenzó a golpear a todo el mundo, iniciando una verdadera batalla campal. De pronto, a alguien se le ocurrió utilizar las verduras de un puesto de hortalizas cercano como munición y todos lo imitaron, abriendo los cajones de tomate que estaban en exhibición.

Como siempre, el orden público se hizo presente y se multó a los revoltosos. Fue tan memorable el episodio que al año siguiente se congregaron en la plaza con una gran cantidad de cajones de tomates. Todo el pueblo participó de la ya conocida "Tomatina," a pesar de la desaprobación del gobierno que año tras año, prohibía la batalla vegetal.

Las actividades más comunes son, en primer lugar, las carreras de sacos, o carreras de embolsados. En ellas unas cuantas personas introducen la parte inferior de su cuerpo en sacos de tela e intentan llegar a la meta, saltando. Otro juego tradicional son las "cucañas," que se celebran en España en casi todas las fiestas populares. Para las cucañas es necesario el tronco de un árbol o un palo pulido. En la cima del palo se cuelga un trofeo, en este caso un jamón, y luego se enjabona toda la superficie de madera. El ganador es aquella persona que pueda subir el palo enjabonado y tomar el trofeo.

Selección número 12

Yo estaba escribiendo profesionalmente por más de dos décadas y también he enseñado a hacerlo por casi el mismo período de tiempo. En cada conferencia, en cada encuentro, en cada clase, siempre alguien de la audiencia no deja de preguntar, ¿cómo puedo convertirme en un mejor escritor? En general, no suelen disfrutar de mi respuesta. Seguro, solo hay que practicar la propia escritura y leer para estudiar los métodos de los otros escritores, todos los días. No les suele gustar mi repuesta por una o dos razones. Algunas personas buscan una solución rápida, una fórmula mágica que los convierte en buenos escritores a partir de tres fáciles pasos. Aunque mi sugerencia consiste en solo dos pasos, es obvio que implica un proyecto a largo plazo. El resto de las personas harán una mueca de desprecio a los primeros porque se consideran verdaderos escritores, pero verdaderamente no les gusta mi respuesta más que a los demás. Creen simplemente que poseen un don que debe ser desencadenado por la misma magia que ha tocado a los escritores exitosos. La simple verdad es que no existe otra forma de mejorar su escritura que practicar continuamente. Escriba todos los días. Experimente. Planee, corrija y vuelva a corregir. Propóngase desafíos, fechas límites y competiciones. Empújese usted y su escritura lo recompensará...se lo prometo. Escriba algo inspirado en un escritor que admire y luego escriba algo completamente propio. Sin embargo, no es suficiente escribir sobre la nada o en una torre de marfil, también deberá leer la escritura de los otros. Lea todo lo que pueda, lea ficción, no ficción, poesía y letras de canciones. Lea sobre argumentación y persuasión. Lea textos informativos y biográficos. Lea sobre ciencias y sobre fantasía. Lea a escritores talentosos. Lea a aquellos que todavía están buscando su propio camino en la escritura. Usted estará leyendo para inspirarse y para adquirir confianza. Estará leyendo para enriquecer su vocabulario y su almacenamiento de procedimientos. Estará leyendo para aprender más acerca de ritmos y patrones de lenguaje. Estará leyendo para que a la hora de escribir, pueda desarrollar su propia y única voz. El proceso de aprendizaje para volverse un mejor escritor no es un trabajo de un fin de semana o incluso de un semestre. Aprender a ser un buen escritor es el trabajo de una vida entera. No conozco a un solo escritor profesional que se haya sentado y dicho: «Ya aprendí suficiente. Más no puedo mejorar.» Sin duda, le tomará toda una vida alcanzar el estatus de profesional, pero esa no debería ser su meta. Si piensa en esos términos, estará reteniendo su potencial. Por ejemplo, quizás la razón por la que no aceptaron un proyecto suyo en particular no tuvo nada que ver con su forma de escribir, sino que se pudo haber debido al tema que trata, a las necesidades particulares del editor, o incluso al estado de ánimo de la persona que leyó el manuscrito. Lo cierto es que no podrá decidir cuándo se convertirá en un autor publicado, en un escritor profesional. Pero sí podrá controlar su técnica, podrá mejorar su escritura. Créame, cuanto más fortalezca su escritura, más fácil será alcanzar la segunda meta. Cuando llegue al punto de obtener escritura de calidad regularmente, encontrará su mercado. Si puede escribir, el resto vendrá solo.

PRESENTATIONAL WRITING: PERSUASIVE ESSAY

Essay número 1

Fuente número 3

Narrador:	Liliana Herrero es filósofa y una de las voces más particulares de la música. Esencial en todo concierto de Fito Páez, dice que se acerca a Atahualpa Yupanqui del mismo modo que a Sarmiento. Esboza una forma posible de repensar el ser nacional.
Interlocutor:	¿Encontrás puntos en común entre la canción y la docencia?
Sra. Herrero:	La canción popular contiene y traslada grandes textos de la cultura musical argentina. Esto ocurre en cualquier género: en el folklore, en el rock, en el tango. Se trata de grandes poesías y grandes autores.

Yo intento considerar esa poesía y esa música como un texto de la cultura al que yo interrogo. Este mecanismo es el mismo con el que doy clase: me coloco frente a una obra importante de la cultura y la interrogo y reinterpreto con los problemas del mundo contemporáneo.

Cuando me acerco a una canción popular de Atahualpa Yupanqui, por ejemplo, y a un texto del ensayo argentino como puede ser *Facundo*, de Sarmiento, trato de hacerlo de manera semejante, trato de leerlos a ambos con la misma mirada seria e interrogativa. Así se producen esos momentos maravillosos cuando digo "este texto aún tiene palabras para mí, aún tiene cosas para decirme"; me refiero a mí en un sentido metafórico, quiero decir para el mundo contemporáneo.

Interlocutor:	¿Cuál es la función del arte?
Sra. Herrero:	El arte y la música deben contener la voluntad de transformación del mundo. Y creo que es importante encontrar en las voces antiguas una voz nueva… A mí me interesa desarrollar la idea de "Manifiesto". El manifiesto es el modo literario por medio del que las vanguardias artísticas, no sólo de la Argentina sino de todo el mundo, se han expresado. Poder poner en algunos puntos una determinada mirada sobre el mundo es sugestivo para observar la realidad.
Interlocutor:	¿La música es una manera de pensar una identidad?
Sra. Herrero:	Sí, claro. La historia de la música popular argentina tiene que ver con la misma constitución del país como tal. En el folklore esto se ve con más claridad.

Dilucidar de dónde viene el tango o de donde vienen las formas organizativas de las décimas o de las cuartetas es como preguntarse qué quiere decir ser argentino. Las formas de la música popular no son aportes a la identidad nacional, sino que son el mismo problema de la identidad nacional. La música no "aporta" a la identidad nacional, sino que forma parte de ella.

Y este debate sobre la música es el mismo debate sobre qué es lo que somos como país. La repuesta no la sé con claridad, no sé qué quiere decir ser argentino. Es una pregunta muy compleja, que tiene infinitas respuestas.

Los pueblos no son neutros, los países son combates, son combates dormidos de una cultura, son combates olvidados. La memoria no es algo transparente, es algo que aparece, desaparece, que se expresa como un obstáculo que se nos presenta en el camino. Está bueno que aparezca, porque es algo que nos hace pensar en aquello que creíamos olvidado o que ni siquiera sabíamos que sabíamos.

Essay número 2

Fuente número 3

La privacidad en Internet engloba varios aspectos. Por un lado, la confidencialidad y la seguridad de determinados datos como claves bancarias, historial médico o contraseñas de correo que sólo atañen al usuario. Por otro lado, aspectos relativos a la intimidad del internauta, informaciones, archivos, y datos que pertenecen a su vida privada y que él debe decidir si quiere mostrar a los demás. Por tanto, aunque la privacidad es un valor fundamental e irrenunciable en la Red, contiene aspectos negociables, ya que cada usuario fija sus niveles de intimidad en función de sus deseos y necesidades. De hecho, en numerosas plataformas, como *Facebook* y todos los servicios relacionados con *Google*, se hace negocio con los datos personales del usuario al tiempo que se utilizan esos mismos datos para darle mejor servicio. Almacenando la información personal del internauta, estas plataformas le ofrecen publicidad contextual pero también le permiten recuperar correos electrónicos de hace años, o conversaciones de chat en apariencia intrascendentes que contienen datos importantes. Y lo mismo sucede con imágenes, canciones o vídeos que se creían perdidos.

Ahora bien, el precio de tener toda esta información a mano desde cualquier sitio, y sin preocuparse de discos duros o de cargar con el ordenador, es renunciar a nuestra privacidad, al menos en exclusiva, para compartirla con la empresa que nos da el servicio y confiar en que su tratamiento de los datos privados será honesto. Aunque suele ser así, no está de menos leerse las condiciones de uso de todos los servicios que se usan para saber si su política de privacidad es conforme con la legislación vigente en España.

Essay número 3

Fuente número 3

Sra. Bassi:	Todos hablamos mucho del estrés, pero, ¿cómo se define?
Prof. Buendía:	Hay una gran confusión respecto al estrés. Nos encontramos conpersonas que se lo toman como una patología, pero no lo es. El estrés surge cuando un individuo no puede cambiar de forma adecuada toda la presión que está recibiendo. El trabajo, la familia y otros factores, si no se pueden controlar ni canalizar, o determinadas situaciones, si son duraderas y agudas, pueden dar lugar a ciertas enfermedades, pero el estrés en sí no es una patología, sino un factor desencadenante de trastornos.
Sra. Bassi:	¿Reúne un amplio abanico de síntomas?
Prof. Buendía:	Sí, una persona que es muy vulnerable a nivel intestinal sufrirá trastornos digestivos; otras, problemas dermatológicos o trastornos de ansiedad o depresión.
Sra. Bassi:	¿Puede precisar?
Prof. Buendía:	Se aprecian dos grandes fuentes de estrés. Unas veces el problema está en la familia, donde se viven cambios y modificaciones en la estructura familiar. Cuando a alguien le falla la familia, se apoya sobre todo en el trabajo e, incluso, puede que aumente su ritmo laboral. Y cuando la dificultad está en

el trabajo, "burnout", estrés o "mobbing", la persona afectada se refugia en la familia.

Sra. Bassi:	¿Qué le parece la idea de trabajar las 60 ó 65 horas que propone la Unión Europea?
Prof. Buendía:	Me parece desproporcionado e innecesario en una sociedad como la nuestra, eso es propio de un entorno donde es necesario para subsistir físicamente. Las personas no viven para trabajar, trabajan para vivir. En una investigación internacional se preguntó por qué merecía la pena vivir, la pregunta clave que resuelve el estrés, y respondieron que "para amar, trabajar y disfrutar". Una persona que se centre en lograr esas metas en su vida tendrá menos riesgos de enfermar por estrés que una persona que lo ponga todo en poseer bienes, dominar y subyugar.

Essay número 4

Fuente número 3

A diferencia de lo que ocurría antes, ahora la sociedad está sometida a vertiginosos cambios que plantean continuamente nuevas problemáticas, exigiendo a las personas múltiples competencias procesales (iniciativa, creatividad, uso de herramientas TIC [Tecnologías de la Información y la Comunicación], estrategias de resolución de problemas, trabajo en equipo…) para crear el conocimiento preciso que les permita afrontarlas con éxito.

Por ello, hoy en día el papel de los formadores no es tanto "enseñar" (explicar examinar) unos conocimientos que tendrán una vigencia limitada y estarán siempre accesibles, como ayudar a los estudiantes a "aprender a aprender" de manera autónoma en esta cultura del cambio y promover su desarrollo cognitivo y personal mediante actividades críticas y aplicativas que, aprovechando la inmensa información disponible y las potentes herramientas TIC, tengan en cuenta sus características (formación centrada en el alumno) y les exijan un procesamiento activo e interdisciplinario de la información para que construyan su propio conocimiento y no se limiten a realizar una simple recepción pasiva-memorización de la información.

Por otra parte, la diversidad de los estudiantes y de las situaciones educativas que pueden darse, aconseja que los formadores aprovechen los múltiples recursos disponibles (que son muchos, especialmente si se utiliza el ciberespacio) para personalizar la acción docente, y trabajen en colaboración con otros colegas (superando el tradicional aislamiento, proporcionando por la misma organización de las escuelas y la distribución del tiempo y del espacio) manteniendo una actitud investigadora en las aulas, compartiendo recursos, observando y reflexionando sobre la propia acción didáctica y buscando progresivamente mejoras en las actuaciones acordes con las circunstancias (investigación-acción).

Cada vez se abre más paso la consideración del docente como un mediador cuyos rasgos fundamentales son:

- Es un experto que domina los contenidos, planifica (pero es flexible).
- Establece metas: perseverancia, hábitos de estudio, autoestima, meta-cognición…
- Regula los aprendizajes, favorece y evalúa los progresos: su tarea principal es organizar el contexto.
- Fomenta el logro de aprendizajes.
- Fomenta la búsqueda de la novedad; curiosidad intelectual, originalidad, pensamiento convergente.

- Potencia el sentimiento de capacidad: autoimagen, interés por alcanzar nuevas metas.
- Enseñar qué hacer, cómo, cuándo y por qué, ayuda a controlar la impulsividad.
- Atiende las diferencias individuales.
- Desarrolla en los alumnos actitudes positivas: valores.

En este marco, las principales funciones que debemos realizar los docentes son múltiples.

Essay número 5

Fuente número 3
Ramón Salaverría es director del Departamento de Proyectos Periodísticos de la Facultad de Comunicación de la Universidad de Navarra, España

Srta. Vargas:	¿Las redes sociales son fuentes de información para los periódicos?
Sr. Salaverría:	El periodista es un profesional obligado a buscar la información allá donde se encuentra. Todo periodista debería reconocer que las redes sociales se han convertido en una muy relevante fuente potencial de materia prima informativa. En esas plataformas millones de personas se intercambian constantemente contenidos en múltiples formatos y, además, muchas de esas comunicaciones interpersonales están relacionadas con noticias de actualidad. Por lo tanto, un buen periodista está obligado a prestar atención a las redes sociales básicamente en dos sentidos: para seguir el rastro de los temas que suscitan interés y para, llegado el caso, obtener materiales informativos susceptibles de ser publicados en medios periodísticos. El periodista que, ya sea por desconocimiento o por desdén, da la espalda a las redes sociales, no está desempeñando bien su trabajo.
	Los microblogs tienen la ventaja imbatible de la inmediatez. Las interconexiones personales entre usuarios actúan prácticamente como sinapsis neuronales: lanzan avisos nerviosos casi al instante. Esto tiene una utilidad periodística de gran valor. Ahora bien, lo que se gana en rapidez se pierde muchas veces en profundidad. La gente está obligada a comunicarse en simples flashes que, con frecuencia, obligan a renunciar a los matices. Y los detalles son muchas veces esenciales para entender una información. *Twitter* no se diferencia mucho de ciertos medios periodísticos.
Srta. Vargas:	¿Cómo ha cambiado el periodismo a raíz del impacto de Internet?
Sr. Salaverría:	Sopesando los dos lados de la balanza, pienso que Internet ha traído consigo más beneficios que perjuicios al periodismo. Gracias a la red, hoy día el periodismo es más inmediato, más interactivo, más multimedia, y disfruta de mayors posibilidades documentales. Disponemos, en fin, de un lenguaje más rico, con un potencial comunicativo mucho mayor. Como contrapartida, la irrupción de Internet ha desmoronado los modelos de negocio tradicional. Es complicado sacar a la luz pública determinado tipo de informaciones que cualquier sociedad democrática necesita.
Srta. Vargas:	En varias ocasiones he leído que mencionas que el periodismo ciudadano es fundamentalmente periodismo aficionado. ¿No crees que esto ha cambiado o se está profesionalizando en algunos espacios?

Sr. Salaverría:	A comienzos de esta década, el concepto de "periodismo ciudadano" cobró mucha popularidad pero, al cabo de pocos años, creo que ese estrellato todo aquello, en mi opinión, tuvo mucho de moda pasajera, alimentada en ocasiones por las propias empresas periodísticas que veían en los llamados "periodistas ciudadanos" potenciales suministradores de materia prima informativa a quienes no había que tener en nómina. La endeblez de aquel planteamiento quedó rápidamente de manifiesto y, en este sentido, pienso que ha sido un sarampión necesario para recordar a los medios que el periodismo de calidad cuesta. Para elaborar de manera constante contenidos periodísticos de calidad no basta con la contribución esporádica de internautas amateurs, más o menos voluntarios. Por descontado, los medios deben estar abiertos a la interactividad con el público y estimular la contribución informativa de los internautas. Sin embargo, cuando ciertos proyectos han pretendido llevar esa complementariedad informative hasta los límites de la suplantación, los experimentos han acabado invariablemente en el fiasco o en la irrelevancia.

Essay número 6

Fuente número 3

Narrador:	La industria discográfica está en crisis desde que los usuarios han decidido la forma en que quieren acceder a las obras y las empresas no terminan de adaptarse a sus requerimientos. Este cambio ha supuesto la aparición de diferentes iniciativas online que buscan nuevos modelos de negocio para generar ingresos e incentivar a los artistas. Sell a Band es un proyecto nacido hace tres años en Holanda con vocación internacional y que propone un reparto de ganancias más equilibrado entre creadores y discográficas. Lo hace transformándolos en inversores que permiten la grabación de los discos. Dichos inversores, llamados "creyentes" por la compañía, tienen que invertir en conjunto 50.000 dólares para que el proceso de grabación y producción del disco comience. Adam Sieff, antiguo músico de jazz ejecutivo de Sony, es el responsable del descubrimiento de nuevos talentos y del desarrollo commercial y artístico de los músicos.
Antonio Delgado:	¿Las industrias discográficas por fin han entendido que tienen que cambiar de modelo de negocio?
Adam Sieff:	Todavía algunos quieren mantener el control antes de ceder y aceptar que de verdad ha terminado el modelo clásico. Además, es lo que han conocido y les está costando dejarlo. Todavía hay un gran número de cuestiones que abordar, como los derechos de propiedad intelectual y cómo compensar adecuadamente a los artistas que crean e interpretan la música.
Antonio Delgado:	¿Qué aporta Sell a Band frente a discográficas más tradicionales?
Adam Sieff:	Para muchos artistas es suficiente poder ganarse la vida tocando música. Los artistas de Sell a Band pueden elegir entre permanecer de forma independiente, aprovechar la oportunidad de ser apadrinados por noso-

tros o atraer a un sello discográfico una vez que han grabado su álbum. La razón por la que Sell a Band funciona es que trabaja para permitir que el artista tenga un control total sobre su trabajo artístico y un trato justo para compartir sus ingresoscon sus inversores. Y para los inversionistas (que llamamos "creyentes"), el aliciente es sobre todo descubrir nueva música y ser parte del proceso que hace que un disco salga adelante.

Hay aún una gran emoción para los "creyentes" en la recepción de una edición limitada en formato CD enviado directamente a sus casas. También están las personas que aún quieren comprar un CD físico y que pueden hacerlo. Por último, las bandas necesitan vender CD en sus conciertos para captar audiencia.

Antonio Delgado: ¿Qué ocurre con los artistas que se quedan a las puertas de los 50.000 euros? ¿Qué se hace con el dinero recaudado?

Adam Sieff: Todo el capital invertido se incluye en una cuenta bloqueada hasta que las bandas llegan a los 50.000 dólares. Si no se llega a este objetivo y deciden dejar Sell a Band, el dinero se pone de nuevo a disposición de los "creyentes" como un reembolso o bien para que puedan invertir en otros artistas de la plataforma. Los "creyentes" también pueden reembolsar su dinero o invertir en otros artistas en cualquier momento y siempre antes de que un artista llegue a los 50.000 dólares.

Essay número 7

Fuente número 3

Uno se pone en la piel de los condenados a muerte, a la espera de ser exhibidos a la multitud, ávida de sangre, y momentos antes de terminar despedazados por las fieras. Por primea vez, el Coliseo de Roma abrirá al público su hipogeo—los túneles subterráneos y mazmorras—, el espacio que se usaba para la tramoya, las gigantescas bambalinas del cruel divertimento que los poderosos ofrecían a la plebe hace casi dos mil años.

Impresiona moverse por las galerías, meterse en lo que eran las últimas mazmorras de los reos, observar las cavidades que albergaban las jaulas de los leones, de los tigres, de los osos. Son todavía bien visibles las estrechas guías verticales, horadadas en la piedra, por donde pasaban las cuerdas de las decenas de montacargas que subían personas, animales y material al escenario. Así se ganaba en impacto visual y rapidez. La sofisticación escénica era notable. Desde enero de este año se está restaurando, con especial cuidado de asegurar puntos críticos para evitar derrumbes y garantizar que los visitantes puedan ver la zona sin peligro. Los primeros recorridos guiados, en pequeños grupos, comenzarán a finales del verano europeo.

Al Coliseo lo visitan unos seis millones de personas al año. Hace tres semanas se desplomó un pequeño segmento, cuando el recinto estaba ya cerrado, y saltó la alarma sobre el estado de la construcción y el riesgo para los turistas. Hubo expertos que advirtieron que está enfermo del "cáncer de la piedra", como se llama a la transformación química del carbonato cálcico en sulfato cálcico.

El Ayuntamiento de Roma busca patrocinadores para lograr 23 millones de euros. Se quiere limpiar la fachada e incluso construir un museo. ¿Cuánto pueden durar las obras para poner a punto el emblemático monumento? "Algunos milenios", contesta, medio en broma, medio en serio, un responsable ministerial.

Essay número 8

Fuente número 3

Narrador:	Hoy tenemos el placer de acoger al señor Benavides y al señor Domínguez. El señor Domínguez es Presidente de Los Pescadores Artesanales de Puerto Aurora. El señor Benavides es Director de la Fundación de Conservación de las Islas Galápagos en Ecuador. Bienvenidos, señores. Estamos para hablar unos momentos de los efectos de la Ley de Régimen Especial para la Conservación y Desarrollo Sustentable de la Provincia de Galápagos, ambos para el Parque y para el pueblo que vive cerca de él.
Sr. Benavides:	Le agradezco mucho la oportunidad de hablar un poco de la actualidad del Parque Galápagos porque hoy como antes, se ve amenazado por actividades humanas en varios sectores. Como se sabe, la Ley Especial de Galápagos que el Congreso Nacional promulgó en 1999 tenía por objetivo garantizar la conservación del ecosistema. Hasta el año 1971 no se veían fauna ni flora exóticas allí, ni había tanta presura de la actividad humana en el campo y los pueblos.
Sr. Domínguez:	También para nosotros no encontramos ningunos problemas. Pudimos mantener a nuestras familias con la pesca, pero actualmente es bien difícil.
Narrador:	¿A qué se atribuye la dificultad, Sr. Domínguez?
Sr. Domínguez:	Parece que hoy, con la escasez de pez, casi no se puede mantener a la familia. Nosotros también nos encontramos en conflicto con pescaderos industriales y los pescadores atraídos para la pesca deportiva. También parece que las aguas están llenas de barcos privados de turistas. Esto no cuenta los barcos grandes con ejércitos de turistas que vienen para pasar el día.
Sr. Benavides:	Para nosotros dentro del Parque, se ven los efectos que han causado esas invasiones, ambas de pescadores y turistas. Los pescadores reclaman sus antiguos derechos, pero el hecho es que hay más demanda que surtido. Nosotros propusimos cuotas en las toneladas de peces de varias especies para aliviar la situación, pero....
Sr. Domínguez:	El hecho es que nosotros los pescadores artesanales tenemos el derecho de pescar en estas aguas porque llevamos siglos de hacerlo. Los otros no deben tener los mismos derechos.
Sr. Benavides:	No sólo es cuestión de derechos. El problema es que actualmente los pueblos cerca del Parque introducen flora y fauna y microorganismos al Parque que antes no se veían. Pero allí están. La ley nos obliga proteger el Parque como patrimonio de la nación. También vemos el deterioro del campo a causa de la agricultura y todo el desarrollo para el ecoturismo.
Narrador:	Los turistas sí llevan desarrollo económico, pero nos queda ver si ese desarrollo puede reemplazar los antiguos modos de sostenerse. Actualmente hay una gran cantidad de yates pequeños, barcos de carga, y cruceros internacionales que navegan por las islas, dejando residuos a menudo.
Sr. Domínguez:	Los recursos están allí. Para los turistas, la naturaleza, para los pueblos en las islas, las huertas, para nosotros, los peces, de todo tipo, tiburón, cala-

mar, pulpo, pepino de mar, atún, canchalagua, de todo. Las actividades pesqueras en la provincia marina son nuestro patrimonio.

Sr. Benavides: De acuerdo, pero al agotar los recursos, no tendremos nada. No hay alternativa más que el desarrollo sustentable.

Narrador: Entonces todavía le queda al gobierno regular los permisos de pesca artesanal, así como los del turismo y la actividad agrícola.

Essay número 9

Fuente número 3

Recomendaciones de los teóricos del vegetarianismo

- Consumir pan integral o arroz moreno en lugar de pan blanco y arroz refinado.
- Dar una gran importancia a los frutos secos como fuente de proteína dentro de una comida.
- Favorecer el consumo de legumbres y pastas elaboradas con harina integral.
- Dentro de los productos lácteos consumir yogurt natural descremado.
- En la dieta vegetariana estricta se incluye la leche de soja en polvo.
- La única comida en la que debe aparecer regularmente una pequeña cantidad de azúcar o miel es el desayuno, ya que el organismo no puede digerirlo a otra hora.

Razones para excluir la carne

Algunas de las razones que aducen los vegetarianos para excluir la carne como producto destinado a la nutrición del ser humano son las siguientes:

- Ni la contextura física ni la dentadura del hombre corresponde a la de un animal carnívoro.
- Nuestros jugos digestivos carecen de la acidez necesaria para digerir la carne y es sólo por el hábito que el estómago se adapta a esa función. Incluso aseguran que un hombre que no haya ingerido nunca carne al hacerlo por primera vez, experimenta una especie de intoxicación semejante a la alcohólica.
- La descomposición de toda sustancia animal produce toxinas mucho más peligrosas que las procedentes de la descomposición vegetal.

Essay número 10

Fuente número 3

Turista: Ya están cambiando las costumbres en cuanto a la comida, ¿verdad?

Ramón: Sin duda. La facilidad de conseguir comestibles de todas partes del mundo remite a la integración de sabores desconocidos anteriormente en la gastronomía nacional.

Turista: ¿Pero no es que le faltaban a los cocineros productos locales y especialidades de renombre?

Ramón: Claro que no. ¿Quién no ha oído de las famosas tapas de Barcelona? Hoy se encuentran en plenitud de libros de recetas. Hasta en Nueva York es de moda ir de tapas y probarse lo mejor del orgullo de la cocina española. Pero también se puede encontrarlas en Londres, en París, en Tokio, pues ... por todo el mundo.

Turista: Sí, los he visto en las librerías. Pero de las que me he probado, no tienen el mismo sabor que una tapa aquí. Puede ser que haya otro aspecto que no se puede exportar.

Ramón: Seguramente el ambiente en el que se saborea la delicia influye en cómo se la percibe. No se puede por completo imitar el aire, ni los sonidos, ni la lengua que se oye al disfrutarlas en otro lugar. También se prohíbe la exportación de algunos de los ingredientes. El jamón serrano, por ejemplo, no se permite exportar a todos los lugares done se querría tenerlo. Aun cuando se puede, la frescura se pierde en el transporte. Los ingredients más frescos siempre resultan en los sabores más deseados.

Turista: Me ha convencido. Probaré las tapas mientras esté aquí. Pero cuando vuelva a casa, por cierto intentaré reproducir algunas de ellas. Aunque no goce de los mismos sabores, experimentaré el placer de evocar las fantásticas memorias del viaje. Podré imaginarme que estoy de vuelta. También compraré unos de estos libros de recetas para preparar tapas. Quizás trataré de inventar mis propias recetas para tapas americanas al estilo español.

INTERPERSONAL SPEAKING

Sample Script

(El teléfono suena.)

Paco: **Hola.**

Tú: Salúdalo.

Explica la razón por la llamada.

Paco: **Ah, sí, gracias por llamarme. Querría invitarte a acompañarme a la escuela este fin de semana. Hay un drama buenísimo que se da, se llama *Sueño*.**

Tú: Reacciona a su idea.

Paco: **Me dijeron que nuestro compañero de clase es fantástico en el drama. Interpreta el papel de un rey. Como recuerdas, leímos una parte de este drama en la obra *La vida es sueño* en la clase de español hace un mes. Me gustaron esos versos de "¿Qué es la vida? Una ilusión," ... etcétera.**

Tú: Otra vez, reacciona.

Hazle una pregunta.

Paco: **Sí. Los otros de la clase ya han ido y dicen que les gustó. ¿Te gustará ir conmigo? Te invito.**

Tú: Contesta a la pregunta de Paco.

Paco: **¡Estupendo! Te encontraré enfrente del teatro a las siete.**

Tú: Finaliza los planes.

Despídete.

Paco: **De acuerdo, amigo. Nos vemos. (Paco cuelga el teléfono.)**

Conversation número 1

(a) Tú entras en la tienda y te acercas al mostrador.

(b) El dependiente te saluda.

Dependiente:	Buenas tardes, señor. ¿En qué puedo servirle?
Tú:	(Respondes apropiadamente.)
	(Le haces una pregunta.)
Dependiente:	Bueno, no estoy seguro. Me parece familiar pero en este momento no lo recuerdo exactamente. ¿Tiene Ud. La dirección?
Tú:	(Respondes que no tiene la dirección.)
Dependiente:	A ver, ¿por casualidad está cerca de un lugar bien conocido? Quizás si supiera yo otro negocio o restaurante cerca, podría reconocerlo.
Tú:	(Le nombras otro lugar.)
Dependiente:	Tampoco reconozco ese lugar. Puede ser que sea tan nuevo que no lo conozco. Pues, ¿recuerda Ud. Otro detalle, como el color del edificio, algo en las ventanas de enfrente, unas escaleras, algo distinto?
Tú:	(Le das otro detalle descriptivo.)
	(Le pides la dirección.)
Dependiente:	Ah, sí. ¡Ese hotel! Es pequeño, pero muy bueno. Está a una distancia de dos cuadras. Doble Ud. aquí a la izquierda, siga recto hasta llegar a la próxima esquina. Está en esa bocacalle.
Tú:	(Reacción apropiada.)
	(Te despides del dependiente.)
Dependiente:	No hay de qué.

Conversation número 2

(a) El guía te encuentra frente al centro estudiantil de la universidad.

(b) Te acercas, le llamas la atención con cortesía, te presentas, e inicias la conversación. Empieza ahora.

Tú:	(Preséntate al guía.)
Guía:	Mucho gusto, Ramón. Bienvenido a nuestra universidad. Estaba esperándote. Bueno, todos los estudiantes tienen interés en ver los dormitorios, los gimnasios, la biblioteca y la cafetería. Podríamos terminar con la cafetería y tomar un café. Dime, ¿qué deseas visitar primero?
Tú:	(Contéstale.)
Guía:	Veo que has oído mucho sobre el programa de ciencias. Ese programa es muy bueno. Mira, ¿por qué no empezamos a caminar a la facultad de ciencias mientras te doy algunos datos sobre el programa que quizás no conozcas?
Tú:	(Hazle una pregunta.)
Guía:	Sí, ese profesor es muy famoso, pero también muy excéntrico. Un día los estudiantes desenchufaron su computadora antes de que él entrara. Al ver que la computadora no funcionaba, el profesor se puso un gorro extraño y pretendió ser un mago. Como es un genio, ¡hizo todos los cálculos en su cabeza!
Tú:	(Reacciona.)
	(Haz una observación.)

Guía:	Después de lucirse ante los estudiantes, el profesor les dijo que todos podían ser magos como él y lo único que necesitaban era estudiar más. Y les dio diez problemas de cálculo adicionales que debieron resolver.
Tú:	(Ofrece una conclusión.)

Conversation número 3

(a) Es el primer día de clases y te sientas cerca de una chica.

(b) Ella inicia la conversación.

Chica:	Hola. Creo que no te conozco. ¿Eres estudiante nueva aquí?
Tú:	(Responde.)
Chica:	¿De dónde viniste, Raquel?
Tú:	(Contesta la pregunta.)
	(Hazle una pregunta.)
Chica:	Sólo llevo dos años aquí, pero los alumnos son muy comprensivos. Me hicieron sentirme muy cómoda inmediatamente. Pero tienes que aprovechar toda oportunidad para conocerlos. Si tienes algunos intereses especiales, puedes encontrar fácilmente a otros alumnos con intereses iguales ya que hay muchos clubes. ¿Qué te gusta hacer en tu tiempo libre?
Tú:	(Respóndele con información personal.)
Chica:	¡Ni me digas! También me encanta el boliche. Siempre hay mucho tiempo para charlar con los amigos mientras se juega. Mira, tenemos un equipo de boliche en la escuela. ¿Por qué no vienes con nosotros este viernes?
Tú:	(Responde a la invitación.)
Chica:	Nos reunimos a las siete aquí en el estacionamiento para ir todos juntos. ¿Puedes?
Tú:	(Le informas que desea ir con ellos en el futuro, pero el viernes que viene no podrás.)
Chica:	Pues, habrá otra oportunidad en el futuro. Bueno, ya ha entrado la profesora. No le gusta cuando hablamos después de empezar la clase.

Conversation número 4

(a) Tú entras en la oficina de recursos humanos para hablar con la gerenta de la compañía.

(b) Tú solicitas empleo en la oficina.

Gerenta:	Muy buenos días, Sr. Díaz. ¿Cómo está Ud.?
Tú:	(Respondes apropiadamente.)
Gerenta:	Le agradezco por venir a hablar con nosotros. Tenemos un grupo de empleados muy dedicados en esta oficina y estamos muy orgullosos del trabajo que hacemos. Nuestro trabajo es un poco especializado, pero sí tenemos algunos puestos de internado para verano para estudiantes especiales. ¿Con qué motivo quiere Ud. trabajar para una compañía de telecomunicaciones?
Tú:	(Le explicas tus razones.)
Gerenta:	Um, muy interesante. Su interés en los aspectos técnicos es muy importante. Pero, ¿tiene Ud. alguna experiencia con la aplicación de esa tecnología que le interesa al trabajo que hacemos nosotros?
Tú:	(Le cuentas algo que ha hecho.)
	(Le expresas tus esperanzas.)
	(Le haces una pregunta.)

Gerenta: Por supuesto que siempre es mejor tener experiencia antes de tener un puesto de responsabilidad, pero sé que eso es muy difícil para los jóvenes cuando están empezando sus carreras. Le podemos ofrecer un puesto en la oficina si quiere empezar la semana que viene.

Tú: (Aceptas la oferta.)

Gerenta: Excelente. Estoy segura que esta esperiencia nos beneficiará a los dos. No olvide llamarme si tiene otra pregunta.

Tú: (Le das las gracias.)

(Te despides de ella.)

Conversation número 5

(a) Te encuentras con el director en su oficina, ubicada cerca de la cafetería.

(b) Él te saluda y empieza la conversación.

Director: Buenos días, Margarita. ¿Qué tal?

Tú: (Le respondes apropiadamente.)

Director: Me alegro. Uds. no me visitan mucho. ¿A qué debo el placer de tu visita hoy?

Tú: (Explicas el propósito de la visita.)

(Te haces una pregunta.)

Director: Había oído que Uds. estaban haciendo esa encuesta. Me interesa saber qué opinan los estudiantes del menú. Sabes que es un negocio muy delicado equilibrar el dinero que recibimos de los alumnos con los gastos por la comida y el mantenimiento del local.

Tú: (Le cuentas los resultados de la encuesta.)

(Le haces otra pregunta.)

Director: ¿Qué proponen los estudiantes que ofrezcamos en el menú?

Tú: (En tu respuesta comunicas los deseos de los estudiantes.)

Director: Siempre queremos satisfacer los deseos de los estudiantes. A ver si podemos formar un comité estudiantil para oír sus consejos.

Tú: (Reaccionas a la idea.)

Director: Entonces podemos dirigirnos al problema juntos para ofrecer algo que sea más saludable y algo con lo que no perdamos dinero. Muchas gracias por haber venido para hablar conmigo. Esperaré tu llamada para reunirnos otra vez.

Tú: (Te despides de él.)

Conversation número 6

(a) Ambos tienen que preparar una presentación oral y decidir quién hará qué parte del proyecto.

(b) Tu amigo, Diego, sabe más que tú del tema. Conversan por teléfono. Él habla primero.

(Suena el teléfono.)

Diego: Hola, habla Diego.

Tú: (Saludos.)

(Le explicas el tipo de ayuda que tú necesitas.)

Diego: Oye, no hay problema. Está bien si esto es lo que quieres hacer. Yo puedo hacer todos los cálculos de los problemas que tenemos que resolver si esto es un problema para ti.

Tú:	(Aceptas su oferta.)
	(Propones algo que puede hacer.)
Diego:	Perfecto. Esto será más fácil para mí también. Como sabes, no me gusta hablar frente a la clase. Siempre me pone muy nervioso. ¿Cuándo quieres que te dé la materia?
Tú:	(Expresas tu inquietud con las matemáticas.)
	(Respondes con una sugerencia.)
Diego:	Entonces sería buena idea juntarnos para que te explique las respuestas. ¿Por qué no nos encontramos en el Waffle House esta noche para hablar?
Tú:	(Te pones de acuerdo.)
	(Le haces una pregunta.)
Diego:	Digamos a las diez. Esto me dará tiempo para terminar con toda la tarea.
Tú:	(Respondes.)
	(Te despides de él.)
Diego:	Hasta luego.

Conversation número 7

(a) En la tienda la dependienta se te acerca y te saluda.

(b) Comunicas lo que necesitas. Ella es muy simpática.

Dependienta:	Buenos días, señorita. ¿En qué puedo servirle hoy?
Tú:	(Respondes apropiadamente.)
	(Le explicas lo que necesitas.)
Dependienta:	Como ve Ud., no tenemos mucha ropa de ese tipo este mes. Cuando hace mucho frío generalmente tenemos más para la nieve que para el sol. Pero sí tengo algunos artículos en espera de las necesidades de viajeros que van a Florida. Déjeme mostrárselos.
Tú:	(Le agradeces.)
	(Le dices lo que buscas en particular.)
Dependienta:	Tenemos unas blusas preciosas en colores muy bonitos que le harán juego con el color del pelo. ¿Cuál es su talla?
Tú:	(Contestas la pregunta.)
	(Expresas una preferencia.)
	(Le haces otra pregunta.)
Dependienta:	Sí. Por supuesto. Tenemos la amarilla en un tamaño grande, si la quiere. El color amarillo le cae muy bien. ¿Quiere probársela?
Tú:	(Respondes.)
Dependienta:	Ha hecho una selición muy buena. Estoy segura de que estará muy satisfecha.
Tú:	(Expresas gratitud.)
Dependienta:	El placer es mío. Vuelva Ud. cuando necesite otra ropa de verano. Adiós.

Conversation número 8

(a) Un cliente que entra es un hombre vestido de manera informal. Parece muy simpático.

(b) Eres el mesero que debe servirle. Inicias la conversación cuando el cliente se sienta.

Tú:	(Te diriges apropiadamente al cliente.)
	(Le haces una pregunta.)
Cliente:	Buenas tardes. Sí, querría un vaso de agua, por favor. Me podría dar el menú?

Tú:	(Respondes.)
	(Le haces otra pregunta.)
Cliente:	Creo que estoy listo para pedir algo. Pero querría saber si Uds. tienen una especialidad de casa.
Tú:	(Nombras unos platos.)
Cliente:	Todo me parece bueno. ¿Tiene Ud. alguna sugerencia para ayudarme a decidir?
Tú:	(Sugieres un plato de los que nombraste recién.)
Cliente:	Sí, creo que hoy tengo hambre para pollo asado. ¿Y los vegetales del día?
Tú:	(Le nombras la selección.)
Cliente:	Bueno, tomaré los tomates y los pepinos. Gracias.
Tú:	(Terminas la conversación.)

Conversation número 9

(a) Te has enfermado. Tienes síntomas de gripe. Llamas a la oficina de tu doctor.

(b) La enfermera contesta. Ella empieza a hablar cuando suena el teléfono.

	(Suena el teléfono.)
Enfermera:	Buenos días. La oficina del doctor González.
Tú:	(Respondes apropiadamente.)
	(Explica el motivo de su llamada.)
Enfermera:	¿Cuáles son los síntomas que tiene Ud.?
Tú:	(Explicas tus síntomas.)
Enfermera:	Ya oigo que no se siente bien. ¿Qué temperatura tiene Ud.? ¿Qué toma para la tos?
Tú:	(Contestas.)
	(Haces una pregunta.)
Enfermera:	Bueno, una temperatura tan alta casi siempre indica una infección. Puede ser que el doctor querrá verlo. Parece que hay posibilidad de que se mejore más rápido si lo ve pronto. Otro paciente canceló para las dos. ¿Puede venir a esa hora?
Tú:	(Explicas que sí, pero con una condición.)
Enfermera:	Dejémoslo para las dos, y si no puede, avíseme.
Tú:	(Respondes apropiadamente.)
	(Te despides.)
Enfermera:	Esperamos verlo esta tarde.

Conversation número 10

(a) Ambos hablan sobre la selección de Maldonado. Tú crees que mereció haber sido seleccionado.

(b) Tu amigo, Juan, piensa que no lo mereció.

Juan:	No puedo creer que le dieron el trofeo del jugador más importante del partido a Maldonado. Nosotros casi lo vencimos.
Tú:	(Expresas una opinión contraria.)
Juan:	¡Ni modo! ¿En qué piensas? No jugó limpio. Los árbitros no vieron la mitad de lo que hacía él.
Tú:	(Defiendes tu opinión.)

Juan:	¿Dices que lo único que cuenta es ganar? ¿No crees que hay otras cosas quizás más importantes?
Tú:	(Explicas tu razonamiento.)
Juan:	Bueno, no estoy convencido. Maldonado tuvo suerte esta vez. Y no se debe confundir la suerte con el talento.
Tú:	(Consuelas a tu amigo.)
	(Haces una pregunta.)
Juan:	Quizás tengas razón. Puede ser que en un día cualquiera, cada cual puede ganar. Si nosotros hubiéramos tenido una jugada más, quizás hubiéramos podido ganar. ¿No lo crees?
Tú:	(Expresas tu opinión sobre el resultado del partido.)
Juan:	Bueno, habrá otro día. Y un día alguien lo vencerá. Y lo tendra bien merecido. Todavía me molesta que recibiera el trofeo.

MODEL EXAM 1

Section I, Part B

INTEPRETIVE COMMUNICATION

Selección número 1

Fuente número 2
Primero tienes un minuto para leer la fuente número uno

[1-minute pause]

Ahora pasa a la fuente número 2. Te queda un minuto pare leer la introducción y prever las preguntas.

[1 minute pause]

Ahora escucha la fuente número dos.

Un consejero y un estudiante hablan de sus alternativas.

Sr. Gómez:	Pasa, Raúl. Me alegra verte aquí esta mañana. Hace tiempo que no te veo y tenemos mucho que discutir, ¿verdad? ¿Ya has visto los materiales que te di sobre las universidades que deseas considerar para el año que viene?
Raúl:	Hola, Sr. Gómez. Sí. Muchas gracias por mandármelos. Mis padres también están interesados en verlos. Estaban contentos de oír que yo vendría a verlo esta mañana. Pero yo todavía no he tomado una decisión respecto a cual universidad planeo ingresar. Mis padres me recomendaron que solicite ingreso en por lo menos diez universidades diferentes.
Sr. Gómez:	Pues, para eso estoy, para ayudarte a aclarar la situación. Con el éxito que has gozado hasta este punto, me parece possible que tengas una gran selección. Todo depende de lo que quieras.
Raúl:	No estoy seguro. Algunos amigos me han recomendado que los acompañe a las escuelas que ya han elegido, pero éstas están muy lejos y son muy enormes, y eso me inquieta un poco.
Sr. Gómez:	Vale. Entonce, lo más útil sería pensar en tus intereses. De lo que veo en el trasunto, parece que el año pasado tuviste las notas más altas en química y las

	más bajas en historia. Por lo general, esto refleja un mayor interés en las ciencias y una falta del mismo en historia, o bien, que te gustaba más un profesor que otro. ¿Verdad?
Raúl:	Las lenguas siempre me han costado mucho, especialmente el inglés. En general, escribir es para mí algo muy difícil de hacer y no tengo ninguna habilidad en ese campo. Y creo que al profe yo no le gustaba tampoco.
Sr. Gómez:	Lo dudo. ¿Por qué crees eso?
Raúl:	Todo el año me regañó mucho, especialmente cuando tardaba en entregarle mis composiciones. Siempre hice mis tareas y leí todas las lecturas que nos dio y tomé buenos apuntes, pero siempre salí mal en los exámenes. Nunca alcancé más de setenta en ninguno de ellos.
Sr. Gómez:	¿Fuiste alguna vez a verlo para discutir el problema?
Raúl:	No, pero el año entrante seguramente lo haré.
Sr. Gómez:	Sería buena idea. Esto me sugiere que quizás sería mejor buscar una universidad que tenga clases más pequeñas, lo cual te permitiría hablar más a menudo con tus profesores.
Raúl:	Puede ser. Eso también le gustaría a mis padres, porque ellos se preocupan mucho al saber que siempre suelo tardar en enfocarme en las materias. Bueno, ahora me doy cuenta que hemos hablado de todo menos de estudiar…
Sr. Gómez:	Todavía te queda un año aquí para esforzarte en los estudios y remediar las notas. Mira esos folletos sobre universidades y hablaremos de nuevo el lunes.
Raúl:	Se lo agradezco mucho. Y lo veo el lunes.

Ahora tienes un minuto para empezar a responder a las preguntas de esta selección. Después de un minuto, vas a oír la selección una vez más.

[1-minute pause]

Ahora escucha la selección una vez más.

[audio repeats]

Ahora termina de responder a las preguntas para esta selección

Selección número 2

Fuente número 2
Primero tienes cuatro minutos para leer la fuente número uno

[4-minute pause]

Ahora pasa a la fuente número 2. Te quedan dos minutos pare leer la introducción y prever las preguntas.

[2 minutes pause]

Ahora escucha la fuente número dos.

El uso del suelo en América Latina
(*www.eurosur.org/medio_ambiente*)

  Análisis más detallados revelan que una tendencia importante de la agricultura latinoamericana ha sido la conversión de cultivos tradicionales como frijol y maíz a "nuevos" cultivos como oleaginosas, en particular soya y sorgo. Se calcula que de la tierra incorporada al cultivo entre 1970 y 1980 cerca de 62% fue para oleaginosas, específicamente soya, y que otro 24% se destinó a trigo, arroz y sorgo. Entre 1978 y 1983 el área destinada al cultivo de soya aumentó en dos millones de hectáreas. El aumento de los cultivos de exportación ha ido asociado con la reducción del uso de la tierra para cultivos tradicionales como el frijol negro en Brasil o el maíz en México.

Se observa también una clara relación entre deforestación y aumento de pastizales para ganadería: entre 1974 y 1983 la producción ganadera en América Latina aumentó 28%. De las tierras de los Andes orientales colombianos incorporadas entre 1960 y 1980 sólo 16% fueron para cultivos, mientras que 54% se dedicaron a la producción ganadera y 31% no fueron utilizadas del todo. Más de la mitad de los nuevos ranchos ganaderos son propiedades de más de 500 hectáreas.

Desde la perspectiva espacial, no cabe duda de que las actividades agropecuarias son las que tienen mayor incidencia sobre el medio ambiente dadas sus extensions y, por lo tanto, el espacio afectado, la magnitud de las explotaciones y el hecho que América Latina es fundamentalmente una región centrada en la agricultura.

Los impactos que causan las modificaciones del suelo por la intervención humana se han ido magnificando con la creciente mecanización, la aplicación de agroquímicos, en particular fertilizantes sintéticos, plaguicidas, herbicidas y fungicidas, así como el uso de variedades genéticas mejoradas de elevado rendimiento, el aumento del riego, etcétera.

Algunas estimaciones señalan que la superficie cultivable de América Latina podría ampliarse hasta alcanzar entre 27% y 32% del total; sin embargo, esta ampliación de tierras cultivables se haría a costos crecientes. Hay que distinguir entre la incorporación propiamente dicha de nuevas tierras y la recuperación de tierras degradadas. Por ejemplo, se calcula que la incorporación de tierras en áreas desérticas costaría alrededor de 20.000 dólares por hectárea; pero la recuperación de terrazas y bancales abandonados en las zonas andinas altas de Perú y Bolivia sería del orden de los 2.000 dólares por hectárea, y un costo similar tendría la recuperación de tierras salinizadas en las áreas costeras regadas del Perú.

Ahora tienes un minuto para empezar a responder a las preguntas de esta selección. Después de un minuto, vas a oír la selección una vez más.

[1-minute pause]

Ahora escucha la selección una vez más.

[audio repeats]

Ahora termina de responder a las preguntas para esta selección

Selección número 3

Primero tienes un minuto para leer la introducción y prever las preguntas

[1-minute pause]

Ahora escucha la grabación

(música)

ER: La música hip hop puede mejorar la sociedad y promover la participación juvenil. La Oficina de la ONU contra la Droga y el Delito en Colombia, la UNODC, ha auspiciado el <u>concurso "Tu voz cuenta"</u>, con el objetivo de encontrar las mejores líricas sobre denuncia social. Los músicos de las principales ciudades del país pueden mandar propuestas artísticas que inviten a los jóvenes a reflexionar sobre su estilo de vida, su entorno y su capacidad de liderazgo. Lisseth Ángel, de la UNODC, tiene más detalles sobre ese concurso.

LA: Es un concurso dirigido a jóvenes pertenecientes a agrupaciones musicales y culturales de hip hop de diferentes ciudades del país de Colombia, entre las cuales están Barranquilla, Calí, Cartagena, Medellín, Pereira, y la idea es invitar estas agrupaciones a utilizar el Rap, el Break Dance, el graffiti y otros componentes en la difusión de mensajes propositivos sobre la convivencia, sobre la cultura, la legalidad, sobre una vida libre de drogas…

(Música)

LC: ¿Qué difusión tendrán las propuestas musicales ganadoras?

LA: Inicialmente se va a seleccionar a través del concurso con un jurado especializado en el tema del hip hop, se va a seleccionar un tema musical por ciudad. Posteriormente se va a hacer un festival, que se llama "Tu voz cuenta", y la intención de este festival es que sea un gran evento nacional con una gran tarima de civilización para estos temas musicales y también para los jóvenes y posteriormente después del festival vamos a hacer la grabación y la posproducción de los temas. Esos temas, por supuesto, vamos a comprometernos en circularlos de manera masiva en diferentes medios de comunicación colombianos, y también vamos a almacenarlos en un mp3 por parte de la policía nacional.

LC: ¿La música hip hop puede fomentar la participación juvenil y apartar a los adolescentes de las drogas y el crimen?

LA: Mira, nosotros estamos convencidísimos que la música es una herramienta muy potente, tanto al nivel preventivo como en la construcción de pensamiento, en la construcción de una expresión política genuina para los jóvenes. Esta herramienta de la música, del baile, del graffiti, son herramientas, son caminos muy bellos para los jóvenes.

ER: ¿Los adultos entienden el hip hop?

LA: En Colombia muchas veces es muy mal visto el hip hop porque los jóvenes se visten de determinada manera o porque las líricas, es decir las letras de las canciones están enfocadas en determinadas temáticas. Entonces en esta ocasión decimos está la herramienta, está el talento de los jóvenes, está tu creatividad, y además está la necesidad de expresar tus visiones. Entonces en ese sentido consideramos el hip hop y todas sus expresiones como una magnífica posibilidad que los jóvenes tengan la voz.

(música)

ER: ¿El concurso también servirá para terminar con los prejuicios entorno a la cultura del hip hop o una cierta estética juvenil?

Estos jóvenes como líderes de prevención, no solo del consumo de drogas, sino de estilos de vida saludables, pues tienen mucho que decir a través de sus líricas. Esto ya rompe como las barreras de las estigmatizaciones porque ojalá la gente a partir de eso se pueda dar cuenta que los jóvenes tienen mucho más que decir y son más que la ropa que usan.

(Música)

ER: Escuchamos a Lisseth Ángel de UNODC de Colombia, que nos habló del concurso de hip hop "Tu voz cuenta". Emma Reverter, Naciones Unidas, Nueva York.

Ahora tienes un minuto para empezar a responder a las preguntas de esta selección. Después de un minuto, vas a oír la selección una vez más.

[1-minute pause]

Ahora escucha la selección una vez más.

(audio repeats)

Ahora termina de responder a las preguntas para esta selección

Selección número 4

Primero tienes un minuto para leer la introducción y prever las preguntas

[1-minute pause]

Ahora escucha la grabación

El *Popol Vuh*

El *Popol Vuh* presenta una versión mitológica de la creación del mundo, seguida por un relato de las aventuras de los dioses gemelos, Hunahpú y Xbalanqué, en tiempos primordiales, anteriores a la creación del ser humano. Los triunfos de los héroes en contra de las fuerzas primordiales y los dioses de la muerte dan lugar a la creación del hombre a partir del maíz. La segunda parte del texto se concentra en los orígenes de los linajes gobernantes del reino quiché, su migración hacia el altiplano de Guatemala, su conquista del territorio, el establecimiento de su ciudad principal y la historia de sus reyes hasta la conquista española.

El texto original del siglo XVI se ha perdido. Se sabe que estaba escrito en idioma quiché, pero utilizando el alfabeto español. Al principio y al final del libro, los autores mencionaron que lo escribían porque ya no era posible ver un libro llamado *Popol Vuh*, que existía antiguamente. Se ha especulado mucho sobre la naturaleza de este libro, que debió existir antes de la conquista española. Es probable que haya sido un manuscrito pictórico similar a los códices postclásicos que se conocen en el centro de México.

El texto más antiguo que se conserva del *Popol Vuh* es una transcripción del texto quiché hecha a principios del siglo XVIII por el fraile dominico Francisco Ximénez, que también hizo la primera traducción conocida al español. Ximénez presentó en doble columna el texto quiché junto a la versión española, y lo tituló "Empiezan las Historias del Origen de los Indios de esta Provincia de Guatemala." Este manuscrito se encuentra en la colección Ayer de la Biblioteca Newberry de la ciudad de Chicago. Fue extraído de la biblioteca de la Universidad Nacional de Guatemala por el abate francés Charles Etienne Brasseur de Bourbourg, quien lo publicó por primera vez en forma completa en 1861. Desde entonces, se han realizado númerosas ediciones y traducciones.

La palabra *Popol Vuh* significa literalmente "libro de la estera." Entre los pueblos mesoamericanos, las esteras o petates eran símbolos de la autoridad y el poder de los reyes. Eran utilizadas como asientos para los gobernantes, cortesanos de alto rango y cabezas de linajes. Por esta razón, el título del libro se ha traducido como "Libro del Consejo."

Ahora tienes un minuto para empezar a responder a las preguntas de esta selección. Después de un minuto, vas a oír la selección una vez más.

Ahora escucha la selección una vez más.

(audio repeats)

Ahora termina de responder a las preguntas para esta selección

Selección número 5

Primero tienes un minuto para leer la introducción y prever las preguntas

[1-minute pause]

Ahora escucha la grabación

NAR 1: Tenemos el placer de hablar con José Antonio de Urbina, diplomático professional y experto en protocolo en la Corte española, quien ha escrito un libro que se titula *El arte de invitar*. Buenos días.

NAR 2: Buenos días. El gusto es mío.

NAR 1: ¿Hay un protocolo español distinto del protocolo austríaco, alemán, belga o inglés? ¿O hay un protocolo internacional?

NAR 2: Hay un protocolo internacional, que es en realidad europeo, ¿verdad? El español, que siempre tuvo gran prestigio, pues, es el mismo. Lo que pasa es que luego en cada país hay matices que son consecuencia de su cultura, de su identidad, etcétera. Pero la esencia es el protocolo europeo.

NAR 1: Este libro, ¿lo ha escrito Ud. para que lo conozcan y se lo sepan de memoria los presidentes de comunidades autónomas, los políticos, o para que nosotros, los ciudadanos de a pie, lo leamos, así, curioseemos en ese gran mundo y sus problemas?

NAR 2: Pues, no. El objetivo es que sea útil para todos, para todos. Curiosamente, cuando estaba escribiendo al principio, pues me di cuenta de que tanto personaje importante—reyes, presidentes—esto le va a asustar al lector de a pie, y por eso ya la segunda mitad la dedico más al lector común. Pero digo lo que es verdad, que, en esencia, el ban quetede estos de gala en el Palacio Real y la mesa a la cual, por ejemplo, una señora, unos señores, reúnen unos amigos, en esencia, es lo mismo.

NAR 1: ¿Y cuál es, digamos, la base, la médula de esa esencia, para que aprendamos, por lo menos, lo fundamental?

NAR 2: Pues, la médula es, sencillamente, que la gente esté confortable, que se sienta en su casa. Por supuesto, si hay que comer, que la comida sea buena, ¿verdad? Pero lo esencial es que se encuentren cómodos, porque si no están cómodos, ¿para qué sirve el invitar?

NAR 1: Pero vamos a ver, vamos a ver. Eh, lo de chico, chica, chico, chica, señora, señora... ¿Eso es correcto, no?

NAR 2: Sí, sí, sí, claro.

NAR 1: Eso hay que hacerlo así.

NAR 2: Eso hay que hacerlo.

NAR 1: Parejas o matrimonios juntos, nunca.

NAR 2: Claro, hay que dejarles a los pobres que descansen un poco, y para eso se separan.

NAR 1: ¿Es cierto que hay que hablar en un plato con el de la derecha y en otro con el de la izquierda?

NAR 2: No. Eso depende, porque a lo mejor uno quiere hablar con la de la izquierda, que es una señora, a lo mejor está deseando porque además de que es muy simpática es muy guapa y resulta que ella está hablando con el otro.

NAR 1: Y qué, qué violento, ¿verdad? cuando queda uno descolocado en medio de dos personas que están hablando con otros y no con, con uno. Queda uno solo ahí, es incómodo.

NAR 2: Sí, sí, pasa, pasa. Entonces uno está esperando un poco al quite, es como la caza, ¿verdad? Ya está. Entonces, le dice uno cualquier cosa, entabla conversación, y a veces pasa que uno está demasiado con el de la derecha o la de la izquierda, y entonces es el otro el que se encuentra, ¿eh?

NAR 1: El que se pica.

NAR 2: Sí.

NAR 1: Así que hay que sentarse hombre, mujer, hombre, mujer, nunca las parejas juntas... Eh, dice usted en el libro que las señoras nunca deben estar en las puntas de la mesa.

NAR 2: Claro, es una elemental, diría yo, cortesía hacia la mujer, ¿verdad? Las puntas es un poco el último sitio. No hay que dejar los últimos sitios con señoras.

NAR 1: Sí. En una casa, tal vez esta noche muchos de nuestros oyentes vayan a reunirse con ocho o nueve amigos. Eh, para que se sienten diez personas o doce, ¿hay algún truquillo especial o alguna alerta que quiera usted hacer para que no se caiga en determinado...?

NAR 2: Sí, bueno, hay que tener mucho cuidado con el número trece.

NAR 1: Ah, no. ¿Trece, no?

NAR 2: Nunca.

NAR 1: Porque si son trece, ¿qué hacemos? ¿Matamos a uno o invitamos a otro?

NAR 2: Nunca. No, por una razón. La gente es mucho más supersticiosa de lo que creemos. No lo dice, por supuesto.

NAR 1: Ah, ¿pero cuenta a ver si hay trece?

NAR 2: Pero, como el número trece es mala suerte, pues trece nunca. Y entonces, ¿qué haces? Catorce. Pero si se te descuelga un invitado en el último momento quedas en trece. Y claro, pues, ahí está el cuidado. El truco es, le llamas a un íntimo amigo: —*Mira, me pasa esto. ¿Quieres venirte a casa porque es que hemos quedado en trece...?* —*Y por supuesto va, claro.*

Ahora tienes un minuto para empezar a responder a las preguntas de esta selección. Después de un minuto, vas a oír la selección una vez más.

[1-minute pause]

Ahora escucha la selección una vez más.

(audio repeats)

Ahora termina de responder a las preguntas para esta selección

Section II

PRESENTATIONAL WRITING: PERSUASIVE ESSAY

Primero tienes un minuto para leer las instrucciones

[1-minute pause]

Ahora tienes seis minutos para leer el tema del ensayo y las fuentes número uno y dos.

[6-minutes pause]

Ahora pasa a la fuente número tres. Tienes treinta segundos para leer la introducción.

[30-seconds pause]

Ahora escucha la grabación

Fuente #3

El Museo del Barrio celebra 30 años de excelencia promoviendo el arte latino en los Estados Unidos. Por Tania Saiz-Sousa
(*elmuseo.org/30annprs.html*)

Fundado en 1976, El Museo del Barrio ha tenido un gran impacto en la vida cultural de la ciudad de Nueva York, y es ahora una parada principal en la acreditada Milla de los Museos en Manhattan.

"Estamos orgullosos de las raíces puertorriqueñas de El Museo del Barrio, y también hemos extendido nuestra misión para así abarcar a las diversas comunidades latinas que hoy residen en la ciudad de Nueva York," comentó Susana Torruella Leval, directora ejecutiva. "Nuestro trigésimo aniversario marca un momento clave en nuestra historia. Estamos muy entusiasmados con los nuevos diálogos multiculturales y con las oportunidades para preservar y presentar la herencia cultural de los nuevos miembros de nuestra comunidad. También, aumentaremos el ámbito de nuestra colección permanente y exposiciones, y presentaremos nuevos programas educativos para la comunidad, grupos escolares y público asistente a nivel nacional e internacional," agregó Leval.

El aumento considerable en términos de las exposiciones, los programas educativos y número de visitantes—los cuales se han multiplicado en un 500% en los últimos cinco años—preparan a El Museo para los retos del nuevo milenio, y para alcanzar sus planes a corto y largo plazo. Estos planes incluyen la apertura del Teatro Heckscher en el verano del 2000, una joya arquitectónica de los años veinte con murales espectaculares y capacidad para 600 personas, el cual se encuentra localizado en el edificio que ocupa el Museo; la expansión de su tienda de souvenirs Imanosí, en la actualidad un lugar muy importante para impulsar las obras de los artistas latinos a nivel local y nacional; y la creación de ¡Las Américas Cafés!, un lugar de reunion informal donde se servirán cafés, refrescos y bocadillos caribeños y latinoamericanos

Ahora escucha la selección una vez más.

(audio repeats)

Ahora tienes cuarenta minutos para preparar y escribir tu ensayo.

Section II

INTERPERSONAL COMMUNICATION: CONVERSATION

Primero tienes un minuto para leer las instrucciones

[1-minute pause]

Ahora tienes un minuto para leer la introducción.

[1–minute pause]

En este momento va a comenzar la conversación. Presiona el botón de grabar y empieza tu grabación.

(Suena el teléfono.)

Eva: Hola, ¿te cuento? ¡Mis papás me dieron permiso para invitarte a acompañarnos a Florida! Iremos cuando lleguen las vacaciones de primavera, ¿qué te parece?
(20-second pause)

Eva: Vamos a ir a Disney World y después seguramente iremos a nadar y a pescar en el océano.

(20-second pause)

(Hace una pregunta.)

Eva: ¡Ay sí! Espero que nos dejen manejar el coche y así podamos salir con todos los amigos de allá.

(20-second pause)

Eva: No, no creo que podamos andar a caballo, porque el rancho de mi tío está en el norte del estado y eso está muy lejos.

(20-second pause)

Eva: ¡Pero sí podemos ir a bailar todas las noches! Los papás se acuestan temprano, pero sé que nos permitirán salir hasta las 11.

(20-second pause)

Eva: Bueno, me voy de compras. Qué buenas noticias, ¿no? Adiós, te llamo mañana.

(20-second pause)

Se ha terminado la conversación

MODEL EXAM 2

Section I, Part B

INTEPRETIVE COMMUNICATION

Selección número 1

Fuente número 2

Primero tienes un minuto para leer la fuente número uno

[1-minute pause]

Ahora pasa a la fuente número 2. Te quedan un minuto pare leer la introducción y prever las preguntas.

[1 minute pause]

Ahora escucha la fuente número dos.

El Salvador tiene una población de más de seis millones de habitantes.

Esta nación centroamericana es calificada por la Organización Internacional para las Migraciones (OIM) como un país emisor de migrantes.

Un claro ejemplo de ello es que dos millones y medio de salvadoreños viven actualmente en los Estados Unidos, según datos de la OIM.

La preocupación principal del Gobierno salvadoreño es generar las condiciones de desarrollo nacional óptimas para evitar que la migración sea muchas veces la mejor opción para la gente que busca un futuro mejor, señaló en una entrevista a la Radio de la ONU el embajador de El Salvador ante Naciones Unidas, Joaquín Maza Martelli.

JMM: Es una obligación histórica de El Salvador brindar un proceso de desarrollo, un proceso social integral que permita precisamente que la emigración no sea una alternativa para los salvadoreños, sino que la emigración pueda ser, en un momento dado, un complemento que por diferentes formas pues tengamos en El Salvador que...que continuar en este camino

CM: Actualmente hay muchos salvadoreños viviendo afuera de su país. ¿Qué programas o iniciativas se han implementado para apoyarlos?

JMM: Actualmente el ministerio de relaciones exteriores realiza una labor de accesoria consular permanente, se colabora con los connacionales primero en la obligación de documentarlos. Si un extranjero, un inmigrante tiene la documentación apropiada frente a las exigencias del país en el cual reside, ese trauma de la indocumentación se supera, y ese es el primer paso. Segundo, yo creo que a futuro vamos a tener que establecer una serie de estrategias y de políticas bilaterales como algunos países de recepción migratoria como Canadá por ejemplo, Australia, la misma España, que permita pues bajo la filosofía de la migración ordenada, establecer convenios internacionales, bilaterales, que le den al salvadoreño un estatus migratorio permanente. Ésa es un poco la idea y ésa es la responsabilidad.

CM: Las remesas son una parte importante de la economía salvadoreña. ¿Se han visto afectadas por la crisis mundial económica?

JMM: No en gran medida, pero indudablemente no podemos pensar que las remesas van a tener la cuantía que tienen actualmente siempre. Mientras busquemos más legalización de la emigración y la emigración se va incorporando al país sede, también las remesas van disminuyendo porque el desarraigo tiene efectivamente esa consecuencia, que el inmigrante se vaya olvidando de su terruño. También hay que saberlas encauzar, yo creo que ahí estamos trabajando, y hay algunos programas ya para encauzar inversiones allí en El Salvador por parte de los salvadoreños que quieren hacerlo, la ayuda familiar, la educación de su familiares, la compra de viviendas y de terrenos en El Salvador. Esa es una nueva fase que nosotros tenemos que profundizarla para precisamente buscar un encauce productivo a esta remesa familiar y la población siempre riqueza. Nosotros queremos…ojalá si fuera que la mayoría de connacionales que está fuera pueda algún día también retornar a nuestro país. Y por eso es que nuestro gobierno pues tiene una preocupación fundamental que es lograr mejores niveles de desarrollo.

CM: Escuchamos al embajador de El Salvador ante la ONU, Joaquín Maza Martelli. Carlos Martínez, Naciones Unidas, Nueva York.

Ahora tienes un minuto para empezar a responder a las preguntas de esta selección.

Después de un minuto, vas a oír la selección una vez más.

[1-minute pause]

Ahora escucha la selección una vez más.

[audio repeats]

Ahora termina de responder a las preguntas para esta selección

Selección número 2

Fuente número 2

Primero tienes cuatro minutos para leer la fuente número uno

[4-minute pause]

Ahora pasa a la fuente número 2. Te quedan dos minutos pare leer la introducción y prever las preguntas.

[2 minutes pause]

Ahora escucha la fuente número dos.

Hola, soy Mertxe Pasamontes tu psicóloga 2.0. Si queréis tener más información de qué hablo en estos Podcasts, podéis entrar en *www.mertxepasamontes.com*. Allí también encontraréis mis servicios de psicología, coaching, talleres, seminarios, etc. Hoy os traigo un nuevo episodio del Podcast de mi blog que se titula ¿Sabes equilibrar trabajo y descanso?

Vivimos en una sociedad obsesionada con ser productivos, con hacer cosas, con aprovechar el tiempo. Es algo que se fomenta y que se valora en muchas empresas como una cualidad esencial e incluso se habla de que nuestro país, España, debería ser "más productivo". Y en el caso de los emprendedores se presume de que pasan o han pasado temporadas de 24/7, es decir trabajando todos los días prácticamente todas las horas. Y esto se dice como alto notorio como un rasgo loable que los caracteriza. Queda claro pues que se habla mucho de productividad pero la mayoría de las veces no se habla lo suficiente del descanso necesario para poder ser productivos. Porque una persona absolutamente agotada no podrá ser productiva en modo alguno, cometerá errores y en según que trabajos, puede incluso suponer un riesgo. De ahí los horarios controlados en algunas profesiones como pueden ser los camioneros, pilotos de avión, etc. Y la excesiva presión en el trabajo puede llevarnos al estrés. Y es que el descanso y el ocio son tan importantes como el trabajo o tiempo productivo. Y posiblemente, son mucho mejores. Ya lo decía Sócrates: Los ratos de ocio son la mejor de todas las adquisiciones. Pero no podemos negar que tenemos que trabajar, y por tanto hay que aprender a equilibrar el tiempo entre trabajo y descanso. Para reflexionar sobre esto, voy a basarme en la revisión de la literatura científica sobre el tema de la importancia de recuperarse del trabajo realizada por Colombo y Cifre de la Universidad de Castellón, un trabajo muy interesante que realizaron y bastante extenso sobre este tema. Porque hemos de tener en cuenta que el trabajo produce un desgaste, y en según las ocasiones puede llegar incluso al estrés. Por lo que es necesario, imprescindible, tener períodos de recuperación de ese esfuerzo. Y esa recuperación debe darse tanto dentro como fuera del ámbito laboral. Veamos todos los escenarios y modos de recuperación que se han estudiado. De una parte están los que se producen en el lugar de trabajo. Una parte de esa recuperación se da en el mismo lugar de trabajo, teniendo períodos de descanso durante la jornada laboral. Nadie puede rendir ocho horas seguidas a menos que seas Superman o una máquina. Diversos estudios han demostrado además que los descansos en la jornada laboral aumentan la productividad.

El segundo tipo de descansos es obviamente los que se realizan fuera del trabajo. Es en donde se produce la mayor parte de los descansos, así que listaremos más o menos las diferentes opciones, que serían: lo primero es diferenciar el tiempo libre del tiempo de ocio. Parte del tiempo de fuera del trabajo se dedica a dormir, comer, higiene personal, eso no es tiempo de ocio. El tiempo que queda después de trabajar y realizar todo el resto de las actividades citadas es el que consideraremos realmente tiempo de ocio. Las actividades domésticas o de cuidado de niños, se han encontrado que tienen una recuperación diferente de la del trabajo, más ligera. Sí bien no pueden considerarse estrictamente tiempo de ocio. Las vacaciones es uno de los grandes momentos de desconexión de la mayoría de las personas, pero hay que tener en cuenta que no podemos dejar la recuperación solo para el momento vacacional, ya que es necesario recuperarse cada día. Aprovechamos las vacaciones para efectuar la gran desconexión, pero no nos olvidemos de desconectar un poco cada día y de descansar a diario, todos los días.

Ahora tienes un minuto para empezar a responder a las preguntas de esta selección. Después de un minuto, vas a oír la selección una vez más.

[1-minute pause]

Ahora escucha la selección una vez más.

[audio repeats]

Ahora termina de responder a las preguntas para esta selección

Selección número 3

Primero tienes un minuto para leer la introducción y prever las preguntas

[1-minute pause]

Ahora escucha la grabación

Un hombre adinerado, en su afán por hallar la verdadera felicidad, que había oído que se trataba de algo increíblemente mágico y muy complicado de lograr para la gente rica, se encaminó hacia un templo donde habitaba un sabio muy famoso por sus buenos consejos. Al entrar al templo y encontrarse cara a cara con el sabio de barba y pelo canoso, se postró ante él y le habló entre sollozos:

—O venerable sabio entre los sabios, te habla un desdichado. Te suplico que me ayudes a encontrar la verdadera felicidad. Te daré lo que me pidas.

El anciano dibujó una sonrisa de compasión en su rostro, y acto seguido, puso su mano sobre la espalda del hombre.

—Nada podrá darme mejor que la noticia de que has encontrado la felicidad. Pero he de decirte que no podrás hallar en este templo, ni obtenerla de mí—se apresuró a decir el sabio.

—Entonces ¿qué he de hacer si quiero obtenerla?

El anciano meditó la respuesta, entró en una habitación del templo y salió con algo entre sus manos —Yo no puedo darte la solución, pero conozco a quien te la dará. Se trata de un amigo que se encuentra en otro templo a diez kilómetros de aquí. Pero tendrás que llevarle esto.— Y puso en las manos del hombre el objeto envuelto en una tela.

—¿Qué es?, preguntó inquieto.

—Una herramienta que ayuda a ver la respuesta. Mi amigo sabrá descifrarlo. Ahora ve— concluyó. Y se despidió sonriendo amablemente.

El hombre se puso en camino con el objeto misterioso guardado en su bolsa. ¿Qué sería aquello que escondía la tela? No podía aguantar la curiosidad, y al hallarse a una distancia prudente, sacó de la bolsa el objeto y lo despojó de su envoltura. Parecía un cristal, pero más brillante. Al mirarlo más detenidamente se dio cuenta de que no era más que un pedazo de espejo que tenía grabada la palabra "Aquí". Lo envolvió nuevamente, y con un interrogante en su cabeza se puso en marcha ansioso por hallar al segundo sabio.

El templo al que llegó parecía exactamente igual que el anterior, pero con la diferencia de que éste estaba abandonado. Se adentró a través de un jardín lleno de maleza y atravesó la entrada sin puerta. Al final del templo, le llamó la atención un reflejo. Se acercó para ver qué era, y se dio cuenta de que se trataba de un espejo apoyado en la pared que reflejaba toda su figura. Al espejo le faltaba un pedazo en la esquina superior que coincidía exactamente con el pedazo que llevaba en su bolsa, así que lo sacó e intentó colocarlo en su sitio. Al encajarlo, la palabra "Aquí" se unió con el resto de la frase que estaba inscrita:

"Aquí verás a quien alberga la felicidad"

—A quien alberga la felicidad— repitió mecánicamente —Lo único que veo es a mí.— Al ver sus propios ojos llenos de ilusión, cayó en la cuenta. Todo este tiempo había estado buscando la felicidad en el lugar equivocado, mientras la felicidad viajaba a todos lados con él sin saberlo.

—El anciano sabio tenía razón. En el templo he encontrado al único que podía darme la felicidad.

Ahora tienes un minuto para empezar a responder a las preguntas de esta selección. Después de un minuto, vas a oír la selección una vez más.

[1-minute pause]

Ahora escucha la selección una vez más.

(audio repeats)

Ahora termina de responder a las preguntas para esta selección

Selección número 4

Primero tienes un minuto para leer la introducción y prever las preguntas

[1-minute pause]

Ahora escucha la grabación

ER: Con Motivo del Día Internacional del Libro y del Derecho de Autor, que se celebra el 23 de abril, tres escritores de habla hispana compartieron los libros que los aficionaron a la lectura de niños. La escritora, poeta y dramaturga mexicana Carmen Boullosa, radicada en Nueva York, explicó que su padre le introdujo a la literatura a través de clásicos universales.

CB: Recuerdo en las noches cuando ya me iba a dormir mis papás se sentaron en la orilla de la cama y nos leían. Y no leían libros para niños, sino que fue la manera en que nos leyó desde *El Buscón* de Quevedo, el *Quijote*, fragmentos de obras de Lope, clásicos mexicanos, desde *El periquillo sarniento*, buscaron los pasajes que eran más atractivos, que eran cómicos, que tenían ganas de releer, y ese fue mi primer, digamos, mi primer gancho amoroso con la gran literatura al margen de los libros que yo leía, *El tesoro de los niños*, donde también había como una selección de libros que podían gustar a niños, que eran libros además atractivos, bellos, clavados de imágenes y de…y de tipografía muy hermosa que hacían el placer de la lectura también… el placer del contacto con un objeto digno.

ER: El autor nicaragüense Sergio Ramírez, autor de números cuentos y novelas, reconoció que se aficionó a los libros a través de los cómics y los libros de aventuras.

SR: Yo empecé leyendo historietas cómicas, quizás no es muy digno para un buen escritor revelar este dato, ¿no? Pero el sentido de la aventura, de seguir a un personaje, a una mujer o a algún malvado me lo dieron a mí los cómics que son lo que yo leía de niño. Antes de entrar en el mundo ya sabido de Salgari y de Julio Verne, tierras extrañas, que es lo que atrae a la mente de un niño, ¿no? Que le revelen misterios, que lo lleven por territorios o mundos que no conoce. Yo diría que comencé a escribir relatos a los diecisiete años y a publicarlos porque sentí aún una necesidad de transmitir a los demás lo que yo veía como singular en el universo, y mi reflexión era, bueno, esto que estoy viendo alguien se lo está perdiendo y se lo tengo que contar.

ER: El escritor peruano Santiago Roncagliolo lo explicó que fue su padre quien le compró la primera novela, y cómo vivirá la jornada en Barcelona donde la fiesta de hoy, Sant Jordi, se celebra en la calle.

SR: Bueno, uno se hace escritor por muchos libros, pero la primera novela que leí fue *Tiburón*, de Peter Benchley. Mi padre, que era un obsesivo de la lectura y de la cultura me llevó un día a la librería y me dijo: «te compraré el libro que tú quieras pero tiene que ser diverso de los dibujitos, tiene que ser una novela.» Y yo tenía ocho años, y escogí el libro que tenía un tiburón persiguiendo a una mujer desnuda en el mar, y ese era *Tiburón*, de Peter Benchley y esa fue la primera novela que yo leí.

Es que como yo vivo en Barcelona, celebraré el Sant Jordi, y eso significa que saldré a la calle, habrá libros por toda la calle, y…um…y es un día muy bonito porque vas por la calle y los libros están en la calle y los escritores están en la calle pues así es, y es un día que yo voy a disfrutar mucho.

ER: Escuchamos a los autores Carmen Boullosa, Sergio Ramírez, y Santiago Roncagliolo. Emma Reverter, Naciones Unidas, Nueva York.

Ahora tienes un minuto para empezar a responder a las preguntas de esta selección. Después de un minuto, vas a oír la selección una vez más.

[1-minute pause]

Ahora escucha la selección una vez más.

(audio repeats)

Ahora termina de responder a las preguntas para esta selección.

Selección número 5

Primero tienes un minuto para leer la introducción y prever las preguntas

[1-minute pause]

Alimento y salud

Las investigaciones entorno a la dieta mediterránea son incontables, y en su mayor parte no hacen más que reforzar su prestigio y añadirle más bondades aún. La última viene desde nuestro país, se trata de un macroestudio publicado en la prestigiosa revista médica *The New England Journal of Medicine* en el que han participado diecisiete grupos distintos de investigación, que sugiere que la dieta mediterránea acompañada de aceite de oliva virgen o frutos secos, reduce la incidencia de problemas cardiovasculares graves de un 30%. El estudio comenzó en el año 2003, con el inicio de un seguimiento de pacientes que, aunque no tenían problemas cardiovasculares, sí tenían muchas probabilidades de desarrollarlos en el futuro porque presentaban al menos tres de los principales factores de riesgo: tabaquismo, hipertensión u obesidad. Se crearon tres grupos aleatorios, el primero consumía dieta mediterránea con un extra de aceite de oliva, el segundo, se le añadieron frutos secos al patrón de la dieta mediterránea, y al tercero se le redujeron las grasas. Cinco años después los investigadores comprobaron que la incidencia de problemas graves como infartos o ictus era significativamente menor en los dos primeros grupos, tanto que decidieron parar el estudio antes de tiempo para que el tercer grupo pudiera beneficiarse también de las virtudes de la dieta mediterránea enriquecida con aceite de oliva virgen y frutos secos. El ensayo denominado Predimed, es uno de los mayores estudios clínicos de nutrición que se han hecho en el mundo y sus resultados además de cambiar los hábitos de las personas colaboradoras van a permitir también cambiar la política nutricional global. Entre otros puntos, y según el doctor Ramón Estruch, coordinador del estudio, se ha perdido miedo a la grasa vegetal en personas con sobrepeso, y se ha demostrado que la fama de la dieta mediterránea tiene un fundamento científico real. Alimentoysalud@RTVE.es, Radio 5 Todas Noticias.

[1-minute pause]

Ahora escucha la selección una vez más.

(audio repeats)

Ahora termina de responder a las preguntas para esta selección

Section II

PRESENTATIONAL WRITING: PERSUASIVE ESSAY

Primero tienes un minuto para leer las instrucciones

[1-minute pause]

Ahora tienes seis minutos para leer el tema del ensayo y las fuentes número uno y dos.

[6-minutes pause]

Ahora pasa a la fuente número tres. Tienes treinta segundos para leer la introducción.

[30-seconds pause]

Ahora escucha la grabación

Fuente #3
Vida moderna en Hispanoamérica

—¿Por qué no estudiaste en la universidad?

—Yo no ingresé a la universidad porque no pude aprobar el examen de admisión, los varios años que di el examen.

—A la persona que no va a la universidad, ¿qué caminos le quedan?

—Bueno, el que no ingresa a la universidad tiene que ponerse a trabajar de todas maneras, para contribuir al sostenimiento de la casa. Uno se ve obligado a trabajar porque la familia no lo considera productivo y porque la familia necesita el dinero... y porque uno también necesita el dinero para obligaciones sociales, salir con alguna chica, salir con los muchachos, y eso no puede hacerse si no se tiene más que un terno. Pero un muchacho de clase media no puede, sin avergonzar a la familia, no puede conseguir un trabajo de obrero. Entonces tiene que buscar trabajo de un empleado de cualquier forma, digamos un banco...

—O de oficinista...

—Exacto. Quizás en la administración pública, trabajar en un ministerio, quizás.

—Pero un muchacho de las masas puede trabajar en una fábrica o un taller, o puede tratar de establecer un comercio pequeño, quizás una tienda, puede ser chofer de ómnibus. Y lo interesante es que algunas actitudes no han cambiado. No están basadas solamente en lo económico de la persona, sino en lo que la persona hace para obtener dicho dinero. Yo por mi cuenta, cuando estaba en la secundaria, me había puesto a aprender electrónica. Las personas que se dedican a la reparación de aparatos electrónicos en el Perú son considerados obreros. Mi familia se opuso vehementemente a que yo tuviera nada que ver con la electrónica, arreglando televisores, lo cual es una profesión obrera, y lo cual a mi familia nunca le pareció bien, aunque fuera al doble de sueldo de un empleado de algún ministerio. El hecho de que un empleado de ministerio es un empleado y el señor que repara televisores es un obrero es mucho más importante que su sueldo, socialmente. A mi familia todavía no le gusta mucho que yo esté trabajando de supervisor de electricistas. Aún siempre me preguntan, "¿Y? ¿Todavía estás trabajando en lo mismo?"

Ahora escucha la selección una vez más.

(audio repeats)

Ahora tienes cuarenta minutos para preparar y escribir tu ensayo.

Section II

INTERPERSONAL COMMUNICATION: CONVERSATION

Primero tienes un minuto para leer las instrucciones

[1-minute pause]

Ahora tienes un minuto para leer la introducción.

[1–minute pause]

En este momento va a comenzar la conversación. Presiona el botón de grabar y empieza tu grabación.

La conversación

La empleada: Buenos días, señor.¿En qué puedo servirle?

(20-second pause)

La empleada: Qué bueno que esté para el empleo de guardavidas. Es buen trabajo para un joven porque puede pasar el tiempo al aire libre, gozando del sol. ¿Lleva Ud. experiencia con ese tipo de trabajo? ¿O puede demostrarnos que está calificado para el puesto?

(20-second pause)

La empleada: Siempre vale tener tanta experiencia. Pero sabe Ud. que siempre hay muchos niños que acuden a la frescura del agua a medida que se calienta el tiempo. Muchas veces no están acostumbrados a hacer caso a nadie. Puede ser difícil mantener el ojo en todos a la vez. ¿Tiene experiencia con el cuidado de los niños en alguna capacidad?

(20-second pause)

La empleada: Qué bueno. Al satisfacer estos requisitos del empleo, creo que sólo necesita Ud. rellenarme este formulario. Las horas serán de las nueve de la mañana a las seis de la tarde, todos los días durante junio, julio y agosto. Puede empezar el lunes.

(20-second pause)

La empleada: Creo que podremos acomodarlo y darle unos dos días para acompañar a sus padres. Muchas gracias por venir. Que lo pase bien y si hay algún problema, no deje de llamarme.

(20-second pause)

La empleada: Dicho y hecho. Bienvenido y espero que se divierta un poco también.

(20-second pause)

Se ha terminado la conversación

Vocabulary Study

Studying long lists of vocabulary probably will not greatly enhance your performance on this part of the examination, but an ample vocabulary will be essential to answer the few questions that are specifically devoted to vocabulary. As much as a test of how much vocabulary you already know, the examination tests your ability to deduce the meaning of words from the context in which they appear. The best way to prepare for the vocabulary questions is to read as much as you can. Look up words you think are vital to understanding the reading. Increasing your vocabulary will help you on all parts of the examination, not just on the reading.

If you do not recognize a word, try to think of another part of speech that may have the same root and see if it can be changed to be meaningful in the new context. Frequently you can tell what part of speech a word is by the ending it has. For example, many adjectives are past participles of verbs, ending in *-ado* or *-ido*, such as in *sentado*, from *sentar*, meaning *seated*. By the same token, some infinitives contain adjectives embedded in them, such as *engordarse* (*to get fat*), from *gordo* (*fat*). Nouns and verbs also frequently have the same stem, such as *conocimiento* (*understanding*), from *conocer* (*to know*). The following closer look at some specific examples can give you a good idea about how to sort words out according to their parts of speech and function, while at the same time looking for the root that they have in common.

Study the following commonly used endings to learn to recognize how some words function in a sentence.

1. Many nouns have endings in Spanish that correspond to certain endings in English. The following endings always have indicated English endings: *-ción* (*-tión* and *-cion*), *-dad* (*-ty*), *-ería* (*-ery*), *-ancia* (*-ance*), and *-umbre* frequently corresponds to *-ness*. Other common noun endings are *-miento*, *-aje*, and *-ío*. When you have to guess the meanings of these words, you can try adding the English ending to the stem to see if it makes sense. Also remember that the endings *-ista* and *-dor* indicate a person who does a particular job.

2. Words that end with *-oso* usually are adjectives whose English ending is *-ous*. Other adjective endings are: *-dizo, -ado, -ido, -ante,* and *-iente*. Adjectives describe characteristics of a noun. Sometimes there are prefixes, such as *em-* or *en-*, that are used in making verbs out of adjectives. An example is *empobrecerse*, meaning *to get poor*, or *enriquecerse*, meaning *to get rich*. Look for adjectives like *pobre* and *rico* in the middle of a verb if you do not immediately recognize it.

3. Words that end with *-mente* are adverbs whose English ending is *-ly*. These words are adverbs and will describe the manner in which an action happens.

4. Infinitives end with *-ar, -er,* or *-ir* unless they are reflexive or have a direct/indirect object pronoun.

If you know a word in one form, such as in the infinitive (*corjer*, for example), you can guess about other forms of the word if you can recognize what the endings mean. *Correr*, meaning *to run*, can appear in an adjective form, *corredizo*, meaning *running* or *sliding*. In its adjective form it is used to describe a kind of car door, or sliding glass door. In another adjective form, *corriente*, it means *running*, as in *running* water. In the adverbial form, *corrientemente*, the word would mean *usually* or *fluently*, which shows ongoing action. In the noun form, *corrimiento*, the word can commonly mean *landslide* or *slippage*.

Study the following groups of words and look for particular endings. Notice which endings indicate which part of speech, and how it is expressed in English. Use these examples as a guideline to help categorize words.

congregar	to congregate, to gather (infinitive)
congreso	congress, a gathering (noun)
congregado	congregated, gathered (adjective)
congregación	a congregation (noun)
congresista	a delegate to a congress (noun)
congregante	a member of a congregation (noun)

pesar	to weigh (infinitive)
pesado	weighty, heavy (adjective)
pesante	weighty, sad (adjective)
pesadamente	heavily, slowly, tiringly (adverb)
el pesador	weigher (noun)
el pesaje	weighing in (noun)
la pesadumbre	heaviness, sorrow (noun)
la pesa	weight (noun)
la pesadez	heaviness, weight (noun)
el pesacartas	letter-weighing scale (noun)
el pésame	condolences, literally, it saddens me (noun)

la persona	person (noun)
personalizar	to personalize (infinitive)
personal	personal (adjective)
personalmente	personally (adverb)
la personalidad	personality (noun)
el personalismo	personalism (noun)
personarse	to appear in person (infinitive)
la personalización	personalization (noun)
el personaje	personage, character in a play (noun)

la pluma	feather, fountain pen (from times when quills were pens) (noun)
el plumero	feather duster (noun)
el plumaje	plumage (noun)
la plumada	stroke of a pen (noun)
plumear	to write (American) (infinitive)
la plumilla	little feather, nib of a pen (noun)
desplumar	to pluck (infinitive)
la desplumadura	the plucking (noun)
desplumado	plucked (adjective)

In the last example, *desplumado*, notice that the prefix *des-* makes a word negative. *Desplumado* means *not feathered*. Another example is *pegar*, which means *to stick to* or *to strike. Despegar*, however, means *to take off, to remove from*. With some imagination, you can guess that *despegar* also refers to an airplane taking off from the ground. Likewise, *desesperar* means the opposite of *esperar*. The opposite of *to hope* is *to despair*, or *to not hope*.

Here is a brief exercise to help you think through how to form different parts of speech from one word. Study the endings of the words in the examples above. Try to figure out what word would be appropriate for the following words.

	Infinitive	Noun	Adjective	Adverb
1.	estar	_____	_____	_____
2.	_____	_____	claro	_____
3.	_____	locura	_____	_____
4.	enriquecer	_____	_____	_____
5.	_____	_____	_____	profundamente
6.	_____	tranquilidad	_____	_____
7.	_____	_____	laborioso	_____
8.	_____	_____	_____	copiosamente
9.	poder	_____	_____	_____
10.	_____	_____	igual	_____
11.	_____	_____	especial	_____

Answers

1. estar, estancia, estado
2. aclarar, claridad, claro, claramente
3. enloquecer, locura, loco, locamente
4. enriquecer, riqueza, rico, ricamente
5. profundizar, profundidad, profundo, profundamente
6. tranquilizar, tranquilidad, tranquilo, tranquilamente
7. laborar, labor, laborioso, laboriosamente
8. copiar, copia, copioso, copiosamente
9. poder, poder (poderío, potencia), poderoso, poderosamente
10. igualar, igualdad, igual, igualmente
11. especializar, especialización, especial, especialmente

Determining Meaning from Prefixes

Other common prefixes *a-*, *ad-*, *ante-*, *con-*, *de-*, *dis-*, *em-*, *en-*, *entre-*, *ex-*, *in-*, *im-*, *ob-*, *pre-*, *pos-*, *re-*, *sobre-*, *super-*, *sus-*, *trans-*, and *tras-*. Some examples with explanations of meanings are listed below.

acercarse a = to go closer (*Cerca* means *near*. The prefix indicates movement toward something nearby. *Alejarse* and *alargarse* have the opposite meaning, *to go away*.)

adjuntar = to enclose (to attach something, such as an e-mail attachment)

agotar = to exhaust (*Gota* means *drop*. Adding the prefix *a-* means to wring out all the drops.)

anteponer = to place before (*Ante-* means *before*, so whatever the verb is, the prefix changes the meaning to something before the action of the verb. Another example is *antever*, meaning *to foresee*.)

contener = to contain (*Tener* means *to have*. *Con-* has the meaning of *with*, so having something within is *to contain*.)

disponer = to dispose, to direct, to arrange (*Poner* is *to place* or *to put*. *Dis-* indicates some change in placement, as in *dispose* or *disarrange*.)

deformar = to deform (*Formar* means *to form*. *De-* means to change the form.)

empobrecer = to make poorer, *empobrecerse* = to become poor (*Em-* is often used with adjectives to make them into verbs. Other examples are *embravecer*, *embrutecer*, *empequeñecer*, *emblanquecer*, *emborrachar*, *embellecer*, and *embotellar*.)

enmudecer = to silence (*Mudo* means *mute*. The prefix changes the meaning to *to make mute*. Other words like this are *ennoblecer*, *enloquecer*, and *enriquecer*. With the verb *envolver* it means *to wrap up*, as in turning something around and around inside something else. *Encerrar* and *encubrir* are other examples.)

entremeter = to meddle (*Meter* means *to put in*, so *entremeter* means to put in between two people or things. *Entrevistar*, meaning *to interview*, is another example. The prefix *entre-* is often used with nouns, such as *entrecejas* referring to the space between the eyebrows on a face.)

extraer = to extract (*Traer* means *to bring*. *Ex-* has the meaning of *out of*; thus, *extraer* is to bring or take something out of something else.)

imponer = to impose (*Poner* means *to put* or *to place. Im-* changes the meaning to something put onto something else. It would then have the additional meanings of *to attach, to arrange,* or *to direct to do something.* Other examples are *importar, impedir, imperdible,* and *improbable.*)

incomodar = to inconvenience (*Cómodo* means *handy, convenient,* or *comfortable,* so the prefix changes the meaning to the opposite.)

obtener = to get, to obtain (*Tener* means *to have.* The prefix indicates the way one has something.)

prever = to foresee (*Ver* means *to see. Pre-* means *before,* so seeing something before it appears is foreseeing it.)

posponer = to postpone (*Poner* means *to put* or *to place. Pos-* means *after,* so putting something in place afterward is postponing it.)

revolver = to revolve, to spin around (*Volver* is to turn. *Re-* means *again,* so turning again and again is revolving. A synonym for *to revolve* is *to scramble* as in scrambled eggs. Other examples are *reemplazar, remojar, reponer, retumbar, recoger,* and *retirar* among many others.)

sobrevivir = to outlive, to survive (*Vivir* means *to live. Sobre-* indicates *above and beyond,* thus living above and beyond what is expected is surviving. There are many other examples such as *sobresaltar, sobresalir,* and *sobrecargar.*)

substraer = to subtract (*Subs-* and *sus-* have similar meanings, *to take away* or *below. Traer* means *to bring.* The prefix changes the meaning to indicate something below or, in the case of mathematics, *to subtract.* Other examples are *suscitar,* meaning *to provoke* or *to cause,* and *subsistir.*)

superponer = to superimpose (*Super-* has much the same meaning as *sobre-,* indicating something placed on top of something else.)

transbordar = to ferry across a river, to cross from one side to another (*Bordar* means *to embroider,* but *borde* means the side of a road or river. The prefix in this case makes the verb mean something else entirely. You should be able to figure out that it has something to do with moving from one time or place to another, however, from other examples of the prefix with words such as *transcontinental.* Other examples are *transformar, transmitir,* and *transcurrir.*)

trasladar = to move from one place to another (*Lado* means *side,* so the prefix indicates movement from one time or place to another. Other examples are *trastornar, trasferir,* and *trascurrir.* This prefix is essentially the same as *trans-.*)

Of course, the better your English vocabulary, the more words you will recognize as cognates. (Cognates are words that sound alike in Spanish and English.) Sometimes you need to think of synonyms in English to help you arrive at the meaning of a word. For example, when you *know* something, you *understand* it. *Knowing* and *understanding* are similar in meaning. When you are trying to make sense out of how a word would work in a sentence, think of synonyms.

Sometimes a word will look familiar, but is slightly different. Remember that frequently in Spanish, a *y* in English will be an *i* in Spanish. For example, the word *sinónimo* is the word for *synonym.* Other examples of words in which the *h* has been dropped in Spanish are *tema, teoría, antítesis, sintética, sintetizar, prótesis, autor, matemáticas, ético, etéreo, etanol,* and *católico.* Other rules of phonics to remember are that in Spanish there are no *th* combinations. This should help you recognize *atletas*, or *teatro*. Also, in Spanish, any beginning consonant combination of *spr-*, *str-*, *scr-*, or *sch-*, will have an *e* as the first letter. An example is *especial*, meaning *special*. Words like *especial* are *español*, *escuela*, *estatua*, *estimular*, *estéril*, *estéreo*, *estoico*, *estudio*, *escéptico*, *esencia*, *esclavo*, and *espacio*.

You can figure out other words if you think about the English cognates. For example, the word *incorporarse* means *to gather oneself together* or *to collect oneself to get up*. The word is like the word *incorporate* in English, but the meaning is one you may not have recognized. In English you see the word after the names of companies or after the names of towns on road signs. The word in those English contexts means that the communities or the businesses have organized themselves; they have pulled together. Another example is the word *funcionar*. The literal translation is *to function*. But when you hear it in the sentence, *Mi coche no funciona*, it does not sound like something English-speaking people would say. A synonym would be *is not working*. To function and to work are similar activities.

With practice, you can learn many new words by learning one of their forms as a part of speech.

Oral Practice and Situations

The following questions will help you develop your own vocabulary lists. Try to answer as completely and thoroughly as possible, citing examples whenever you can. As you answer the questions try to think of verbs, nouns, and adjectives that you will need to use to help develop your ideas. Also try to include different verb moods and tenses. If you find that you have insufficient vocabulary to answer these questions, try looking up articles and audios in Spanish on the topic. These will provide you with vocabulary and ideas that you can use to become more comfortable talking about these themes.

PRÁCTICA ORAL

Práctica oral y situaciones 1

1. Describe las características personales de tu mejor amigo, y cuáles con las características que aprecias en un amigo perfecto.
2. Describe a una persona minusválida y cómo influyen sus limitaciones en cómo es.
3. ¿Crees que las características personales se aprenden o se heredan? Explica y da ejemplos.
4. Describe a tu mejor amigo.
5. Describe a una persona que no te cae bien.
6. Describe las características personales de una persona a quien admiras.

SITUACIONES

1. Escribe un ensayo sobre la persona más interesante que jamás hayas conocido. Descríbela en detalle, cómo es y a qué atribuyes sus características personales. En otras palabras, explica por qué es cómo es en tu opinión.
2. Una noche presenciaste un robo de una tienda y eres el único testigo del crimen. Tienes que describir a la policía a la persona a quien viste, incluso todos sus atributos físicos y su actitud.
3. En tu trabajo como aduanero en un aeropuerto, ves a todo el mundo que pasa por la aduana. Describe las características de una persona sospechosa.

4. Un filósofo español propuso que dentro de cada uno de nosotros está la persona que quisiéramos ser. Describe tu ser ideal, y cómo sería éste si fuera perfecto.

PRÁCTICA ORAL

Práctica oral y situaciones 2

1. Describe a tu familia, indicando las relaciones entre todos sus miembros.
2. Narra la historia de uno de tus antepasados.
3. Explica las ventajas y desventajas de ser el único hijo de la familia.
4. Describe cómo cambia la familia a medida que crecen los hijos.
5. Describe a tu pariente favorito.
6. Describe los papeles tradicionales de los hombres y las mujeres en la familia.
7. Describe cómo y por qué están cambiando los papeles tradicionales en la familia.
8. Enumera los deberes de los hijos en una familia.
9. ¿Cuáles son las responsabilidades de los padres en una familia?
10. ¿Qué te dicen tus padres de su propia niñez? ¿Cómo difiere ésta de la tuya?
11. ¿Te gustaría haber vivido en la época cuando eran jóvenes tus padres?
12. ¿Cómo se resuelven los conflictos de los familiares que no se llevan bien en tu familia?

SITUACIONES

1. Estás encargado de reunir a tu familia extensa. Propon un plan para juntar a toda la familia, y actividades para cada generación.
2. Para una historia de tu familia, describe algunas tradiciones que celebran ustedes durante los días feriados, ya sean religiosos o patrióticos.
3. Para escribir una composición sobre la diferencia entre tu vida y la de tus padres a tu edad, compara tu vida durante tu niñez y la de tus padres a tu edad.

PRÁCTICA ORAL

Práctica oral y situaciones 3

1. Describe una visita a la casa de tus abuelos cuando eras niño. ¿Cómo era la casa? ¿Cómo eran los abuelos en la perspectiva de un niño?
2. Describe una tradición que tenía tu familia al visitar a los abuelos.
3. Describe la casa en que vivías cuando eras niño.
4. Describe las ventajas de tener un sótano en una casa. ¿Qué tendrías en el sótano, si lo tuvieras?
5. Describe tu propia casa.
6. Cuando tus parientes visitan a tu familia, ¿se quedan en tu casa? ¿Qué cambios hace usted y tu familia para acomodar a los visitantes?
7. Describe tu cuarto favorito en tu casa. ¿Por qué te gusta más que otros?
8. ¿En qué se diferencia una casa en la que viven unos ancianos o personas minusválidos de una casa de familia con adolescentes? ¿Por qué hay esas diferencias?
9. Describe cómo se limpia una casa.
10. ¿Por qué es importante limpiar tu cuarto de vez en cuando?
11. ¿Por qué a muchos jóvenes no les gusta mantener su habitación en orden?
12. ¿Qué preparativos se necesita hacer para la visita de parientes?

SITUACIONES

1. Unos tíos de otra ciudad vienen a visitar a tu familia. Pero ustedes no tienen una alcoba para acomodarlos. Necesitas compartir el cuarto con tu hermano o hermana mientras ellos están en tu casa. Discute los planes para compartir el cuarto por una semana.

2. Durante tus vacaciones de primavera, participarás en un proyecto para arreglar las casa de unos ancianos que viven en el campo. Describe lo que harías para ayudarlos a mantener su casa y campo.

3. Tienes una empresa de limpieza para arreglar los desvanes y los sótanos de gente que se muda. Describe cómo sería un día típico en ese trabajo.

PRÁCTICA ORAL

Práctica oral y situaciones 4

1. Cuenta un acontecimiento interesante que te ocurrió una vez en la escuela.

2. ¿Qué estilo de enseñanza prefieren los profesores en tu escuela? ¿Dictan conferencias o hacen discursos?

3. ¿Qué manera de aprender prefieres: conferencias, lecturas por parte propia, o seminarios? Explica por qué.

4. ¿Cómo eran tus amigos en la escuela? ¿Te hacían trucos de vez en cuando? Describe uno.

5. ¿Qué significa el ademán de levantar los hombros? ¿Tienen tus amigos ciertos ademanes favoritos? Descríbelos.

6. ¿Qué se aprende al superar obstáculos que no se aprende de otra manera?

7. ¿Qué oportunidades te proporciona una educación universitaria?

8. ¿Cómo ha cambiado la tecnología la manera de aprender en tu escuela?

9. Propon un plan para aprender fuera de la escuela.

10. ¿Qué ventajas tienen los estudiantes internos en colegios que no tienen muchos estudiantes que regresan a casa cada tarde?

SITUACIONES

1. Tus hermanitos han regresado a casa un día quejándose de que las clases son aburridas. ¿Cómo responderís a sus quejas?

2. Explica cómo sería el programa ideal para estudiar en el extranjero.

3. Todos los estudiantes en la universidad el próximo año tendrán computadoras portátiles o aparatos digitales personales. Explica el protocolo para usarlos en las clases. Además, explica las ventajas y desventajas de tenerlos por todas partes.

4. ¿Cuán distintas de las escuelas actuales serán las escuelas del futuro?

5. ¿Es imprescindible tener una educación universitaria para encontrar un buen empleo?

6. ¿Por qué se valoriza la educación en algunas culturas y no en otras?

7. ¿Qué contribuye la tradición a una escuela y a la educación que se ofrece en ella?

8. Si pudieras cambiar un aspecto de tu escuela, ¿cuál sería y por qué?

9. ¿Qué tipo de dificultades tienen muchos estudiantes en su primer año en la universidad? ¿A qué puedes atribuir éstas?

10. Como parte de un conjunto de estudiantes que deben aconsejar a la escuela secundaria sobre las maneras de mejorar la enseñanza, desarrolla un plan para realizar esos mejoramientos.

PRÁCTICA ORAL

Práctica oral y situaciones 5

1. Explica la importancia de los deportes para los aficionados.
2. Describe cómo se juega el fútbol.
3. Cuenta lo que pasó en el último partido que viste. ¿Quiénes jugaron? ¿Quiénes ganaron? ¿Cómo jugaron los equipos?
4. ¿Cué deporte es más peligroso, el fútbol o el béisbol? ¿Por qué?
5. ¿Por qué es más popular el fútbol entre los hispanos que el fútbol norte americano?
6. ¿Quiénes son los mejores jugadores de béisbol?
7. ¿A qué se debe el éxito de un buen equipo?
8. ¿Cómo se debe celebrar el triunfo de un partido?
9. ¿Por qué sueñan muchos muchachos con jugar como profesionales en un deporte?
10. ¿Cuáles son las características de un buen árbitro?
11. ¿Cuáles son las características de un jugador excelente?
12. ¿Por qué es importante hacer ejercicio todos los días?
13. ¿Crees que los jugadores profesionales ganan demasiado dinero? Explica tu respuesta.
14. ¿Qué beneficios se obtienen de un equipo profesional en tu comunidad?
15. ¿Crees que los deportistas son héroes? Explica por qué.

SITUACIONES

1. Una familia quiere ir a un partido de béisbol. Describe los preparativos.
2. Eres árbitro en una competencia entre dos equipos escolares. No se llevan bien las dos escuelas, y necesitas mantener la paz cuando un grupo de aficionados se entusiasma demasiado. Explica lo que les dirías para apaciguarlos.
3. Eres periodista para el diario de tu escuela y tienes que escribir un resumen de un partido de fútbol para el campeonato regional. Describe el triunfo de un equipo.
4. Tú y tus amigos se reúnen para ver la Copa Mundial y comentan el juego de su equipo favorito. Describe los comentarios que harían sobre sus jugadores favoritos.
5. Eres el entrenador de un equipo escolar y debes prepararlo para un partido muy importante, un campeonato. Hay un trofeo muy grande que quieren ganar. Explica lo que les dirías a tus jugadores para motivarlos.

PRÁCTICA ORAL

Práctica oral y situaciones 6

1. Describe el lugar en que tu vives. ¿Es campo abierto o está en la ciudad?
2. ¿Cuál es el valor de tener una huerta?
3. Describe las ventajas de vivir en el campo.
4. ¿Cuáles serían las desventajas de vivir en el campo?
5. ¿Por qué creen muchos muchachos que es muy aburrido vivir en el campo?
6. ¿Cómo ha cambiado el cultivo de alimentos hoy en día?
7. ¿Conoces a alguien que viva en el campo? Compara tu vida con la de él.
8. ¿Te gusta acampar de vez en cuando? Describe la experiencia.
9. ¿Crees que faltará la tierra para cultivar un día?
10. ¿Cómo es posible que sea más barato importar flores a los Estados Unidos de Centroamérica para venderlas en los supermercados que crecerlas en los Estados Unidos?

SITUACIONES

1. Tienes que arreglar una excursión de una clase de una escuela primaria a una finca. Explícales qué van a ver y la importancia del lugar.
2. Eres el gerente de un supermercado en una ciudad. Hay un grupo de campesinos que tienen huertas de alimentos orgánicos y quieren venderlos en tu tienda. Elabora una conversación con el grupo y explica los beneficios del negocio.
3. Eres guía en una finca histórica, en la que se presenta la vida de los antepasados que colonizaron el campo. Todo el trabajo se hace aquí de manera tradicional, usando herramientas antiguas. Explica a un grupo de muchachos cómo se hacía el trabajo en la época de antaño.
4. Eres un activista del movimiento contra la globalización. Prepara un reportaje contra la globalización de las empresas agrícolas.

PRÁCTICA ORAL

Práctica oral y situaciones 7

1. ¿Cuán distintos son los balnearios en las montañas de los de la costa?
2. ¿Por qué es importante descansar?
3. ¿Haría un joven las mismas actividades con la familia que con sus mejores amigos en las vacaciones? Explica tu respuesta.
4. ¿Cuáles son los beneficios de los viajes de servicio?
5. ¿Quiénes se benefician más de los viajes de servicio comunitario, los que dan o los que reciben? Explica.
6. A pesar de todas las advertencias, ¿por qué entran algunas personas al océano cuando hay peligro de corrientes fuertes?
7. ¿Sería interesante ser salvavidas en la playa o en una piscina durante el verano? ¿Por qué?
8. ¿Qué recuerdos de vacaciones se destacan en tu memoria y por qué? ¿Cómo son?

SITUACIONES

1. Estás encargado de arreglar las vacaciones para la familia. Describe los preparativos que harías.
2. Eres es dueño de un balneario en las montañas. Prepara un anuncio para atraer a clientes al tu lugar. Haz lo mismo para un balneario cerca de una playa.
3. Describe un verano típico para un estudiante de la secundaria en los EEUU.

PRÁCTICA ORAL

Práctica oral y situaciones 8

1. Describe al empleado ideal.
2. Describe al propietario ideal.
3. ¿Cuáles son los negocios más importantes para una comunidad?
4. ¿Qué negocios producen la ganancia más grande?
5. ¿Qué problemas tienen los negocios que dependen de productos de otros países?
6. ¿Es buena la globalización del comercio moderno? Explica tu respuesta.

7. ¿Cuáles son las ventajas de ser propietario de un propio negocio? ¿Las desventajas?

8. En tu comunidad, ¿hay muchos productos de otros países? Descríbelos.

SITUACIONES

1. Una persona desea comprar una tienda de música. Desarrolla un plan para promocionarla.

2. Eres propietario de una tienda y tienes una entrevista con un joven que quiere conseguir un puesto en tu tienda. Elabora la conversación con él, describiéndole todo que quieres que haga.

3. Eres un hombre que acaba de conseguir un trabajo de media jornada porque todavía tienes que estudiar para graduarte de la escuela. El patrón quiere que trabajes más de lo planeado, o de lo contrario arriesgas perder el trabajo. Explícale por qué no puedes hacerlo y convéncelo que te deje seguir trabajando.

4. Un joven desea invertir su sueldo para ahorrar dinero para su educación universitaria. Desarrolla un plan para invertirlo. ¿En qué tipos de empresas debe invertir su dinero? ¿Por qué?

5. Explica los gastos de un presupuesto para vivir en un apartamento cerca de la universidad a que asistirás y cómo manejarás tu dinero.

PRÁCTICA ORAL

Práctica oral y situaciones 9

1. ¿Cuáles son las ventajas de hacerse profesional?

2. ¿Cómo puede uno contentarse con un trabajo manual?

3. Para un joven, ¿qué le aconsejan sus padres o profesores que haga después de la secundaria? ¿Por qué?

4. ¿Es más importante ganar mucho dinero o estar contento en la vida? Explica tu respuesta.

5. ¿Cómo sería una entrevista para un empleo? Describe la experiencia.

6. ¿Por qué se ponen tan nerviosos muchos solicitantes al entrevistarse para un empleo?

7. ¿Sirve lo que se aprende en la escuela ahora para una carrera en el futuro? Explica tu respuesta.

8. ¿Qué se necesita aprender para tener éxito en un empleo?

SITUACIONES

1. Estás encargado de contratar a un dependiente para la tienda de música. Discute cómo sería una entrevista con un joven que solicita el empleo.

2. No sabes qué carrera seguir. Imagínate una conversación con un consejero o tus padres para ayudarte a tomar una decisión. Discute tus intereses y posibilidades.

3. Quieres tener un trabajo durante el verano para ver cómo sería trabajar todos los días. Imagínate el tipo de trabajo que querrías hacer y la entrevista para conseguirlo.

4. Un día en tu escuela hay un anuncio de una feria para promocionar varios programas preparatorios para ciertas carreras como medicina, ingeniería, derecho, informática, contabilidad y ventas para grandes empresas. Describe las oportunidades potenciales de esos trabajos.

5. En una época de gran desempleo, ¿cómo se encuentra un empleo de nuevo? ¿Cuáles son algunos de los problemas que enfrentan las personas de cierta edad que no tienen título universitario ni adiestramiento en tecnología contemporánea? ¿Qué pueden hacer esas personas para mejorar sus posibilidades? ¿Cuáles serían algunos de sus obstáculos?

MÁS PREGUNTAS

Autobiografía

Tu niñez

1. ¿Ha cambiado tu personalidad mucho? ¿Cómo?
2. ¿Cuál fue el acontecimiento más importante para ti cuando eras niño o niña?
3. ¿Cuál fue el suceso más emocionante para ti cuando eras niño o niña?
4. ¿Dónde vivían tú y tu familia cuando eras niño?
5. De todos los lugares en que has vivido, ¿cuál te gustó más? ¿Por qué?
6. ¿Crees que el lugar en el cual creciste influyó mucho en tu desarrollo psicológico? Explica.
7. ¿Adónde has viajado? ¿Qué lugar te interesó más?
8. ¿Adónde te gustaría poder viajar si pudieras viajar a cualquier lugar? ¿Por qué?
9. ¿Has visto muchos cambios en tu vida? ¿Cuáles?
10. ¿Hubo una experiencia que te haya influido más que otra en tu vida? Descríbela.

Tus hermanos o hermanas

11. ¿Tienes hermanos? ¿Te llevas bien con ellos? Describe en detalle, con ejemplos, cómo te llevas con ellos y por qué.
12. ¿Cuáles son algunas de las ventajas y desventajas de tener hermanos?
13. ¿Te gustaría o no ser el único hijo o la única hija de la familia?
14. ¿Crees que hay una diferencia entre lo que se espera del primer nacido de la familia y del último?
15. ¿Hay mucha diferencia entre las personalidades de los hermanos de una familia? ¿Por qué?
16. ¿Cuáles son algunas de las razones por las cuales riñen los niños de una familia?
17. ¿Cuáles son las ventajas de tener muchos familiares? ¿Las desventajas?

Tus padres

18. ¿Te llevas bien con tus padres? Describe en detalle, con ejemplos, cómo son tus relaciones con tus padres.
19. ¿A quién te pareces en tu familia? ¿A tu papá o a tu mamá? ¿Cómo? ¿En qué aspectos te pareces a tus padres?
20. ¿Por qué es tan difícil para los jóvenes establecer su propia identidad? Explica con ejemplos de tu propia vida.
21. ¿Cómo deben los padres castigar a los hijos que les desobedecen? Da un ejemplo.
22. ¿Por qué es difícil a veces para los padres saber a quién creer y qué pensar de lo que les dicen sus hijos?

23. ¿Qué lecciones has aprendido de tus padres?

24. ¿Qué responsabilidades deben los chicos tener en la casa?

25. ¿Qué contribución pueden los chicos hacer en una familia?

26. ¿Siempre les dices la verdad a tus padres? ¿Por qué, ya sea sí o no?

27. ¿Es difícil para tú a veces admitir culpabilidad de algo o piensas que siempre tienes razón?

Tradiciones familiares

28. ¿Qué tradiciones tiene tu familia?

29. ¿Cómo celebran Uds. los cumpleaños de los miembros de la familia?

30. ¿Cuál es el cumpleaños más importante para ti y por qué?

31. ¿Cómo celebran tú y tu familia los días feriados como el Día de la Independencia?

32. ¿Tienes parientes que viven cerca de o en la misma ciudad? ¿Te gustaría más si vivieran cerca o lejos? ¿Por qué?

Tu futuro

33. ¿Dónde querrás vivir en el futuro? ¿Cerca de tu familia o no? ¿Por qué?

34. Explica cómo podrías cambiar tus relaciones con tus padres en el futuro.

35. ¿Querrás casarte algún día? ¿Por qué?

36. ¿Cómo será tu esposo o esposa?

37. ¿Cómo esperas desarrollar tus talentos o habilidades?

38. ¿Piensas que tu personalidad cambiará o no? Explica.

Los comunidades educativas

Los edificios

1. ¿Son nuevos o viejos los edificios de tu escuela? Descríbelos.

2. ¿Es muy importante tener edificios muy modernos o no? ¿Por qué?

3. Da instrucciones para llegar a tu casa de tu escuela.

4. Da instrucciones a tus padres para llegar al aula en que se reúne tu primera clase del día.

5. Si uno se enferma en la escuela, ¿adónde se va para recibir atención?

6. Describe la cafetería de tu escuela. ¿Es adecuada o no? ¿Por qué?

7. Frecuentemente se dice que la comida en las cafeterías de las escuelas no es buena. ¿Por qué no les gusta a muchos estudiantes comer en las cafeterías?

8. ¿Qué recomiendas para mejorar la oferta de comida en la cafetería?

9. ¿Cómo es tu escuela? ¿Grande? ¿Pequeña? ¿Cuántos estudiantes tiene, aproximadamente? ¿Cuántos profesores? Describe tu escuela en detalle.

10. ¿Cuáles son algunas ventajas de las escuelas grandes? ¿Desventajas?

11. ¿Cuáles son las ventajas de escuelas pequeñas? ¿Desventajas?

12. ¿Qué tipo de ambiente tiene una escuela con edificios viejos?

13. Si fueras arquitecto encargado de diseñar una escuela nueva, ¿cómo mejorarías el planeamiento de o edificios?

14. Si entraras en una escuela con dibujos por todas las paredes y suelos sucios, ¿qué pensarías del lugar?

Las escuelas nuevas y las viejas

15. ¿Cómo son diferentes las escuelas modernas de las de tus padres?
16. ¿Crees que las escuelas modernas son mejores que las de tus padres?
17. ¿Qué necesitaban estudiar tus padres para conseguir trabajo después de la escuela?
18. ¿Cómo ha cambiado la materia que se enseña en las escuelas modernas?
19. ¿Cuál debe ser el papel de los padres en las escuelas superiores?
20. ¿Qué conflictos hay a veces en las escuelas entre los intereses de los padres y la comunidad?
21. Hay una tendencia en ciertas comunidades de permitir que las compañías privadas manejen los negocios de las escuelas públicas. ¿Qué opinas de dejar a una compañía privada que maneje una escuela?

Tipos de escuelas

22. ¿Crees que es buena idea tener escuelas distintas para los varones y las muchachas? ¿Por qué?
23. ¿Cuáles son las diferencias entre las escuelas públicas y las privadas?
24. ¿Cuáles son las ventajas y desventajas de las escuelas públicas?
25. ¿Crees que es mejor tener mucha diversidad de estudiantes en una escuela o es mejor un grupo más homogéneo?
26. ¿Qué se puede hacer para asegurar la diversidad estudiantil en tu escuela?
27. Si pudieras escoger a cualquier escuela a que asistir, ¿a cuál escogerías? ¿Por qué?

Las clases

28. ¿Por qué se aburren muchos estudiantes en sus clases?
29. ¿Cuál es la clase más difícil para ti? ¿Por qué?
30. ¿Cuál es la clase más fácil?
31. ¿Por qué son más fáciles algunas clases que otras?
32. ¿Qué puedes hacer para mejorar tus notas en la escuela?
33. ¿Cuánto tiempo deben los estudiantes dedicar a los estudios cada noche?
34. Describe la mejor manera de estudiar para un examen importante.
35. ¿Qué significan las notas que los estudiantes reciben en tu escuela?
36. Si un estudiante está suspendiendo una clase, ¿crees que los padres deben poder exigirle enfocarse más en los estudios y quitarle algunos privilegios?
37. ¿Se debe aprobar a los estudiantes que no saben la materia en los cursos? ¿Por qué sí o no?
38. Si fueras director de una escuela y se te presentara un padre que quería que su hijo aprobara un curso sin haber hecho nada, ¿qué harías?
39. Comenta sobre la presión para sacar buenas notas en tu escuela.
40. ¿Por qué es más difícil aprender en algunas clases y no en otras?
41. ¿Qué les distrae más a los estudiantes en una clase?
42. ¿Cuáles son las ventajas de tener un código de vestimenta en la escuela?
43. ¿Por qué es importante aprender y saber leer aun cuando todo el mundo aprende tanto de las imágenes visuales ahora?
44. ¿Crees que las escuelas deben ofrecer cursos que tratan de problemas sociales, como el SIDA, el abuso de las drogas, etc.? Explica.

45. En muchas escuelas secundarias, menos muchachas que muchachos siguen estudios de matemáticas y ciencias. ¿Por qué?

46. ¿Crees que los muchachos reciben más atención del profesor o profesora que las muchachas? Explica por qué crees que sí o que no.

47. ¿Quiénes deben determinar los temas de estudio de las escuelas, los estudiantes, los padres, los profesores, o un comité comunal de educación? ¿Por qué?

48. ¿De qué se quejan más los estudiantes de tu escuela?

Actividades extracurriculares

49. ¿Qué importancia tienen los deportes en una escuela? ¿Deben ser tan importantes? Explica.

50. ¿Son demasiado importantes los deportes en la escuela?

51. ¿Hay un programa de bellas artes en tu escuela?

52. Describe la actividad extracurricular más importante de una escuela.

53. ¿Tiene tu escuela muchos bailes? Descríbelos.

54. ¿Tienen muchos estudiantes un trabajo después de las clases?

55. ¿Qué se aprende en las actividades extracurriculares que no se aprende en las clases?

Escuela primaria

56. ¿Son generalmente buenos tus recuerdos del primer año de la escuela primaria? Descríbelos.

57. ¿Cómo son los profesores de la primaria?

58. ¿Sería fácil o difícil ser un maestro o maestra bueno en las escuelas primarias?

La universidad

59. ¿Por qué quieren tantos estudiantes asistir a la universidad ahora?

60. ¿Cómo tiene un(a) estudiante que prepararse para poder matricularse en la universidad?

61. ¿Por qué es tan difícil para muchos estudiantes conseguir una beca para la universidad?

62. ¿Qué cualidades buscan las universidades en los solicitantes de becas?

63. ¿Por qué cuesta tanto la educación universitaria hoy día?

64. ¿Cuál debe ser el papel de los deportes en la universidad?

65. ¿Qué es lo que le influiría más a un estudiante de la secundaria en la selección de una universidad?

66. ¿Cómo es una buena preparación para los estudios universitarios? Explica.

67. ¿Vale la educación universitaria todo lo que cuesta hoy día? ¿Por qué?

68. ¿Defiendes la libertad académica en las universidades? ¿Debe una persona tener el derecho de decir lo que se le antoje?

La tecnología y la educación

69. ¿Cuál ha sido el efecto de la tecnología en la educación?

70. ¿Cómo será la escuela del año 2020?

71. ¿Cuáles son algunas de las ventajas de usar computadoras en las aulas de las escuelas?

72. ¿Se puede sustituir las computadoras por los profesores en las salas de clase? ¿Cómo?

73. ¿Cómo ha cambiado el propósito de las escuelas hoy día?

74. Describe tu escuela ideal.

75. Si los estudiantes del futuro pudieran sentarse en casa y estudiar sus lecciones por medio de la tecnología moderna, con teléfono y televisión, ¿qué necesidad habría para las escuelas tal como las conocemos hoy?

76. Se dice que en el futuro no se necesitaría saber nada, sino tan sólo saber cómo y dónde buscar lo que se necesita. ¿Sería posible o no?

77. ¿Cuál ha sido el efecto de la televisión en la enseñanza y las maneras en que aprenden los chicos? ¿Es tanto como el efecto de la computadora?

La facultad y administración

78. ¿Qué características tienen los profesores buenos?

79. ¿Por qué hay más mujeres que enseñan que hombres?

80. ¿Cómo debería ser el director de una escuela secundaria? Explica cómo se podría ser buen director.

81. ¿Por qué no son buenos algunos profesores?

82. Muchas veces en las escuelas grandes los directores parecen no enterarse bien de los asuntos cotidianos de la escuela. ¿Qué resultados tiene esta situación?

La enseñanza

83. Para poder gozar de mucho éxito en la vida ¿se necesita más una educación buena o la experiencia práctica? ¿Por qué?

84. ¿Por qué es importante la buena educación?

85. ¿Cuál debe ser el propósito de las escuelas? ¿Deben tratar de enseñar valores?

86. ¿Crees que la libertad académica le da al estudiante o profesor el derecho de decir cualquier cosa? En efecto, ¿en qué consíste la libertad académica? ¿Por qué importante?

87. ¿Se debe enseñar ideas y conceptos polémicos en las escuelas?

88. Actualmente a muchas escuelas les faltan los fondos para desarrollar un programa adecuado y así preparar a sus estudiantes para el futuro. ¿Qué deberían esas escuelas poder hacer para mejorar sus programas y para atraer a mejores profesores?

Los compañeros de clase

89. ¿Cuál es la ventaja de tener amigos en otras escuelas?

90. ¿Por qué es importante participar en las actividades en la escuela?

91. ¿Qué características determinan quiénes serán los estudiantes más populares en una escuela?

92. Describe el gobierno estudiantil en tu escuela.

93. ¿Es más importante ser inteligente o popular?

94. ¿Sería fácil o difícil para un nuevo estudiante acostumbrarse a las rutinas de tu escuela? ¿Por qué?

95. Cuando por primera vez llega un nuevo estudiante a una nueva escuela, ¿qué le aconsejarías para hacer nuevas amistades?

96. ¿Cuál ha sido la experiencia más inolvidable que te ha sucedido en la escuela?

La disciplina en las escuelas

97. ¿Por qué se rebelan muchos estudiantes contra los dictámenes de la vieja generación?

98. ¿Hay problemas en muchas escuela con la disciplina? ¿Cómo sería posible mantener buena disciplina en la escuela sin violar los derechos personales de los estudiantes?

99. ¿Cómo se debe castigar a los estudiantes que desobedecen la autoridad de los profesores y a los directores de la escuela?

100. ¿Qué derechos deben los estudiantes tener en una escuela?

El ocio

En general

1. ¿Por qué es tan importante el ocio para mucha gente hoy?

2. ¿Es necesario gastar mucho dinero en diversiones?

3. Describe una actividad que no cuesta mucho dinero.

4. ¿Cuál es la diferencia entre los entretenimientos de los niños pequeños y los adolescentes?

5. ¿Cómo cambia la manera de divertirse a medida que crece un joven?

6. ¿Cuáles son algunas de las actividades o deportes populares en la playa?

7. ¿Cuáles son algunas de las maneras de disfrutar de las vacaciones en las montañas?

8. ¿Cómo ha cambiado la tecnología la manera en que uno se divierte hoy en día?

9. Como resultado de los avances de la tecnología muchas de las actividades son actividades solitarias. ¿Qué se pierde con este tipo de actividad? ¿Es bueno o malo?

10. Los pasatiempos solitarios resultan en cierto ensimismamiento de la persona que participa en ellos. ¿Es buena o mala esta tendencia a la soledad?

11. Muchos muchachos pasan mucho tiempo hablando por teléfono para relajarse. ¿Qué discuten?

12. ¿Hay una diferencia entre lo que discuten las muchachas de lo que discuten los muchachos? Qué?

Las lecturas

13. ¿Es más divertido leer periódicos o revistas o mirar programas de televisión para entretenerse?

14. Si las revistas fueran emitidas por medios electrónicos, ¿las leería más gente?

15. ¿Hay un protocolo que determina quién llama a quién cuando un muchacho quiere salir con una muchacha? ¿Debe una muchacha llamar a un muchacho?

16. ¿Cómo han cambiado las normas sociales para los jóvenes de hoy?

17. Cuando una pareja sale para cenar en un restaurante elegante, ¿quién debe pagar la cuenta?

18. ¿Cuánto tiempo pasan los jóvenes hablando por teléfono o enviando mensajes electrónicos a sus amigos?

La música

19. Hay muchos tipos de conciertos: conciertos de cantantes, de grupos de rock, de orquestas filarmónicas. ¿Qué tipo te gusta más y por que?

20. ¿Qué valor tienen las lecciones de música para los jóvenes? ¿Cómo puede ser pasatiempo la música?

21. ¿Cuáles son algunos de los instrumentos de una orquesta sinfónica?
22. ¿Quál es la diferencia entre la música clásica y la música popular, de rock u otro tipo?
23. ¿Qué se aprende estudiando música?
24. ¿Es necesario tomar lecciones para tocar bien un instrumento?
25. ¿Por qué se relaciona el éxito en los estudios de las matemáticas y la música?

Las películas

26. ¿Se debe tener censura de películas para los jóvenes?
27. Se dice que a los jóvenes les gustan las películas de acción, aventura, o ciencia ficción más que otro tipo. ¿Hay una diferencia entre el tipo de película que atrae a los varones y el que atrae a las muchachas? Explica.
28. Describe las características de una película exitosa en la actualidad.
29. ¿Quiénes son tus actores y actrices favoritos? ¿En qué películas se destacaron?
30. Si tú fueras director de películas, ¿a qué actor o actriz te gustaría contratar?
31. ¿Por qué les atraen tanto a tantas personas todos los detalles de las vidas privadas de las estrellas?
32. ¿Por qué son tan admiradas por los jóvenes las estrellas de la pantalla?
33. ¿Son los actores y las actrices admirados por las mismas razones? Comenta por qué.
34. ¿Cómo son diferentes las películas modernas de las de hace treinta o cuarenta años?

Televisión

35. Se dice que muchos noticieros se parecen más a programas de entretenimiento que de noticias. ¿Por qué?
36. ¿Qué revelan los programas de televisión de los valores de la sociedad?
37. Muchos critican que hoy hay menos diferencia entre la realidad y la fantasía en la televisión. ¿Por qué?
38. Al mirar programas de otras culturas se nota que hay una diferencia entre el contenido y el estilo de presentar la materia visualmente. ¿Por qué?
39. ¿Qué pasará al cine como negocio cuando se pueda mirar todas las películas en la televisión en su propia casa?
40. ¿Qué programas son más populares entre los jóvenes? ¿Por qué?
41. ¿Qué se aprende mirando la televisión?
42. ¿Qué tipos de habilidades se desarrollan mirando la televisión?
43. ¿Es posible utilizar la televisión mejor para educar a la población? ¿Cómo?
44. Se dice que el tipo de programa que ve un joven influye mucho sobre su personalidad. ¿Por qué?
45. Muchos jóvenes no miran mucho la televisión hoy en día. ¿Qué hacen en vez de mirarla?
46. ¿Cuál es la diferencia entre ver la televisión y pasar horas en la red, mirando la pantalla de su computadora?

Los juegos electrónicos

47. ¿A qué se atribuye la popularidad de los juegos electrónicos?
48. ¿Es posible llegar a ser adicto a los juegos electrónicos? ¿Cuáles serían los síntomas del adicto?
49. ¿Qué habilidades se aprenden jugando a los juegos electrónicos?

50. ¿Por qué utiliza el ejército y la fuerza aérea los juegos electrónicos para el adiestramiento de algunos soldados y pilotos?

51. ¿Qué atractivo tienen los juegos electrónicos como *Call of Duty*? ¿Cómo puede este juego beneficiar a una persona? ¿Cómo puede hacerle la vida más difícil?

Las amistades

Las amistades

1. ¿Qué características se destacan en un amigo bueno?
2. ¿A menudo se buscan características diferentes en las amigas que en los amigos? ¿Por qué?
3. ¿Cómo resuelven sus problemas los buenos amigos?
4. ¿Cómo se puede mantener la amistad con alguien si a los padres de uno no les gusta el amigo o amiga?
5. ¿Cuáles son los beneficios de tener muchos amigos?
6. ¿Es necesario tener muchos amigos para estar contento?
7. ¿Por qué tienen algunas personas celos de sus amigos?
8. ¿Qué ventajas hay de tener amigos de otras generaciones y de otras escuelas?
9. Muchas veces se ve que las personas que son buenos amigos cuando son jóvenes no lo son al llegar a su adolescencia. ¿Por qué es normal cambiar los amigos al entrar en una nueva etapa de la vida?
10. ¿Qué se aconsejaría a un joven que no tiene muchos amigos para que pueda encontrar a algún amigo nuevo?
11. ¿Cuál sería tu reacción si uno de tus amigos mintiera a otra persona que es amigo de ustedes?
12. Si un amigo pidiera a otro hacer algo ilegal, ¿Cuál sería tu reacción?
13. ¿Dónde se reúnen los jóvenes normalmente fuera de la escuela? ¿Por qué usan ese lugar?
14. ¿Es posible mantener la amistad si un amigo se muda a otra ciudad? Explica cómo sería posible o no mantenerla a larga distancia.

El trabajo

Para conseguir un trabajo

1. ¿Cómo puede una agencia de trabajos ayudar en la búsqueda de empleo?
2. ¿Dónde se puede encontrar noticias de puestos vacantes?
3. ¿Qué tipo de datos se preguntan en formularios de solicitud?
4. ¿Es difícil para los jóvenes conseguir trabajo? ¿Por qué?
5. ¿Qué se necesita saber para poder avanzar en el empleo?
6. ¿Cómo influye un empleo después de las clases a los estudios en la escuela?

Trabajos para el futuro

7. ¿Debe una educación solamente prepararle a una persona a conseguir un empleo después de graduarse?
8. ¿Cuán diferentes serán los trabajos del futuro de los de hoy?
9. ¿Será posible hacer todo el trabajo en computadoras en la casa en el futuro?

La entrevista

10. ¿Qué sería lo más difícil de pedir al solicitar una posición con una compañía?

11. En una entrevista para un empleo, ¿cómo se puede preparar para tener éxito?

12. ¿Cómo se debe vestirse para entrevistarse?

13. ¿Hay preguntas que no se deben preguntar al entrevistar a alguien para un empleo? ¿Cuáles serían algunos temas que no se aconseja discutir?

14. ¿Qué se puede hacer al encontrar discriminación en el trabajo?

Las carreras

15. ¿Qué oficios les impresionan más a los niños pequeños? ¿Por qué?

16. ¿Cuál es la diferencia entre una carrera y un empleo cualquiera?

17. ¿Cuál debe ser la base para escoger una carrera?

18. ¿Qué carreras serán más necesarias en el futuro?

19. Si el único empleo posible fuera con una compañía responsable de gran abuso del0medio ambiente, ¿trabajarías para ella? Explica.

20. ¿Cómo se diferencian los trabajos actuales de los de hace cincuenta años?

21. ¿Cuáles son las responsabilidades de una empresa para sus empleados? ¿Viceversa?

22. ¿Qué papel tienen los sindicatos en las industrias modernas?

23. ¿Cómo sería tu jefe o gerente idóneo?

24. ¿Hay algún tipo de trabajo que rechazaría aunque si necesitara trabajo? ¿Cuál? ¿Por qué?

25. ¿Debe el gobierno garantizar empleo para todos? ¿Por qué sí o no?

26. ¿Cuál sería un empleo perfecto en tu opinión? Explica.

27. Difícilmente se consigue trabajo sin experiencia, pero para los adolescentes es muy difícil conseguir la experiencia necesaria. ¿Cómo sería posible conseguirla para obtener un puesto?

28. Muchos dicen que el servicio de interno es una buena alternativa al puesto que paga un salario. ¿Cuáles son los beneficios de trabajar como interno?

29. Compara y contrasta los beneficios de un empleo aburrido que ofrece un sueldo alto y uno que sólo ofrece satisfacción con el trabajo.

30. En una época de gran desempleo, ¿cómo se encuentra un empleo de nuevo? ¿Cuáles son algunos de los problemas de las personas de edad mayor sin título universitario o conocimientos tecnológicos? ¿Qué pueden ellos hacer para mejorar su situación? ¿Cuáles son algunos de los obstáculos de esas personas en cuanto a sus posibilidades de obtener trabajo?

La salud

La buena salud

1. ¿Cómo se mantiene de buena salud?

2. ¿Se preocupan los jóvenes hoy de la salud o no? Explica.

3. ¿Es buena idea hacer ejercicio para mantener la buena salud? ¿Por qué? ¿Qué tipo de ejercicio es mejor? ¿Qué le recomendarías a un amigo que hiciera para mantenerse en buena salud?

4. Se ha dicho que muchos jóvenes no se ejercitan bastante. ¿Qué condiciones o situaciones contribuyen a la falta de ejercicio entre los adolescentes?

5. ¿Quiénes se preocupan más de su salud?

6. ¿Qué peligros hay para las muchachas que quieren parecerse a modelos que se ven en revistas para las jóvenes de hoy?

7. ¿Qué se debe enseñar de la salud en los cursos de salud en las escuelas?

8. ¿Dónde se aprende lo que se necesita saber para mantenerse de buena salud?

9. ¿En qué consiste una comida saludable?

10. ¿Cuáles son las influencias de la dieta en la salud?

11. ¿Por qué es muy difícil cambiar los gustos de los jóvenes en cuanto a la comida?

12. ¿Por qué les gusta a tantos jóvenes comer mucho azúcar?

13. ¿Por qué no es bueno comer mucho azúcar?

14. ¿Por qué no comen bien muchos jóvenes?

15. ¿Cuáles con algunos de los cambios que se ven en las costumbres de las familias en cuanto a las comidas?

16. ¿Es saludable la comida que se compra en los supermercados? Explica.

17. ¿Hay prácticas poco higiénicas en la producción de comida? Comenta.

18. ¿Deben los padres obligarles a los niños comer comida saludable pero que no les gusta, como las verduras?

19. ¿Quién debe tener la responsabilidad de comprar y preparar la comida en una casa? ¿Por qué?

20. ¿Cuánta relación hay entre la salud y la personalidad de una persona?

21. ¿Cuánto influyen las actitudes hacia la vida en la salud? ¿Por qué? ¿Puedes dar un ejemplo?

22. ¿Qué relación hay entre la salud física y mental?

Las enfermedades

23. Cuando tú tienes un catarro, ¿qué puedes hacer para aliviar los síntomas?

24. ¿Por qué cuesta tanto hoy día recibir buena atención médica?

25. ¿Por qué tiene tan mala fama la comida de las cafeterías en las escuelas?

26. ¿Cómo afecta la falta de desayuno al comportamiento de los niños en las escuelas? ¿Cómo puede remediarse esto?

27. Una de las carreras más populares ahora es la de cocinero profesional. ¿Cómo se explica esta popularidad?

28. De veras, ¿es necesaria la comida orgánica para gozar de buena salud?

29. ¿Existe una correlación entre la comida y el cáncer? Explica cómo se relacionan.

30. ¿Hay una correlación entre la dieta y la diabetes? Explica cómo se relacionan.

En el hospital

31. ¿Cómo son las enfermeras en el hospital?

32. Si a alguien se le rompe la pierna, ¿qué se hace?

33. ¿Por qué se debe visitar a los amigos cuando están en el hospital?

34. ¿Qué se le lleva a un amigo en el hospital para animarlo?

El hogar

La casa

1. ¿Cuál es tu habitación favorita en una casa? ¿Por qué?
2. ¿Cómo se diferencian las casas de los vecindarios suburbanos de los urbanos?
3. ¿Es diferente la arquitectura de las casas en las regiones donde hace frío y las del sur, donde hace más calor? Explica esta diferencia.
4. ¿Cuán diferentes son las arquitecturas de las casas del oeste en comparación con las del norte?
5. En general, ¿tienen las casas en el sur un sótano o no? ¿Por qué?
6. ¿Cuáles son las ventajas de tener una buhardilla?
7. ¿Por qué cuesta más vivir en una ciudad que en una zona rural?
8. En algunos lugares existe un movimiento hacia las casas más pequeñas. ¿A qué se puede atribuir este movimiento?
9. Generalmente, ¿vive una familia toda la vida en la misma casa o no? Explica por qué.

La vivienda

10. ¿Por qué necesitan unas personas una casa de un solo piso?
11. En su barrio o vecindario, ¿son iguales arquitectónicamente todas las casas, o son diferentes? ¿Cómo?
12. ¿Cuáles son las ventajas de una casa en la ciudad en vez del campo?
13. ¿Cuáles son algunas de las desventajas de vivir en la ciudad? ¿Cuáles son las ventajas de vivir en el campo?
14. ¿Cuáles son las desventajas de vivir en el campo?
15. ¿Qué problemas hay con ser dueño de su propia casa?
16. ¿Por qué cuesta mucho mantener una casa?
17. ¿Cuáles son algunas de las ventajas de alquilar una casa en vez de ser propietario?

La arquitectura

18. ¿Qué revelan las preferencias artísticas y la arquitectura en cuanto a la personalidad de una familia?
19. ¿Cómo influyen los colores de las paredes en las actitudes o las emociones de los habitantes de la casa?
20. ¿Por qué hay tanta diferencia entre la arquitectura de las casas de varias regiones del país?
21. ¿Cómo son diferentes los estilos arquitectónicos de las casas en otros países?
22. ¿Qué determina el material de que se construye una casa?
23. ¿Cuáles son algunos de los mejoramientos de las casas modernas?
24. ¿Qué tipos de aparatos se necesitan en una cocina para preparar la comida?
25. En muchas casas la cocina es la habitación más usada por la familia. ¿Por qué?
26. ¿Cómo se diferencian las cocinas de las casas modernas de las viejas?
27. ¿Cómo se diferencian las casas viejas de las casas modernas? ¿Qué cuarto ha cambiado más?
28. ¿Para qué sirve un garaje además de guardar un coche o varios coches?
29. ¿Cómo se diferencian las casas de vacaciones de las casas en que se vive todo el año?

Responsabilidades caseras

30. ¿Cuáles son algunos de los aparatos que se usan para limpiar en la casa?
31. ¿De dónde vendrá todo el polvo en una casa?
32. ¿Por qué se debe limpiar la casa frecuentemente?
33. ¿Deben los padres pagar a los jóvenes que hacen quehaceres domésticos?
34. ¿Qué problemas presenta una casa en un lugar con mucha hierba y césped?
35. ¿Qué responsabilidades deben tener los chicos en casa? ¿Por qué?

Las relaciones personales

Relaciones entre miembros de la familia

1. ¿En quién se puede confiar más, un miembro de su familia o un amigo?
2. ¿Cómo se diferencian las relaciones entre amigos y miembros de una familia?
3. ¿Qué se les aconsejaría a unos hermanos que riñen todo el tiempo?
4. ¿Por qué hay adolescentes aislados de sus padres?
5. ¿Por qué tienen algunos adolescentes problemas de comunicación con sus padres?
6. ¿Cómo cambia la relación con los padres si falta el padre o la madre en la familia?
7. Actualmente muchas familias son más pequeñas que antes. ¿Cómo han cambiado las relaciones familiares entre las familias más pequeñas?
8. ¿Por qué es difícil mantener las buenas relaciones con parientes que viven lejos?
9. ¿Es natural que las relaciones con algunos parientes sean mejores que con otros? ¿Por qué?
10. ¿Cómo se puede estrechar las relaciones entre la familia y los parientes que viven lejos?
11. ¿Promueve la tecnología como *Twitter* la comunicación intergeneracional o sirve para aislar a los jóvenes de los viejos aún más?
12. ¿Qué papel desempeñan los abuelos en la familia moderna, ya que ahora no viven con ellos como antes?
13. Se dice que la cultura estadounidense moderna se obsesiona con la juventud. ¿A qué se puede atribuir esa obsesión?

Relaciones entre amigos

14. Describe el comportamiento apropiado para mostrar respeto a un amigo.
15. ¿Es fácil o difícil hacerse amigo de una persona muy diferente que ti? ¿Por qué?
16. ¿Es natural que algunas personas no puedan portarse bien con otras? ¿Por qué?

Relaciones entre miembros de una comunidad

17. ¿Dónde aprende uno a relacionarse bien con otras personas?
18. ¿Por qué hay tantos problemas en las escuelas entre los distintos grupos étnicos?
19. ¿Cómo se mejorarían las relaciones entre las razas en las escuelas secundarias de este país?
20. ¿Qué les sugeriría a los estudiantes que hicieran para mejorar las relaciones entre los estudiantes de su escuela?

21. Muchas personas dicen que el énfasis en clubes exclusivos para grupos étnicos subraya las diferencias entre ellos en vez de estimular la cooperación mutua. Explica el razonamiento.

22. ¿Es posible llevarse bien con todo el mundo o no? ¿Por qué?

La moda

Lo que lleva usted

1. ¿Qué tipo de ropa se lleva para momentos de ocio?

2. ¿Qué tipo de ropa es apropiado para asistir a una ocasión formal? Descríbela.

3. ¿Qué tipo de ropa se llevaría para unas vacaciones en la playa? ¿En las montañas y esquiando?

4. ¿Qué tipo de ropa se lleva a la escuela durante el año escolar?

5. ¿Deben los chicos usar uniformes en la escuela o no? ¿Por qué?

6. ¿Cuáles son algunas de las ventajas de tener un uniforme para la escuela?

7. ¿Quién debe lavar y planchar la ropa de los adolescentes en casa? ¿Por qué?

8. ¿Cómo debe alguien procederse con ropa que ha dejado de usar?

9. Se dice que a los muchachos no les gusta ir a comprar ropa con sus madres. ¿Es verdad o no? ¿Por qué?

10. ¿Cómo se explica la diferencia entre las hijas y los hijos en cuanto a la preocupación por la ropa?

El estilo y la moda

11. ¿Cuál es la diferencia entre el estilo y la moda en cuanto a la ropa?

12. ¿Por qué los estilos cambian tanto?

13. ¿Cuál es la relación entre las estaciones y la ropa que se lleva en ellas? Descríbela.

14. Describe la diferencia entre la ropa que llevaban los padres cuando eran jóvenes y la que los jóvenes llevan actualmente.

15. Se dice que es más aceptable vestirse de manera casual actualmente que hace diez o quince años. ¿Por qué?

16. ¿Es mejor la ropa que cuesta más que la que cuesta menos? ¿Por qué?

17. ¿Se debe juzgar a otros dasándose en la ropa que llevan?

18. ¿Qué revela la ropa de la personalidad de la persona que la lleva?

19. ¿Qué se observa del vestido típico de los hombres de negocios? Describe la ropa de un hombre de negocios.

20. Se dice que las chicas se preocupan más de la ropa que los chicos. ¿Es verdad o no? Explica.

La comunidad

Su comunidad

1. ¿Cómo son las comunidades pequeñas en los EEUU? ¿Cómo se difieren esas comunidades pequeñas de las grandes, como la ciudad de Nueva York?

2. ¿Cuáles son las ventajas de una ciudad grande? ¿Las desventajas?

3. ¿Cuáles son las ventajas de una comunidad pequeña? ¿Las desventajas?

4. ¿Hay una correlación entre el tamaño de la comunidad en que tú vives y el tipo de personalidad que posee dicha comunidad? Explica cuál sería y da un ejemplo.

5. ¿Por qué les gusta a algunas personas y familias mudarse a menudo mientras que para otras eso ni se les ocurre?

6. ¿Qué tipos de lugares debe una comunidad mantener para el uso de toda la gente que vive allí?

7. ¿Cuáles son las responsabilidades de las personas dentro de la comunidad?

8. ¿Qué tipo de gobierno debe tener una comunidad?

9. ¿Qué propósito sirven los parques en una comunidad?

10. ¿Qué tipo de servicios debe el ayuntamiento suministrar para la población?

11. ¿Qué importancia tienen los modos de transporte en el desarrollo de una comunidad?

12. ¿Qué se puede hacer para aliviar los embotellamientos de tránsito en las carreteras si la gente se niega a dejar el coche en el garaje?

13. ¿Qué propósito sirven las iglesias en una comunidad?

14. ¿Cuántas escuelas debería haber en una comunidad?

15. ¿Es mejor que los concejales o delegados de un consejo municipal sean elegidos por la comunidad o nombrados por el alcalde? Explica por qué una alternativa sería mejor que la otra.

16. ¿Qué lugares debería existir para los jóvenes en una comunidad? ¿Para los mayores de edad? ¿Para los minusválidos?

17. ¿Qué impacto tiene el clima en una comunidad?

18. ¿Quién tiene la responsabilidad de preparar una comunidad para cualquier catástrofe?

19. ¿Es mejor tener mucha diversidad en una comunidad o no? ¿Cómo pueden mantenerse las buenas relaciones entre los distintos grupos si la hay? ¿Qué beneficios aporta la diversidad? ¿Qué problemas?

20. ¿Qué papel deben las iglesias desempeñar para mejorar la comunicación entre los distintos grupos?

21. ¿Cómo cambia el medio ambiente de una comunidad cuando se construye una fábrica grande en ella?

22. Si se cuenta con una atracción para los turistas, ¿cómo cambia una comunidad para acomodarlos?

23. ¿Qué tipo de tradición comunitaria es mejor para estrechar las relaciones entre todos en una comunidad? Descríbela en detalle.

24. ¿Cuánto debe figurar la historia en la vida de una comunidad? Describe en detalle y da un ejemplo.

25. ¿Cómo difieren las distintas regiones de nuestro país?

26. ¿A qué se atribuyen las diferencias entre las regiones?

27. Compara y contrasta la vida en una comunidad pequeña y una grande.

28. ¿Cómo cambiará la vida en una comunidad cuando la mayoría de la gente que trabaja lo hace desde su propia casa?

29. ¿Qué cambio cambiaría a la comunidad en que vives y por qué?

30. Se dice que la seguridad es el aspecto más importante en la calidad de vida en una comunidad. ¿En qué consiste la seguridad?

31. Se dice que algunas comunidades son mejores que otras para los adolescentes. ¿Qué es para ellos una buena comunidad?

La Tecnología

1. ¿Facilita la tecnología moderna la comunicación con todo el mundo o la complica debido al exceso de información y las complicaciones técnicas?

2. Se dice que programas como Facebook crean un sentido de autoestima falso para las personas que lo usan. ¿Estás de acuerdo o en desacuerdo?

3. Mucha gente cree que sería un beneficio para la raza humana crear niños con características superiores mediante manipulación genética. Defiende o critica esta idea.

4. Se dice que la falta de privacidad amenaza los derechos humanos de la gente, pero para la generación joven esta falta parece no representar ningún peligro. ¿Representa la falta de privacidad entre las redes sociales un ataque contra los derechos de privacidad del usuario? Defiende o critica la idea.

Grammar Review

The following section is a brief review of the most commonly missed points of grammar. The items are divided according to the structural function of words. In some of the previous sections you are referred to this section so that you can understand why you have made inappropriate choices in the fill-in-the-blank sections or on the multiple choice section. You need to categorize the kinds of errors you make so that you can learn to recognize the structure. If you do not understand the overall rule, then you will spend time learning specific examples, which may or may not help you on the actual exam.

TONIC STRESS AND WRITTEN ACCENTS

In Spanish the stress (an elevation of the pitch of voice) occurs normally on the second to last syllable of a word when the word ends with any vowel (**a**, **e**, **i**, **o**, **u**), or the letters **s** or **n**, and no accent is written over the syllable. For words that end with the letters **r, j, l, or z**, the stress normally falls on the last syllable. For this reason, all infinitives have a stress on the last syllable. Any deviation from this rule is indicated by writing an accent above the stressed syllable.

When an accent is needed to stress a syllable containing a diphthong (two vowels, a strong and a weak one), or a triphthong (three vowels, one strong and two weak), the accent is written over the strong vowel in the syllable. For example, in the second person plural forms an accent is written over the **á**is and **é**is to indicate the stress on the last syllable of that verb form as in averig**uái**s and entreg**uéi**s.

At times the accent is written over a weak vowel to form two syllables out of one. For example: at**aú**d has two syllables because the two vowels are equally emphasized. Normally, in the **au** combination, the sound of the **a** dominates because it is the strong vowel.

Sometimes an accent is written over a vowel to differentiate one part of speech from another. Such is the case with the words **él** (he), and **el** (the), **si** (if), and **sí** (yes), **tú** (you) and **tu** (your), and **mí** (me), and **mi** (my), **dé** (give) and **de** (from), **sé** (be, I know) and **se** (reflexive pronoun). Accents are used to differentiate demonstrative pronouns from demonstrative adjectives, **ése**, ese, etc., as well as interrogative pronouns from relative pronouns, such as **quién** from **quien** and **cuándo** from **cuando**.

NOUNS
Gender of Nouns
Masculine

All nouns are either masculine or feminine, with the gender of the noun usually indicated by the vowel at the end of the word. Generally, nouns that end with **-o** or **-or** are masculine. Frequently on the AP exam you will find the exception to this general rule. You should learn the gender of all nouns when you learn the word. It is helpful to remember that nouns that end with **-ama**, **-ema**, and **-ima** are frequently masculine in spite of the fact that they end with the vowel **-a**. Common nouns that fall into this category are:

el clima	el planeta	el sistema	el problema
el día	el tema	el lema	el diploma
el mapa	el poema	el monarca	el Papa
el cometa	el idioma	el tranvía	el albacea

Usually the names of men, male animals, jobs, and titles concerning men, seas, rivers, mountains, trees, metals, languages, days, months, colors, and infinitives used as nouns are all considered masculine nouns.

Feminine

Most words that end with the vowel **-a** are feminine, along with words that end with **-ción**, **-dad**, **-ie**, **-umbre**, **-ud**, and **-sión**. For words that end in **-dor**, a masculine ending, an **-a** is added onto the **-dor** ending, thereby making the noun feminine. You should also remember that **mano** is feminine. (*La mano, las manos.*)

Some exceptions to the rule that words that end in **-ud** are feminine are the words:

el ataúd	el césped	el talmud

There are some nouns that end with the vowel **-a** that are feminine, but require the masculine singular article because the noun begins with a stressed **a** vowel. Some of these nouns are:

el agua	el alma	el ama	el ave
el águila	el hada	el hacha	el haba

When other adjectives modify these nouns, the adjectives take the feminine form:

el *agua frí***a**   **el** *ave neg***ra**

In the plural forms, these nouns take feminine articles. For example:

las aguas	las almas	las amas	las aves
las águilas	las hadas	las hachas	las habas

Masculine nouns end with the letters **-o**, **-aje**, or with **-or** (except for *la sor, la flor, la coliflor,* and *la labor*).

Making Nouns Plural

To make nouns plural: if the noun ends with a vowel you add **-s**. If the noun ends with a consonant (anything other than -a, -e, -i, -o, -u) add **-es** to the word. If the noun ends with the letter **z**, it changes to **c** before the **-es** is added to the end.

For example:

la luz, las luces.

If the noun carries a written accent on the last syllable, remove the written accent since the stress will normally fall on the second to last syllable of any word that ends in the letter **s**.

For example:

*la civiliza**ción*** (with a written accent)

*las civiliza**ciones*** (no written accent)

Some nouns will add a written accent when they become plural forms.
For example:

el jov*en* (no written accent)

los j*óvenes* (with a written accent)

With a few nouns the syllable that carries the tonic stress shifts when the noun is made plural, such as: **ré***gimen*—*regí*menes, es**pé***cimen—espe*címenes, ca**rác***ter—carac*teres.
If the written accent occurs on the third to last syllable, do not change it.

Compound nouns that end in a plural form, such as the word *parabrisas*, do not add an **-es** to the end. But the number of the article changes from **el** *parabrisas*, for example, to **los** *parabrisas*. Days of the week that end with **-es** also do not take **-es**, but rather take a plural article, *el jueves, los jueves*.

Nouns that end with an accented vowel also add **-es**. For example *el rubí, los rubíes*.

Remember that if the accent is not written in the correct location, no credit is given for that item in the fill-in-the-blank section of the writing part of the exam.

PRONOUNS

Pronouns are words that function in the place of nouns. There are seven kinds of pronouns. For each person and number they are:

Personal (Subject) Pronouns

These pronouns function as the subject of verbs.

	Singular	Plural
First Person	*yo*	*nosotros, nosotras*
Second Person	*tú*	*vosotros, vosotras*
Third Person	*él*	*ellos*
	ella	*ellas*
	usted	*ustedes*

(*Usted* can be abbreviated: *Ud.* or *Vd.; ustedes* as *Uds.* or *Vds.*)

These pronouns come before the verbs in declarative sentences. They normally come after the verb in questions, but sometimes are used before.

Direct Object Pronouns

These function as the object of the verb and answer the questions who or what.

	Singular	Plural
First Person	*me*	*nos*
Second Person	*te*	*os*
Third Person	***lo***	***los***
	la	***las***

In Spain the form *le* is used in place of *lo* when the noun the pronoun replaces is masculine.

Indirect Object Pronouns

These function as indirect objects of the verb and answer the questions, *to, for, from, by who* or *whom*.

First Person	*me*	*nos*
Second Person	*te*	*os*
Third Person	*le*	*les*

Reflexive Pronouns

These pronouns show that the action of the verb reflects back on the subject.

First Person	*me*	*nos*
Second Person	*te*	*os*
Third Person	*se*	*se*

Notice in all of the above three types of pronouns, that the first and second forms are the same, only the third person forms are different.

These pronouns are located in the following places:

Before:

1. conjugated verb forms,
2. negative commands.

After and attached to:

1. affirmative commands,
2. present participles (verb forms ending with **-ando** and **-iendo**),
3. infinitives.

When there are two object pronouns, the indirect object pronoun always comes before the direct object pronoun. When a reflexive pronoun and a direct object pronoun are used together, the reflexive object pronoun comes before the direct object pronoun.

When the double object pronouns are both third person (indirect object: *le* or *les*, and the direct object: *lo, la, los, las*), the indirect object is changed to *se*.

When one or two pronouns are added to an affirmative command, an accent is written over the syllable where the stress falls on the verb if the pronouns were not there.

For example:

Lea Ud. el libro. Léalo Ud. (*Lea* is two syllables, **e** is the stem of the verb.)

Lea Ud. el libro a su hermano. Léaselo Ud.

When one or two pronouns are added to a present participle, an accent is written over the beginning of the present participle ending.

For example:

Estoy leyendo el libro. Estoy leyéndolo.

Estoy leyendo el libro a mi hermano. Estoy leyéndoselo.

Imaginaos que estáis vistándonos cuando suena el teléfono.

Estabáis peinándoos cuando llegamos si mal no me acuerdo.

When two pronouns are added to an infinitive, an accent is written over the infinitive ending.

For example:

Voy a leer el libro a mi hermano. Voy a leérselo.

When one pronoun is added to an infinitive, no accent is written over the infinitive ending because the stress normally falls on the last syllable of infinitives since the words end with the letter **r**.

For example:

Voy a leer el libro a mi hermano. Voy a leerlo a mi hermano.

Voy a leer el libro a mi hermano. Voy a leerle el libro.

Prepositional Pronouns

These pronouns function as the object of a preposition, such as *a, de, en, por, para, sobre, sin,* and *con.* Any preposition, simple or compound, requires the use of these forms.

	Singular	Plural
First Person	*mí*	*nosotros, nosotras*
Second Person	*ti*	*vosotros, vosotras*
Third Person	*él*	*ellos*
	ella	*ellas*
	usted	*ustedes*

In the prepositional pronouns, notice that except for the first and second persons singular, these pronouns are the same forms as for the subject pronouns. In addition to the above forms, with the preposition *con* there is a special form, *conmigo, contigo,* and *consigo.*

Demonstrative Pronouns (this, that, these, those)

These forms are either masculine or feminine, depending on the gender of the nouns to which they refer.

| *este* | *estos* | *ese* | *esos* | *aquel* | *aquellos* |
| *esta* | *estas* | *esa* | *esas* | *aquella* | *aquellas* |

When the antecedent (the thing to which these pronouns refer) is a whole idea or phrase, the neuter form can be used:

| *esto* | *eso* | *aquello* |

Indefinite Pronouns

These forms have positive and negative forms.

| *algo* | *nada* |
| *alguien* | *nadie* |

Relative Pronouns

These pronouns function to introduce dependent clauses.

> *el que (la que, los que, las que)*
>
> *el cual (la cual, los cuáles, las cuales)*
>
> *quien quienes*

ADJECTIVES

Most of the problems you will find with adjectives are in recognizing the gender of some of the nouns. Usually on the exam there are no clues as to the gender of the nouns; the modifiers are indeterminate because they end in **e**, are possessive adjectives, or there are no modifiers, such as articles. Make sure when you learn nouns that you learn the gender from the beginning so you can avoid problems with agreement of adjective endings and nouns.

All adjectives agree in gender and number with the nouns they modify. This means that if a noun is feminine, singular or plural, the ending of the adjective is feminine, singular or plural.
For example:

La *mujer alt***a** *lleva* **una** *chaqueta negr***a.**

Las *mujeres alt***as** *llevan* **unas** *chaquetas negr***as.**

If the noun is masculine, singular or plural, the endings are masculine, singular or plural.
For example:

El *hombre alt***o** *lleva* **un** *hermos***o** *traje negr***o.**

Los *hombres alt***os** *llevan* **unos** *hermos***os** *trajes negr***os.**

If the adjective ends in an **e**, it cannot agree in gender, only in number.
For example:

El *elefante gigant***e** *es muy inteligent***e.**

Los *elefantes gigant***es** *son muy inteligent***es.**

If an adjective ends with **-or**, **-ón**, **-án**, or **-ín**, an **a** is added to form the feminine singular, and **-as** for the feminine plural.
For example:

El *nuev***o** *criado es muy trabajad***or.**

La *nuev***a** *estudiante es muy trabajad***ora.**

Las *nuevas estudiantes son muy trabajad***oras.**

Some adjectives are invariable; their endings do not change no matter what the gender of the noun they modify. Some of these are:

maya   azteca   marrón   rosa   alerta   hipócrita

In many cases the **past** participles (forms of the verb ending with **-ado** or **-ido**) can function as adjectives. In these cases, when the past participle always ends with **-o**, simply make the vowel on the end agree in gender and number with the nouns the past participles/adjectives modify. Remember that some past participles are irregular. In some cases there is a different form derived from the verb for the adjective, instead of the past participle. For example, *despertar* has as its past participle, *despertado*. But when used as an adjective, the form is *despierto*. The same is true of the following verbs:

concluir	*concluido*	*concluso*
elegir	*elegido*	*electo*
soltar	*soltado*	*suelto*
sujetar	*sujetado*	*sujeto*
bendecir	*bendecido*	*bendito*
convertir	*convertido*	*converso*
maldecir	*maldecido*	*maldito*

There are a few verbs for which the present participle can be used as an adjective:

hervir	*hirviendo*
arder	*ardiendo*

Position of Adjectives

In general, adjectives that refer to quantity come **in front** of the noun, such as numbers and definite articles.

In general, adjectives that refer to descriptive qualities or characteristics of nouns come **after** the noun.

When there are two or more descriptive adjectives that refer to the same nouns, sometimes one is placed before the nouns; otherwise, they both follow the nouns and are joined by a conjunction, **y**, or are separated by a comma.

There are some adjectives that can come before or after a noun, but whose meaning is determined by where they are placed. The following adjectives are the most common ones of this type:

Adjective	Meaning Before	Meaning After
cierto	some	sure, certain
grande	great, famous	large
mismo	same	only
nuevo	another	modern, just made
solo	only	lone
pobre	unfortunate	destitute, penniless
simple	uncomplicated	silly, stupid
viejo	former	elderly
diferentes	various	not the same
antiguo	former	antique

Some adjectives drop the final **-o** before masculine singular nouns. These adjectives are: **bueno**, **malo**, **primero**, **tercero**, **veintiuno**, **uno**, **alguno**, and **ninguno**. The adjectives **alguno** and **ninguno** add a written accent when the final **-o** is dropped: **algún**, **ningún**.

The adjective **grande** drops the final **-de** before masculine and feminine nouns. For example:

Una **gran** *dama*   *Un* **gran** *hombre*

The number **ciento** drops the final **-to** before any nouns, masculine or feminine. For example:

cien *años*   **cien** *noches*

The title **santo** drops the final **-to** before all masculine names except those beginning with **Do** or **To**. For example:

San Amselmo   **Santo Domingo**

San Isidro   **Santo Tomás**

Nominalization of Adjectives

Placing **lo** before an adjective means that it can be used as a noun.
   For example:

Lo importante (The important thing)

Los rojos (The red ones)

Possessive Adjectives

The possessive adjectives are:

mi, mis	=	my	*nuestro, -a*	=	our
			nuestros, -as		
tu, tus	=	your	*vuestro, -a*	=	your
			vuestros, -as		
su, sus	=	his	*su, sus*	=	their
		her			your
		its			
		your			

Possessive adjectives agree in gender and number with the objects that are possessed, not with the possessor.
   For example:

El chico llevó **sus** *libros.* = The boy took his books.

(**Sus** is plural because **libros** is plural.)

Demonstrative Adjectives

The demonstrative adjectives are:

este = this (masculine)	*estos* = these (masculine)
esta = this (feminine)	*estas* = these (feminine)
esto = this (neuter)	
ese = that (masculine)	*esos* = those (masculine)
esa = that (feminine)	*esas* = those (feminine)
eso = that (neuter)	
aquel = that (masculine)	*aquellos* = those (masculine)
aquella = that (feminine)	*aquellas* = those (feminine)

The significant point of grammar to remember about demonstrative adjectives is the difference between *ese (esos, esa, esas)* and *aquel (aquellos, aquella, aquellas)*. *Ese* refers to objects or persons nearer at hand than *aquel*. This distance can be expressed in temporal or spatial dimensions. For example: *En aquellos días vivía un rey muy poderoso ...* meaning *in those long ago times there lived ....* (Distance in time is implicit since *aquellos* is used.)

The following suffix can be added to adjectives: *-ísimo*

When the suffix is added to an adjective that ends with **-co**, the spelling is changed to preserve the **k** sound of the **c**.

For example:

poco	*poquísimo*
rico	*riquísimo*

Comparatives of Inequality

To form the comparatives of adjectives and adverbs the following structures are used:
Place **más** or **menos** before the noun, adjective, or adverb; then follow it with **que**.
For example:

*Este estudiante tiene **más** libros **que** el otro.*

*Este estudiante tiene **menos** libros **que** el otro.*

*Este chico es **más** aplicado **que** el otro.*

*Este chico es **menos** aplicado **que** el otro.*

*Este chico trabaja **más** rápidamente **que** el otro.*

*Este chico trabaja **menos** rápidamente **que** el otro.*

The following adjectives have irregular forms in the comparative:

Adjective	Comparative
bueno (good)	**mejor** (better)
malo (bad)	**peor** (worse)
joven (young)	**menor** (younger)
viejo (old)	**mayor** (older)

These comparative forms cannot agree in gender with the nouns they modify, but they can be made plural.

For example:

Esta máquina es **mejor que** *la otra.*

Estas máquinas son **mejores que** *las otras.*

Esta máquina es **peor que** *la otra.*

Estas máquinas son **peores que** *las otras.*

Esta casa es **mayor que** *la otra.* (This house is older than the other one.)

Estas casas son **mayores que** *las otras.* (These houses are older than the other ones.)

The irregular forms for the adjectives **mucho** and **poco** are **más** and **menos**.

For example:

Hay **mucha** *gente en la cafetería.*

Hay **muchas** *personas en la cafetería.* (There are many people in the cafeteria.)

Hay **más** *personas en la cafetería.* (There are more people in the cafeteria.)

Hay **poca** *gente en la cafetería.* (There are few people in the cafeteria.)

Hay **pocas** *personas en la cafetería.* (There are a few people in the cafeteria.)

Mayor in the comparative form means greater and **menor** means lesser.

For example:

El asunto de **mayor** *importancia es la cuestión de moralidad.* (The matter of greater importance is the question of morality.)

Es de **menor** *importancia preocuparse de este asunto.* (It is of lesser importance to worry about this matter.)

Comparatives of Equality

The comparatives of equality are formed as follows:

as + adjective or adverb + as

tan + adjective or adverb + **como**

For example:

Este chico es **tan** *alto* **como** *su compañero.* (This boy is as tall as his friend.)

Este chico corre **tan** *rápido* **como** *su compañero.* (This boy runs as fast as his friend.)

as + the noun + as

tanto (**a**) + noun + **como**

For example:

Este chico tiene **tanto** *talento* **como** *su compañero.* (This boy has as much talent as his friend.)

Este chico tiene **tanta** *energía* **como** *su compañero.* (This boy has as much energy as his friend.)

Este chico tiene **tantos** *libros* **como** *su compañero.* (This boy has as many books as his friend.)

Este chico tiene **tantos como** *su compañero. (This boy has as many as his friend or This boy has as much as his friend.)*

Superlative Constructions

The superlatives of adjectives are formed by placing a definite article (**el**, **la**, **los**, **las**) before the comparative forms.

For example:

Este chico es **el más** *alto* **de** *la clase.* (This boy is the tallest in the class.)

Este chico es **el mejor** *jugador de fútbol* **de** *la clase.* (This boy is the best soccer player in the class.)

Notice that the English word *in* is rendered with **de**.

The expressions for *as soon as possible* are:

cuanto antes

lo más pronto posible

tan pronto como posible

Absolute Superlatives

When no comparison is expressed, the ending **-ísimo** (**-a**, **-os**, **-as**) is added to the adjective.

For example:

Tiene **muchísimos** *problemas.* (He has many, many problems.)

Tiene **muchísima** *tarea.* (He has a lot of work.)

Adjectives ending in a vowel drop the vowel before adding **-ísimo**. Adjectives that end in **-co** change the **co** to **qu**; endings of **-go** change the **g** to **gu**, **z** changes to **c** and **-ble** changes to **-bil**.

For example:

*Esta película es mal**a**—Esta película es mal**í**sima.*

*Este hombre es ri**co**—Este hombre es ri**qu**isímo.*

*Este libro es lar**go**—Este libro es lar**gu**ísimo.*

*Este chico está feli**z**—Este chico está feli**c**ísimo.*

*Este profesor es ama**ble**—Este profesor es ama**bil**ísimo.*

When the absolute superlative form is added to an adverb, the form is invariable; it always ends with **-ísimo**.

VERBS

Verbs have four different kinds of forms: (1) the infinitive, (2) the conjugated verb, (3) the past participle, and (4) the present participle.

Infinitives

Infinitives are somewhat different in Spanish than they are in English. In Spanish the function of an infinitive in a sentence can be as the subject of a conjugated verb, the object of a conjugated verb, or the object of a preposition. When the infinitive functions as the subject of a sentence, it is translated into English as a gerund.

For example:

El caminar le ayuda mantenerse en forma. (Walking helps you stay in shape.)

Me gusta caminar por el parque. (I like to walk through the park.)

When the infinitive functions as the object of a verb, it can also be translated as a gerund. For example:

Su padre le dejó salir en seguida. (His father let him leave immediately.)

No pudo soportar más las injurias del gentío en la calle. (He could not stand the insults of the crowd in the street.)

As the object of a preposition, the translation of the infinitive depends upon the preposition used. The preposition **a** is used after verbs of motion, beginning, inviting, helping, and exhorting.

After the preposition **a** and article **el**, the infinitive indicates that two things are happening simultaneously.

For example:

Al divisar la costa por la neblina, lloró por pura alegría. (Upon seeing the coast through the mist, he cried out of joy.)

In conversational Spanish, the preposition **a**, followed by an infinitive is sometimes used in place of a direct command.

For example:

¡A ver! (Let's just see!)

When the preposition **con** comes before the infinitive, the meaning is one of concession or manner.

For example:

Con dedicar más tiempo al trabajo, lo acabarás. (With a harder effort, you will finish it or If you work a little harder, you will finish it.)

When the infinitive follows the preposition **de**, some kind of condition is indicated.
For example:

De haberlo pensado un poco más, no lo habría hecho. (If he had thought about it a little more, he would not have done it.)

Notice that in this case, the clause introduced by the preposition is part of an if-then statement, and has replaced the clause that normally contains the past subjunctive.

The preposition **por** followed by an infinitive indicates motive for an event or situation. For example:

No le permitieron entrar por no llevar una corbata ni traje formal. (They did not let him in because he was not wearing proper attire.)

The preposition **sin** indicates a negative meaning.
For example:

El asunto todavía quedó sin resolver. (The matter is still unresolved.)

The preposition **para** indicates purpose and means *in order to*.
For example:

Lo invitó para hacerle sentirse bien acogido. (She invited him to make him feel very welcome.)

Conjugated Verb Forms

There are three conjugations: verbs that end with **-ar**, verbs that end with **-er**, and verbs that end with **-ir**. For each conjugation there are different endings indicating tenses and moods. The tenses are:

Indicative	Subjunctive
Present	Present
Present Progressive	Present Progressive
Present Perfect	Present Perfect
Imperfect	Past (Imperfect)

Indicative	Subjunctive
Past Progressive	Past Progressive
Pluperfect	Past Perfect
Preterite	
Pluscuamperfect	
Future	
Future Progressive	
Future Perfect	
Conditional	
Conditional Progressive	
Conditional Perfect	

Within each of these tenses there are four different categories of verbs: (1) regular conjugations, (2) irregular conjugations, (3) stem changing conjugations, and (4) orthographic or spelling change conjugations. To conjugate verbs in all of these categories, take the infinitive ending off of the stem of the verb (the **-ar**, **-er**, **-ir** ending) and add the appropriate ending (the ending that agrees with the subject of the verb). For each kind **except** regular verbs, however, there are changes that must be made in the stem of the verb in many verbal tenses. Irregular verbs have forms that do not conform to any regular pattern and these must be memorized. Stem changing verbs can be classified so that the changes are more easily remembered. Orthographic verbs have spelling changes that occur for the letters **c**, **g**, and **z** when they are followed by certain vowels.

1. REGULAR VERBS

To conjugate verbs, for the following tenses, take off the infinitive ending, (**-ar**, **-er**, or **-ir**) and add the following endings:

Simple Indicative Tenses

Present Indicative of **-ar** verbs		Present Indicative of **-er** verbs		Present Indicative of **-ir** verbs	
-o	-amos	-o	-emos	-o	-imos
-as	-áis	-es	-éis	-es	-ís
-a	-an	-e	-en	-e	-en

Preterite Indicative of **-ar** verbs		Preterite Indicative of **-er** verbs		Preterite Indicative of **-ir** verbs	
-é	-amos	-í	-imos	-í	**-imos**
-aste	-asteis	-iste	-isteis	-iste	-isteis
-ó	-aron	-ió	-ieron	-ió	-ieron

Imperfect Indicative of **-ar** verbs		Imperfect Indicative of **-er** verbs		Imperfect Indicative of **-ir** verbs	
-aba	-ábamos	-ía	-íamos	-ía	-íamos
-abas	-abais	-ías	-íais	-ías	-íais
-aba	-aban	-ía	-ían	-ía	-ían

The following endings are added to the infinitive form of all three conjugations:

Future Indicative

-é	-emos
-ás	-éis
-á	-án

Conditional Indicative

-ía	-íamos
-ías	-íais
-ía	-ían

(Notice that these endings are the same as endings for the second and third conjugation imperfect endings, except that they are only added to the end of the infinitives.)

Compound Indicative Tenses

To form the compound or perfect tenses, conjugate the verb **haber** in each of the above tenses and follow it with the past participle. The past participle is formed by removing the **-ar**, **-er**, or **-ir** endings and adding **-ado** for **-ar** verbs and **-ido** for **-er** and **-ir** verbs. The forms for the verb **haber** in each of the above tenses are:

Present Indicative		Imperfect Indicative	
he	hemos	había	habíamos
has	habeis	habías	habíais
ha	han	había	habían

Preterite Indicative		Conditional Indicative	
hube	hubimos	habría	habríamos
hubiste	hubisteis	habrías	habríais
hubo	hubieron	habría	habrían

Future Indicative	
habré	habremos
habrás	habrán
habrá	habrán

There are a number of irregular past participles that are commonly found on the Advanced Placement exam. They are as follows:

abrir	**abierto**	revolver	**revuelto**
cubrir	**cubierto**	deshacer	**deshecho**
descubrir	**descubierto**	satisfacer	**satisfecho**
decir	**dicho**	bendecir	**bendicho**
hacer	**hecho**	maldecir	**maldicho**
morir	**muerto**	imponer	**impuesto**
poner	**puesto**	oponer	**opuesto**
romper	**roto**	suponer	**supuesto**
soltar	**suelto**	sobreponer	**sobrepuesto**
volver	**vuelto**	componer	**compuesto**
envolver	**envuelto**	resolver	**resuelto**
devolver	**devuelto**		

SIMPLE SUBJUNCTIVE

Present Subjunctive

To form the present subjunctive, notice that the endings for **-er** and **-ir** verbs are identical.

-ar		**-er** and **-ir**	
-e	-emos	-a	-amos
-es	-éis	-as	-áis
-e	-en	-a	-an

Past (Imperfect) Subjunctive

There are two sets of endings that can be used interchangeably, although there are some regional preferences for one or the other in some cases in the Spanish-speaking world.

-ar (Set 1)		**-er** and **-ir (Set 1)**	
-ara	-áramos	-iera	-iéramos
-aras	-arais	-ieras	-ierais
-ara	-aran	-iera	-ieran

-ar (Set 2)		**-er** and **-ir (Set 2)**	
-ase	-ásemos	-ese	-ésemos
-ases	-aseis	-eses	-eseis
-ase	-asen	-ese	esen

Compound Subjunctive Tenses

To form the present perfect or the pluperfect subjunctive, conjugate the verb **haber** in either the present or the past subjunctive with a past participle (**-ado, -ido**). **(See past participles for discussion of irregular past participles.)**

haya	hayamos	hubiera o hubiese	hubiéramos o hubiésemos
hayas	hayais	hubieras o hubieses	hubieseis o hubieseis
haya	hayan	hubiera o hubiese	hubieran o hubiesen

2. IRREGULAR VERBS

There are only a dozen or so irregular verbs that you are likely to use on the exam. They are: **caber, dar, decir, estar, hacer, ir, oír, poder, poner, querer, saber, ser, tener, traer, valer, venir, ver.**

CABER

Present Indicative		Present Subjunctive	
quepo	cabemos	quepa	quepamos
cabes	cabéis	quepas	quepáis
cabe	caben	quepa	quepan

Preterite Indicative		Past Subjunctive	
cupe	cupimos	cupiera	cupiéramos
cupiste	cupisteis	cupieras	cupierais
cupo	cupieron	cupiera	cupieran

Imperfect Indicative

cabía	*cabíamos*
cabías	*cabíais*
cabía	*cabían*

Future Indicative

cabré	*cabremos*
cabrás	*cabréis*
cabrá	*cabrán*

Conditional Indicative

cabría	*cabríamos*
cabrías	*cabríais*
cabría	*cabrían*

DAR

Present Indicative

doy	*damos*
das	*dais*
da	*dan*

Present Subjunctive

dé	*demos*
des	*deis*
dé	*den*

Preterite Indicative

di	*dimos*
diste	*disteis*
dio	*dieron*

Past Subjunctive

diera	*diéramos*
dieras	*dierais*
diera	*dieran*

Imperfect Indicative

daba	*dábamos*
dabas	*dabais*
daba	*daban*

Future Indicative

daré	*daremos*
darás	*daréis*
dará	*darán*

Conditional Indicative

daría	*daríamos*
darías	*daríais*
daría	*darían*

DECIR

Present Indicative

digo	*decimos*
dices	*decís*
dice	*dicen*

Present Subjunctive

diga	*digamos*
digas	*digáis*
diga	*digan*

Preterite Indicative

dije	*dijimos*
dijiste	*dijisteis*
dijo	*dijeron*

Past Subjunctive

dijera	*dijéramos*
dijeras	*dijerais*
dijera	*dijeran*

(The imperfect indicative is regular.)

Future Indicative

diré	*diremos*
dirás	*diréis*
dirá	*dirán*

Conditional Indicative

diría	*diríamos*
dirías	*diríais*
diría	*dirían*

ESTAR

(The verb **andar** is conjugated the same as the verb **estar** in the preterite.)

estoy	estamos	esté	estemos
estás	estáis	estés	estéis
está	están	esté	estén
estuve	estuvimos	estuviera	estuviéramos
estuviste	estuvisteis	estuvieras	estuvierais
estuvo	estuvieron	estuviera	estuvieran
estaba	estábamos		
estabas	estabais		
estaba	estabam		

HACER

hago	hacemos	haga	hagamos
haces	hacéis	hagas	hagáis
hace	hacen	haga	hagan
hice	hicimos	hiciera	hiciéramos
hiciste	hicisteis	hicieras	hicierais
hizo	hicieron	hiciera	hicieran
haré	haremos	haría	haríamos
harás	haréis	harías	haríais
hará	harán	haría	harían

IR

voy	vamos	vaya	vayamos
vas	vais	vayas	vayáis
va	van	vaya	vayan
fui	fuimos	fuera	fuéramos
fuiste	fuisteis	fueras	fuerais
fue	fueron	fuera	fueran
iba	íbamos		
ibas	ibais		
iba	iban		

OÍR

oigo	oímos	oiga	oigamos
oyes	oís	oigas	oigáis
oye	oyen	oiga	oigan
oí	oímos	oyera	oyéramos
oíste	oísteis	oyeras	oyerais
oyó	oyeron	oyera	oyeran

Whenever the verb ending contains an unstressed **i** in the ending after a vowel in the stem, as in the third person singular and plural of the second and third conjugation infinitives (**-ió**), the **i** is changed to **y**. This happens with the verbs **creer**, **poseer**, and **leer** in the preterite: **creyó**, **leyó**. Notice that this will not happen with verbs that end with **-ar** because there is no **i** **in the third person singular or plural preterite endings**.

(The imperfect, future, and conditional forms of this verb are regular.)

PODER

Present Indicative

puedo	podemos
puedes	podéis
puede	pueden

Present Subjunctive

pueda	podamos
puedas	podáis
pueda	puedan

Preterite Indicative

pude	pudimos
pudiste	pudisteis
pudo	pudieron

Past Subjunctive

pudiera	pudiéramos
pudieras	pudierais
pudiera	pudieran

(The imperfect forms for this verb are regular.)

Future

podré	podremos
podrás	podréis
podrá	podrán

Conditional

podría	podríamos
podrías	podríais
podría	podrían

PONER

Present Indicative

pongo	ponemos
pones	ponéis
pone	ponen

Present Subjunctive

ponga	pongamos
pongas	pongáis
ponga	pongan

Preterite Indicative

puse	pusimos
pusiste	pusisteis
puso	pusieron

Past Subjunctive

pusiera	pusiéramos
pusieras	pusierais
pusiera	pusieran

(The imperfect forms of this verb are regular.)

Future

pondré	pondremos
pondrás	pondréis
pondrá	pondrán

Conditional

pondría	pondríamos
pondrías	pondríais
pondría	pondrían

QUERER

Present Indicative

quiero	queremos
quieres	queréis
quiere	quieren

Present Subjunctive

quiera	queramos
quieras	queráis
quiera	quieran

Preterite Indicative

quise	quisimos
quisiste	quisisteis
quiso	quisieron

Past Subjunctive

quisiera	quisiéramos
quisieras	quisierais
quisiera	quisieran

(The imperfect forms of this verb are regular.)

Future Indicative

querré	querremos
querrás	querréis
querrá	querrán

Conditional Indicative

querría	querríamos
querrías	querríais
querría	querrían

SABER

Present Indicative

sé	sabemos
sabes	sabéis
sabe	saben

Present Subjunctive

sepa	sepamos
sepas	sepáis
sepa	sepan

Preterite Indicative

supe	supimos
supiste	supisteis
supo	supieron

Past Subjunctive

supiera	supiéramos
supieras	supierais
supiera	supieran

(The imperfect indicative forms of this verb are regular.)

Future Indicative

sabré	sabremos
sabrás	sabréis
sabrá	sabrán

Conditional Indicative

sabría	sabríamos
sabrías	sabríais
sabría	sabran

SER

Present Indicative

soy	somos
eres	sois
es	son

Present Subjunctive

sea	seamos
seas	seáis
sea	sean

Preterite Indicative

fui	fuimos
fuiste	fuisteis
fue	fueron

Past Subjunctive

fuera	fuéramos
fueras	fuerais
fuera	fueran

Imperfect Indicative

era	éramos
eras	erais
era	eran

(The future and conditional forms of this verb are regular.)

TENER

Present Indicative

tengo	tenemos
tienes	tenéis
tiene	tienen

Present Subjunctive

tenga	tengamos
tengas	tengáis
tenga	tengan

Preterite Indicative		Past Subjunctive	
tuve	*tuvimos*	*tuviera*	*tuviéramos*
tuviste	*tuvisteis*	*tuvieras*	*tuvierais*
tuvo	*tuvieron*	*tuviera*	*tuvieran*

(The imperfect forms of this verb are regular.)

Future Indicative		Conditional Subjunctive	
tendré	*tendremos*	*tendría*	*tendramos*
tendrás	*tendréis*	*tendrías*	*tendríais*
tendrá	*tendrán*	*tendría*	*tendrían*

TRAER

Present Indicative		Present Subjunctive	
traigo	*traemos*	*traiga*	*traigamos*
traes	*traéis*	*traigas*	*traigáis*
trae	*traen*	*traiga*	*traigan*

VALER

Present Indicative		Present Subjunctive	
valgo	*valemos*	*valga*	*valgamos*
vales	*valéis*	*valgas*	*valgáis*
vale	*valen*	*valga*	*valgan*

Preterite Indicative		Past Subjunctive	
valí	*valimos*	*valiera*	*valiéramos*
valiste	*valisteis*	*valieras*	*valierais*
valió	*valieron*	*valiera*	*valieran*

(The imperfect forms of this verb are regular.)

Future Indicative		Conditional Indicative	
valdré	*valdremos*	*valdría*	*valdríamos*
valdrás	*valdréis*	*valdrías*	*valdríais*
valdrá	*valdrán*	*valdría*	*valdrían*

VENIR

Present Indicative		Present Subjunctive	
vengo	*venimos*	*venga*	*vengamos*
vienes	*venís*	*vengas*	*vengáis*
viene	*vienen*	*venga*	*vengan*

Preterite Indicative		Past Subjunctive	
vine	*vinimos*	*viniera*	*viniéramos*
viniste	*vinisteis*	*vinieras*	*vinierais*
vino	*vinieron*	*viniera*	*vinieran*

(The imperfect forms of this verb are regular.)

Future Indicative		Conditional Indicative	
vendré	*vendremos*	*vendría*	*vendríamos*
vendrás	*vendréis*	*vendrías*	*vendríais*
vendrá	*vendrán*	*vendría*	*vendrían*

VER

Present Indicative		Present Subjunctive	
veo	*vemos*	*vea*	*veamos*
ves	*veis*	*veas*	*veáis*
ve	*ven*	*vea*	*vean*

Preterite Indicative		Past Subjunctive	
vi	*vimos*	*viera*	*viéramos*
viste	*visteis*	*vieras*	*vierais*
vio	*vieron*	*viera*	*vieran*

Imperfect Indicative	
veía	*veíamos*
veías	*veíais*
veía	*veían*

(The future and conditional indicative forms of this verb are regular.)

3. STEM CHANGING VERBS

Verbs whose conjugated forms have a change in the stem (the radical) of the verb can be classified as follows: Class I, Class II, or Class III.

CLASS I

All of the verbs in Class I are **-ar** and **-er** infinitives. These verbs have a change **only** in the **present tense**. The change is from **e** to **ie** and **o** to **ue** in the first, second, and third persons singular and the third person plural. It does not have a change in the first and second person plural because the stress is on the ending of the verb form, not on the stem of the verb. An example of these two changes is:

Present Indicative

pensar (ie)		*volver (ue)*	
p**ie**nso	pensamos	v**ue**lvo	volvemos
p**ie**nsas	pensáis	v**ue**lves	volvéis
p**ie**nsa	p**ie**nsan	v**ue**lve	v**ue**lven

In the subjunctive forms, all the stem changes occur exactly as they do in the indicative, in all of the same persons and numbers:

Present Subjunctive

p**ie**nse	pensemos	v**ue**lva	volvamos
p**ie**nses	penséis	v**ue**lvas	volváis
p**ie**nse	p**ie**nsen	v**ue**lva	v**ue**lvan

These verbs are indicated in dictionaries with the letters of the change in parentheses after the infinitive. Other verbs of this Class I change are: *sentarse, empezar, encontrar, contar, costar, despertar, atravesar, recomendar, comenzar, entender, volver, envolver, devolver, revolver, perder, defender, rogar, negar, nevar, oler, soltar, mover, mostrar, demostrar, llover, jugar.*

The verb **oler** is irregular in the present because an **h** is added to the beginning of the verb:

Present Indicative		Present Subjunctive	
huelo	olemos	**h**uela	olamos
hueles	oléis	**h**uelas	oláis
huele	**h**uelen	**h**uela	**h**uelan

The verb is regular in all other tenses and forms.

CLASS II

These stem changing verbs are all third conjugation verbs (they end with **-ir**). These verbs change **e** to **ie** and **o** to **ue** in the same persons and numbers as the Class I verbs (first, second, and third persons) in the present tense, but also have a change in the preterite forms. The preterite changes are **e** to **i** and **o** to **u** in the third persons singular and plural.

Present Indicative

sentir (ie, i)		*dormir (ue, u)*	
s**i**ento	sentimos	d**ue**rmo	dormimos
s**i**entes	sentís	d**ue**rmes	dormís
s**i**ente	s**i**enten	d**ue**rme	d**ue**rmen

Preterite Indicative

sentir (ie, i)		*dormir (ue, u)*	
sentí	sentimos	dormí	dormimos
sentiste	sentisteis	dormiste	dormisteis
s**i**ntió	s**i**ntieron	d**u**rmió	d**u**rmieron

In the present subjunctive the **e** changes to **ie** in the first, second, and third singular and the third plural forms, and changes from **e** to **i** in the first and second persons plural:

Present Subjunctive

sentir (ie, i)		*dormir (ue, u)*	
s**i**enta	s**i**ntamos	d**ue**rma	d**u**rmamos
s**i**entas	s**i**ntáis	d**ue**rmas	d**u**rmáis
s**i**enta	s**i**entan	d**ue**rma	d**ue**rman

In the preterite forms the change occurs in all forms in the past subjunctive:

sentir (ie, i)		*dormir (ue, u)*	
s**i**ntiera	s**i**ntiéramos	d**u**rmiera	d**u**rmiéramos
s**i**ntieras	s**i**ntierais	d**u**rmieras	d**u**rmierais
s**i**ntiera	s**i**ntieran	d**u**rmiera	d**u**rmieran

Morir is the only other Class II verb in which **o** changes to **ue**. Other verbs that are similar to the above verbs are: *divertirse* and *arrepentir*.

The present participles (**-iendo**) will have the change in the stem of the participle, from **e** to **i** and **o** to **u**. For example: *sintiendo* and *durmiendo*.

CLASS III

These stem changing verbs all end in **-ir** and change **e** to **i** in the first, second, and third persons singular, and third person plural in the present tense. The change in the preterite is from **e** to **i** in the third persons singular and plural. There are no **o** to **ue** changes.

Present Indicative		Present Subjunctive	
pido	*pedimos*	*pida*	*pidamos*
pides	*pedís*	*pidas*	*pidáis*
pide	*piden*	*pida*	*pidan*

pedir (i, i)

Notice the same stem change occurs in all forms of the present subjunctive.

Preterite Indicative		Past Subjunctive	
pedí	*pedimos*	*pidiera*	*pidiéramos*
pediste	*pedisteis*	*pidieras*	*pidierais*
pidió	*pidieron*	*pidiera*	*pidieran*

The same stem change occurs in all forms of the past subjunctive.

Other verbs that are conjugated like *pedir* are: *elegir, pedir (impedir, despedir), servir, vestir, reñir,* and *reír.*

The verb *reír* has the following changes in accent marks because it is a single syllable stem:

Present Indicative		Present Subjunctive	
río	*reímos*	*ría*	*riamos*
ríes	*reís*	*rías*	*riáis*
ríe	*ríen*	*ría*	*rían*

Preterite Indicative		Past Subjunctive	
reí	*reímos*	*rieran*	*riéramos*
reíste	*reísteis*	*rieras*	*rierais*
rio	*rieron*	*riera*	*rieran*

In the above forms notice that *reír* is a stem changing verb, so the stem contains an **i** in the third person singular and plural, and the accent falls in the normal position for the preterite **-ir** conjugations.

The present participles of Class III verbs will have the stem change of **e** to **i**: *pidiendo, riendo.*

4. ORTHOGRAPHIC VERBS

Verbs that have spelling changes because of the sequence of certain consonants, **c, g,** and **z** when followed by certain vowels, are called orthographic verbs.

The vowels **a** and **o** are hard vowels; **e** and **i** are soft vowels. When the letter **c** is followed by a hard vowel, the sound of **c** is the same as **k** in English. (*Sacar* in Spanish is pronounced as if the **c** were a **k**.) When the **c** is followed by a soft vowel the **c** has an **s** sound. (*Conocer* is pronounced as if the **c** were an **s** in the last syllable.) Therefore, wherever the initial vowel of an ending is the opposite of what is found in the infinitive, there are the following spelling changes:

1. **-car** infinitives. Change the **c** to **qu** when the ending begins with an **e** or an **i**:

Buscar

(preterite indicative, first person singular)

busqué	*buscamos*
buscaste	*buscasteis*
buscó	*buscaron*

(Notice that only the first person singular ending begins with the letter **e**, so it is the only one that changes spelling.)

Buscar

(present subjunctive, all forms)

busque	**busquemos**
busques	**busquéis**
busque	**busquen**

(Notice that all of these endings begin with the letter **e** so there is a change in the spelling. Notice also that there is no accent on the first person singular form.)

Some other common verbs that have this change are: *practicar, explicar, tocar, comunicar, ahorcar, abarcar, embarcar, arrancar, atacar, equivocar, provocar, destacar, marcar, ubicar, evocar, sacar,* and *volcar*.

2. **-cer** infinitives. Add a **z** before the **c**:

Conocer

(present indicative, first person singular only)

*cono**z**co*	*conocemos*
conoces	*conocéis*
conoce	*conocen*

(Notice that all the other endings begin with the letter **e**, which is soft, so no other change is needed.)

Conocer

(*present subjunctive, all forms*)

*cono**z**ca*	*cono**z**camos*
*cono**z**cas*	*cono**z**cáis*
*cono**z**ca*	*cono**z**can*

(Notice that all of the endings in the subjunctive begin with a hard vowel, so all the forms change.)

Some other common verbs that have these changes are: *parecer, perecer, fallecer, crecer, nacer, merecer, establecer, padecer, obscurecer, anochecer, amanecer, acontecer, aborrecer, apetecer, aparecer, complacer, carecer, desaparecer, empobrecer, enriquecer, embrutecer, enrojecer, entristecer, envejecer, florecer, permanecer, pertenecer, torcer,* and *yacer*.

3. -ducir infinitives:

(In the present indicative, add a **z** before the **c** in the first person singular indicative.)

Traducir
(present indicative, first person singular)

traduzco	traducimos
traduces	traducís
traduce	traducen

(Notice that the first person singular indicative is the only ending that begins with a hard vowel, so it is the only one that adds **z** before **c**.)

Traducir
(present subjunctive, all forms)

traduzca	traduzcamos
traduzcas	traduzcáis
traduzca	traduzcan

(Notice that all the endings begin with the letter **a** so all of the forms add the **z**.)
In the preterite change the **c** to **j**:

Traducir
(preterite indicative, all forms)

traduje	tradujimos
tradujiste	tradujisteis
tradujo	tradujeron

Traducir
(past subjunctive, all forms)

tradujera	tradujéramos
tradujeras	tradujerais
tradujera	tradujeran

Some other common verbs that are conjugated like *traducir* are: *producir, conducir, balbucir, lucir, deducir,* and *reducir.*

The letter **g** has two sounds depending on which letter follows it. When **g** is followed by the letter **a**, **o**, or **u** (as in *pagar*), it has a hard sound like the **g** in the English word *go.*

When the letter **g** is followed by the letter **e** or **i**, then the sound is soft, as in the English word, *general.*

4. -gar infinitives. Add a **u** before the endings with soft vowels:

Pagar
(first person singular in the preterite only)

pagué	pagamos
pagaste	pagasteis
pagó	pagaron

(Notice that the first person is the only ending that begins with the letter **e** in the preterite, so it is the only form that changes in this tense.)

Pagar

(present subjunctive, all forms)

pague	*paguemos*
pagues	*paguéis*
pague	*paguen*

(Notice that all of the present subjunctive endings begin with the letter **e** so all the forms add the **u** before the ending.)

Some other common verbs that are conjugated like *pagar* are: *jugar, llegar, rogar, negar, ahogar, investigar, indagar, obligar, abrigar, castigar, interrogar, embriagar, propagar, entregar, cegar, colgar, desasosegar, fregar,* and *desplegar.*

5. **-ger** infinitives. Change the **g** to **j** before **a** and **o**:

Escoger

(present indicative, first person singular only)

escojo	*escogemos*
escoges	*escogéis*
escoge	*escogen*

(Notice that the first person singular is the only ending that begins with a hard vowel (**a** or **o**) so it is the only form that changes in the indicative.)

Escoger

(present subjunctive, all forms)

escoja	*escojamos*
escojas	*escojáis*
escoja	*escojan*

(Notice that all forms change because the endings all begin with the letter **a**.)

6. **-gir** infinitives. Change the **g** to **j** before **a** and **o**.

Dirigir

(present indicative, first person singular only)

dirijo	*dirigimos*
diriges	*dirigís*
dirige	*dirigen*

(Notice that these forms are the same as for the **-ger** ending infinitives for all the same reasons.)

Dirigir

(present subjunctive, all forms)

dirija	*dirijamos*
dirijas	*dirijáis*
dirija	*dirijan*

(Notice that these forms are the same as for the **-ger** verbs for all the same reasons.)

Some other common verbs that are conjugated like *dirigir* are: *elegir, mugir,* and *exigir.*

7. **-guir** infinitives. Drop the **u** when the ending begins with a hard vowel:

Seguir
(present indicative, first person singular only)

si**g**o	seguimos
sigues	seguís
sigue	siguen

(Notice that the first person singular is the only ending that begins with a hard vowel, **o**, so it is the only form with a change.)

Seguir
(present subjunctive, all forms)

si**ga**	si**ga**mos
si**ga**s	si**gá**is
si**ga**	si**ga**n

(Notice that all of the subjunctive endings begin with the letter **a**, so the **u** is dropped in all six forms.)

8. **-zar** infinitives. Change the **z** to **c** before endings that begin with soft vowels:

Empezar
(preterite indicative, first person singular only)

empe**c**é	empezamos
empezaste	empezasteis
empezó	empezaron

(Notice that the first person singular is the only ending that begins with a soft vowel, **e**.)

Empezar
(present subjunctive, all forms)

empie**ce**	empe**c**emos
empie**c**es	empe**cé**is
empie**ce**	empie**c**en

(Notice that these endings all begin with a soft vowel, **e**, so these forms all change to **c**.)

Some other common verbs that are conjugated like *empezar* are: *analizar, utilizar, comenzar, almorzar, rezar, gozar, avergonzar, cruzar, cazar, destrozar, sollozar, tropezar, esforzar, adelgazar, calzar,* and *reemplazar.*

9. **-uir** infinitives. Add **y** before the ending when the stem is stressed:

Construir
(present indicative, all forms)

construyo	construimos
construyes	construís
construye	construyen

(Notice that in the first and second persons plural, the first letter of the ending is stressed, so the forms do not add **y**.)

Construir

(present subjunctive, all forms)

construya	*construyamos*
construyas	*construyáis*
construya	*construyan*

(Notice that all forms change because the stem for the subjunctive is the first person singular, present indicative.)

Remember that for **-uir** ending infinitives in the preterite indicative, the unstressed **i** is changed to a **y**:

Construir

(preterite indicative)

construí	*construimos*
construiste	*construisteis*
construyó	*construyeron*

Some other common verbs that are conjugated like *construir* are: *destruir, atribuir, influir, distribuir, sustituir, concluir, disminuir, excluir, fluir,* and *instruir.*

The following verbs have changes in the written diacritical marks because of the phonetics:

10. -uar infinitives. Add written accent marks when conjugated in order to retain the stress on the stem of the verb:

Present Indicative

Graduar

(first, second, and third person singular, and third plural)

gradúo	*graduamos*
gradúas	*graduáis*
gradúa	*gradúan*

(Notice that the stress in the first and second person plural forms is on the first letter of the ending, so the accent mark is omitted.)

Present Subjunctive

Graduar

(first, second, and third person singular, and third plural)

gradúe	*graduemos*
gradúes	*graduéis*
gradúe	*gradúen*

(Notice that these changes are in the same persons and number as the indicative forms.)

11. **-guar** adds a dieresis over the **u** (**ü**) when the ending begins with an **e**, in order to keep the hard sound of the letter **g** that is found in the infinitive:

Preterite Indicative

Averiguar
(first person singular)

averigüé	*averiguamos*
averiguaste	*averiguasteis*
averiguó	*averiguaron*

(Notice that only the first person singular ending begins with **e**.)

Present Subjunctive

Averiguar

averigüe	*averigüemos*
averigües	*averigüéis*
averigüe	*averigüen*

(Notice that since all of these endings begin with the letter **e**, the dieresis is written on the letter **u** to preserve the hard sound of the **g**.)

Other verbs like *averiguar* are: *santiguar* and *apaciguar*.

12. **-iar** infinitives add an accent on the stem.

Present Indicative

Enviar

envío	*enviamos*
envías	*enviáis*
envía	*envían*

(Notice that these changes occur where the stress should fall on the stem, not on the first letter of the ending.)

Present Subjunctive

Enviar

envíe	*enviemos*
envíes	*enviéis*
envíe	*envíen*

(Notice that the accent is added in the same forms as in the present indicative.)

Use of the Indicative Mood

The indicative mood is used in main clauses, simple declarative statements, or questions where no doubt, uncertainty, or contrary-to-fact information is expressed. With the indicative mood, the simple present corresponds to several different meanings in English. For example: *hablo* = I **talk**, I **am talking**, I **do talk**, **Do** I **talk...?** and **Am** I **talking...?** In the past there are two simple tenses: the imperfect and the preterite. The imperfect is used to describe background information about an event, to describe an action that was going on at some time in the past without regard for when it began and/or ended, an action that was going on when something else happened, habitual action, repetitive action in the past, and for telling time. The preterite tense is used to stress the fact that an event took place in a finite period of time in the past.

An action expressed using the preterite is one that is completed, a definite beginning and/ or ending to the action is communicated through the selection of the preterite tense. These actions are said to be narrated instead of described. The preterite is also used to relate events or actions in a series in the past. There are five verbs whose meanings are different in the preterite, based on the meaning implied from the selection of the tense. They are:

Conocer: in the preterite *conocer* means *to meet*.
in the imperfect *conocer* means *knew*.

For example:

Yo la conocí en la fiesta. (I met her at the party.)

Yo la conocía antes de la fiesta. (I knew her before the party.)

Querer: in the affirmative preterite *querer* means *to try*.
in the negative preterite *querer* means *to refuse*.
in the imperfect *querer* means *wished* or *wanted*.

For example:

Yo quise llamarte anoche. (I tried to call you last night.)

No quise llamarte otra vez. (I refused to call you again.)

Yo quería llamarte anoche. (I wanted to call you last night.)

Poder: in the preterite *poder* means *managed*, with accomplished action implied.
in the imperfect *poder* means *could*.

For example:

El chico pudo ir a la fiesta. (The boy managed to go to the party.)

El chico podía ir a la fiesta. (The boy was able to go to the party./
The boy could go to the party.)

Saber: in the preterite *saber* means *found out*.
in the imperfect *saber* means *knew*.

For example:

Ayer supe la dirección. (Yesterday I found out the address./
Yesterday I discovered the address.)

Ayer sabía la dirección. (Yesterday I knew the address.)

Tener: in the preterite *tener* means *received*.
in the imperfect *tener* means *had*.

For example:

Ayer tuve una carta. (Yesterday I received a letter.)

Ayer tenía una carta. (Yesterday I had a letter.)

The future is used to express actions that have not yet taken place. This tense is also used to express conjecture (the probability or supposition) that something will happen. This meaning is expressed in English with phrases such as *I wonder..., What can be...?* and the like.

The conditional tense expresses the same meaning in the past. This tense is frequently expressed by one of the several meanings of the verb *would*. (In English *would* can indicate a variety of other time frames, such as past, or provisional actions.) For example, *He would go when he had the time.*

The conditional tense in Spanish is also used to communicate probability or conjecture in the past. Its meanings correspond to the future of probability, except in the past instead of the present tense.

For example:

> *¿Qué hora será?* (What time can it be?/I wonder what time it is?)
>
> *¿Qué hora sería?* (What time could it be?/I wonder what time it was?)

The compound tenses are used to refer to a time frame immediately prior to a specified point in time. For example, the present perfect refers to a period of time immediately before the present, as in: *He has done his homework.* The pluperfect and pluscuamperfect (the imperfect and the preterite of *haber* + a past participle, respectively) refer to a period of time occurring before a specified point in time in the past.

For example:

> *Había hecho la tarea cuando sus amigos llegaron.* (He had done his work when his friends arrived.)

The future perfect corresponds to a time occurring before another referenced point of time in the future, but after the present.

For example:

> *Ellos se habrán ido cuando yo llegue.* (They will have gone by the time I arrive.) (My arrival will take place in the future, and they will go after that future time when I arrive.)

The Use of the Subjunctive

The conventions for using the subjunctive are changing; they vary according to location and who is using it, so there is a lot of variety in the way the subjunctive is used. The following guidelines for using the subjunctive are generally accepted as standard, if there is such a thing in Spanish grammar outside of the *Real Academia Española* in Spain.

The subjunctive mood expresses doubt, uncertainty, hypothetical situations, contrary to fact situations, and anything not considered by the speaker to be a fact. The subjunctive mood is used in **dependent** or **subordinate** clauses and some **independent** clauses.

In **independent** clauses the subjunctive is frequently used after *quizás* or *tal vez*, which can introduce either the indicative or the subjunctive, depending on the degree of conjecture or probability the speaker wishes to communicate. After the expression *Ojalá* the present or the past subjunctive is used. Often the past subjunctive is used as a softened request, a polite way to make a request of someone, such as in *¿Quisiera usted ...?* or *¿Pudiera usted ...?* The subjunctive is used in elliptical statements, clauses that begin with *Que*. There are a variety of ways to translate these expressions.

For example:

> *¡Que se divierta esta noche!* (I hope you have a good time tonight!)
>
> *¡Que te vaya bien!* (May you have a good trip!)

¡Que duermas bien! (Sleep tight! Get a good night's sleep!)

In subordinate clauses the subjunctive usually occurs in noun, adjective, or adverb clauses. As a rule, there is a change of subject; the subject of the verb in the main clause is different from the subject of the verb in the dependent clause. When there is no change of subject, an infinitive functions as the object of the verb.

For example:

Yo quiero leer el libro. (I want to read the book.)

Yo quiero que tú leas el libro. (I want you to read the book.)

Me alegro de estar aquí. (I am glad to be here.)

Me alegro que estés aquí. (I am glad you are here.)

In noun clauses the subjunctive is used when the verb in the main clause expresses a request, a wish, desire, approval, opposition, preference, suggestion, recommendation, advisability, necessity, obligation, or a command. Some common verbs of this type are: *querer, pedir, desear, prohibir, mandar, rogar, permitir, dejar, impedir, sugerir, recomendar, exigir, oponer, requerir, aconsejar, hacer,* and *preferir.*

At times *decir* indicates volition (a request), and at other times it expresses facts. When it indicates a request, then the subjunctive is used. The other times, it is followed by the indicative.

For example:

Él dice que su hermano viene mañana. (He says that his brother is coming tomorrow.)

Él le dice a su hermano que venga mañana. (He tells his brother to come tomorrow.)

Notice that when the verb indicates a request, an indirect object pronoun is often used. The English translation of the sentence often uses an infinitive construction instead of the subjunctive.

After verbs that express an emotion, the subjunctive is used in the dependent clause. Some common verbs of this type are: *alegrarse de, estar contento, lamentar, molestar, parecerle extraño, sentir,* and *arrepentir.*

After verbs that express doubt or denial the subjunctive is used. Common verbs of this type are *negar, dudar, no estar seguro,* and *no estar cierto.*

For example:

Dudo que vengan. (I doubt that they are coming.)

Niego que lo escriban. (I deny that they are writing it.)

When the negative of the above verbs is used, however, a certainty is expressed and the indicative is used.

For example:

No dudo que vienen. (I do not doubt that they are coming.)

No niego que lo escriben. (I do not deny that they are writing it.)

After an impersonal expression (the verb *ser* + an adjective), the subjunctive is used. The verb *ser* can be used in any tense, but it is always in the third person singular form, meaning *it is, it was, it will be,* etc.

For example:

Será preciso que lean. (It will be necessary for them to read.)

Puede ser que lo tengan. (It could be that they have it.)

Often an infinitive construction can be used in place of a subordinate clause containing the subjunctive. When the infinitive is used, the verb *ser* is preceded by an indirect object pronoun that is the subject of the verb in the subordinate clause in English.

For example:

Les fue imposible asistir. (It was impossible for them to come.)

Fue imposible que asistieran. (It was impossible for them to come./It was impossible that they come.)

The only impersonal expressions that require the indicative mood are those that express a certainty, such as *es obvio, es evidente, es claro, es seguro, es verdad, es cierto,* and *no cabe duda.* (Remember that the verb *es* can be in any other tense also: *es, fue, era, será sería, ha sido, había sido, habrá sido,* and *habría sido,* or even the present participle *siendo necesario.*)

For example:

Es obvio que les gusta leer. (It is obvious that they like to read.)

Fue obvio que les gustaba leer. (It was obvious that they liked to read.)

When any of the above impersonal expressions of certainty are negated, then the subjunctive is used since doubt is then implied.

For example:

No es obvio que les guste leer. (It is not obvious that they like to read.)

In adjective clauses, the subjunctive is used if the antecedent (the noun that the clause modifies) is indefinite, unknown to the speaker, uncertain, hypothetical, or nonexistent.

For example:

Buscan un apartamento que sea barato. (They are looking for an apartment that is inexpensive.)

Buscan un estudiante que pueda traducirlo. (They are looking for a student who can translate it.)

No encontraron ningún estudiante que pudiera leerlo. (They did not find any student who read it.)

No hay nadie que recuerde toda esa historia. (There is no one who remembers all of that story.)

When the antecedent is indefinite, the personal *a* is often omitted. The absence of a personal *a,* then frequently indicates the subjunctive is necessary.

For example:

Buscan un estudiante que sepa de ingeniería eléctrica. (They are looking for a student who knows electrical engineering.)

Buscan al estudiante que sabe de ingeniería eléctrica. (They are looking for the student who knows electrical engineering.)

The construction *por ... que* indicates the subjunctive. The phrase is expressed several ways in English.

For example:

> *Por rico que sea, no me casaré con él.* (No matter how rich he may be, I will not marry him.)
>
> *Me quedaré hasta la conclusión, por tarde que sea.* (I will stay until the end, however late that may be.)
>
> *Por mucho que se quejaran, los estudiantes hicieron el trabajo.* (For all the complaining they did, the students still did the work.)

In adverbial clauses the kind of conjunction determines whether the subjunctive is used or not. After the following conjunctions, the subjunctive is always used, regardless of the tenses of the verbs: *para que, con tal que, a menos que, a ser que, a fin de que, antes de que, sin que, a no ser que,* and *en caso de que.* The preposition *de* in most of the above adverbial conjunctions is normally omitted. These conjunctions, except for *antes de que,* introduce clauses of concession, proviso, or purpose.

For example:

> *El chico hizo la tarea para que pudiera ir a la fiesta.* (The boy did the chores so that he could go to the park.)
>
> *Ella dijo que vendría con tal que viniera su compañera.* (She said she would come provided that her companion came.)
>
> *Salieron sin que los viéramos.* (They left without our seeing them.)

Notice the variety of ways that the subjunctive is expressed in English, especially the last example where English uses a gerund, and Spanish uses the subjunctive.

Two adverbial conjunctions that take either the subjunctive or the indicative depending on the meaning desired by the speaker are: *de manera que* and *de modo que.* The selection depends on the kind of information that is being communicated.

For example:

> *El conferenciante habló de manera que todos los delegados lo oyeron.* (The speaker spoke so that the delegates understood him./The speaker spoke in such a way that the delegates understood him.) (Whichever the meaning, the delegates understood him.)
>
> *El conferenciante hablo de manera que todos los delegados le oyeran.* (The speaker spoke in a way that the delegates could understand him.)
> (It is unknown whether the delegates understood him or not.)

Aunque and *a pesar de que* also can take either the subjunctive or the indicative according to what the speaker wishes to communicate. The selection of the subjunctive expresses uncertainty about the facts in the mind of the speaker, and the indicative expresses the opposite meaning.

For example:

> *Aunque lloverá mañana, iremos.* (Although it will rain tomorrow, we will go.) (The speaker is reasonably certain it will rain.)
>
> *Aunque llueva mañana, iremos.* (Although it may rain tomorrow, we will go.) (The speaker makes no statement about whether it will rain or not.)

In adverbial clauses of time, the sequence of tenses is especially important. After the following adverbial conjunctions, use the subjunctive if the verbs in the independent clause are in the future (the action has not yet taken place), and the subjunctive in the subordinate clause: *en cuanto, tan pronto como, cuando, después, hasta que, mientras, una vez que*. The subjunctive is used because since these events have not taken place yet, they cannot be considered factual.

For example:

> *Pídales que se queden hasta que volvamos.* (Ask them to remain until we return.)
>
> *Te veremos tan pronto como llegues.* (We will see you as soon as you get here.)
>
> *Lo agradecerá cuando venga.* (They will thank him when he comes.)

When the action or event takes place in the past, the indicative is used. When the above sentences, for example, are expressed in the past, notice that the subjunctive is not used, since once the event has occurred, it is a fact, or is perceived as fact by the speaker.

For example:

> *Les pidió que se quedaran hasta que volvimos.* (He asked them to stay until we returned. OR We did return.)

The subjunctive is still used in the dependent noun clause after *pedir*, but after the adverbial conjunction, *hasta que*, the indicative is used.

For example:

> *Te vimos tan pronto como llegaste.* (We saw you as soon as you arrived. OR We saw you return; it is a fact.)
>
> *Lo agradecí cuando vino.* (I thanked him when he came. OR He came; it is a fact.)

The use of the subjunctive after *si* depends upon the tense of the verb, also, and the construction in which it occurs. After *si*, the present subjunctive is so seldom used that it is not likely to appear on the exam. (The exception would be when *si* means *cuando*.) When the present or future indicative is used, *si* is followed by the present indicative, or future.

For example:

> *Le pago si hace el trabajo.* (I pay him if he works.) (The speaker does not know if he will work or not, but when he works he gets paid.)

Compare this sentence with:

> *Le pagaré cuando trabaje.* (I will pay him when he works.) (I will pay him when he works, but he has not worked yet. I have not paid him yet.)
>
> *Si hará el trabajo, le pagaré.* (If he will do the work, I will pay him.)

When the sentence structure indicates an *if-then* statement, then the **past** subjunctive is used in the *if* portion of the sentence, or in both clauses. The subjunctive is used in the *if* portion of the sentence because the information expressed in that kind of clause is contrary to fact, which requires the use of the subjunctive.

For example:

> *Le pagaría si trabajara.* (I would pay him if he would work.)

(This sentence structure using the conditional, implies very strongly that he will not work. The information communicated through the use of this grammar is that it is uncertain whether he will work or not. The meaning implied is *if he would work, which he probably would not do*, meaning that his working is contrary to fact.)

In the past perfect (pluperfect and pluscuamperfect), the helping verb *haber* is conjugated in the appropriate tenses.

For example:

Le habría pagado si hubiera trabajado. (I would have paid him if he had worked.)

Look at the following sequence of tenses to help fix in mind the progression from what is perceived as fact by the speaker, to hypothetical statements (*if-then* sentences.)

Si tengo dinero, voy a la fiesta. (If I have money I will go to the party.)

Si tenía dinero, iría a la fiesta. (If I had money, I would go to parties.)

Si tuviera dinero, iría a la fiesta. (If I had the money, I would go to the party.)

Si hubiera tenido dinero, habría ido a la fiesta. (If I had had money, I would have gone to the party.)

Another case where the past subjunctive is always used because it expresses contrary to fact information is after the expression *como si*, meaning *as if*. Even in English this structure uses the English equivalent of the subjunctive.

For example:

Les habló como si fueran niñitos. (He spoke to them as if they were children.)

Les habla como si fueran niñitos. (He speaks to them as if they were children.)

Les hablará como si fueran niñitos. (He will speak to them as if they were children.)

Les ha hablado como si fueran niños. (He has spoken to them as if they were children.)

Les había hablado como si hubieran sido niños. (He had spoken to them as if they had been children.)

The other instance in which the subjunctive is used is in imperative sentences—commands.

A command is really a portion of a sentence in which the speaker means *I want that...* or *I order that....* For example, in the following cases, notice how the part of the sentence that is in parentheses actually expresses what is the main clause, followed by the dependent noun clause, with the subjunctive used after the verb that expresses volition.

(Yo quiero que usted) Diga la verdad. (I want that you) Tell the truth.

(Yo mando que usted) No revele el secreto. (I order that you) Do not reveal the secret.

(Yo exijo que ustedes) Lean el libro. (I require that you) Read the book.

(Yo pido que nosotros) Aceptemos su oferta. (I request that we) Accept their offer.

The one difference between the simple declarative sentence that uses the subjunctive in the dependent noun clause, and the imperative sentence is that the location of pronouns is different for imperative sentences.

For example:

Dígamelo. (Tell it to me.)

The pronouns are added to the end of the verb since it is a command form:

(Yo quiero que usted) me lo diga. (I want that you) tell it to me.

There is a command form for every person and number except the first person singular. The subjunctive is used for commands in all forms except for the second person singular and plural affirmative commands. The following shows which verb form to use for which command.

Second Person Singular, Tú

Affirmative form: the third person singular **present indicative**

For example:

Entrega (tú) los papeles. (Turn in the papers.)

Negative form: the second person, singular **present subjunctive**
For example:

No entregues (tú) los papeles. (Do not turn in the papers.)

Third Person Singular, Usted

Affirmative and negative forms: the third person singular, **present subjunctive**
For example:

Entregue Ud. los papeles. (Turn in the papers.)
No entregue Ud. los papeles. (Do not turn in the papers.)

First Person Plural, Nosotros, Nosotras:

Affirmative and negative forms: the first person plural, **present subjunctive**
For example:

Entreguemos los papeles. (Let's turn in the papers.)

When the reflexive pronoun, **nos**, is added to affirmative forms, the final *s* of the ending is dropped.
For example:

Sentémonos. (Let's sit down.)

Frequently the expression *Vamos a + infinitive* is used in place of the subjunctive command form. The one exception to this rule for formation of the *nosotros* command is the verb *irse* in the affirmative, which is simply *Vámonos.* (The negative form conforms to the rule: *No nos vayamos.*)

Second Person Plural, Vosotros, Vosotras

Affirmative form: the infinitive with *d* in place of *r* of the infinitive ending
For example:

Entregad los papeles. (Turn in the papers.)

[When the reflexive pronoun is added to the affirmative form, the *d* is not used. Simply take off the *r* from the infinitive and add the pronoun, *os*.

For example:

Acostaos. (Go to bed.)

When the infinitive is an -**ir** verb, an accent is written over the **i** of the infinitive ending when the pronoun is attached.

For example:

Servíos. (Serve yourselves.)

The exception to this rule is the verb *ir*, whose second person plural form, affirmative, is **Idos**.]

Negative form: the second person plural of the **present subjunctive**
For example:
No entreguéis los papeles. (Do not turn in the papers.)

Third Person Plural, Ustedes

Affirmative and negative forms: the third person, plural, **present subjunctive**
For example:

Entreguen Uds. los papeles. (Turn in the papers.)
No entreguen Uds. los papeles. (Do not turn in the papers.)

All of the above mentioned forms are for regular, stem changing, and spelling change verbs. There are, however, different forms for some irregular verbs.

For the second person singular irregular verbs, the affirmative and negative forms are:

Infinitive	Affirmative	Negative
decir	*di*	*no digas*
hacer	*haz*	*no hagas*
ir	*vé*	*no vayas*
poner	*pon*	*no pongas*
salir	*sal*	*no salgas*
ser	*sé*	*no seas*
tener	*ten*	*no tengas*
valer	*val*	*no valgas*
venir	*ven*	*no vengas*

For the third person singular and plural commands, the irregular forms are derived from the first person, singular, present indicative. That means that the only forms that cannot be determined from the present tense are those irregular first person singular forms that end in **-oy**. The irregular third person forms for these kinds of verbs are:

dar	*doy*	*dé usted, den ustedes*
estar	*estoy*	*esté usted, estén ustedes*
ir	*voy*	*vaya usted, vayan ustedes*
saber	*sé*	*sepa usted, sepan ustedes*
ser	*soy*	*sea usted, sean ustedes*

THE PAST PARTICIPLE

When the past participle functions verbally, the ending is invariable; it always ends in **-o.** It will always follow the verb *haber* when it functions as a part of a verbal form. When the past participle functions as an adjective, however, after the verbs *ser, estar,* or any other verb, then the ending must agree in gender and in number with the noun to which it refers.

Some verbs have irregular past participles. They are:

abrir	*abierto*
cubrir	*cubierto*
decir	*dicho*
escribir	*escrito*
hacer	*hecho*
imprimir	*impreso*
morir	*muerto*
poner	*puesto*
soler	*suelto*
ver	*visto*
volver	*vuelto*

Any of the compound forms of these verbs will take an irregular past participle form, such as *descubrir, desdecir, predecir, describir, deshacer, proponer, componer, satisfacer, devolver, envolver, revolver, prever,* etc.

Past participles also commonly function as absolutes. This use is found mainly in written language.

For example:

Determinada la ruta que había de seguir, salieron. (Having decided on the route they were to follow, they left.)

In conversation the past participle can follow the verb *tener* to indicate that something is done.

For example:

Tengo hecha la tarea para mañana. (I have the chores for tomorrow done.)

The Passive Voice

The structure of the passive voice is almost a formula. The agent in the true passive voice is either expressed or strongly implied. Sometimes the difference between the selection of the true passive and the substitute for the passive depends on what the speaker wishes to empha-size—either the fact that the act was done **by** someone, or some aspect of the action itself.

The structure for the true passive is:

TO BE + PAST PARTICIPLE + POR + THE AGENT

For example:

La tienda fue cerrada por el gerente. (The store was closed by the manager.)

The agent is the person acting upon the subject; the agent does the action.

Notice that in Spanish the object comes before the verb. Also notice that the past participle agrees in gender and number with the noun to which it refers: *la tienda* is the antecedent for *cerrada*.

When the agent is not emphasized, or when the subject is a nonspecific subject (often expressed as *one, they,* or *you* in English), it is possible to use the pronoun **se** and the third person singular or plural of the verb instead of the true passive construction.

For example:

Se cierran las tiendas a las cinco. (The stores are closed at five o'clock. OR They close the stores at five o'clock.)

Another way to express this in Spanish is with the third person plural.

For example:

Dicen que el español es fácil. (They say that Spanish is easy.)

Se dice que el español es fácil. (They say that Spanish is easy. OR It is said that Spanish is easy.)

This construction is not to be confused with the use of the past participle with the verb *estar*, which indicates resultant action. In this case the past participle also agrees in gender and number with the noun it modifies.

For example:

La tienda estaba cerrada cuando llegué y tuve que volver a casa. (The store was closed when I arrived and I had to return home.)

Present Participles

When the present participle is used as an adverb in Spanish, it is called a *gerundio*. The term has not been used in this book to avoid any confusion about what precisely is meant by a *gerundio*, or a present participle. Remember that in English a gerund is a present participle that functions as a noun. (For example: Running is good for your health.) Remember that in Spanish the present participle, or *gerundio,* can never function as a noun. In its place an infinitive is used. (*El correr es muy saludable.*) The present participle is formed by removing the infinitive ending and adding **-ando** for **-ar** verbs and **-iendo** for **-er** and **-ir** verbs. For verbs that end in **-er** or **-ir**, the **i** changes to **y** when the unstressed **i** comes between two other vowels.

For example:

leer	*leyendo*
creer	*creyendo*
construir	*construyendo*
traer	*trayendo*
ir	*yendo*

Class II and III stem changing verbs have a change in the stem in the present participle. These verbs will change the **e** or **u** to an **i** or **u**, respectively.

For example:

dormir	*d**u**rmiendo*
morir	*m**u**riendo*
sentir	*s**i**ntiendo*
reír	*r**i**endo*
vestir	*v**i**stiendo*
pedir	*p**i**diendo*

Verbally, the only use of the present participle is as a part of the progressive forms. *Estar* followed by the present participle is the progressive form. (See below.)

When this part of speech functions verbally, the ending in invariable; it always ends in **-o**. The present participle never functions as an adjective (it can never modify a noun). Even when the present participle is used adverbially, it is invariable.

For example:

Estábamos jugando al fútbol ayer. (We were playing soccer yesterday.)

In the adverbial usage, the present participle tells how something is being done.
For example:

El chico salió corriendo porque ya era tarde. (The boy left running because it was already late.)

The present participle frequently follows verbs of perception, such as *oír, ver, percibir, sentirse, mirar, escuchar,* etc. In these cases the word describes more about the verb.
For example:

Oí al gato maullando fuera de la puerta cerrada. (I heard the cat mewing outside the closed door.)

The verbs *continuar* and *seguir* take the present participle normally to complete their meaning.
For example:

Los chicos siguieron cantando dulcemente. (The boys continued singing sweetly.)
Continuamos divirtiéndonos toda la noche. (We continued to have a good time all night.)

At times the present participle can also provide explanatory or parenthetical information.
For example:

Temí que mi hermano, no estando yo presente, cometiera algún disparate. (I feared that my brother, I not being present, would commit some blunder.)
Pasando ayer por el mercado, encontré a mi antigua novia. (Going through the market yesterday, I met my former girlfriend.)

Progressive Forms

The progressive forms are always expressed with *estar + the present participle.*

The verb *estar* is conjugated in any desired tense and the present participle is added. These forms are not used as much in Spanish normally as they are in English because the simple tenses in Spanish are translated into the progressive as one of the meanings. The progressive forms are used to underscore the fact that something is actually in the process of taking place.

For example:

> *Estoy leyendo este libro en este momento.* (I am reading this book at this moment.)
> *Estaba leyendo cuando entraron los chicos.* (He was reading when the children came in.)
> *Estará volando a la Florida mientras tú manejarás.* (He will be flying to Florida while you will be driving.)

The one instance where the Spanish will not use the progressive form where English does is in a time expression using *hacer.* What in English is the present perfect progressive becomes a simple tense in Spanish.

For example:

> *Hace unos meses que* **estudio** *el español.* (I **have been studying** Spanish for a few months.)
> **Hacía** *unos meses que estudiaba el español.* (He **had been studying** Spanish for a few months.)

ADVERBS

Adverbs modify verbs, adjectives, or other adverbs. The ending **-mente** is added to the adjectives that end with **-e** or any consonant.

For example:

> *general—generalmente*
> *frecuente—frecuentemente*

When the adjective ends with **-o**, then the ending **-mente** is added to the feminine form of the adjective.

For example:

> *rápido—rápidamente*

When two adverbs are used together, the first adverb in the feminine form of the word and the ending **-mente** is added to the second adverb only.

For example:

> *Los rayos solares del amanecer se abrieron paso lenta y brillantemente al este.*

Frequently adverbs are replaced by prepositional phrases.

For example:

generalmente	*por lo general*
cuidadosamente	*con cuidado*
cortésmente	*con cortesía*

The AP Spanish Language and Culture exam does not test grammar individually, and therefore the following practice activities are not essential to your preparation for the examination. Therefore, they should be considered optional activities meant to reinforce your understanding of grammar and will not have a negative impact on your preparation for the examination if skipped.

On the followinng pages you will find some exercises to help you review grammar. The answers are explained, so you can learn from your mistakes. Keep track of the kinds of mistakes you make and then go back to a pertinent section of grammar and check it.

TIPS FOR GRAMMAR REVIEW EXERCISES

- Scan the whole passage.
- Determine what part of speech is needed.
- If a verb is needed, find the subject in the passage, then determine what tense and mood to use.
- If the word is an adjective, find the noun to which it refers and apply the noun's gender and number to the adjective.
- If the word is an adjective, find the noun to which it refers and apply the noun's gender and number to the adjective.

EXERCISES AND ANSWERS

> **DIRECTIONS:** On the numbered line corresponding to a numbered blank in the selection, write the correct form of the word needed to complete the passage logically and grammatically. All spelling and all diacritical marks must be correct. You may use more than one word. You must write the answer on the line after the number, even if you do not change the root word in any way. You have seven minutes to read and write your responses.

GROUP ONE

El caso es que la princesa, bella, brillante y sonriente no es feliz. En verdad, tiene que esforzarse para parecer tan sonriente. Y ahora tiene que soportar que ___(1)___ sus tristezas ___(2)___ que la ___(3)___ a desear la paz. Es mucha carga ___(4)___ responsabilidad, y los discursos de bienvenida, y toda la agenda que le deja poco tiempo para vivir. Pero siempre se comporta como si no ___(5)___ nada. A veces, viéndola tratar de aparecer elegante y ___(6)___ , se pregunta si tendría ___(7)___ rasgo de acidez ___(8)___. Hay que preguntarse si, por toda la riqueza que ___(9)___ como princesa, de veras ___(10)___ la pena.

1. _____ (publicar)
2. _____ (profundo)
3. _____ (llevar)
4. _____ (tanto)
5. _____ (pasar)
6. _____ (sencillo)
7. _____ (alguno)
8. _____ (disimulado)
9. _____ (tener)
10. _____ (valer)

Answers and Answer Explanations for Group One

1. *publiquen* *Publicar* is an orthographic verb. The subjunctive is used because this is a dependent noun clause after a verb of volition.
2. *profundas* This adjective modifies *tristezas,* a feminine plural noun.
3. *llevan* The subject is *tristezas.* This verb occurs in an adjective clause with a known antecedent, so the indicative is correct.
4. *tanta* This comparative structure requires that the adjective agree in gender and number with the noun, *responsabilidad.* All words that end in *-dad* are feminine.
5. *pasara* The past subjunctive must always be used after *como si.* The subject of *pasara* is *ella,* the same subject as for *se comporta.*
6. *sencilla* The adjective agrees with *ella.* The referent is given in the direct object pronoun at the end of the verb form: *viéndola.*

7. *algún*   This adjective is apocopated, and an accent is written over the *u* in the last syllable. No credit is given if the accent is not written on the vowel.

8. *disimulado*   This adjective modifies *rasgo*, not *acidez*, so the masculine singular form is used.

9. *tenga*   The subjunctive is used because this is a dependent adjective clause and the antecedent, *riqueza*, is indefinite. In the adjective clauses look for the construction *por* + (adjective) + *que …* to indicate to you to use the subjunctive.

10. *vale*   The present indicative is used because the present subjunctive is not frequently used after *si*.

GROUP TWO

Me estuve muy quieta, ___(1)___ en la cama, mirando recelosa alrededor, asombrada del retorcido mechón de mi propio cabello que resaltaba oscuramente contra mi hombro. Habituándome a la penumbra, ___(2)___ , uno a uno, los desconchados de la pared, las grandes enzarzadas de la cama, como serpientes, dragones o misteriosas figuras que apenas me atrevía a mirar. Incliné el cuerpo cuanto ___(3)___ hacia la mesilla, para coger el vaso de agua ___(4)___ , y entonces, en el vértice de la pared, descubrí una hilera de hormigas que ___(5)___ por el muro. Solté el vaso que se ___(6)___ al caer, y me ___(7)___ de nuevo entre las sábanas, tapándome la cabeza. No me decidía a sacar ni ___(8)___ mano, y así estuve mucho rato, ___(9)___ los labios. Hice recorrer mi imaginación como por ___(10)___ bosque y jardín desconocidos hasta tranquilizarme.

1. _____
   (sentado)

2. _____
   (localizar)

3. _____
   (poder)

4. _____
   (tibio)

5. _____
   (trepar)

6. _____
   (romper)

7. _____
   (hundir)

8. _____
   (uno)

9. _____
   (morderse)

10. _____
    (alguno)

Answers and Answer Explanations for Group Two

1. *sentada*   This past participle functions as an adjective and the antecedent is feminine, indicated by the ending of the previous adjective: *quieta*.

2. *localicé*   *Localizar* is an orthographic verb. The preterit indicative is used because the action occurred in a defined point of time in the past. If no accent is used, no credit is given, since the verb without the accent would be a present subjunctive form.

3. *pude*   The preterit indicative is used here because the action takes place in a defined point in time in the past. The meaning of the preterit of *poder* is *managed,* or *was able to.*

4. *tibia*   This adjective modifies *agua*, which is a feminine noun, even though in the singular form a masculine article, *el,* is used.

5. *trepaban*   The imperfect indicative is used here to describe an action. The narrator is telling what the ants *were doing*, in which case the imperfect is indicated.

6. *rompió*   The preterit indicative is used because the action occurred at a specific point of time in the past. The action is narrated, not described.

7. *hundí*   The preterit indicative is used because the action takes place at a specific point in time in the past. The action is narrated.

8. *una*   *Mano* is a feminine noun, requiring the feminine form of the indefinite article, *una*.

9. *mordiéndome*   The present participle is used as an adverb, showing the attitude or how the narrator was huddled under the sheets on the bed. Remember to use the first person singular reflexive pronoun to agree with the subject of the verb *estuve*.

10. *algún*   The indefinite adjective *alguno* is shortened before masculine singular nouns, such as *bosque*. Notice that there is an accent written on the final syllable. *Algunos* is correct if the adjective refers to *jardines* and *bosques*.

GROUP THREE

Su agradable y delicado perfume, ___(1)___ a una eficacia indiscutible ___(2)___ inigualable, han sido, sin lugar a dudas, las claves del éxito de este producto y el motivo de que millones de personas ___(3)___ tanto tiempo ___(4)___ en este producto, que lejos de ser una moda o un *invento* es EL DESODORANTE. Toda una línea de higiene personal ha sido ___(5)___ al amparo de la imagen de marca más fuerte en el mundo. La ___(6)___ fidelidad de marca de que goza este producto, lo ha situado en un privilegiado ___(7)___ puesto que siempre ha intentado___(8)___ alcanzado por las restantes marcas de la competencia. Desde su creación, hace ya más de 50 años, este producto ___(9)___ liderando el mercado nacional. ___(10)___ Ud. en nuestro producto.

1. _____
   (unido)

2. _____
   (y)

3. _____
   (llevar)

4. _____
   (confiar)

5. _____
   (crear)

6. _____
   (grande)

7. _____
   (primero)

8. _____
   (ser)

9. _____
   (venir)

10. _____
   (Confiar)

Answers and Answer Explanations for Group Three

1. *unido*   The adjective agrees with the noun *perfume*, not with the noun's adjectives: *agradable* and *delicado*. The following sentence makes clear that the qualities of the perfume, combined with the effectiveness of the product are the keys to the success of the product.

2. *e*   The conjunction *y* changes because the initial letter of the following word is *i*, *inigualable*.

3. *lleven* The present subjunctive is used because in the adverbial clause motivation, or purpose, is expressed.
4. *confiando* The present participle is used as an adverb to describe how people are using so much time.
5. *creada* The feminine form of the past participle is used because it is the object of *ser*. It agrees with the subject of *ha sido*, which is *línea*.
6. *gran* The adjective, *grande*, is apocopated before singular nouns, such as *fidelidad*. Use the apocopated (shortened) form with both masculine and feminine singular nouns.
7. *primer* The adjective, *primero*, is apocopated before masculine singular nouns, such as *puesto*.
8. *ser* The infinitive is used because it is the object of the verb: *ha intentado*.
9. *viene* The present indicative is used because the verb occurs in the main clause with an expression of time.
10. *Confíe* The command form is indicated by the placement of *Ud.* after the verb. Notice the accent written on the *i*.

GROUP FOUR

Al sol, ya se sabe, hay que ___(1)___ con las espaldas bien ___(2)___. ___(3)___ imprudencia nos está ___(4)___ , pues este astro, que ___(5)___ una memoria de elefante, puede ___(6)___ factura cuando menos nos lo esperamos. Sirve que nosotros lo ___(7)___ en cuenta al comprar un bronceador. Vale que ___(8)___ uno que nos___(9)___ seguridad total de los efectos de los rayos ultravioleta. Ahora___(10)___ del sol veranal traspasa cuestiones estéticas.

1. _____
   (acercarse)

2. _____
   (cubierto)

3. _____
   (Ninguno)

4. _____
   (permitido)

5. _____
   (poseer)

6. _____
   (pasarse)

7. _____
   (tener)

8. _____
   (buscar)

9. _____
   (ofrecer)

10. _____
    (protegerse)

Answers and Answer Explanations for Group Four

1. *acercarse* Although the verb is preceded by *que*, in this case it forms part of the expression *hay que*, which requires the infinitive.
2. *cubiertas* The past participle is used as an adjective and refers to the noun, *espaldas*.

3. *Ninguna*   The negative indefinite adjective refers to a feminine noun, *imprudencia*. The feminine form of this adjective is never shortened.

4. *permitida*   The past participle is used as an adjective and refers to the subject of the verb *está*, which is *imprudencia*.

5. *posee*   The present indicative is used because it occurs in an adjective clause referring to a definite antecedent, *astro*, which in turn is another name for *el sol*.

6. *pasarnos*   The infinitive is used because it is the object of the verb *puede*. The first person plural indirect object pronoun is used because the first person plural subject is indicated in the following verb: *esperamos*.

7. *tengamos*   The present subjunctive is used because it occurs in a dependent noun clause after an impersonal expression: *sirve que*.

8. *busquemos*   The present subjunctive is used because it occurs in a dependent noun clause after an impersonal expression: *Vale que*. Notice that not all impersonal expressions begin with the verb *ser*. If you can determine that the subject of the verb is *it* and it has no specific antecedent, you can always recognize when to use the subjunctive after an impersonal expression.

9. *ofrezca*   The present subjunctive is used because it occurs in a dependent adjective clause in which the antecedent is indefinite, *uno*, which in turn refers to *un bronceador*.

10. *protegernos*   The infinitive is used because it is the subject of the verb *traspasa*. The first person plural object pronoun is used because *our* reactions to the power of the sun's rays has been the topic of the passage.

GROUP FIVE

Estas Olimpiadas prepárate a ganar. ____(1)____ dos códigos de barras de ____(2)____ producto que tú ____(3)____ a Marca X al Apartado 999, 38565 Madrid, y un fantástico Lulu de Oro puede ser tuyo. O bien ____(4)____ millón de pesetas. Los sorteos se ____(5)____ ante notario el treinta de junio, el treinta de julio y el ____(6)____ de septiembre del año próximo. ¡Anímate! Tienes mucho que ganar. Y ____(7)____ que ____(8)____ más cartas ____(9)____, más fácil será ganar. No ____(10)____ escapar tu Lulu. Es una ocasión de oro.

1. _____
   (Enviar)

2. _____
   (cualquiera)

3. _____
   (querer)

4. _____
   (uno)

5. _____
   (celebrar)

6. _____
   (primero)

7. _____
   (recordar)

8. _____
   (cuánto)

9. _____
   (mandar)

10. _____
   (dejar)

Answers and Answer Explanations for Group Five

1. *Envía*   The affirmative familiar singular command form of the verb is indicated by the use of the second person singular command in the first sentence, *prepárate*. Do not be confused because the object in the sentence comes first. This stylistic device, inverting the word order of the sentence, simply emphasizes the noun, *Olimpíadas.*

2. *cualquier*   This indefinite adjective is apocopated before nouns of both genders.

3. *quieras*   The present subjunctive is used because the verb occurs in a dependent adjective clause after an indefinite antecedent: *un producto.*

4. *un*   The apocopated form of *uno* is required before the number *millón*. Notice that *millón* takes the preposition *de* when it is followed by a noun.

5. *celebrarán*   This verb is the *se* substitute for the passive voice. *Los sorteos* is plural, so the verb is in the third person plural.

6. *primero*   The ordinal number for the first day of the month is not apocopated.

7. *recuerda*   The affirmative familiar singular command form is required because the context of the verb in the selection and the meaning of the word indicate an instruction to the reader.

8. *cuántas*   The interrogative form agrees with *cartas*.

9. *mandes*   The present subjunctive is used because it occurs in an adjective clause referring to *cuántas cartas*, an indefinite antecedent.

10. *dejes*   The verb is a negative familiar singular command, which is indicated by the context of the verb.

GROUP SIX

El Real Decreto dice: *El producto cosmético indicará la fórmula cualitativa y cuantitativa de las substancias* ___(1)___ *presencia* ___(2)___ *en la denominación del producto o en su publicidad.* ___(3)___ quiere decir que todos los productos en cuya confección ___(4)___ materias activas naturales provenientes de plantas deben especificar claramente el porcentaje de materia activa en sus etiquetas, estuches y publicidad. Consecuente con esto, y con ___(5)___ más de 75 años ___(6)___ con extractos naturales de plantas, le informamos que nuestros productos tienen un porcentaje exacto porque en nuestra opinión, ___(7)___ porcentajes son los necesarios para que ___(8)___ materias activas ___(9)___ el beneficio natural esperado de la planta. ___(10)___ la forma de averiguar la materia activa que cada producto contiene, usted debe decidir lo que más le conviene.

1. _____
   (cuyo)

2. _____
   (anunciarse)

3. _____
   (Este)

4. _____
   (intervenir)

5. _____
   (nuestro)

6. _____
   (trabajar)

7. _____
   (ese)

8. _____
   (dicho)

9. _____
   (realizar)

10. _____
   (Conocer)

Answers and Answer Explanations for Group Six

1. *cuya*   This possessive agrees with *presencia,* not *sustancias.*
2. *se anuncie*   The present subjunctive is used because it occurs in an adjective clause referring to the indefinite antecedent *presencia.*
3. *Esto*   The neuter demonstrative pronoun is used here because *This* refers to the whole idea expressed in the previous sentence.
4. *intervengan*   The present subjunctive is used because the verb occurs in a dependent adjective clause with an indefinite antecedent *confección.* The subject is *materias.*
5. *nuestros*   This possessive modifies *años* so it is masculine plural.
6. *trabajando*   This present participle tells how an action was done.
7. *esos*   The masculine plural form of the demonstrative adjective is used because it modifies *porcentajes.*
8. *dichas*   The feminine form of the past participle is used because it functions as an adjective modifying the word *materias.*
9. *realicen*   The present subjunctive is used because it occurs in a dependent adverbial clause after *para que.*
10. *Conociendo*   The present participle functions as an absolute. An absolute construction means that the present participle refers to the whole sentence that follows it.

GROUP SEVEN

La Ley Civil ____(1)____ ayuda en ____(2)____ modo a que las parejas ____(3)____ se lo ____(4)____ un poco más antes de presentar la demanda de divorcio: el matrimonio entra de nuevo en vigor si los separados vuelven a convivir. Si a pesar de todo el divorcio se presenta como la opción más ____(5)____, hay que ____(6)____ que ____(7)____ un año desde que se firmó la solicitud de separación. No es necesario que se haya ____(8)____ sentencia. También se puede acceder al divorcio sin una separación previa, aunque ____(9)____ transcurrir dos años y ____(10)____ las causas debidamente.

1. _____
   (español)
2. _____
   (cierto)
3. _____
   (separado)
4. _____
   (pensar)
5. _____
   (aconsejable)
6. _____
   (esperar)
7. _____
   (transcurrir)
8. _____
   (dictado)
9. _____
   (deber)
10. _____
   (acreditar)

Answers and Answer Explanations for Group Seven

1. *española*   This adjective modifies *ley,* which is a feminine singular noun. The form, *español,* is the masculine singular form of the adjective of nationality, and thus does not change, but the feminine form adds an *a.*

2. *cierto*   This adjective modifies *modo,* which is a masculine singular noun; therefore, there is no change in the form.

3. *separadas*   This adjective modifies *parejas,* which is feminine plural. The adjective must also be feminine plural.

4. *piensen*   This verb occurs in an adverbial clause introduced by the conjunction, *a que,* which indicates purpose or cause. The subjunctive is always used after this adverbial conjunction.

5. *aconsejable*   Adjectives that end in *-ble* do not change the ending to make them agree in gender. But if the noun had been plural, the ending on this adjective would have been made plural by adding *-s.*

6. *esperar*   Even though this verb comes after *que,* in this case it is part of a modismo. *Hay que* is always followed by the infinitive form of the verb and expresses impersonal obligation.

7. *transcurra*   The present subjunctive is used because *hay que esperar* is considered an impersonal expression. *Transcurra* occurs in a dependent noun clause, introduced by *que* after an impersonal expression in the main clause.

8. *dictado*   The past participle in this case functions verbally. The invariable form of the past participle is always used after *haber*; therefore, the ending is *-o.*

9. *deben*   The conjunction *aunque* can take either the indicative or the subjunctive, depending on the degree of uncertainty about the veracity of the statement. In this case the context makes it rather plain that according to the spirit of the law governing divorce, couples ought to wait two years before filing. When no uncertainty is implied, the indicative is used.

10. *acreditar*   The infinitive is used because the verb functions as the object of another verb. *Deben* in this case functions as a modal verb, which means that another verb is needed to complete the meaning of *deber*. The verb *transcurrir* is also used as an object of the modal verb, and the conjunction *y* indicates that the two verbs form a compound object.

GROUP EIGHT

Por fin, a ____(1)____ dos días de navegación, el buque ____(2)____ en la enseñada de Labadee, ____(3)____ isla arrendada por los armadores para diversión de su clientela que, ____(4)____ de una moneda especialmente ____(5)____ para el crucero, podía comprar caracolas marinas y corales ____(6)____ de Taiwan, sin ____(7)____ las botellas de *Coca-cola*. Un grupo de tambores y bidones musicales recibía en fila a ____(8)____ turistas. Luego de una sesión intensa de sol, la misma charanga caribeña les ____(9)____ después de horas en idéntica formación, aunque ____(10)____ la voluntad.

1. _____
   (el)
2. _____
   (fondear)
3. _____
   (diminuto)
4. _____
   (provisto)
5. _____
   (acuñado)
6. _____
   (traído)
7. _____
   (olvidar)
8. _____
   (el)
9. _____
   (despedir)
10. _____
    (pedir)

Answers and Answer Explanations for Group Eight

1. *los* This definite article modifies *días*, which is a masculine plural noun. Even though *día* ends in *a*, it is masculine.
2. *fondeó* The preterit indicative is used because the action is completed in the past. It is the beginning of the narrative on what happened when the cruise ship arrived at the port of call. Even if you do not know what the verb means, the use of the preterit is obvious from the words *por fin* and *dos días*.
3. *diminuta* This adjective modifies *isla*, which is feminine singular; therefore *diminuta* is used in the feminine singular form.
4. *provista* This adjective refers back to *clientela*, which is a feminine singular noun.
5. *acuñada* This adjective modifies *moneda*, which is feminine singular. Even if the meaning of *acuñada* is unknown, knowing that *moneda* is feminine singular provides enough information to arrive at the correct answer.
6. *traídos* This past participle used as an adjective refers to both *caracolas* and to *corales*. Since one of the nouns is feminine and the other masculine, the masculine plural form of the adjective is used.
7. *olvidar* This verb occurs after a preposition, in which case the infinitive form of the verb is always used.
8. *los* The noun *turistas* is one of those nouns that ends with an invariable form, *-ista*, *-istas*. The rule for mixed gender groups means that the masculine plural article should be used with *turistas*.

9. *despedía* This verb is frequently a reflexive verb. In this case, however, the subject is *charanga*, a third person singular subject, and the object pronoun, *les*, is a third person plural pronoun. The imperfect is used because the action is described and there is no reference to the beginning and/or the end of the action stated in the passage.

10. *pidiendo* The present participle occurs as an adverb describing manner in an explanatory clause, introduced by *aunque*. The conjunction *aunque* can also be followed by a conjugated verb. In this sentence, the present participle is used to avoid repetition of sentence structure. The implied meaning of the present participle in this case is *pedía*.

GROUP NINE

Se había producido una estampida entre los burlangas, y cada ____(1)____ de ellos encontró refugio en los rincones más insospechados mientras los ____(2)____ iban ____(3)____ el garrito patas arriba con su furor ____(4)____ de manifestarse ante Luisito, el Nabo, que estaba ____(5)____ detrás de una cortina. Parecía que lo ____(6)____ reconocido por el olfato, y hacia él se ____(7)____ ambas fieras a un tiempo, pero el joven atracador vestido de esmoquin tuvo los reflejos a punto para sacar la recortada del armario, y sin pensarlo nada ____(8)____ un par de disparos que fueron suficientes. En medio de un charco de sangre quedaron ____(9)____ dos hombres desconocidos que habían ____(10)____ los sicarios transformados en cerdos por la dama Georgina.

1. _____ (uno)
2. _____ (jabalí)
3. _____ (poner)
4. _____ (tratar)
5. _____ (esconder)
6. _____ (haber)
7. _____ (abatir)
8. _____ (soltar)
9. _____ (tumbado)
10. _____ (ser)

Answers and Answer Explanations for Group Nine

1. *uno* The noun *burlangas* is masculine, as is indicated by the definite article, *los*. *Uno* refers to *burlanga*. The verb *encontró* is singular, which indicates that *uno* must be third person singular.

2. *jabalíes* The plural of words that end with a stressed -í is formed by adding -*es*. The written accent is retained.

3. *poniendo* The present participle (*gerundio* in Spanish) is used as an adverb in order to describe how they went. After verbs of motion and perception the present participle is frequently used adverbially.

4. *tratando* The present participle is used here to describe further how they went, even though no conjunction is used to indicate that the structure is compound.

5. *escondido* The past participle is used as an adjective, that is masculine singular in this case because it refers to Luisito, el Nabo.

6. *habían* The subject of this verb is *los jabalíes*, who are pursuing Luisito, el Nabo. The imperfect form of the verb is used (the pluperfect is indicated by the past participle *reconocido*) because the action is described, not narrated.

7. *abatieron* The verb is used in the preterit in this case because it narrates, or retells, the action when the wild boars finally located their quarry.

8. *soltó* The subject of the verb is the young hunter, *el joven atracador*, who had the presence of mind, *tuvo los reflejos*, to shoot at the *jabalíes*. The preterit is used because the action is begun and completed at a definite moment in time in the past.

9. *tumbados* The past participle in this case refers back to the *jabalíes*, as is indicated by the use of the third person plural of the verb *quedaron*. The past participle is masculine because *jabalíes* is a masculine plural noun.

10. *sido* The pluperfect is used because the time frame indicated is prior to a point of time in the past, when they had been shot by the young hunter. *Sido* is the past participle that must follow the helping verb *haber*.

GROUP TEN

Del mismo modo, hoy nos ____(1)____ por el abandono de las relaciones ____(2)____. El tocadiscos, la radio, la televisión y el vídeo han ido ____(3)____ a las gentes en sus casas y ____(4)____ el ocio en onanismo. Las computadoras y el fax pueden lograr que las personas ni siquiera se ____(5)____ que juntar para el trabajo. Cada vez se vive más en la soledad, en la unidad aislada, en el individuo. Hoy todo ____(6)____ nos parece terrible, pero quizás dentro de un par de siglos los humanos ____(7)____ hacia atrás y se pregunten: "Y esos bárbaros del siglo XX, ¿cómo ____(8)____ vivir así de ____(9)____, así de mezclados? ¿Cómo podían necesitar el contacto sucio y ancestral de los amigos? ¿Cómo se las arreglaban para trabajar en ____(10)____ caos invasor de una oficina?"

1. _____
   (doler)

2. _____
   (interpersonal)

3. _____
   (encerrar)

4. _____
   (convertir)

5. _____
   (tener)

6. _____
   (este)

7. _____
   (mirar)

8. _____
   (poder)

9. _____
   (promiscuo)

10. _____
   (el)

Answers and Answer Explanations for Group Ten

1. *dolemos*   The verb is used in the first person plural in this case because it is reflexive. Frequently the indirect object pronoun is used with *doler* and the subject of the verb is whatever it is that causes the hurt. But in this instance the reflexive is indicated because *doler* is followed by the prepositional phrase, *por el abandono*. Farther down in the passage, the subject, *we*, is indicated again in the phrase, *Todo esto nos parece....* This is an example of a passage that needs to be read in its entirety before the fill-ins are begun; otherwise, subtleties such as the subject, or the narrative voice in this passage, would be missed.

2. *interpersonales*   The adjectives that end with *-l* can only agree in number with the nouns they modify, not gender. The adjective modifies *relaciones*, not *abandono*.

3. *encerrando*   The present participle is used to describe the action of the verb, which is a verb of motion, *han ido*.

4. *convirtiendo*   This present participle, like *encerrando*, describes the action of the verb, which is indicated by the conjunction *y*. *Convertir* is a Class II stem changing verb, which accounts for the change of the *e* to *i* in the stem of the present participle.

5. *tengan*   The expression *pueden lograr* indicated volition (request, will, permission) in the main clause, so the subjunctive is needed in the dependent clause.

6. *esto*   The neuter form of the demonstrative pronoun is used because it refers to the preceding concept, not to any noun in particular. In the last portion of the passage, the speaker tries to put the current perception of isolation in perspective by asking rhetorically if what we consider modern will not appear as strange to people of the next century.

7. *miren*   The present subjunctive is used after *quizás* to express conjecture. *Quizás* indicates the uncertainty of the speaker. Also, *pregunten* is in the subjunctive, indicating probability.

8. *podrían*   The conditional is used to express probability or conjecture in the past. From the perspective of the future, the people who ask the question could not know how or why present-day people do and think the way they do, a perspective communicated by the conditional tense.

9. *promiscuos*   The adjective is plural because it refers to *esos bárbaros*.

10. *el*   *Caos* is a masculine singular noun.

GROUP ELEVEN

Por descuido o porque uno se pone a hacer otra cosa cuando se está trabajando con el ordenador, a veces la pantalla se queda ___(1)___ durante mucho tiempo con un texto o ___(2)___ imagen visible. No se estropea la unidad central del ordenador ni se pierden datos, pero el monitor tal vez ___(3)___ daños por el efecto ___(4)___ *pantalla quemada*, que además puede producir problemas en la vista. Para evitarlo existen programas de protección que eliminan la imagen del monitor al cabo de unos minutos de permanecer ___(5)___. Después para regresar a la tarea interrumpida, basta con ___(6)___ una tecla. En el interior de la pantalla hay partículas de fósforo que brillan cuando son ___(7)___ por un haz de electrones, pero después de un bombardeo prolongado en el mismo punto el fósforo se desgasta y queda un brillo fantasma. Este efecto hace que se ___(8)___, por ejemplo, líneas de texto ___(9)___ cuando el monitor está ___(10)___.

1. _____
   (encendido)
2. _____
   (uno)
3. _____
   (sufrir)
4. _____
   (denominado)
5. _____
   (inalterado)
6. _____
   (pulsar)
7. _____
   (activado)
8. _____
   (ver)
9. _____
   (fijo)
10. _____
   (apagado)

Answers and Answer Explanations for Group Eleven

1. *encendida*   The past participle refers to *pantalla*, which is feminine singular. The verb *quedar* is used to mean *to be* in this instance, making the past participle function as an adjective.
2. *una*   The noun *imagen* is feminine.
3. *sufra*   The present subjunctive is used in this instance after *tal vez* to indicate conjecture or the probability that the computer screen could suffer from a problem called *burned screen*.
4. *denominado*   The adjective refers to *efecto* not *pantalla*, so it is masculine singular.
5. *inalterada*   The adjective refers to *la imagen*, and thus is feminine singular form.
6. *pulsar*   The infinitive is used because it follows a preposition.
7. *activadas*   The feminine plural form is used because it refers to *partículas*. When the noun is followed by a prepositional phrase that describes the noun, such as *de fósforos*, be sure to correctly identify the referent of the adjective.
8. *vean*   The present subjunctive is used because it occurs in a dependent noun clause, following the verb *hace*, which indicates volition. The plural is used because the *se* substitute for the passive voice is used and the subject is *líneas*.
9. *fijas*   The adjective refers to *líneas*, not to *texto*, which is contained in a prepositional phrase describing *líneas*. The noun is a feminine plural form.
10. *apagado*   The noun that this adjective modifies is *monitor*, which means that this past participle used as an adjective must be a masculine singular form.

GROUP TWELVE

El azar me había ___(1)___ en cierto banquete junto a un hombre amable y jovial, con patillas, ojos astutos, nariz ___(2)___ y una corbata que ___(3)___ tres vueltas alrededor de su largo cuello antes de anudarse.

—¡Mozo! ¡___(4)___ aquí, amigo! Va usted a traerme ___(5)___ una cerveza, y que no ___(6)___ de la casa Bornoil, ¿eh? No se había servido todavía la sopa y ___(7)___ caballero ___(8)___ ya ___(9)___ ruido como si se ___(10)___ en el postre.

1. _____
   (poner)
2. _____
   (puntiagudo)
3. _____
   (dar)
4. _____
   (Venir)
5. _____
   (correr)
6. _____
   (ser)
7. _____
   (este)
8. _____
   (hacer)
9. _____
   (tanto)
10. _____
    (estar)

Answers and Answer Explanations for Group Twelve

1. *puesto*   This word is the irregular past participle of *poner*, which is required because it follows the auxiliary verb *haber*.
2. *puntiaguda*   The noun that this adjective modifies, *nariz*, is feminine singular; thus the correct form ends in -*a*.
3. *daba*   The third person singular is required because the subject of the verb is *corbata*. The imperfect is used because the sentence describes the man's attire.
4. *Venga*   The polite second person singular pronoun, *Ud.*, is required in this instance. The direct address of *Mozo* indicates that the relationship between the two is formal, even though the speaker also uses the word *amigo*. In addition, in the following sentence, *usted* is used to indicate the third person singular.
5. *corriendo*   The present participle is used to show in what manner the *mozo* is to bring the beer, indicating an adverb.
6. *sea*   The present subjunctive is required because the beer has not been brought yet. The verb occurs in a dependent noun clause. The main clause is omitted, but *que* before the verb means that the following clause is dependent. *Quiero* or some other verb of wishing or wanting is understood in this kind of a sentence.
7. *este*   The demonstrative adjective modifies *caballero*, a masculine singular noun. The correct masculine singular form is *este*.
8. *hacía*   The imperfect is used because the period of time to which the speaker refers is indefinite.

9. *tanto*   The noun *ruido* is masculine singular, which requires that *tanto* agree in gender and number with the noun. Only when *tanto* is followed by an adjective or adverb is it shortened.

10. *estuviese, estuviera*   Either form of the past subjunctive is always required after *como si*.

GROUP THIRTEEN

Había ___(1)___ decir, por ejemplo, que una de las habitaciones principales de la casa de don Carlos había sido ___(2)___ por él en ___(3)___ especie de museo en el que se conservaban, ___(4)___, siempre escrupulosamente cuidadas y limpias, las pertenencias de Estela. Pues bien, su sucesora sería la más celosa guardiana de la veneración que a ese, no, museo no, altar, se le debía. Hasta que el mismo Carlos le ___(5)___ que no ___(6)___ y ella, por obediencia, fuera ___(7)___ que crecieran las telarañas y se extendiera el moho y se ___(8)___ los hongos. Pues nadie volvería a acordarse de aquel cuarto cerrado ___(9)___ tantos otros abiertos y que ___(10)___ atención y cuidado.

1. _____
   (oír)

2. _____
   (convertido)

3. _____
   (uno)

4. _____
   (intacto)

5. _____
   (rogar)

6. _____
   (exagerar)

7. _____
   (dejar)

8. _____
   (multiplicar)

9. _____
   (haber)

10. _____
    (requerir)

Answers and Answer Explanations for Group Thirteen

1. *oído*   The past participle is required after the verb *haber*. The important thing to remember about verbs like *oír* is that there is an accent written on the past participle. Other past participles like *oído* are *leído, creído,* and *traído.*

2. *convertida*   This past participle functions as an adjective and refers back to *una* of the *habitaciones* earlier in the sentence. This sentence is a good example of the true passive voice in Spanish. You can identify it by the verb *ser, había sido,* the past participle, *convertida,* the preposition indicating the agent, *por,* and the agent *él.*

3. *una*   The noun *especie* is feminine singular, which requires the feminine singular indefinite article, *una.*

4. *intactas*   This adjective refers to *las habitaciones.* The fact that it is plural is indicated by the *se* substitute for the passive voice that immediately precedes the adjective, *se conservaban.* In addition, all the other adjectives in the series are feminine plural.

5. *rogara, rogase*   The past subjunctive is indicated by *hasta que.* Even though this passage is told in the past tense, from the perspective in time of the speaker, Carlos has not said anything yet; therefore, that event is considered future (an unaccomplished happening), and is rendered in the subjunctive. Additionally, in a parallel structure

the following portion of the compound clause shows the past subjunctive *-y ella, por obediencia, fuera ... que crecieran las telerañas.*

6. *exagerase, exagerara*   The imperfect subjunctive is used in a dependent noun clause after a verb of volition. Don Carlos begs Estela not to exaggerate. Additional cues are found in the parallel structures in which the past subjunctive, *crecieran telerañas*, is also used in a dependent noun clause.

7. *dejando*   The present participle is used after the verb *ir*. It describes the action of the verb by showing the manner in which the action is accomplished. Do not confuse the verbs *ir* and *ser* in this kind of question. *Por* in this sentence does not indicate the passive voice. Nor would a past participle for *dejar*, modifying *ella* make sense in this context, either.

8. *multiplicaran, multiplicasen*   This verb is part of a series of verbs in the past subjunctive: *crecieran* and *extendiera*. They all occur as dependent clauses following a verb of volition, *dejar*. This verb is plural because this is the *se* substitute for the passive voice. The verb must be either singular or plural depending on the number of the noun that is the subject. *Hongos* is the plural subject; therefore, *multiplicaran* must also be plural.

9. *habiendo*   The present participle is used because the function of the verb in this clause is to describe the action of the verb: *volvería a acordarse. Habiendo* means *there being....*

10. *requerían*   The imperfect is used in this instance because the action of the verb is not carried out at a specific moment in time in the past. The plural form of the verb is used because the subject of the verb is the nominalized adjective *otros*, which refers to *cuartos*.

GROUP FOURTEEN

No puedo explicarte la alegría que ___(1)___ al ___(2)___ tu cariñosa carta. La noticia que me das de tu próximo matrimonio con Juan Alonzo conmocionó a ___(3)___ la familia. Todos me encargan que los ___(4)___ muy sinceramente. Yo ___(5)___ que vengas pronto por la capital para hacer las compras de tu ajuar. Además, por supuesto te ___(6)___ el mes entrante cuando ___(7)___, aunque bien yo ___(8)___ que en esta materia no necesitas ayuda ___(9)___ pues tienes un gusto y elegancia ___(10)___.

1. _____
   (experimentar)

2. _____
   (recibir)

3. _____
   (todo)

4. _____
   (felicitar)

5. _____
   (confiar)

6. _____
   (acompañar)

7. _____
   (venir)

8. _____
   (saber)

9. _____
   (alguno)

10. _____
    (exquisito)

Answers and Answer Explanations for Group Fourteen

1. *experimenté* The first person preterit is used because the time to which the speaker refers is a specific moment in the past, the moment when the speaker opened the letter. The first person is indicated by the subject of the first verb, *puedo*.

2. *recibir* The infinitive is used in this instance as a noun, even though in English the translation would call for a present participle used as a noun. *Al* is always followed by an infinitive verb form.

3. *toda* The adjective modifies *la familia*, a feminine singular noun. Family is a collective noun; even though it refers to a group of people, the singular is required because the noun itself is singular.

4. *felicite* The present subjunctive is used in this instance because it occurs in a dependent noun clause, after the verb *encargar*, which indicates volition. The subject of *felicite*, *yo*, is indicated by *me*, the object pronoun in front of *encargan*. The direct object pronoun *los* refers to the persons to whom the narrator is talking, *tú*, and her fiance. Remember that in Spanish America the third person plural is used in place of the second person plural forms. But in Spain, the second person plural, *vosotros*, is commonly used.

5. *confío* This verb in the present tense carries a written accent on the stem of the verb in those persons and number where the stress should fall on the stem, in the first, second, third singular, and third persons plural.

6. *acompañaré* The future indicative is used because the action has not yet taken place (indicated by the words *el mes entrante*), and the verb occurs in the main clause.

7. *vengas* *Cuando* is an adverbial conjunction of time. The present subjunctive is used since the action has not happened.

8. *sé* The first person singular of *saber* is irregular. Be sure to write the accent on the verb form to distinguish it from a pronoun.

9. *alguna* This indefinite adjective, which usually precedes the noun, is feminine singular because it refers to *ayuda*. Where it is placed in regard to the noun does not change the rule for making adjectives agree in gender and number with the nouns they modify, except for apocopated masculine forms. Notice that *alguna* comes after the noun and that the verb is negated. This is an idiomatic use of *alguna*, instead of using *ninguna* before the noun. The word order is important.

10. *exquisitos* The plural form of the adjective is used because it refers to both *gusto* and *elegancia*. In cases where one noun is masculine and one is feminine, the masculine plural form of the adjective is used.

GROUP FIFTEEN

En respuesta a ___(1)___ crisis, recomiendo que ___(2)___ nosotros un programa masivo de construcciones de prisiones. Un ___(3)___ paso importante sería convertir ___(4)___ de las cárceles de mínima y mediana seguridad ___(5)___ , en prisiones de ___(6)___ seguridad para acomodar a criminales ___(7)___ . Creo firmemente que el único impedimento al crimen es el castigo garantizado. No veremos una reducción en el crimen hasta que ___(8)___ a implementar ___(9)___ sistema de castigo que ___(10)___ ambos adecuado y cierto.

1. _____
   (este)

2. _____
   (comenzar)

3. _____
   (primero)

4. _____
   (alguno)

5. _____
   (existente)

6. _____
   (máximo)

7. _____
   (violento)

8. _____
   (empezar)

9. _____
   (uno)

10. _____
    (ser)

Answers and Answer Explanations for Group Fifteen

1. *esta*   The noun that this demonstrative adjective modifies, *crisis*, is feminine singular.
2. *comencemos*   The present subjunctive is used because the verb occurs in a dependent noun clause after a verb of volition: *recomendar*. That the first person plural is the subject is indicated by the subject pronoun that follows the verb. Usually the subject pronoun precedes the verb, but not always.
3. *primer*   The adjective is apocopated (the *-o* is dropped before masculine singular nouns) because the noun it modifies is *paso*.
4. *algunas*   The feminine plural form of the indefinite adjective is used here as a pronoun, *some of the prisons*, because the referent is *cárceles*, a feminine plural noun. Grammatically, a singular indefinite pronoun is possible, but it is not logical in this case since the speaker is talking about some of the prisons, not just one.
5. *existentes*   The adjective is plural because it refers to *cárceles*, not to *seguridad*.
6. *máxima*   This adjective modifies *seguridad*, which, like all nouns that end with *-dad*, is feminine.
7. *violentos*   This adjective modifies a masculine plural noun, *criminales*, so it must end with *-os*.
8. *empecemos*   This verb follows an adverbial conjunction of time, *hasta*. Since the verb in the main clause is in the future tense, *veremos*, the action in the dependent clause has not happened yet, and is expressed using the present subjunctive. The subject, the first person plural, is the same as the other verb meaning *to begin, comencemos*, at the beginning of the passage.

9. *un* The noun that this indefinite adjective modifies is masculine singular, even though it ends with *-a. Uno* is always apocopated before masculine singular nouns.

10. *sea* The present subjunctive is used in this instance because it occurs in a dependent adjective clause that refers to an indefinite, or nonexistent antecedent, *sistema*.

GROUP SIXTEEN

Hoy en día hay ____(1)____ temas en los Estados Unidos que ____(2)____ más pasiones irracionales que el bilingüismo. En los últimos seis años, 17 estados ____(3)____ pasado resoluciones ____(4)____ del inglés la lengua oficial. Los partidarios del movimiento ____(5)____ *Lengua pura*, alegan que éste está ____(6)____. ____(7)____ por una organización ____(8)____ en Washington que ha reclamado en varias ocasiones entre 250.000 y 3.000.000 miembros que pagan cuotas, este movimiento tiene una filosofía muy simple: el inglés es, y debe permanecer para siempre, la única lengua de los Estados Unidos. En tal clima tan ____(9)____ es útil hacer una distinción entre la educación bilingüe y el bilingüismo. Esta distinción no es ____(10)____ con frecuencia por los partidarios del *Lengua pura*.

1. _____
   (poco)

2. _____
   (provocar)

3. _____
   (haber)

4. _____
   (hacer)

5. _____
   (llamado)

6. _____
   (crecer)

7. _____
   (Dirigido)

8. _____
   (basado)

9. _____
   (caldeado)

10. _____
    (hecho)

Answers and Answer Explanations for Group Sixteen

1. *pocos* The noun that this adjective modifies, *temas*, is a masculine plural form. Review nouns that end in *-a* if you missed this item.

2. *provoquen* This verb occurs in a dependent adjective clause. It describes *pocos temas*, which is an indefinite antecedent. The subjunctive is used in such a case, and the present tense is used because other verbs in the passage are present tense.

3. *han* The present perfect tense is used here because the time frame that is indicated is the immediate past. The selection of present perfect indicates continual action up to the present.

4. *haciendo* The present participle is used here adverbially; it describes the action of the verb, *han pasado*.

5. *llamado* The past participle functions as an adjective that modifies *movimiento*, not *partidarios*, since it is the movement that is called *Lengua pura*.

6. *creciendo* The present participle functions as a verbal after the verb *estar*, indicating the present progressive form of the verb.

7. *Dirigido* The past participle functions as an adjective, describing *movimiento*.

8. *basada* This adjective describes *organización*, a feminine noun. All nouns that end with *-ción* are feminine.

9. *caldeado* This adjective modifies *clima*, a masculine singular noun. *Caldo* means *stew* or *soup*, therefore as an adjective it would mean *soupy*, implying that the climate for bilingual education in the United States is heated and muddled.

10. *hecha* The past participle of *hacer* here refers to the *distinción*. This is an example of the true passive voice in Spanish with the construction of *to be + past participle + by + agent.*

GROUP SEVENTEEN

El momento actual es el más importante y más crucial que jamás ha ___(1)___ la humanidad. De la sabiduría colectiva que nosotros ___(2)___ durante los próximos ___(3)___ años depende el que la humanidad sea ___(4)___ a un desastre sin paralelo o que ___(5)___ un ___(6)___ nivel de dicha, seguridad, bienestar e inteligencia. No sé qué es lo que ___(7)___ la humanidad. Hay graves motivos para temer, pero ___(8)___ bastantes posibilidades de una buena solución, que hacen que las esperanzas no ___(9)___ irracionales. Y debemos actuar sobre ___(10)___ esperanzas.

1. _____ (enfrentar)
2. _____ (demostrar)
3. _____ (veinte)
4. _____ (lanzado)
5. _____ (alcanzar)
6. _____ (nuevo)
7. _____ (escoger)
8. _____ (existir)
9. _____ (resultar)
10. _____ (tal)

Answers and Answer Explanations for Group Seventeen

1. *enfrentado* This is the past participle of the verb needed in the perfect tense. The present perfect is used to indicate the immediate past. The present moment is the most crucial that the world *has* ever *seen,* with the idea of continuous time up to the present being underscored by the use of the word *jamás.*

2. *demostremos* Since the existence of collective wisdom is questionable from the perspective of the speaker in this passage, the present subjunctive is used. The rest of the passage indicates that the speaker views the present moment as a turning point with equal chance for great progress or total annihilation of the human race.

3. *veinte* Cardinal numbers such as *veinte* do not agree in gender or number with the nouns they modify, except for *uno* when it modifies a noun.

4. *lanzada* This past participle, used as an adjective, describes *la humanidad.* Following the verb *ser* the past participles agree in gender and number with the nouns to which they refer.

5. *alcance* The present subjunctive is used because it occurs in a dependent noun clause after the verb *depender.* This verb parallels *sea* in the previous clause, indicated by the conjunction *o. La humanidad* is the subject.

6. *nuevo* This adjective modifies *nivel*, which is masculine singular.

7. *escogerá* The future indicative is indicated by the context of the sentence and the passage. Unlike *no creer, no saber* does not indicate the subjunctive. *Lo que* is the subject of the verb.

8. *existen* The present indicative is used because it occurs in a main clause. Even though the verb *temer* occurs in the previous clause, the clause containing *existir* is introduced by *pero*, meaning that it is an independent clause.

9. *resulten* The present subjunctive is used in a dependent noun clause after a verb of volition: *hacen.*

10. *tales* This word is an adjective that occurs in many idiomatic expressions. When used to modify a noun, it can only agree in number, since it ends with a consonant.

GROUP EIGHTEEN

_____(1)_____ en términos abstractos no es, por supuesto, la única forma de alcanzar la generalidad ética; también se la puede lograr, y quizás mejor, si se ___(2)___ emociones generalizadas. Pero para la mayoría de la gente ___(3)___ es difícil. Si se siente hambre, se ___(4)___ grandes esfuerzos, en caso necesario, para conseguir alimentos; si los que tienen hambre son los hijos ___(5)___ , puede que se ___(6)___ una urgencia aun mayor. Si un amigo está ___(7)___ de hambre, con seguridad se esforzará uno para aliviar su desgracia. Pero si se entera uno que millones de personas en todo el mundo se ___(8)___ en peligro de muerte por desnutrición, el problema es tan ___(9)___ y tan distante que, a menos que se ___(10)___ alguna responsabilidad oficial, se olvidará muy pronto del problema.

1. _____
   (Pensar)

2. _____
   (sentir)

3. _____
   (éste)

4. _____
   (hacer)

5. _____
   (suyo)

6. _____
   (sentir)

7. _____
   (morirse)

8. _____
   (encontrar)

9. _____
   (vasto)

10. _____
   (tener)

Answers and Answer Explanations for Group Eighteen

1. *Pensar*   The verb functions as the subject of the verb *es*, in which case the infinitive must be used. Contrast this with the English, where the gerund is normally used.

2. *siente*   After the conjunction *si*, the indicative is normally used in the present tense. Although the subjunctive is used to express uncertainty, in Spanish the present subjunctive is usually not used after *si*. Notice all the other constructions in the passage where the present indicative is used, also.

3. *esto*   The antecedent for this demonstrative pronoun is the whole preceding thought, in which case the neuter pronoun is appropriate.

4. *harán*   The future indicative is used in the *se* substitute for the passive voice. The use of the present indicative in the *si* clause means that either the present or the future tenses will be used in the next clause. The future is more appropriate here because the speaker is talking about hypothetical situations, not something that is about to happen in the near future.

5. *suyos*   This possessive adjective agrees with the noun it modifies, *hijos*, not with the possessor, the parents of the children.

6. *sienta*   The present subjunctive is used in a dependent noun clause after an impersonal expression: *puede ser*.

7. *muriéndose*   The present participle is used as a verbal after the verb *estar* to form the present progressive. The pronoun is added to the end of present participles, and an accent is written over the first syllable of the participial ending because the pronoun adds a syllable to the word. Notice the stem change from an *-o* to a *-u*, because this verb is a Class II stem changing verb.

8. *encuentran*   The present indicative is used here because the verb occurs in an adjective clause. In the context of the passage the present is appropriate here instead of the future because the speaker is talking about present-day conditions, not hypothetical situations.

9. *vasto*   The adjective modifies *problema*, which is masculine singular. The gender of the noun is given in the article that precedes the noun. If the noun is unfamiliar, learn to look for other indicators of the gender and do not simply look to see if the ending is an *-o* or an *-a*. See the Appendix for a listing of common nouns that are of the opposite gender than that indicated by the ending.

10. *tenga*   The present subjunctive is used here because the verb occurs in a dependent adverbial clause, following the conjunction *a menos que*, which indicates concession or condition.

GROUP NINETEEN

Sigue ___(1)___. Ha sucedido un accidente desagradable, esta mañana al salir de la escuela. Un tropel de muchachos, apenas ___(2)___ a la plaza, se pusieron a hacer bolas con ___(3)___ nieve que hace las bolas pesadas como piedras. Mucha gente ___(4)___ por la acera. Un señor gritó: —¡Alto, chicos!— Y precisamente en aquel momento se ___(5)___ un grito agudo en la otra parte de la calle, se vio un viejo que ___(6)___ perdido su sombrero y andaba vacilando, ___(7)___ la cara con las manos, y a su lado un niño que ___(8)___ —¡Socorro, socorro!— En seguida ___(9)___ gente de todas partes. Le habían dado una bola en un ojo. Todos los muchachos corrieron a la desbandada, ___(10)___ como saetas.

1. _____
   (nevar)

2. _____
   (llegar)

3. _____
   (aquel)

4. _____
   (pasar)

5. _____
   (oír)

6. _____
   (haber)

7. _____
   (cubrirse)

8. _____
   (gritar)

9. _____
   (acudir)

10. _____
    (huir)

Answers and Answer Explanations for Group Nineteen

1. *nevando*   After the verb *seguir* the present participle is commonly used to elaborate on the action of the verb, to tell what kept on happening.

2. *llegaron*   The adverb, *apenas*, meaning *scarcely*, indicates a specific moment when the action took place. Thus the preterit is appropriately used to narrate the event. The use of the preterit in the next clause, *se pusieron*, also indicates narration.

3. *aquella*   The noun that the demonstrative adjective modifies, *nieve*, is feminine singular.

4. *pasaba*   The imperfect is used to describe background action. While the boys made snowballs, people *were going by*. When no beginning or ending to the action is indicated, then the imperfect is used. Notice that *gente* takes the singular ending.

5. *oyó*   The preterit is used in this *se* substitute for the passive voice, because the action, a pained shout, occurred at a specific moment in time in the past, indicated by *aquel momento*.

6. *había*   The pluperfect is the appropriate tense because the action took place prior to the event in the past to which the speaker refers. Before the man began walking about erratically, he had lost his hat, but the moment at which it happened is not the actual time frame of the narrative.

7. *cubriéndose*   The present participle describes the action of the old man, indicated in the verb *andaba vacilando*. The present participle *vacilando* functions as an adverb, because verbs of motion or perception are often followed by the present participle functioning as an adverb. Remember that when a pronoun is added to the end of the present participle, an accent is written on the first syllable of the participial ending.

8. *gritaba*   The imperfect tense is used here because the action is described, not narrated. The child did not shout—*Socorro*—once and stop; he *was shouting*. The period of time that he continued to shout is indefinite.

9. *acudió*   The preterit is used to indicate that at a specific moment in the past the action occurred. *En seguida* frequently indicates the use of the preterit, because a specific moment in time is mentioned. *Gente*, the subject, follows the verb.

10. *huyendo*   The present participle is used to describe the action of the boys who ran away from the scene. Notice the *i* of the ending changes to *y* between two vowels. If you missed this spelling change you may need to review conjugation of verbs ending in -*uir*. (But do not confuse -*uir* endings with -*guir* endings.)

GROUP TWENTY

Ayer tarde ___(1)___ a la escuela de niñas que está al lado de la ___(2)___ para darle el cuento del muchacho paduano a la maestra Silvia, que lo ___(3)___ leer. ¡___(4)___ muchachas hay allí! Cuando llegué, ___(5)___ a salir, ___(6)___ muy contentas por las vacaciones de Todos Santos y Difuntos, y ¡qué cosa tan ___(7)___ presencié allí! Frente a la puerta de la escuela en la otra acera, estaba con un codo apoyado en la pared y con la frente ___(8)___ en la mano, un deshollinador muy pequeño, de cara completamente negra, con su saco y su raspador, que lloraba por ___(9)___ perdido por un agujero en el bolsillo roto los seis reales que había ganado ___(10)___ chimeneas.

1. _____
   (ir)

2. _____
   (nuestro)

3. _____
   (querer)

4. _____
   (Setecientos)

5. _____
   (empezar)

6. _____
   (todo)

7. _____
   (conmovedor)

8. _____
   (apoyado)

9. _____
   (haber)

10. _____
    (limpiar)

Answers and Answer Explanations for Group Twenty

1. *fui*   The preterit indicative is used because the point in time is specific, *ayer*. The first person is indicated later in the passage in the verb *llegué* and *presencié*.

2. *nuestra*   The feminine singular possessive pronoun is used because the referent is *escuela*.

3. *quería*   The imperfect is used to mean *wanted*. Remember that the meaning of the verb *querer* is different in the preterit.

4. *Setecientas*   The number *cientos* agrees with the noun that it precedes.

5. *empezaban*   In the past tense *empezar* usually is used in the preterit. Since it refers to a specific moment when something happened, the action has a definite beginning. In the context of this passage, however, the speaker is describing a scene and the students *were beginning* to leave. The imperfect is the appropriate past tense. *Contentas* indicates a plural subject.

6. *todas*   The referent for this nominalized adjective is *muchachas*, so the form of the adjective needs to be feminine plural.

7. *conmovedora*   This adjective modifies *cosa*, which is feminine singular.

8. *apoyada*   The adjective modifies *frente*, whose gender is indicated by the article in front of the noun. Do not be misled because the word appears earlier modifying a masculine singular noun, *codo*.

9. *haber*   The perfect tense is indicated because the action took place at a time prior to the moment when the speaker saw the boy. The infinitive form of *haber* is indicated by the preposition *por*.

10. *limpiando*   The present participle further describes how the boy earns his living. It is used as an adverb.

Spanish–English Glossary

A

abajo under, underneath, below, down
  para abajo downward
abandonar to leave, to forsake, to give up, to abandon
abarcar to include, to embrace, to take in
abastecer to supply, to purvey
abatir to throw down, to overthrow
abdicar to abdicate, to leave
la **abeja** bee
ablandarse (el corazón) to soften, to mellow, to relent
abogado lawyer
abolir to abolish
abonar to subscribe to, to pay
abrazar to hug, to embrace
el **abrazo** hug, embrace
abreviar to abbreviate
abrigado sheltered, protected, clothed warmly
el **abrigo** coat, overcoat
  el abrigo de piel fur coat
abrir to open
abrochar to button up, to button down, to buckle up
abrumar to crush, to overwhelm, to oppress
absorber to absorb, to soak up
abuelo, -a grandfather, grandmother
aburrirse to get bored, to become bored
acá y allá here and there
acabar(se) to finish
  acabar con to end with
  acabar de to have just + inf.
acalorado, -a hot, heated
acaramelado, -a caramel covered
acaso perhaps, maybe, by chance
  por si acaso just in case
acatar to respect, to heed
acceder to agree, to consent
el **accidente** accident
la **acción** action
accionar to work, to act
las **acciones** stocks
el **aceite** oil

la **aceituna** olive
acentuar(se) to accentuate
aceptar to accept
la **acequia** irrigation ditch
la **acera** sidewalk, pavement
acercarse to approach, to go near
el **acero** steel
acertar (ie) to ascertain, to be right, to guess
aclarar to clarify
acoger to welcome, to make welcome
acomodado comfortable
acomodar to accommodate
acompañar to accompany
aconsejar to advise
acontecer to happen, to occur, to take place
el **acontecimiento** event, happening
acordarse de to remember
acorralar to enclose, to corner
acostarse to go to bed
acostumbrar to be accustomed to
la **actitud** attitude
la **actividad** activity
la **actuación** action, conduct
actual present, modern
la **actualidad** present time
  en la actualidad at the present moment
actuar to act, to behave
acudir to come
  acudir a to come to, to aid, to heed
el **acuerdo** agreement, understanding
  de acuerdo con, a in accordance with
  de mutuo acuerdo in mutual agreement
  estar de acuerdo con to be in agreement with
  ponerse de acuerdo to bring to an agreement
el **acumulador** battery (car)
acusar to accuse
el **adagio** adage
adaptar to adapt
adelantar to move forward, to progress
¡adelante! Go on! Come in!
  en adelante from now on, henceforth, in the future

adelgazar(se) to get thin, to slim down

además moreover, in addition

   además de besides

adentro inside

adiestrar to train, to instruct, to guide

el **adiós** goodbye

la **adivinanza** riddle, prediction

adivinar to guess, to divine

el **adivino** magician, fortune-teller, sage

admirar to admire

adoctrinar to indoctrinate

adornarse to adorn oneself

el **adorno** ornament, adornment

adosar to lean, to attach

adquirir to acquire

el **advenedizo** upstart

el **advenimiento** coming, arrival, advent

advertencia warning, piece of advice

advertir to advise, to warn

el **afán** hard work, industry, zeal

afectar to affect

el **afecto** affection, fondness

afianzar to guarantee, to strengthen, to reinforce

el **aficionado** amateur

afirmar to affirm

afrontarse to confront, to face up to

las **afueras** outskirts, outside, out-of-doors, suburbs

agacharse to lean over, to bend down, to duck

agarrar to grasp, to seize

agasajar to treat kindly, to regale

el **agente publicitario** publicity agent

agitar to shake, to wave, to excite, to rouse

agitarse to get excited

agobiar to burden

agonizar to agonize

agotarse to become exhausted

agraciado pretty, attractive, graceful

agradable agreeable

agradar to please

agradecer to thank

agregar to add

agrícola farming, agricultural

agruparse to form a group, to crowd together

el **agua** water

   hacerse agua la boca to make one's mouth water

el **aguacate** avocado

aguantar to put up with, to stand, to tolerate, to bear

aguardar to wait for, to await

agudo sharp

el **águila** eagle

la **aguja** needle

el **agujero** hole

aguzar to sharpen

ahí there

   de ahí from there

el **ahijado** godchild, adopted child

ahogar to drown

ahorcar to hang

ahorrar(se) to save

airoso ventilated, windy, graceful, elegant

aislar to isolate

el **ajedrez** chess

ajeno other people's

el **ajo** garlic

el **ajonjolí** sesame

ajustar to adjust

el **ala** wing

alabar to praise

la **alabanza** praise

el **alambrado** wire netting, wire fencing

el **álamo** poplar tree

alargar to lengthen, to prolong

el **alarido** howl, yell, shriek

el **alba** dawn

albergar to lodge, to stay

el **alboroto** uproar, disturbance

la **alcachofa** artichoke

el **alcalde** mayor

el **alcance** reach

   al alcance de within reach of

   tener al alcance to have within reach

la **alcancía** money box, piggy bank

alcanzar to reach, to achieve

   alcanzar la felicidad to find happiness

la **alcoba** bedroom

la **aldea** village, town

alegrar to allege, to claim

alegrarse to be happy

la **alegría** happiness

alejado, -a faraway

el **alejamiento** estrangement, removal, absence

alejar(se) de to back away from, distance oneself from

el **alemán** German

alentar to encourage, to inspire

el **alero** eaves (house), fender (of a car)

la **alfarería** pottery, ceramic

el **alfil** bishop (chess)

la **algazara** uproar

algunas cuantas some, few

la **alhaja** jewel, gem, piece of jewelry

la **alhambrada** wire fencing, wire netting

el **aliento**   breath
alimentar(se)   to nourish
el **alimento**   food
aliviar   to relieve, to ease, to alleviate
el **alma**   soul
el **almacén**   department store, shop, warehouse
la **almendra**   almond
el **almíbar**   syrup (not medicine)
la **almohada**   pillow
el **almuerzo**   lunch
alojar   to house, to lodge, to stay a night
el **alpinismo**   mountain climbing
alquilar   to rent
el **alquiler**   rent
alrededor de   around, about, encircling
los **alrededores**   the outskirts, the out-of-doors
el **altavoz**   speaker
alto   high, tall, stop
la **altura**   height
aludir   to allude
el **alumbrado**   light
alumbrar   to light, to enlighten
alusivo   allusive, referring to
el **alza**   rise
el **alzamiento**   lifting, raising
alzar   to raise, to lift
allá   there
  el **más allá**   the beyond
  más allá   farther on, beyond
el **ama de casa**   housewife
amable   pleasant, agreeable
el **amaestrador**   tamer
amanecer   to get daylight
la **amapola**   poppy (flower)
amar   to love
amargo   bitter
el **amargor**, la **amargura**   bitterness
amarillo   yellow
amarrar   to tie up, to make fast, to moor
la **amatista**   amethyst
ambicionar   to aspire, to strive for, to seek
ambiental   environmental
el **ambiente**   environment
  el **medio ambiente**   natural environment
ambos   both
la **amenaza**   threat
amenazar   to threaten
la **ametralladora**   machine gun
amigable   friendly
la **amistad**   friendship
amontonarse   to add up, to amass
amortizar   to amortize, to pay off

amparar   to help, to aid
ampliar   to enlarge
amplio   wide, large
la **ampolleta**   hourglass, electric bulb
el **analfabetismo**   illiteracy
analizar   to analyze
ancho   wide
el **anciano**   old man
anclar   to moor, to anchor
andar   to walk
  andar angustiado   to worry, to stew about
el **anfiteatro**   amphitheater
el **ángulo**   angle
la **angustia**   anxiety
anhelante   yearning, longing
anhelar   to long for, to pine for, to yearn for
el **anillo**   ring
animar   to animate, to encourage
  animarse a   to take heart, to regain courage
el **ánimo**   spirit, will, heart
el **anochecer**   to become night
el **ansia**   anxiety, worry
ansioso   anxious
anteayer   day before yesterday
el **antepasado**   ancestor
anterior   before, anterior
anticuado   antiquated
antiguo   old, ancient
antojar(se)   to fancy, to feel like
anular   to repeal, to revoke, to invalidate
anunciar   to announce
el **anuncio**   ad, news, announcement
añadir   to add to, to increase
el **añil**   indigo
el **año**   year
  año tras año   year after year
antaño   long ago
apaciguar   to pacify
apagado   put out, extinguished
apagar   to put out, to turn off
el **aparato**   machine
aparecer   to appear, to turn up
apartar(se)   to depart from, to forsake, to go away a distance
aparte de   aside from
apático   apathetic, listless
el **apellido**   father's name, family name
apenas   scarcely
la **apertura**   opening, hole
apetecer   to appeal to, to look tasty
aplastar   to smash
aplaudir   to applaud
aplicar(se)   to apply oneself

apodar   to nickname

apoderarse de   to seize, to take power

apolillado   moth-eaten

apoltronado   idle, lazy

aporrear   to hit, to give a beating

la aportación   contribution

aportar   to contribute, to provide

apoyar   to support

el apoyo   support

apreciar(se)   to appreciate

aprender   to learn

el aprendiz   apprentice

el aprendizaje   apprenticeship

aprestarse a   to get ready, to make up

apresurar   to hurry

apretar   to squeeze, to clasp, to bring
together

el apretón   squeeze, difficulty

aprisionar   to imprison

aprobar   to approve, to pass (a course, a bill)

el aprovechamiento   benefit, gain,
betterment

aprovechar(se)   to take advantage of

aproximarse   to get close, to go up to, to near

apuntar   to aim, to sharpen, to point

apurar(se)   to be in a hurry, to hurry

el apuro   hurry, difficulty

el árbol   tree

arcano   arcane, secret

el archivo   archive, library

arder   to burn

ardiente   burning

el arecife   reef

la arena   sand

el argumento   plot

el armario   cupboard, wardrobe

la armonía   harmony

el arquitecto   architect

la arquitectura   architecture

la artesanía   craft, craftwork

el artículo de fondo   lead article, editorial

arrancar   to tear off, to pluck out, to start up

arrastrar   to drag, to trail, to pull, to haul

arrebatar   to snatch away

arreglar   to arrange, to fix

el arrendamiento   lease

arrepentir(se)   to repent, to be sorry

arriba   above

arriesgar   to risk

arrimar   to bring close, to dock

arrodillar(se)   to kneel, to kneel down

arrojar   to throw, to toss

el arrozal   rice field

el ascenso   ascent, raise

asegurar   to assure, to insure, to ensure

asemejar   to resemble, to seem like

asequible   available, obtainable

asesinar   to assassinate, to murder, to kill

asiduo   industrious, hard working

el asiento   seat

asiento delantero   back seat (in a car)

asiento trasero   front seat (in a car)

asiento de ventanilla   window seat (on an
airplane)

la asignatura   course

asimilarse   to assimilate, to become one of a
group

la asistencia   attendance

asistir   to attend (school)

asomar(se)   to show up, to appear at

asombroso   surprising

asqueroso   awful, vile, nasty

asustar   to surprise, to scare

atacar   to attack

atar   to tie, to tie up

atemorizar   to terrify

atender   to attend to (patients, business)

atenerse   to abide, to stick to, to hold

el aterrizaje   landing (of an airplane)

el aterrizaje forzoso   emergency landing

aterrizar   to land

el atleta   athlete

la atmósfera   atmosphere, environment

atónito   astonished, amazed

atormentar   to torment

el atraco   mugging, attack

atraer   to attract

atrancar   to bar, to block, to clog up

atrapar   to catch

atrás   behind

atrasar   to get behind, to retard

atravesar   to cross

atrever(se)   to dare, to venture

atrevimiento   daring, boldness

atribuir   to attribute to, to ascribe

atropellar   to run over

el auge   peak

aumentar   to augment, to increase

aun   even

aun cuando   even when

aún   still, yet

aunque   even though

auscultar   to auscultate

la ausencia   absence

el auxilio   help

pedir auxilio   to ask for help

avanzar   to advance

avergonzar   to be ashamed, to shame

averiguar   to verify, to check
el **avión**   airplane
avisar   to advise, to warn, to inform
el **aviso**   notice, warning
la **ayuda**   help
ayudar   to help
el **ayuntamiento**   city hall
la **azafata**   stewardess
el **azar**   chance, accident
azotar   to whip, to beat
la **azotea**   flat roof, terrace roof
azteca   Aztec
el **azúcar**   sugar

B
el **bachillerato**   diploma
bailar   to dance
el **baile**   dance
bajar   to take down, to come down
   bajar de   to take, come down from
bajo   short, low
el **baloncesto**   basketball
balbucear   to stutter, to stammer, to babble
bancario   bank (*adj.*)
   giro bancario   bank draft
el **banco**   bank, park bench
la **bandera**   flag
el **banquero**   banker
bañar(se)   to bathe
la **bañera**   bathtub
el **baño**   bathroom
barato   cheap, inexpensive
la **barbilla**   chin
el **barco**   ship
   por barco   by ship
la **barra**   bar, rod, lever, ingot
barrer   to sweep
el **barril**   barrel
el **barrio**   neighborhood, suburb
la **base**   base, basis, foundation
basta con   suffice with, enough with
bastar   to be enough, to suffice
la **basura**   trash, garbage
el **batidor**   mixer
batir   to beat
el **baúl**   trunk, chest
bautizar   to baptize
el **bautizo**   baptism
la **baza**   trick (in cards)
la **bebida**   drink
la **beca**   scholarship
el **bejuco**   liana, rattan, reed, vine
Belén   Bethlehem
bélico   warlike

la **belleza**   beauty
el **beneficio**   benefit
besar   to kiss
la **biblioteca**   library
el **bibliotecario**   librarian
la **bicicleta**   bicycle
los **bienes**   goods
   los **bienes muebles**   personal property
el **bienestar**   well-being
la **bienvenida**   welcome
   dar la bienvenida   to welcome
   ¡Bienvenido!   Welcome!
la **blusa**   blouse
la **boca**   mouth
   boca abajo   face down
   boca arriba   face up
el **bocadillo**   snack, bite
la **bocina**   horn (mechanical)
la **boda**   wedding
la **bola**   ball
el **boletín de noticias**   news bulletin,
   announcement
el **boleto**   ticket
   boleto de ida y vuelta   round trip ticket
el **boliche**   bowling, small grocery shop
la **bolsa**   bag, purse, pocket
el **bolsillo**   pocket
la **bomba**   bomb
el **bombero**   fireman
el **bombín**   bowler (hat), derby (hat), bicycle
   pump
los **bombones**   bon bons
bordar   to embroider
el **borde**   side (of the road), edge
el **borracho**   drunk, intoxicated person
el **borrador**   eraser
borrar   to erase
la **borrasca**   storm, squall, flurry
bostezar   to yawn
las **botas**   boots
el **bote**   boat
la **botella**   bottle
el **botín**   loot, booty
el **botiquín**   medicine chest
los **botones**   buttons, bellhop
el **brazo**   arm
el **bribón**   rascal, rogue
brincar   to jump
brindar   to toast (one's health)
el **brindis**   toast
la **brisa**   breeze
el **broche**   brooch, pin
la **broma**   joke
broncear(se)   to tan, to get a suntan

brotar to sprout, to bud, to spring up
la **bruma** mist, fog
bruñir to polish, to burnish
bucear to dive
la **buhardilla** attic
el **búho** owl
la **bulla** uproar, noise
el **bulto postal** package
burlarse de to laugh at, to make fun of
el **burócrata** civil servant
buscar to search for, to look for
la **búsqueda** search

C

caber to fit
   no cabe duda there is no doubt
la **cabeza** head
la **cabina de teléfono** telephone booth
el **cabo** cape (land), corporal
   al fin y al cabo at last, finally
el **cacto** cactus
cada each
la **cadena** chain
caer(se) to fall (down)
la **cafetera** coffeepot
la **caja** box
el **cajero** teller (in a bank)
la **cal** lime (mineral)
calabaza gourd
calado soaked
el **calamar** squid
la **calavera** skull
los **calcetines** socks
calmar(se) to calm down, to be quiet
calvo bald
calzar to put on shoes
los **calzoncillos** underpants
la **calle** street
callejero in, of the street
la **cama** bed
la **cámara** chamber
la **Cámara de Diputados** chamber of
   deputies
el **camarero** waiter
cambiar to change
el **cambio** change
   casa de cambio de moneda foreign
   money exchange
la **camilla** stretcher, small bed
caminar to walk
la **camisa** shirt
la **campana** bell
el **campesino** farmer
el **campo** countryside, field

el **canal** channel, tunnel
la **canasta** basket
la **cancha** court (for sports), playing field
la **canción** song
la **cantidad** quantity
canoso white-haired, gray-haired
cansarse to get tired
el **cansancio** weariness, fatigue
el, la **cantante** singer
la **caña** cane, reed, rattan
la **caoba** mahogany
capacitado talented, able, capable
el **capital** capital, capital sum
la **capital** capital city
el **capitalista** capitalist
el **capó** hood (of a car)
el **capricho** whim
la **cara** face
   la **cara de pocos amigos** long-faced
   (irritated)
el **caracol** snail, sea shell
la **cárcel** jail, cell
carecer to be lacking, to need
el **cargador** loader
el **cariño** affection, love
cariñoso affectionate, loving
el **carnaval** carnival
la **carne** meat
   carne de res beef
   carne de ternera veal
   carne de cerdo pork
el **carnet** card
   carnet de identidad identification card
la **carnicería** butcher shop
el **carnicero** butcher
caro expensive
la **carrera** career, race
la **carretera** highway, interstate, road
la **carroza** float (in a parade)
la **carta** letter (mail)
el **cartel** poster
la **cartera** wallet
el **cartero** mailman
la **casa** house
   casa de coreos post office
casado married
casar(se) to marry, to get married
la **cascada** cascade, waterfall
la **cáscara** shell (of eggs, nuts), husk, peel (of
   fruit)
el **casco** helmet
casero pertaining to a household
casi almost
castigar to punish

la **casualidad**   chance, occasion
  por casualidad   by chance
la **catarata**   cataract, waterfall
el **catarro**   cold (illness)
el **catedrático**   tenured professor, endowed
  chair
el **caucho**   rubber
caudal   wealth, volume, flow
la **causa**   cause
  a causa de   because of
cautelosamente   cautiously, warily
cavilar   to wonder
la **cebolla**   onion
ceder   to transfer to, to give up
las **cejas**   eyebrows
celoso   jealous
el **cementerio**   cemetery
cenar   to dine
la **censura**   censorship
el **centro**   downtown, center
  centro comercial   commercial center
ceñir   to encircle, to surround
cepillar(se)   to brush
el **cepillo**   brush
  cepillo de dientes   toothbrush
cerca   near
la **cercanía**   neighborhood
el **cerdo**   pig
el **cerebro**   brain
cesar   to stop, to cease
la **ciencia**   science
  ciencia ficción   science fiction
el **científico**   scientist
cierto   sure, certain
la **cifra**   figure (numerical)
la **cigarra**   cicada, cricket
el **cilindro**   cylinder
el **cine**   movie theater, movies
la **cinta**   tape, ribbon
la **cinturón**   waist, belt
la **cifra**   figure, number
el **círculo**   circle
circular   to circulate, to go around, to run
la **cita**   appointment, date
la **ciudad**   city
el **ciudadano**   citizen
las **claras**   egg whites
claro   clear
  ¡Claro que sí!   Certainly! Clearly! Surely!
clavar   to nail
la **clave**   key
el **clavo**   nail
el **cliente**   client
el **club**   club, association

la **cobardía**   cowardice
cobrar   to charge, to cost
la **cocina**   kitchen
cocinar   to cook
el **coche**   car
  coche-cama   sleeping car (on a train)
  coche-comedor   dining car (on a train)
codiciar   to covet
el **codo**   elbow
el **cojín**   cushion
la **col**   cabbage
la **cola**   tail
  hacer cola   to wait in line
la **colcha**   bedspread
el **colchón**   mattress
el **colega**   colleague
colgar   to hang up
el **colibrí**   hummingbird
colocar   to place
colorado   colored, reddish
la **comadre**   kinswoman, friend (female)
la **comarca**   region, area
el **comedor**   dining room, cafe
el **comentarista**   commentator
comenzar   to start, to begin
comercial   commercial
la **cometa**   bite
cometer   to commit
cómico   comical, funny
la **comida**   food, meal
como   like, as
  ¿cómo?   what? how?
  ¡cómo!   how!
la **cómoda**   wardrobe, dresser
cómodo   comfortable
el **compañero**   companion, friend
  compañero de cuarto   roommate
la **compañía**   company
compartir   to share
el **compatriota**   countryman
la **competencia**   competition, race, contest
comportar(se)   to behave
el **comprador**   buyer
comprar   to buy, to purchase
  ir de compras   to go shopping
comprometerse   to compromise, to promise
  comprometerse a   to promise to
la **computadora** (Latin America)   computer
comulgar   to share, to partake of communion
la **comunidad**   community
con   with
con tal (de) que   provided that
concebir   to conceive, to think of
conceder   to concede, to give in

concretar   to express explicitly

el **concurso**   race, competition

conducir   to drive, to lead to

el **conductor**   driver, leader

el **conejo**   rabbit

   conejo de Pascua   Easter rabbit

confiar   to entrust, to trust

conformarse   to agree to, to comply, to put up with

confortable   comfortable

la **confusión**   confusion

congelar   to freeze

la **congestión**   congestion, cold (illness)

la **conjetura**   conjecture

conjugar   to conjugate

conjurar   to conjure, to evoke

conmemorar   commemorate

conocer   to know (people), to meet

conseguir   to obtain, to get

el **consejo**   advice

consentir   to agree, to consent

conservador   conservative

conservar   to preserve

conspirar   to conspire

la **constitución**   constitution

construir   to build, to construct

consultar   to consult

el **consultorio**   doctor's office, waiting room

el **consumo**   consumption, use

contado   cash

   al contado   in cash

el **contador**   bookkeeper, accountant

la **contaminación ambiental**   environmental pollution

contaminar   to contaminate

contagiar   to transmit a disease

contar   to count, to tell

contemplar   to contemplate

contestar   to answer, to respond

continuo   continuous

   a continuación   below, following, immediately after

el **contrabajo**   double bass (instrument)

el **contrabando**   smuggled goods, contraband

el/la **contrabandista**   smuggler

contratar   to hire

contravenir   to infringe

contribuir   to contribute

convenir   to agree upon, to arrange

convertir   to convert

   convertirse en   to change into

la **convivencia**   coexistence

la **convocatoria**   examination session

la **copa**   drink, small glass

copiar   to copy

copioso   abundant, plentiful, copious

el **corazón**   heart

la **corbata**   necktie

la **cordillera**   mountain range

el **coro**   choir

coronar   to crown

el **corredor**   runner

corregir   to correct

el **correo**   mail

   oficina de correos   post office

   correo aéreo   air mail

   correo ordinario   regular mail, surface mail

   correo certificado   registered mail

correr   to run

correr las cortinas   to close the curtains

correr las olas   to surf

la **correspondencia**   mail, correspondence

corresponder   to correspond

corriente   running

la **corriente**   current

cortar   to cut

cortés   courteous

la **cortesía**   courtesy

corto   short

la **cosedora**   seamstress

coser   to sew

la **costa**   coast

costar   to cost

las **costillas**   ribs

costoso   costly, dear, expensive

la **costumbre**   custom

cotidiano   daily, everyday

crecer   to grow, to grow up

el **crédito de vivienda (la hipoteca)**   mortgage

la **creencia**   belief

creer   to believe

criar   to raise

el **crimen**   crime, criminal

el **cristal**   glass, windowpane

el **crucero**   crossing, cruise

crujir   to creak

cruzar   to cross

el **cruce de camino**   intersection

cuadra   city block

cuadro   painting

   a cuadros   plaid

cual(es)   which

   ¿cuál(es)?   which one(s)?

cualquier   whichever

cuando   when

   ¿cuándo?   when?

¿cuánto?   how many, how much

el **cuarto**   room
el **cuello**   neck
la **cuenta**   bill
  a fin de cuentas   all things considered
  cuenta corriente   checking account
  cuenta de ahorros   savings account
  darse cuenta de   to realize
el **cuento**   story
el **cuero**   leather
el **cuerpo**   body
cuesta arriba   uphill
cuestionar   to question
cuidar(se) de   to take care of
cuidado   care
culpable   guilty
el **cumpleaños**   birthday
cumplir   to fulfill
  cumplir ... años   to be ... years old
la **cuota**   quota
el **cupón**   coupon, ticket
curso   course, subject; course, direction flow

CH
el **chaleco**   vest
la **chamarra**   jacket
chamuscar   to singe, to char, to burn
la **chaqueta**   jacket
la **charla**   chat, talk
charlar   to chat
chequear   to check on
chillar   to scream, to shriek
el **chisme**   gossip
la **chispa**   spark, glimmer of fire
chisporrotear   to sizzle, to crackle
el **chiste**   joke
chocar   to hit against, to crash
el **chofer**   driver
el **chorizo**   sausage
chupar   to suck

D
dactilar   dactyl, referring to a finger
los **dados**   dice
dañar(se)   to injure, to harm
los **daños**   harm, dangers
dar   to give
  dar fin a   to finish
  dar a luz   to give birth
  dar la bienvenida   to welcome
  dar una clase   to give a class
  dar una paliza   to give a beating
  dar una película   to show a movie
  dar una vuelta   to turn around
  darse cita con   to meet with

  darse cuenta de   to realize
  dárselo a   to give to
el **dátil**   date (fruit)
de   of, from, by
  ¿de dónde?   from where
deber   ought to, to owe
débil   weak, frail
el **decano**   dean
decidir   decide
  decidirse a   to decide to
decir   to say, to tell
  querer decir   to mean, to want to say
  es decir   that is to say
la **declaración**   statement
dedicar   to dedicate
  dedicarse a   to dedicate oneself to
el **dedo**   finger, toe
deducir   to deduct
defectuoso   defective
defender   to defend
dejar   to leave, to let, to stop
  dejar de   to stop
  dejárselo a   to permit, to let
delante de   in front of
deleitar   to delight, to please
el **deleite**   delight, pleasure
el **delfín**   dolphin
delirar   hallucinate
el **delito**   crime
la **demanda**   demand, request
demás   the rest
  lo, los demás   the rest, the others
demonios   devils
  ¿dónde demonios?   where in the devil?
demorar   to delay
  la **demora**   delay, layover
demostrar   to demonstrate, to show how
el/la **dentista**   dentist
el/la **dependiente**   clerk
deplorar   to deplore
el **deporte**   sport
el, la **deportista**   sportsman, sportswoman
deportivo   sport, sporty, sporting
deprimir   to depress
derecho   right
  a la derecha   to the right
  derechos de aduana   duty (customs tax)
derramar   to spill
derribar   to knock down, to overthrow
derrocar   to bring down, to pull down
la **derrota**   defeat
derrumbar   to tumble down
el **desacuerdo**   disagreement
desafiar   to defy

desahogar to comfort

desamparado helpless, sad

desanimar to depress, to discourage

desarrollar to develop

desasosegar to unsettle, disturb

el **desasosiego** uneasiness, anxiety, restlessness

desatinar to exasperate, to bewilder

desayunar(se) to have breakfast

el **desayuno** breakfast

descalzo barefooted

descansar to rest, to relax

el **descanso** rest, break

descender to descend, to come down from

descifrar to read, to decode

descolgar to take down

descompuesto broken

descongelar to defrost

describir to describe

el **descuento** discount

descuidar to neglect

desde from, since

desdeñar to disdain, to scorn

desdibujar to blur, to get blurred

desdichado unhappy, unfortunate

desdoblar to unfold

desear to wish, to want

 es de desear to be hoped

desechable disposable

desembolsar to pay out

desempeñar to carry out, to fulfill, to play a role

el **desempleo** unemployment

el **deseo** wish

el **desfile** parade

desgraciadamente unfortunately

deshabitado uninhabited

deshilar to unravel, to fray

el **desierto** desert

desilusionar to disillusion, to deceive

desinflado flat

la **deslealtad** loyalty

deslizar to slip

desmayarse to faint

el **desmayo** fainting

desnudar to undress

la **desnutrición** malnutrition

desobedecer disobey

el **despacho** office, den

la **despedida** goodbye

despedir to fire

despedirse to say goodbye

despegar to take off

el **despegue** take-off (an airplane)

despejar to clear off

la **despenalización** legalization

despeñar to hurl, to throw

despertar to awaken

 despertarse to wake up

desplegar to spread out, to fan out, to unfurl

desplomar to topple over, to collapse

desprender to turn off

desproveer to deprive

destacar to stand out

destapar to uncover, to uncork

desteñido discolored

el **destinatario** addressee

el **destornillador** screwdriver

destrozar to destroy

destruir to destroy

el **desván** attic

desvelarse to stay awake

la **desventaja** disadvantage

desvestir(se) to undress, to get rid of

el **detalle** detail

detenerse to stop

determinado certain, determined

detrás de behind

devolver to give back, to return

el **día** day

el **diablo** devil

el **diagnóstico** diagnosis

el **diario** newspaper

diariamente daily

dibujar to draw

el **dibujo** drawing

 dibujos animados comic strip

la **dictadura** dictatorship

dictar to dictate, to give

 dictar una conferencia to give a lecture

el **diente** tooth

difícil difficult

difundir to diffuse, to divulge

dilatar to expand

el **dilema** dilemma

diligencia diligence, speed, dispatch

diminuto small

el **diputado** deputy, representative

la **dirección** address

dirigir(se) to go toward, to direct toward

la **discoteca** discotheque

discriminado discriminated

la **disculpa** excuse, apology, plea

el **discurso** speech, discussion

el **diseño** design

el **disfraz** mask, disguise

disfrazar to mask, to cover up

disfrutar to enjoy

disimular to hide, to conceal
disminuir to diminish, to lessen
disparar to shoot, to fire a weapon
dispersar to disperse, to spread out
disponer to make available
la **disponibilidad** availability
disponible available, disposable
la **disposición** arrangement, provision, disposal
dispuesto a available for
la **disputa** dispute, argument
distinto different
distrito district
la **diversión** diversion, entertainment
divertido funny, enjoyable
divertirse to have fun, to enjoy
divisar to see, to glance, to make out
divorciado divorced
el **divorcio** divorce
divulgar to divulge, to reveal
doblar to fold over, to turn
doble double
    habitación doble double room
la **docena** dozen
la **doctrina** doctrine
el **documental** documentary
doler to hurt, to ache
el **dolor** ache, pain
doloroso painful
el **domicilio** house
el **dominó** dominoes
la **doncella a caballo** horseback girl
donde where
    ¿dónde? where?
    ¿adónde? to where?
dorado golden
dormir to sleep
    dormirse to go to sleep
el **dormitorio** bedroom
la **droga** drug
la **ducha** shower
ducharse to take a shower
el **dueño** owner
el **dulce** sweet
los **dulces** candy
durar to last

E
echar to throw, to toss
    echar al buzón to mail
la **edad** age
el **educador** educator, teacher
el **efectivo** cash
el **efecto** effect

efectuar to effect, to perform, to carry out
eficaz efficient, effective
egresar to leave, to exit, to graduate
el **eje** axis, axle
ejecutar to execute, to accomplish
el **ejecutivo** executive
el **ejemplo** example
el **ejercicio** exercise
el **ejército** army
elaborar to elaborate, to embellish, to work out
elegir to elect
elogiar to praise
embarazada pregnant
embarcar to set out, to set sail, to get on board
el **embotellamiento** bottleneck, traffic jam
la **emoción** emotion
empapar(se) to soak, to get wet
empeñarse en to commit, to begin, to get involved
empezar to begin, to start
el **empleado** employee
el **empleo** work, job
emprender to begin
la **empresa** company
empujar to push
el **enamorado** lover
enamorarse de to fall in love with
encadenar to chain, to shackle, to link up
encajar to join, to insert, to fit
encantado delighted
encantar to delight, to enchant
encarar to face
el **encarcelamiento** jail, imprisonment
el **encargado** one responsible for
encargar to take charge of, to be responsible for
encariñarse con to become fond of
encarnar to embody
encender to turn on, to light
encerrar to enclose
encima de over, on top of
encinta pregnant
encomendar to entrust
encontrar to find, to meet up with
el **encuentro** meeting
la **encuesta** survey
endosar to endorse
enfadado angry
enfadar(se) to get angry
enfermar(se) to get sick
la **enfermedad** illness, sickness
la **enfermera** nurse

el **enfermo**   sick man, patient
enfocar   to focus
el **enfoque**   focus
enfrentarse   to confront
enfriar   to chill
engañar   to deceive, to cheat
engordar(se)   to get fat
engrasar   to grease
engreído   conceited
engrudar   to paste (papers)
enlatar   to can, to preserve
enlazar   to tie together
enloquecer   to go crazy
enojarse   to get angry
enriquecer   to get rich
ensayar   to test, to try out
la **enseñanza**   instruction, learning
enseñar   to learn, to show
   enseñar a   to teach to
el **ensimismamiento**   pensiveness, absorption
ensordecedor   deafening
ensuciar   to get dirty
entablar   to begin, to start
entender   to understand
enterarse de   to learn about
enterrar   to bury
entibiar   to warm
entonar   to intone, to chant
entornar   to leave ajar
entrañable   dear, beloved
las **entrañas**   entrails, insides
entrar (en)   to enter
entre   between, among
entregar   to hand in
entrenarse   to train, to practice
entretejer   to weave
entretenido   entertaining
el **entretenimiento**   entertainment
la **entrevista**   interview
entusiasmado   enthusiastic
enumerar   to list, to ennumerate
envasar   to can, to preserve
enviar   to send
envolver   to wrap up
envuelto   wrapped, enclosed
enyesado   plastered
   estar enyesado   in a plaster cast
la **época**   age, epoch
equilibrio   equilibrium, balance
el **equipaje**   equipment, luggage
el **equipo**   team
equivocado   mistaken
equivocar(se)   to mistake

erguir   to raise, to lift up
erigir   to erect, to build
erizar   to bristle
errar   to wander, to make mistakes
la **escala**   scale, stopover
la **escalera**   stairs
escampar   to clear up (weather)
escandalizar   to scandalize
escapar   to escape
el **escaparate**   store window
escaso   scarce
la **escena**   scene
el **escenario**   setting
la **escenificación**   planning, setting, staging
la **esclavitud**   slavery
la **escoba**   broom
escoger   to choose
los **escombros**   rubble
esconder   to hide
escribir   to write
el **escritor**   writer
escudriñar   to scrutinize, to look over
esforzarse   to make an effort
eslabonar   to link together, to connect
la **espada**   sword
la **espalda**   back
espantoso   frightful, scary
los **espárragos**   asparagus
la **especialización**   specialty
el **espectáculo**   show, performance
el **espejo**   mirror
la **espera**   wait
espesar   to thicken
las **espinacas**   spinach
el **espíritu**   spirit
el **esposo**   husband
el **esqueleto**   skeleton
la **esquina**   corner
establecer   to establish
la **estación**   season, station
la **estadística**   statistic
el **estado**   state
   estado civil   civil state
estallar   to break out, to explode
la **estancia**   estate, large landholding
el **estaño**   tin
estar   to be
   estar dispuesto a   to be willing
   estar en onda   to be in style
   estar por   to be for
estatal   of the state
el **este**   east
estirar   to stretch
el **estómago**   stomach

estorbar   to bother, to trouble
estornudar   to sneeze
la **estrategia**   strategy
estrechar   to bring together, to make close
estrecho   narrow
la **estrella**   star
estrellarse   to crash
estremecer   to shake
estrenar   to show (for the first time)
el **estreno**   opening night of a show
estricto   strict
estropear   to damage, to spoil, to ruin
el **estruendo**   roar, din
el **estudiante**   student
estudiantil   student (*adj.*)
estupendo   great, fantastic, stupendous
la **etapa**   stage
la **etiqueta**   label
europeo   European
evitar   to avoid
el **examen**   exam, test
examinar(se)   to examine
la **exigencia**   need, requirement
exigir   to require
el **éxito**   success
expender   to spend, to circulate
la **experiencia**   experience
experimentar   to experience, to experiment
explicar   to explain
exponer   to talk about, to present
extender   to extend, to lengthen
extinguir   to extinguish
extrañar   to miss, to seem strange
extraño   strange, odd

F

la **fábrica**   factory
fabricar   to manufacture, to make
la **fábula**   fable
fácil   easy
la **facilidad**   talent, ability
la **factura**   bill, invoice
facturar el equipaje   to check baggage, to bill, to invoice
la **facultad**   faculty
la **faena**   chore, duty
la **falda**   skirt, lap
faltar   to be lacking, to need
fallar   to fail, to give way
fallecer   to fail, to die
familiar   familiar, familial
el **farmacéutico**   druggist
la **farmacia**   pharmacy, drugstore
fastidiado   tired, worn out, bored

el **fastidio**   weariness
fastidiar   to wear out, to run ragged
fatigar   to get tired
la **fecha**   date (time)
felicitar   to congratulate
   ¡Felicitaciones!   Congratulations!
   ¡Feliz cumpleaños!   Happy Birthday!
la **feria**   carnival, fair
el **feriado**   holiday
el **ferrocarril**   railroad
festejar   to celebrate
la **festividad**   festivity
la **fibra**   fiber
la **ficha**   token, index card, filing card
el **fichero**   file, filing cabinet, record
la **fiebre**   fever
la **fiesta**   party
figurar(se)   to imagine
fijar(se)   to notice, to take note of
filmar   to film
la **filosofía**   philosophy
el **filósofo**   philosopher
el **fin**   end
   a fines de   at the end
   por fin   at last
   fin de año   end of the year
   fin de semana   weekend
financiero   financial
la **firma**   signature
la **flecha**   arrow
flojo   slack, loose, weak
la **flor**   flower
florecer   to flower
fluir   to flow
folklórico   folk (*adj.*)
los **fondos**   funds
la **forma**   shape, form
   en forma   in shape, in form
la **fórmula**   formula
el **formulario**   form (for an application)
fortalecer   to fortify
la **foto**   photo
fracasar   to fail
fracturar(se)   to fracture, to crack
la **franja**   strip, band
franquear   to stamp
el **franqueo**   postage
la **franqueza**   frankness, candor
   con franqueza   openly
el **frasco**   bottle, vial
la **frazada**   blanket
la **frecuencia**   frequency
   con frecuencia   frequently
el **fregadero**   kitchen sink

fregar to rub, to scrub
frenar to brake, to stop
el **freno** brake (on a car)
la **frente** front, forehead
fresco fresh
el **frigorífico** refrigerator
los **frijoles** beans
frotar to rub, to stir
la **fruición** fulfillment, completion
la **frutería** fruitstand
el **fuego** fire
los **fuegos artificiales** fireworks
fuera outside, out-of-doors
fuerte strong
fuerza laboral labor force
fulgir to shine
fumar to smoke
la **función** show, role, function
funcionar to work (a machine), to run (a machine)
el **funcionario** bureaucrat
la **funda** pillowcase
fundar to found, to set up, to establish
fundir to melt, to blend, to found
furioso angry
furtivo furtive, sneaky, sly
fusilar to shoot
el **fútbol** soccer

G

el **gabinete** closet, office, cupboard
gallardo elegant, brave
el **gallo** rooster
la **gana** desire, will
   tener gana de to feel like, to desire
la **ganadería** ranching
el **ganadero** cattle rancher
el **ganado** cattle
las **ganancias** earnings, winnings
ganar to win, to earn
la **ganga** bargain, deal
el **garaje** garage
garantizar to guarantee
la **garganta** throat
la **gasa** gauze
la **gaseosa** carbonated beverage
la **gasolina** gasoline, gas
gastado spent, wasted
gastar to spend, to waste
el **gato** cat
   a gatas on all fours
el **gemelo** twin
el **general** general
   por lo general in general

el **gerente** agent, manager
el **gimnasio** gymnasium
la **gira** tour, trip
girar to spin, to revolve
   girar un cheque to write a check
el **girasol** sunflower
el **globo** balloon, globe
el **gobernador** governor
gobernar to govern
el **golpe** hit, strike
   golpe de estado military takeover
golpear to hit, to strike
el **gorro** cap, hat
la **gota** drop
gotear to drip
gozar de to enjoy
grabar to tape
gracias thanks
gracioso delightful, graceful
graduarse to graduate
el **grafista** graphic artist
el **granjero** rancher
la **grasa** grease, fat
gratis free
gratuito free
la **gravedad** severity, gravity
la **grieta** crack, aperture
el **grillo** cricket
la **gripe** cold (illness)
gritar to shout, to yell
el **grito** shout, yell, scream
gruñir to snarl, to grumble
los **guantes** gloves
el **guardarropa** closet
la **guardería infantil** childcare, nursery
la **guerra** war
el, la **guía** guide
   la **guía telefónica** telephone book
guiñar to wink
el **guión** script
la **guitarra** guitar
gustar to be pleasing to
el **gusto** pleasure, enjoyment
   mucho gusto en conocerle very nice to meet you

H

haber to have (auxiliary verb only)
las **habas** beans
las **habichuelas** beans
hábil able, talented
la **habilidad** talent, skill
la **habitación** room
   habitación doble room for two

habitación sencilla   single room
habitar   to live
hablar   to speak, to talk
   ¡ni hablar!   you don't say!
hacer   to do, to make
   hacerse   to become
el **hada**   fairy
halar   to pull
hallar   to find, to discover
el **hallazgo**   discovery
el **hambre**   hunger
   tener hambre   to be hungry
harto   fed up with, full
   estar harto   to be fed up with, to be full
hasta que   until
   hasta pronto   see you soon
hay   there is, there are
   no hay de qué   you are welcome
   hay que   one must, it is necessary
la **hazaña**   exploit, deed
hechizar   to entrance, to charm, to cast a spell
el **hecho**   fact
   de hecho   in fact
el **helado**   iced, ice cream
helar   to freeze
el **hielo**   ice
heredar   to inherit
herido   injured, hurt
herir   to wound, to hurt
hervir   to boil
el/la **hermano, -a**   brother/sister
la **herramienta**   tool
la **hierba**   grass
el **hierro**   iron
el **hígado**   liver
el/la **hijo, -a**   son/daughter
   hijo de vecino   neighbor child
el **hilo**   thread, fiber, strand
el **himno**   hymn, anthem
hinchar   to swell, to swell up
la **hipoteca**   mortgage on a house
hispánico   hispanic
hispano   hispanic
las **historietas**   comics
el **hito**   milestone
el **hogar**   home
la **hoja**   leaf, sheet of paper
la **hojalata**   tinplate
hojear   to leaf through (pages)
el **hombre**   man
el **hombro**   shoulder
los **hongos**   mushrooms
la **hora**   time, hour
   ¿qué hora es?   what time is it?

   ya es hora   it is time
   es hora de   it is time to
el **horario**   schedule
la **hormiga**   ant
hormiguear   to swarm, to teem
hornear   to bake
el **horno**   oven
hospedar   to lodge, to stay
hospitalizar   to hospitalize
hubo   there was, there were
el **hueco**   hole, cavity, hollow
la **huelga**   strike, work action (labor union)
la **huella**   track
el **hueso**   bone
el **huésped**   guest
el **huevo**   egg
huir   to flee
humillado   humiliated
hundir   to sink, to submerge, to collapse
el **huracán**   hurricane
hurtar   to steal, to cheat, to rob

I

ida   going, departure
   ida y vuelta   round trip
el **idioma**   language
el **ídolo**   idol
ignorar   to be unaware of, to ignore
igual   equal
la **igualdad**   equality, evenness
la **imagen**   image
imaginar(se)   to imagine
el **imperio**   empire
el **impermeable**   raincoat
imponer   to impose
importar   to matter, to import
   importarle a uno   to matter to oneself
el **importe**   value, cost, total
impresionar   to impress, to move
impreso   printed (*past participle of* imprimir)
el **impreso**   printed form
el **impuesto**   tax
inca   Inca
incauto   unwary, gullible
el **incendio**   fire
inclinarse   to be inclined, to lean toward
inconsciente   unconscious, unaware,
   thoughtless
inconstante   fickle, changeable, variable
el **inconveniente**   inconvenience
incorporarse   to sit up in bed
inculcar   to instill, to teach
incurrir   to incur
indagar   to investigate

la **indagación**   investigation
el **indígena**   native, indigenous
indignarse   to get angry
el **individuo**   individual (*n.* and *adj.*)
indudable   undoubtedly
ineludible   inescapable
inesperado   unexpected
inferir   to infer
infestar   to infest
el **informe**   report
la **informática**   data processing
infundir   to inspire, to instill
la **ingeniería**   engineering
el **ingeniero**   engineer
ingresar   to enter, to go in, to enroll
los **ingresos**   income
iniciar   to initiate, to start
inmediato   immediately
   de inmediato   immediately
inmigrar   to immigrate
inolvidable   unforgetable
inoportuno   untimely, unfortunate
la **inquietud**   anxiety, restlessness
inscribirse   to register, to enroll
insensato   foolish, senseless
insolente   insolent, disrespectful
insólito   unusual, unaccustomed
el **insomnio**   insomnia
inspirar   to inspire
el **instituto**   institute
el **instrumento**   instrument
integrar   to join
íntegro   whole, entire, complete
intentar   to attempt, to try
intercalar   to insert
intercambiar   to exchange
interesarse en   to be interested in
el **interés**   interest
   tasa de interés   rate of interest
el **interlocutor**   interviewer
internar   to enroll, to board, to admit
interponer   to put between, to interject
el **intérprete**   player, performer
interpretar el papel de   to act a part
interrogar   to ask, to interrogate
interrumpir   to interrupt
intervenir   to intervene
introducir   to introduce, to stick in
la **inundación**   flood
inundar   to flood
invertir   to invest
involuntario   involuntary, reflex
la **inyección**   injection, shot
   poner una inyección   to give an injection

ir   to go
   ir de compras   to go shopping
   irse   to go away
irritarse   to get annoyed
la **isla**   island
el **itinerario**   itinerary
izquierdo   left
   a la izquierda   to the left

J

el **jabón**   soap
jactarse   to brag, to boast
jadear   to pant, to breathe hard
el **jamón**   ham
el **jarabe**   syrup (medicine)
el **jardín**   garden
el **jardinero**   gardener
la **jaula**   cage
el **jefe**   boss, chief, leader
la **jornada**   day's work, day's journey
   media jornada   part-time work
   jornada completa   full-time work
la **joya**   jewel
la **joyería**   jewelry store
jubilarse   to retire
judío   Jew, Jewish
el **juego**   game
el **juez**   judge
el **jugador**   player
jugar   to play
el **juguete**   toy
jurar   to swear
justificar   to justify
justo   just, exact, correct, equitable
la **juventud**   youth
juzgar   to judge

L

el **labio**   lip
labrar   to carve, to chisel, to farm, to till
lacerar   to slash, to scar, to cut
el **ladrón**   thief, robber
el **lago**   lake
lamentar   to lament, to be sorry
lamer   to lick
la **lámpara**   lamp
la **lana**   wool
lanzar (se)   to throw, to send up
el **lápiz**   pencil
largar (se)   to let go, to release
largo   long
   a lo largo   lengthwise, throughout
   a largo plazo   in installments
   larga distancia   long distance

la **lástima**   pity
lastimar   to hurt
la **lata**   can (tin can)
el **latido**   beat (of heart)
el **lavabo**   washbasin
la **lavadora**   washing machine
el **lavaplatos**   dishwasher
lavar   to wash
   lavarse   to wash oneself
el **lecho**   bed
la **lechuga**   lettuce
la **lechuza**   owl
la **lectura**   reading
la **lengua**   language, tongue
   sacar la lengua   stick out one's tongue
el **lenguaje**   language
lentamente   slowly
las **letras**   letters (of the alphabet)
el **letrero**   sign (on a store, on a wall)
levantar   to raise
   levantarse   to get up
la **ley**   law
la **leyenda**   legend
la **liana**   vine
liberar   to free
la **libertad de expresión**   freedom of
   expression
la **libra**   pound
libre   free
la **libreta (talonario) de cheques**   checkbook
la **licenciatura**   degree (educational degree)
la **licuadora**   blender
licuar   to liquify, to melt
el **líder**   leader
la **liebre**   hare
la **liga**   league
ligar   to tie, to bind together
ligeramente   lightly
ligero   light
el **límite**   limit
el **limón**   lemon
la **limosna**   alms, charity
el **limpiaparabrisas**   windshield wiper
limpio   clean
la **línea**   line
liso   smooth, flat, plain
lisonjero   flattering, pleasing
la **lista**   list
   lista de espera   waiting list
   pasar lista   to call roll
listo   ready, clever, witty
   estar listo   to be ready
liviano   light, slight
loco   crazy

el **lodo**   mud
lograr   to achieve, to attain
la **lombriz**   worm
el **loro**   parrot
la **lotería**   lottery
lozano   lush, luxurious; self-assured
lucir   to shine, to appear
luchar   to fight
luego   then
el **lugar**   place, site
el **lujo**   luxury
el **lustrabotas**   shoeshine boy
lustrar   to shine, to polish
el **luto**   mourning
la **luz**   light

LL

la **llama**   flame
la **llamada**   call
   llamada equivocada   wrong number
llamar   to call
   llamarse   to call oneself, to be named
el **llano**   plain, prairie
la **llanta**   inner tube (on a car). Mexico: tire
la **llanura**   plains
la **llave**   key
la **llegada**   arrival
llegar   to arrive
llenar   to fill
llevar   to carry, take
   llevarse bien   to get along with
llover   to rain
la **llovizna**   drizzle
la **lluvia**   rain

M

la **madera**   wood
la **madre**   mother
la **madrugada**   dawn
madrugar   to get up at the crack of dawn
maduro   ripe, mature
la **maestría**   mastery, teaching profession
el **mago**   magician
el **mal**   evil
mal(-o,-a)   bad
   mal aliento   bad breath
maldecir   to curse
la **maleta**   suitcase, bag
el **maletín**   briefcase
maltratar   to mistreat
el **mamífero**   mammal
manchar   to stain, to spot
mandar   to order, to command
el **mando**   order, command

mandón bossy, pushy
manejar to drive, to manage
la **manga** sleeve, cuff
el **manglar** mangrove swamp
manifestar to demonstrate, to declare
una **manisfestación** a demonstration
la **mano** hand
la **manta** blanket, spread, cape
mantener to maintain, to keep up
   mantenerse en forma to stay in shape
el **mantenimiento** maintenance
la **manzana** apple, city block
el **mañana** future
   la **mañana** morning
el **mapa** map
maquillar(se) makeup (cosmetics)
la **máquina** machine
   la **máquina de afeitar** electric razor
   la **máquina de escribir** typewriter
el **maratón** marathon, race
la **maravilla** wonder, marvel
maravillar(se) to wonder
la **marca** brand name, trade name
marcar to mark, to dial
marcharse to go away, to set in motion
marear to get seasick
el **mareo** dizziness, seasickness
los **mariachis** Mexican musicians
la **marioneta** marionette
los **mariscos** shellfish
el **martillo** hammer
la **masa** mass, dough
masticar to chew
la **materia** matter, subject matter, material
   materia prima raw material
la **maternidad** maternity, motherhood
matinal morning
la **matrícula** registration
el **matrimonio** matrimony, married couple
maya Maya
mayor greater, older
la **mayoría** the majority, the greatest part
la **mayúscula** upper case, capital letters
el **mecánico** mechanical
la **mecedora** rocking chair
el **medicamento** medication, drug, medicine
el **médico** doctor
la **medida** measure
   a medida que at the same time as
medio en broma half in jest
los **medios** means, methods
   medios de comunicación means of communication
medir to measure

la **mejilla** cheek
mejor better
   a lo mejor perhaps, maybe
mejorar to get better
el **mendigo** beggar
menester necessary
menor younger
menor de edad underage
el **mensaje** message
mensual monthly
menudo small
   a menudo often
mero mere, simple
la **mercadería** merchandise, commodity, goods
el **mercado** market
la **mercancía** goods, merchandise
mero mere, simple
el **mes** month
la **mesa** table
el **mestizo** half-caste, mixed breed (half Indian, half Spanish)
la **meta** goal, objective
el **miedo** fear
   tener miedo to be afraid
la **miel** honey
mientras (que) while
la **miga** crumb
mimado spoiled
la **mina** mine
el **mineral** mineral
la **minería** mining
minero miner
la **minifalda** miniskirt
mirar to look at
la **misa** mass (church service)
   misa de gallo midnight mass
el **misionero** missionary
la **mitad** half
el **mito** myth
la **mochila** backpack, bookbag, knapsack
la **moda** fashion, trend
   estar de moda to be in fashion
   estar pasado de moda out of date, dated
el **modelo** model
modificar to modify
la **mofeta** skunk
mojar(se) to get wet
moler to grind, to mill
molestar to bother
la **moneda** coin, money, currency
el **monje** monk
el **mono** monkey
la **montaña** mountain

montar to ride
   montar a caballo to ride a horse
   montar en bicicleta to ride a bicycle
   montar en moto to ride a motorcycle
la **moraleja** moral (of a story)
moreno dark-skinned, dark-haired
mortificar to mortify, to embarrass
mosquitero mosquito net
mosquito mosquito
el **mostrador** counter (in a store), showcase
mostrar to show
la **moto(cicleta)** motorcycle
moverse to move
la **muchedumbre** multitude
mudar to change
mudarse to move (change residence)
el **mueble** piece of furniture
los **muebles** furniture
la **muela** molar, tooth
el **muelle** dock, pier
la **muerte** death
el **muerto** dead man
la **mujer** woman
la **muleta** crutch
la **multa** fine
el **mundo** world
la **muñeca** doll, wrist
el **muñeco** puppet, doll
la **música** music
el **músculo** muscle

N

el **Nacimiento** Nativity
el **nacimiento** birth
nada nothing
   de nada you are welcome
nadie no one, nobody
las **nalgas** buttocks
la **naranja** orange
el **narcotraficante** drug dealer
el **narcotráfico** drug traffic
la **nariz** nose
narrar to tell, to narrate
la **natación** swimming
natal by birth, natal
   ciudad natal native city, city of origin
naufragar to shipwreck
el **náufrago** shipwrecked person
la **náusea** nausea
la **nave** ship
navegar to navigate, to sail
la **Navidad** Christmas
el **necio** fool
nefasto ill-fated, dreadful

negar to deny
negociar to negotiate
los **negocios** business
   hombre/mujer de negocios businessman, businesswoman
el **negro** African American, black
nevar to snow
la **nevera** refrigerator
el **neumático** tire (in a car)
ni ... ni neither ... nor
el **nieto** grandson
la **nieve** snow
ningún (-o, -una) none, no one (*adj.*)
no más (México) no more, nothing more
nocivo noxious, harmful
la **noche** night
nocturno evening, nightly
el **norte** north
la **nota** grade, note
la **noticia** news
la **novena** novena (prayer)
el/la **novio, -a** boy/girlfriend
nuevo new
la **nuez** nut
el **número** number

O

obligar to force, to require
obligatorio obligatory, imperative
el **obrero** worker
obtener to get
el **ocaso** sunset
el **océano** ocean
ocultar to hide, to cover up
la **ocupación** job, occupation
ocupado busy
odiar to hate
el **oeste** west
la **oferta** offering, offer
la **oficina** office
el **oficio** vocation, calling, duty, job
ofrecer to offer
el **oído** ear (inner)
ojear to eye, to stare at
el **ojo** eye
la **ola** wave
oler to smell
olfatear to sniff, to smell
el **olor** smell
olvidar to forget
la **olla** pot, cooking vessel, ceramic pot
opinar to think, to have an opinion
opresivo oppressive
optativo choice, alternative

óptico optical
el **orden** order (general)
la **orden** command, order (specific)
el **ordenador** (Spain) computer
la **oreja** ear (external)
el **orgullo** pride
orgulloso proud
la **orilla** shore, bank (of a river)
oscilar to waver, to fluctuate
oscurecer to get dark
el **oso** bear
las **ostras** oysters
otorgar to grant, to authorize, to give

P
el **paciente** patient
padecer to suffer from
pagar to pay
el **pago** pay, wages
el **país** country
el **pájaro** bird
la **palabra** word
la **paliza** thrashing
la **paloma** dove
la **palomita de maíz** popcorn
palpar to touch
la **pampa** region of Argentina
el **pan** bread
   pan de molde soft, thin-crusted bread
la **panadería** bakery
el **panadero** baker
los **pantalones** pants
la **pantalla** screen
la **pantorrilla** calf (of a leg)
el **pañuelo** handkerchief
la **papa, patata** potato
Papá Noel Santa Claus
el **papel** paper, role (in a play)
   papel de Navidad Christmas wrapping
   paper
   papel higiénico toilet paper
el **paquete** package
el **par** pair
para for, in order to
   ¿para qué? what for?
la **parada** stop (bus)
el **paraguas** umbrella
parar(se) to stop
parecer to seem
   parecerse to resemble, to seem like
la **pared** wall
la **pareja** pair, couple
el **pariente** relative, kin
el **paro** work stoppage, unemployment

parpardear to blink
partidario fan, partisan of
el **partido** party (political); match, game
   (sport)
el **párrafo** paragraph
el **pasaje** passage
el **pasajero** passenger
pasar to pass, to happen
   pasar lista to call roll
   pasar de moda to go out of style
   pasar por to come/go by
la **Pascua** Easter
pasearse to stroll, to walk
el **paso** step, pace
la **pasta** paste
   pasta dentífrica toothpaste
el **pastel** dessert, pie
la **pastelería** bakery shop
la **pastilla** pill
   pastilla para dormir sleeping pill
el **pastor** shepherd, pastor
la **pata** foot (animals)
la **patente** license
las **patillas** sideburns
el **patinador** skater
la **patria** native land, fatherland
el **patrocinador** sponsor
paulatinamente slowly, little by little
el **pavo** turkey
el **payaso** clown
la **paz** peace
el **peatón** pedestrian
pecar to sin, to err
el **pecho** chest, breast
pedir to ask for, to order
   pedir prestado to borrow
pegar to hit, to strike (a blow)
peinar(se) to comb
pelar to peel
el **peldaño** step (of a stair)
pelear to fight
la **película** film, movie
el **peligro** danger
el **pelo** hair
la **pelota** ball
la **peluquería** barbershop
la **pena** pain, bother
   valer la pena to be worthwhile
   pena de muerte death penalty
el **pendiente** earring, pendant
penetrante penetrating
el **pensamiento** thought
pensar to think
   pensar de to think about, have an opinon

pensar en   to think about, to ponder
pensar + inf.   to intend
peor   worse
el **pepino**   cucumber
la **pera**   pear
el **percance**   misfortune
la **percusión**   percussion
perder   to lose
   perder el vuelo   to miss a flight
   perderse   to get lost
las **pérdidas**   losses
perdurable   eternal, everlasting
perdurar   to last
la **peregrinación**   pilgrimage
el **perfume**   perfume
el **periódico**   newspaper
el **periodista**   reporter (newspaper)
el **periodismo**   journalism
el **perjuicio**   prejudice, damage
la **permanencia**   permanence, stay
permeable   permeable
el **permiso**   permission
pero   but
perseguir   to follow, to pursue
el **personaje**   character (in a book)
personal   personal
perspicuo   clear, intelligible
las **pertenencias**   possessions
perturbar   disturb
pesar   to weigh
   a pesar de   in spite of
la **pescadería**   fishing
el **pescado**   fish (out of water)
pescar   to fish
el **peso**   weight
la **pestaña**   eyelash
la **pestilencia**   pestilence, plague
la **picadura**   sting, bite (of an insect)
picar   to bite, to peck at, to pierce
el **pie**   foot
   a pie   on foot
   de pie   standing
la **piedra**   rock, stone
la **piel**   skin, fur
la **pierna**   leg
la **pieza**   piece, room
la **píldora**   pill
el **piloto**   pilot, driver (of a motorcycle)
la **piratería aérea**   air piracy
la **piscina**   swimming pool
el **piso**   floor
la **pista**   track
   pista de aterrizaje   landing strip
la **placa**   license plate

el **placer**   pleasure
la **plancha**   iron
   a la plancha   grilled
planchar   to iron
planear   to plan
plano   flat, even, level
la **planta**   plant
la **planta baja**   ground floor
plantear   to set forth, to expound, to state
la **plata**   silver
el **plátano**   plantain
platicar   to chat, to talk
el **plato**   dish
la **playa**   beach
la **plaza**   public square, marketplace, room
el **plazo**   period of time
   comprar a plazos   buy in installments
el **pleito**   lawsuit, case
pleno   full
la **pluma**   fountain pen
la **población**   population
la **pobreza**   poverty
poco   few, little
   por poco que   if ... at all
   por mucho que   however much ...
podar   to prune, to trim
poder   to be able
podrido   rotten
el **policía**   police, policeman
   la **mujer policía**   policewoman
el **político**   politician
la **póliza**   policy (insurance)
el **polvo**   dust, powder
el **pollo**   chicken, chick
poner   to put
   poner atención   to pay attention
   poner una inyección   to give a shot
   poner la mesa   to set the table
   ponerse   to become
   ponerse en cola   to get in line
el **poniente**   west
popular   popular
el **póquer**   poker
por   by, through, on behalf of, for
   por fin   finally
   por lo menos   at least
   por poco   barely
   ¿por qué?   why?
   por supuesto   of course
los **pormenores**   details
los **posadas**   bullfighting, guesthouse
la **posesión**   possession
posponer, postergar   to postpone
el **postulante**   candidate

postular   to postulate, to request
potente   powerful, strong
preceder   to precede
el **precio**   price
precisar   to specify
predecir   to foretell, to forecast
la **predilección**   preference
preferir   to prefer
pregonar   to shout, to proclaim
la **pregunta**   question
   hacer preguntas   to ask questions
preguntar   to ask, to question
el **prejuicio racial**   racial prejudice
premiar   to award
la **prenda**   pledge, security
   prenda interior   underwear
la **prensa**   press
preocupar   to worry
la **preparación**   preparation, training
preparar(se)   to get ready
las **preparativos**   preparations
presenciar   to witness
presentar   to present
   presentarse al examen   to take an exam
   me gustaría presentarle(te) a ...   I would like to present to you...
el **presentimiento**   foreboding
presentir   to have a premonition
preservar   to protect, to preserve
la **presión**   pressure
   presión alta   high pressure
el **préstamo**   loan
prestar   to lend
   prestar atención   to pay attention
el **presupuesto**   budget
prevenir   to prevent
prever   to foresee
primer (-o, -a)   first
el **primo**   cousin
el **principio**   beginning
   a principios de   at the beginning of
la **prisa**   rush, hurry
   tener prisa   to be in a hurry
probar   to try, to test
la **procedencia**   origin, source
procedente de   coming from
el **procedimiento**   method, procedure, proceeding
el **proceso**   process
el **producto**   product
el **proeza**   exploit
el **profesor**   teacher, professor
el **programador**   computer programmer
el **promedio**   middle, average

prometer   promise
la **promoción**   promotion
pronosticar   to foretell
el **pronóstico**   prediction, forecast, omen
pronto   soon
   tan pronto como   as soon as
la **propaganda**   propaganda
   la **propaganda comercial**   ads, commercials
propagar   to propagate, to generate
la **propina**   tip, gratuity
propio   own, proper
   propiamente dicho   strictly speaking
proponer   to propose, to suggest
proporcionar   to furnish, to provide
el **propósito**   purpose
   a propósito   by the way
proteger   to protect
proveer   to provide
la **provisión**   provision
provocar   to provoke
proyectar   to project
el **proyecto**   project
la **prueba**   test, trial (run)
el **psicólogo**   psychologist
la **publicidad**   publicity
pudrir   to rot
la **puerta**   door
el **puesto**   position
   el **puesto de periódicos**   newsstand
pulir   to polish
el **pulmón**   lung
pulular   to swarm, to infest
pulverizar   to smash, to pulverize
la **puntería**   aim, marksmanship
el **punto**   point
   punto de vista   point of view
   a puntillas   on tiptoe

Q

que   that, than
¿qué?   what?
   ¿por qué?   why?
   ¿qué tal?   how are you?
   ¡qué lata!   what a mess!
   ¡qué lástima!   what a pity!
   ¡qué lío!   what a mess!
   ¡qué tontería!   what foolishness!
quebrar   to break
quedar   to stay, to remain
   quedarse con   to be left with
el **quehacer**   chore, small task
quejarse   to complain
quemar   to burn

querer   to wish, to want, to love
   querer decir   to mean to say
querido   dear, beloved
el **queso**   cheese
la **quiebra**   bankruptcy
quien   who, whom
¿quién?   who? whom?
la **química**   chemistry, chemical
la **quinceañera**   girl celebrating her fifteenth
   birthday
quisiera   I would like...
quitar(se)   to take off
quizá, quizás   perhaps

R
el **racimo**   bouquet
la **ración**   serving
la/el **radio**   radio (set)
la **ráfaga**   gust, burst
la **raíz**   root
la **rama**   branch
el **ramo**   bouquet, bunch
la **rana**   frog
el **rascacielos**   skyscraper
rascar   to scratch
rasgar   to tear
rasguear   to strum (a guitar)
raspar   to scrape
el **rastro**   trail
la **rata**   rat
el **rato**   while, time, period
la **raya**   line
   a rayas   striped (design)
el **rayo**   ray, lightning
   rayos equis   x-rays
la **rayuela**   hopscotch
la **raza**   race (of people), ethnic group
la **razón**   reason
realizar   to fulfill, to accomplish
realmente   really, actually, truly
la **rebaja**   discount
   en rebaja   on sale
rebajar   to lower the price, to discount
el **rebozo**   shawl
el **recado**   message
la **recámara**   chamber, dressing room
la **receta**   prescription, recipe
recetar   to prescribe
rechazar   to reject, to refuse
recibir   to receive
reciclado   recycled
reclamar   to demand, to petition
reclutar   to recruit, to round up, to conscript
recobrar   to recover

recoger   to collect, to pick up
   recoger la mesa   to clear the table
recompensar   to reward, to pay
recordar   to remember
recorrer   to go around, to tour
el **rector**   director
el **recuerdo**   memory, token, souvenir
recuperar   to recuperate, to get back
la **Red**   net, network
redactar   to edit
reembolsar   to repay
reemplazar   to replace
referirse a   to refer to
reflejar   reflect
el **refrán**   refrain, saying
el **refugio**   refuge
refutar   to dispute, to refute
regalar   to give as a gift
el **regalo**   gift
regañar   to quarrel
regar   to water
regatear   to bargain, to haggle
el **régimen militar**   military regime
regir   to govern
registrar   to register, to record, to search (in
   an investigation)
el **reglón**   ruler (measuring stick)
regocijar   to delight, to cheer, to amuse
rehusar   to decline, to refuse
relajar   to relax
el **relámpago**   lightning
releer   reread
el **reloj**   clock, watch (timepiece)
el **remedio**   remedy
   no tener más remedio   there is no other
   way
el **remitente**   sender
remitir   to send
remontarse   to go back to, to date from
rendido   exhausted
la **rendija**   crack, rip
rendir   to exhaust, to tire out
rendirse   to surrender
renunciar   to renounce, to turn one's back on
reñir   to quarrel
el **reo**   convicted criminal
reparar   to repair
repartir   to deliver
repasar   to review
repentinamente   suddenly
   de repente   suddenly
repetir   to repeat
repicar las campanas   to ring the bells
reponer   to replace

el **reportaje**   report
representar   to represent, to play a role
reprimir   to repress
reprobar   to condemn
repugnar   to repel
requerir   to request, to require
el **requisito**   requirement
la **resaca**   undertow, undercurrent, hangover
resaltar   to project, to stand out
resbalar   to slip
rescatar   to rescue
el **resfriado,** el **resfrío**   cold (illness)
   coger un resfriado   to catch a cold
resolver   to solve
respaldar   to back, to endorse
respirar   to breathe
resplandecer   to shine, to gleam
la **respuesta**   answer
restar   to subtract
el **resultado**   result
resultar   to end in, to result in
resumir   to summarize
retirar   to remove, to draw back, to leave
el **retraso**   setback
retratar   to portray
retumbar   to resound, to thunder
reunir   to get together, to unite, to join
la **reunión**   meeting
revelar   reveal
el **revendedor**   reseller
reventar   to burst, to give way
revisar   to revise
la **revista**   magazine
revolver   to revolve, to stir
los **Reyes Magos**   the Wise Men
rezar   to pray
el **riesgo**   risk
rifar   to raffle
riguroso   rigorous, severe
el **rincón**   corner
el **riñón**   kidney
el **río**   river
el **ritmo**   rhythm
robar   to rob
el **robo**   theft
rociar   to sprinkle
el **rocío**   dew
rodar   to film, to roll
rodear   to surround
la **rodilla**   knee
roer   to nibble, to gnaw
rogar   to beg
la **romería**   pilgrimage
romper   to break

la **ropa**   clothes, clothing
el **ropero**   closet, wardrobe
rozar   to rub against, to graze
la **rueda**   wheel
el **ruido**   noise
el **ruiseñor**   nightingale
rumbo a   toward, in the direction of
la **ruta**   route

s

la **sábana**   sheet
saber   to know
el **sabor**   taste
saborear   to taste
sacar   to take out
   sacar notas   to get grades
sacudir   to shake, to tremble
la **sala**   room, living room
   sala de espera   waiting room
salado   salty
el **salario**   salary
la **salida**   exit
salir   leave
salivar   to salivate, to drool
salobre   brackish, salty
el **salón**   room, salon
   salón de actos   assembly hall
salpicar   to splatter
saltar   to jump
el **salto**   jump
la **salud**   health
saludar   to greet
el **salvavidas**   life preserver, lifeguard
salvar   to save
salvo   except
la **sandalia**   sandal
la **sandía**   watermelon
la **sangre**   blood
el **santo**   saint
saquear   to loot, to rob, to steal
la **sartén**   frying pan
la **secadora**   clothes dryer
secar   to dry
la **sed**   thirst
   tener sed   to be thirsty
la **seda**   silk
la **sede**   headquarters
seguir   to follow, to keep on
segundo   second
la **seguridad**   safety, security
seguro   sure
   estar seguro   to be sure
el **seguro**   insurance
seleccionar   to choose

el **sello**   stamp

la **selva**   forest, jungle

el **semáforo**   traffic light

la **Semana Santa**   Holy Week

sembrar   to sow

la **semilla**   seed

sencillo   simple, plain, one-way ticket or token

   habitación sencilla   single room

el **sendero**   path

sentarse   to sit down

el **sentimiento**   feeling

sentir   to feel, to regret

   sentirse mal/bien   to feel bad/good

la **sequía**   drought

la **señal**   the sign

   señales del tránsito   traffic signs

la **serpiente**   snake

el **servicio**   service

servir   to serve

sigilosamente   quietly

el **siglo**   century

siguiente   following

silbar   to whistle

la **silla**   chair, seat

la **silla de ruedas**   wheelchair

el **sillón**   large chair

silvicultura   forestry

sin   without

   sin cesar   without end

   sin embargo   nevertheless

el **sindicato**   union

la **sinfonía**   symphony

sino   rather

el **síntoma**   symptom

la **soberanía**   sovereignty

sobornar   to bribe

sobrar   to have left over, to have more than enough

el **sobre**   envelope

sobre   about, on top of

sobregirar   to overdraw an account

sobrepasar   to exceed

sobresaltar   to startle, to scare

el **sobreviviente**   survivor

el, la **socialista**   socialist

el **socio**   associate, partner

socorro   help

   pedir socorro   to call for help

el **soldado**   soldier

soler   to be accustomed

el **solicitante**   applicant

solicitar un empleo   apply for a job

la **solicitud**   application

sollozar   to sob, to weep

sólo   only, just

solo   lone, alone

el **soltero**   bachelor

someter   to put down, to subdue

sonar   to ring, to sound

sonreír   to smile

soñar   to dream

   soñar con   to dream about

soplado a mano   hand-blown

soplar   to blow

soportar   to tolerate, to stand

sordo   deaf

sorprender   to surprise

la **sorpresa**   surprise

sortear   to draw in a lottery, to draw lots

sosegar   to calm, to quiet down

sospechoso   suspicious

subir   to go up

subir a   to climb

subrayar   to underline, to emphasize

el **subsidio**   subsidy, grant, aid

la **subvención**   subsidy, grant

suceder   to happen, to take place

el **suceso**   event, happening

sucio   dirty

sucumbir   to succumb, to submit

la **sucursal**   branch

el **sudor**   sweat

la **suegra**   mother-in-law

el **sueldo**   salary, pay

suele ser   it usually is

el **suelo**   floor

el **sueño**   dream

la **suerte**   luck

sufrir   to suffer

sugerir   to suggest

sumamente   extremely, highly

sumar   to add (math)

suministrar   to supply, to provide, to furnish

superar   to overcome, to exceed

suponer   to suppose

supuesto   supposed

   por supuesto   of course

el **sur**   south

el **surtido**   supply, stock

suspender   to fail (a course)

suspirar   to sigh

sustituir   to substitute

T

el **tablón de anuncios**   bulletin board

tacaño   miserly, stingy, cheap

el **tacón**   heel (of a shoe)

tal   such

   ¿qué tal?   how are you?

tallado   carved

tallar   to carve

el **taller**   shop, place of business

el **tallo**   stem

el **tamaño**   size

tampoco   neither

el **tanque de gasolina**   gas tank

tanto   so much, as much

   estar al tanto   to be up on

   por lo tanto   therefore

   tanto ... como   as much ... as

las **tapas**   snacks, appetizers

la **taquilla**   ticket window

tardar en   to be late in ..., to delay

la **tarea**   homework, work, chore

la **tarifa**   fare

la **tarjeta**   card

   tarjeta de crédito   credit card

   tarjeta postal   postcard

la **tasa de interés**   interest rate

la **taza**   cup

el **teatro**   theater

la **tecnología**   technology

tejer   to weave

tejido   weaving

la **tela**   cloth

la **televisión**   television

la **telenovela**   soap opera

el **televidente**   television viewer

el **televisor**   television set

el **telón**   curtain

el **temor**   fear

la **tempestad**   storm

la **temporada**   season (of sports, weather, events)

tenderse   to stretch out

tener   to have

   tener lugar   to take place

teñir   to tint

terminar   to end

el **término**   end, term

la **ternera**   calf (animal)

la **ternura**   tenderness, care, love

la **tertulia**   gathering, get-together

la **terraza**   terrace

el **terremoto**   earthquake

el **terreno**   land, piece of land

el **tesoro**   treasure

el **testigo**   witness

el **testigo ocular**   eyewitness

tibio   tepid, lukewarm

el **tiburón**   shark

el **tiempo**   time, weather

tieso   rigid, stiff

las **tijeras**   scissors

la **tina**   bathtub

el **tinte**   dye, coloring agent

tinto   colored

   vino tinto   red wine

el/la **tío, -a**   uncle/aunt

la **tira**   strip

   tira cómica   comic strip

la **tirada**   throw

tirar   to throw, to toss

titular   to title

el **título**   title

la **toalla**   towel

el **tobillo**   ankle

tocar   to knock, to touch, to play an instrument

todo   all, everything

   ante todo   before everything else

   sobre todo   above all

tomar   to take, to have

tomar apuntes   to take notes

tomar asiento   to take a seat

la **tontería**   foolishness

   ¡qué tontería!   what stupidity!

el **topacio**   topaz

el **torbellino**   whirlwind, tornado

torcer   to twist, to wring

la **tormenta**   storm, tempest

la **torta**   cake

la **tortilla**   tortilla

   tortilla española   Spanish tortilla

la **tortuga**   turtle

la **tos**   cough

toser   to cough

la **tostadora**   toaster

el **trabajador**   worker

tragar   to swallow

el **traje**   suit

el **trámite**   procedure

la **trampa**   trap, trick

tranquilo   calm, tranquil

transitar   to travel

el **tránsito**   traffic, passage

transmitir   to transmit

transmutar   to transmute, to change radically

el **transporte**   transportation

el **trapo**   rag, piece of cloth

transtrocar   to change, to transform

tratar   to try, to be about

   tratar con   to deal with

   tratar de   to try, to attempt

la **travesura**   mischief

el **tren**   train
el **trigo**   wheat
el **tripulante**   crew
trotar   to jog
el **trueno**   thunder
el **tuerto**   one-eyed, blind in one eye
la **tumba**   tomb, grave
tutear   to speak using "tú" verb forms

U

último   last
único   only, singular
   único hijo   only son
uniforme   uniform
el **universitario**   university student
la **uña**   fingernail
la **urraca**   crow
útil   useful
la **uva**   grape

V

la **vaca**   cow
vaciar   to empty
vacilar   to hesitate, to waiver
vagar   to wander
la **vajilla de plata**   silverware
el **valor**   worth
el **valle**   valley
el **vaquero**   cowboy
los **vaqueros**   jeans
la **variedad**   variety
el **varón**   male
el **vaso**   glass (for drinking)
el **vecino**   neighbor
el **vehículo**   vehicle
velar   to stay awake
la **velocidad**   speed
velozmente   rapidly
la **vena**   vein
el **vencimiento**   due
   fecha de vencimiento   due date (for payment)
venir   to come
la **venta**   sale
la **ventaja**   advantage
la **ventanilla**   window (for selling)
el **verano**   summer
la **verbena**   carnival, fair
verde   green
la **verdulería**   market for vegetables
la **verdura**   greens, vegetables
verificar   to verify, authenticate
vespertino   evening (*adj.*)
el **vestido**   dress

la **vestimenta**   clothing, garments
vestirse   to get dressed
la **vez**   time (in a series)
   otra vez   again
   a veces   at times
el **viaje**   trip
el **viajero**   traveler
la **vida**   life
la **videocasetera**   videorecorder
el **vidrio**   glass
el **viento**   wind
el **Viernes Santo**   Good Friday
vigilar   to watch over, to guard
el **villancico**   Christmas carol
villanos   lowly, common
el **vínculo**   tie, bond
el **vino**   wine
la **viña**   vineyard
virar   to veer, to turn, to curve
la **vista**   view
   por lo visto   apparently
la **viuda**   widow
la **vivienda**   housing
el **voceador**   announcer (shouter, yeller)
vociferar   to yell, to scream, to shout
el **volante**   steering wheel
volcar   to knock over
voltear   to swing around, to sling, to turn
la **voluntad**   will, volition
volver   to return
   volver en sí   to come to, to come around
   volverse   to become, to go (crazy)
el **voto**   vote
la **voz**   voice
   voz en cuello   shouting
el **vuelo**   flight
la **vuelta**   return, a spin around
el **vuelto**   change (money)

Z

el **zafiro**   sapphire
zambullir   to plunge, to dip
la **zanahoria**   carrot
el **zancudo**   mosquito, gnat
el **zapato**   shoe
zarpar   to sail
la **zona**   zone
la **zona postal**   zip code
zozobra   anxiety
zumbar   to buzz
el **zumo**   juice

How to Use the CD-ROM

The software is not installed on your computer; it runs directly from the CD-ROM. Barron's CD-ROM includes an "autorun" feature for Windows® users that automatically launches the application when the CD-ROM is inserted into the CD-ROM drive in your PC (it does not autorun on Mac®). In the unlikely event that the autorun feature is disabled, follow the manual launching instructions below.

Windows®

Insert the CD-ROM and the program should launch automatically. If the software does not launch automatically, follow the steps below.
1. Click on the Start button and choose "My Computer."
2. Double-click on the CD-ROM drive.
3. Double click the file named AP_Spanish.exe. This will launch the program.

Mac®
1. Insert the CD-ROM
2. Double click the CD-ROM icon.
3. Double click the AP_Spanish icon. This will launch the program

SYSTEM REQUIREMENTS

This CD is intended to run on systems meeting the minimum requirements below.

Windows®	**Mac® OS**
2.33GHz or faster x86-compatible processor, or Intel® Atom™ 1.6GHz or faster processor for netbooks. Microsoft® Windows® 8, Windows® 7 (32-bit and 64-bit), Windows® Vista (32-bit), Windows® XP (32-bit), Windows Server® 2008 (32-bit), Windows Server® 2003 (32-bit). 512MB of RAM (1GB of RAM recommended for netbooks) 128MB of graphics memory CD-ROM drive 1024 × 768 color display	Intel Core™ Duo 1.83GHz or faster processor MAC OS X 10.6 or higher 512MB of RAM 128MB of graphics memory CD-ROM drive 1024 × 768 color display Flash Player 10.2 or higher is recommended. Flash Player 10.2 or higher is recommended.